Kurt Knirsch

Gerätturnen mit Kindern

Methodische Turnfibel zur Erarbeitung
der Fundamentalbewegungen des Gerätturnens
für Jungen und Mädchen

Mit Beiträgen von Dr. U. Göhner

5. Auflage 1987, 24.–25. Tausend. Verfasser und Illustrator: Kurt Knirsch, Peter-Imhoff-Straße 57, 7402 Kirchentellinsfurt; Beiträge von Dr. U. Göhner, Institut für Sportwissenschaft der Universität Tübingen, Fotos: Pressefoto Baumann, Hohenzollernstr. 9, 7140 Ludwigsburg und Rupert Leser, Orffstr. 29, 7967 Bad Waldsee. Printed in Germany.

Vorwort

Dieses Lehrbuch ist im Hinblick auf die Ausbildungs- und Unterrichtsinhalte des Gerätturnens in der Vorschule, der Primarstufe an den Schulen und den Kinderturnabteilungen der Vereine geschrieben worden. Es stellt die methodische Absicherung der zukünftigen Bundesjugendspiele und der „Neuordnung des Gerätturnens" in Schule und Verein dar. Es soll unter anderem methodische Möglichkeiten aufzeigen, wie man auf kürzestem Wege die Kernteile des Gerätturnens lehren und lernen kann.

Das Buch zeigt Zusammenhänge von den Fundamentalbewegungen des Gerätturnens zu den schwierigsten Bewegungen des Kunstturnens auf. Daher stellt es den Unterbau unter das neu konzipierte „Lehrbuch des Gerät- und Kunstturnens" dar.

Dieses Lehrbuch erhebt nicht den Anspruch, die ganze Vielfalt des Kinderturnens aufzuzeigen und anzubieten. Es beschränkt sich vielmehr auf einen, wenn auch wesentlichen Teil davon: dem Turnen an den Geräten.

An dieser Stelle möchte ich den vielen Kollegen, die in der Vorschulerziehung, an den Schulen und an den Ausbildungsstätten des Landes tätig sind, den Oberschulämtern und dem Kultusministerium für Anregungen und Hinweise danken, die mir sehr geholfen haben.

Dank auch den Kolleginnen und Kollegen des Instituts für Sportwissenschaft der Universität Tübingen, insbesondere den Professoren Dr. O. Grupe und Dr. U. Göhner sowie Ch. Klein und H. Hahn für ihre Beratung und Hilfe.

In diesem Zusammenhang möchte ich mich bei Herrn Wörner von der CD-Verlagsgesellschaft, Herrn Spieth und Herrn Baur vom Schwäbischen Turnerbund bedanken, die mich immer wieder ermutigten, diese schon lange begonnene Arbeit fortzusetzen und zu beenden.

Kurt Knirsch

Vorwort zur zweiten Auflage

Die erste Auflage des Buches war nach eineinhalb Jahren vergriffen. Die nun vorliegende überarbeitete zweite Auflage ist durch das Kapitel „Didaktik des Gerätturnens" erweitert worden. Es erschien mir notwendig und sinnvoll, vor die didaktische Checkliste eine in sich geschlossene Begründung zu stellen, warum Kinder an und mit Geräten turnen sollen. Alle anderen Kapitel wurden nicht verändert, da sich in bezug auf das Turnen der Fundamentalbewegungen keine neuen Erkenntnisse ergeben haben.

Kurt Knirsch

Vorwort zur dritten Auflage

In den beiden vorangegangenen Auflagen wurde schon weitgehend die neue Terminologie nach Leirich/Rieling verwendet. Im Bereich des Deutschen Turnerbundes ist die Umstellung der bisherigen Turnsprache nach Bertram und Göhler/Herold auf die neue Terminologie vom Jahr 1981 an vorgesehen. Aus diesem Grunde wurden in der vorliegenden Ausgabe die Bezeichnungen der Elemente des Gerätturnens nun auch vollständig nach der neuen Terminologie vorgenommen. Außer diesen geringfügigen Änderungen wurde lediglich bei zwei methodischen Reihen eine Zwischenstufe eingeschoben, die sich als sinnvoll erwies. Inhaltliche Änderungen waren nicht nötig.

Kurt Knirsch

Vorwort zur vierten Auflage

Bis auf geringfügige Korrekturen ist die vierte Auflage identisch mit der dritten. Bei der Sprunghocke und beim Handstütz-Sprungüberschlag mit Minitrampolin als Absprunghilfe wurde nach eingehenderen Untersuchungen eine andere Gewichtung der Hauptfunktionsphase notwendig. Weitere Änderungen inhaltlicher Art waren nicht erforderlich.

Kurt Knirsch

Vorwort

Seit vielen Jahren bemüht sich Kurt Knirsch in seiner praktischen und theoretischen Arbeit im Verein, in Schule und Hochschule, in der Lehrerfortbildung und in nationalen und internationalen Lehrgängen darum, dem Gerätturnen den Platz in der Bewegungs- und Leibeserziehung zu sichern, der ihm aufgrund seiner besonderen Möglichkeiten und Werte zukommt. Er will zweierlei erreichen: einmal das Turnen in seinen vielfältigen körper- und bewegungsbildenden Möglichkeiten, in seiner Koordination, Geschicklichkeit und Kraft fördernden Wirkung für Anfänger und Fortgeschrittene zu erschließen; zum anderen aber auch die besonders Talentierten auf direktem Wege zum Kunstturnen zu führen. Beides ist zunächst eine Frage von Unterrichten und Lehren.

So wendet sich dieses Buch in erster Linie an diejenigen, die in Schule und Verein unterrichten und lehren und will ihnen das notwendige Wissen über die Strukturen der Bewegung, ihre Zerlegung in Bewegungsphasen (ohne daß ihre Ganzheit aus dem Blick gerät) vermitteln, um sie besser lehr- und lernbar zu machen.

Nichts von dem, was Kurt Knirsch in diesem Buch beschreibt, ist dabei am grünen Tisch entstanden. Alle methodischen Lehrstufen wurden mit Kindern und Jugendlichen in Schulen und Vereinen erprobt; sie berücksichtigen deren Aufnahme- und altersspezifische Leistungsfähigkeit und verarbeiten das gegenwärtige Wissen über Funktionsphasen, ,,Fundamentalbewegung“ und ihre Einbeziehung in turnmethodische Konzepte.

Für die Weiterentwicklung der Turnmethodik ist das vorliegende Buch eine wertvolle Grundlage.

Ommo Grupe

Inhaltsübersicht

Zur Didaktik des Gerätturnens

Vorbemerkungen

Dieses Buch soll vorrangig den Lehrenden das Vermitteln der Fertigkeit des Gerätturnens erleichtern, methodische Fragen beantworten helfen und Lehr- und Lernschritte aufzeigen. Daß dies nicht vor einem unreflektierten Hintergrund – warum Gerätturnen? – geschieht und damit auch didaktische Entscheidungen getroffen wurden, liegt auf der Hand. Deshalb sei aus meiner Sicht in verkürzter Form dargestellt, warum und in welchem Verständnis Turnen an und mit Geräten ein unverzichtbarer Bestandteil der Bewegungserziehung junger Menschen in Schule und Verein ist.

Wie im Vorwort erwähnt, ist Turnen in einem engeren und einem erweiterten Begriffsverständnis zu sehen. Im engeren Verständnis stellt sich Turnen als „normiertes Bewegen" an den olympischen Geräten: Boden, Pauschenpferd, Ringe, Pferdsprung, Barren, Reck für das männliche und Schwebebalken, Pferdsprung, Stufenbarren und Boden für das weibliche Turnen dar. Man bezeichnet diese Art des Turnens als normiertes Turnen, weil die Regeln dafür außerhalb der eigenen Entscheidung liegen: sie sind vorgeschrieben. Darüber hinaus bietet das Turnen in einem erweiterten Verständnis die Möglichkeit, sich in verschiedener Art und Weise an vielen anderen Geräten zu bewegen. Darunter sind sowohl die Großgeräte Taue, Kletterstange, Gitterleiter, Sprossenwände, Turnbank, Bock und viele andere gemeint als auch die traditionellen Turngeräte Barren, Reck, Ringe usw. Eines der fast in Vergessenheit geratenen Geräte im Kinderturnen, der Rundlauf, sollte hier in Erinnerung gebracht werden.

Die letztgenannte Art des Turnens bezeichnet man als „normfreies Turnen". Die Regeln dafür stellen die Teilnehmer selbst auf, und sie sind je nach ihren Bedürfnissen und Möglichkeiten veränderbar.

Grundtätigkeiten und Turnen

Die Entwicklung des Kindes ist untrennbar mit Bewegung verbunden. In der Auseinandersetzung mit der Umwelt erfahren und empfinden Kleinkinder den Zusammenhang von Ursache und Wirkung und lernen so ihre Bewegungen begreifen. So bilden sich auf der Basis der motorischen Eigenreflexe bestimmte Bewegungsgrundmuster. Durch häufige Wiederholungen werden diese zu gewollten Bewegungshandlungen. Aus solchen Handlungen entwickeln sich all jene Bewegungen, die der Alltagsmotorik zugeordnet werden. Dies sind zum Beispiel Greifen, Ziehen, Drücken, Beugen und Strecken des Rumpfes,

Heben und Drehen des Kopfes und der Gliedmaßen, Gehen, Laufen, Springen, Purzeln, Rollen, Tragen, Schieben, Drehen, Steigen, Klettern, Rutschen, Schwingen, Werfen, Schlagen, Schaukeln u. a. m. Diese Bewegungsakte nennt man häufig Grundtätigkeiten. *Grundtätigkeiten* stellen Bewegungen dar, die Kinder in die Lage versetzen, ihre Umwelt in umfassenderem Sinne zu erleben, sich mit ihr auseinanderzusetzen und sie zu bewältigen. Sie dienen vor allem dazu, mit anderen Menschen, mit Geräten, verschiedenen Materialien in den „Umgebungsbedingungen" zu handeln und sich selbst mit der eigenen Bewegung zu erleben.

Wenn man diese Grundtätigkeiten betrachtet, muß man sich die Frage stellen: Wo können Kinder diese Erfahrungen sammeln und diese Bewegungen ausüben? Haben sie in unserem Lebensraum die Möglichkeit, sich so umfassend mit der Umwelt auseinanderzusetzen, wie dies notwendig ist, sollen nicht Defizite in ihrer Bewegungserfahrung oder gar in den körperlichen Fertigkeiten auftreten?

Nicht alle Kinder haben Böschungen als schiefe Ebenen zum Herunterpurzeln und -rollen, Bäume zum Klettern, Gräben zum Darüberspringen vor ihrem Haus oder gar einen eigenen Garten, wo sie mit den Grundtätigkeiten primäre, unverzichtbare Erfahrungen machen können. Manchmal können Kinder diese Erfahrungen noch in der freien Natur sammeln, oft aber – und das ist vor allem in den Großstädten der Fall – ist dies nicht mehr möglich. Dafür haben wir uns u. a. mit dem Turnen einen Ersatz geschaffen.

Im Laufe der letzten Jahrzehnte haben beispielsweise auch die Stadtplaner erkannt, daß für die Einengung des kindlichen Lebensraumes Ersatz geschaffen werden muß. Sie planen Spielplätze im Freien mit den verschiedensten Geräten. Es ist jedoch leicht zu erkennen, daß dies schon allein bei ungünstigen Witterungsbedingungen nicht ausreicht: Hallen geben Kindern die Möglichkeit, sich jeden Tag im allumfassenden Sinne zu bewegen. Von viel größerer Bedeutung ist jedoch die Möglichkeit, in den Hallen Geräte zu verwenden, die im Freien entweder gar nicht aufgestellt werden können oder zu schnell verschleißen, denn an Groß- und Kleingeräten, mit und ohne Partner, allein oder in Gruppen, können Bewegungen ausgeübt werden, die in der Vergangenheit zur Lebensbewältigung des Menschen tagtäglich notwendig waren und auch heute aus biologischen, psychologischen und pädagogischen Gründen noch genauso notwendig sind.

Betrachtet man die Bewegungsakte, die in den Grundtätigkeiten vorkommen, so läßt sich erkennen, daß ein großer Teil von ihnen im *normfreien Turnen* zusammengefaßt sind. Vor allem das Hindernisturnen bietet eine Vielzahl von Möglichkeiten, die genannten Bewegungen auszuführen und die mit ihnen verbundenen primären, unverzichtbaren Erfahrungen zu machen. Normfreies Turnen deshalb, weil hier das Lösen von Aufgaben im Vordergrund der Bewegungshandlungen steht und nicht die von außen festgesetzte Bewegungstechnik des Gerät- oder gar Kunstturnens.

Im Bereich des normfreien Turnens sollen bei Kindern durch die Art der Aufgabenstellung oder durch den Aufforderungscharakter der Geräte Bewegungsbedürfnisse geweckt und befriedigt sowie Kreativität und Spontaneität angeregt werden, damit sie bestimmte Aufgaben selbständig lösen können.

Wenn man das normfreie Bewegen im Hindernisturnen als eine direkte Umsetzung der Alltagsmotorik auf „künstliche Geräte" betrachtet, so sind darin zwei Begriffe zu erkennen: einmal der Begriff Hindernis – darin steckt schon die Aufforderung, es zu überwinden – und zum anderen der Begriff Turnen, d. h. eine Form von Bewegung, die es sich u. a. zum Ziel gesetzt hat, an Geräten den eigenen Körper zu bewegen. Dabei können die Übenden dies unter den verschiedensten Möglichkeiten im Rahmen der Grundtätigkeiten durchführen. Manche Kinder werden versuchen, ihnen schon bekannte Formen des Steigens, Kletterns, Springens, Hängens usw. auf die Geräte zu übertragen, um sie so zu überwinden. Andere werden selbst neue Möglichkeiten finden, sich über oder unter den Geräten zu bewegen. Dabei kann man schon Formen des Ab- und Aufschwingens, Auf- und Abwindens, Hindurchstützens, Unter- und Überschwingens und vieles mehr finden. Wieder andere Kinder werden versuchen, nachzuahmen, was andere vor ihnen gezeigt haben.

Sowohl die Anordnung und die Konstruktion der Geräte als auch die durch sie möglichen Aufgabenstellungen führen zu Bewegungsaktionen, die Kindern neue Dimensionen eröffnen. Dabei ist zu bemerken, daß Kinder, je mehr Erfahrungen sie mit Großgeräten machen, immer mehr zu ökonomischen Bewegungen kommen, die ihnen das Lösen von Bewegungsaufgaben erleichtern.

Diese Grundtätigkeiten – oder Grundbewegungen – können, auf das Turnen bezogen, folgendermaßen charakterisiert werden:

Grundbewegungen sind Tätigkeiten, die von Kindern ohne Vorbereitung ausgeführt und im turntechnischen Sinne auch nicht falsch gemacht werden können. Je ökonomischer diese Bewegungen sind, desto mehr werden sie dazu führen, mit einer bestimmten Technik die Aufgaben zu bewältigen.

Hier erkennt man, daß sich Turnen in zwei Ebenen darstellen läßt. In der ersten Ebene geht es eigentlich nur um *Können* oder *Nichtkönnen,* etwa auf den Stufenbarren hinauf, über den Bock darüber, um die Reckstange herum usw. In dieser ersten Ebene sind alle Grundbewegungen des Turnens zu finden. Sie stellen einen zentralen Bereich innerhalb von ganz natürlichen und überall vorfindbaren Bewegungen dar, die aus den Grundtätigkeiten abgeleitet werden können.

In der zweiten Ebene erst, die vom Prinzip der „Gestaltsoptimierung“ getragen ist, geht es darum, eine möglichst gute Gestalt der turnerischen Bewegungen zu erreichen. In dieser Stufe des Turnens beginnt die qualitative Ausprägung der Bewegung. Dies beginnt beim Turnen von Fundamentalbewegungen und führt hin bis zum Turnen von Schwierigkeitsteilen.

Das Buch beginnt mit der Erarbeitung der einfachsten Bewegungen (Fundamentalbewegungen) an den Geräten Boden, Sprung, Ringe, Schwebebalken, Stufenbarren, Barren, Reck und Mini-Trampolin. Das Turnen am Pauschenpferd (Seitpferd) ist für den Bereich des Kinderturnens nicht angebracht, einmal aus Gründen der Kraft und zum anderen aus motivationalen Gründen. Ein Bewegungserfolg stellt sich an diesem Gerät erst nach langjährigem Training ein. Das Pauschenpferd im normierten Turnen wird deshalb in diesem Buch nicht behandelt.

Die pädagogische Bedeutung des Turnens

Die pädagogische Bedeutung des Gerätturnens wird seit langem kontrovers diskutiert, und es gibt eine Vielzahl von Deutungen. In den letzten Jahren wurden einige Aussagen über die pädagogische Bedeutung des Gerätturnens veröffentlicht, die auch für die inhaltliche Gestaltung des Unterrichts Konsequenzen haben.

Ich möchte mich auf zwei neuere Deutungen allgemeiner Art im folgenden beziehen, da sie mir als besonders geeignet erscheinen, die pädagogischen Möglichkeiten des Gerätturnens aufzuzeigen. Einmal die Darstellung aus anthropologischer Sicht über die Bedeutung von Bewegungshandlungen *Grupes* und zum anderen *Kurz'* Perspektiven der Bewegungserziehung im Elementar- und Primarbereich. *Grupe* unterscheidet an Bewegungshandlungen instrumentelle, explorierend-erkundende, soziale und personale Bedeutungen. *Kurz* hat für die Bewegungserziehung im Elementar- und Primarbereich vier pädagogische Perspektiven angeführt: Gesundheit, Wahrnehmungsfähigkeit und Erfahrung, Spiel und Sport. Die Ausführungen beider Autoren sind zum Teil bei einem unterschiedlichen Systematisierungsansatz übereinstimmend oder ergänzen sich gegenseitig. Für mein Verständnis von Turnen scheint es mir sinnvoll, ihre Aussagen dort, wo sie das gleiche meinen, zusammenzufassen.

Im folgenden möchte ich daher versuchen, die Bedeutungen von Bewegungshandlungen mit den Perspektiven der Bewegungserziehung zu verzahnen und ihre Anwendung auf das Turnen zu beleuchten.

Bewegungshandlungen mit *instrumenteller Bedeutung* geben uns die Möglichkeit, uns in unserer Umwelt zurechtzufinden und sie zu beherrschen. Wollen Kinder beispielsweise über einen Graben springen, irgendwo hinaufklettern und herunterspringen, von einer schiefen Ebene wie ein Baumstamm herunterrollen, so haben diese Bewegungen für Kinder einen unmittelbaren Brauchwert, das tun sie überall. Auf das Turnen bezogen bedeutet dies, daß sie an künstlichen Geräten Dinge lernen und anwenden, die sie auch im Alltagsleben gebrauchen können. So kann man mit dem Tau über Gräben hinwegschwingen und auf der anderen Seite herunterspringen. Dabei müssen sie, um sicher drüberzukommen und zu landen, die Beine auf eine bestimmte Art vorbringen. Wenn Kinder vom Stufenbarren, der Gitterleiter oder irgendwo sonst herunterspringen, müssen sie auf eine bestimmte Art die Fallgeschwindigkeit bremsen, sonst könnten sie sich verletzen. Die im Turnen der Grundbewegungen dabei erkennbaren Formen sind Steigen, Klettern, Hängen und Hangeln, Schwingen, Springen, Stützen, Rollen und Niederspringen. Es wird der Körper als Instrument eingesetzt, um Alltagsbewegungen zu erlernen.

Unter der *gesundheitlichen Perspektive* kann das Gerätturnen in bestimmten Altersstufen, insbesondere im Kindesalter, in der Vielseitigkeit seiner Entwicklungsreize durch keine andere Sportart ersetzt werden. Mit Ausnahme des aeroben Ausdauertrainings sind alle anderen Trainingsreize möglich.

Bedingt duch die Gerätekonstruktion – mit Ausnahme des Bodenturnens, Schwebebalkens und beim Sprung –, sind alle Geräte Hang- bzw. Stützgeräte, die überwiegend die Kraft in der Arm-, Schulter- und Rumpfmuskulatur erfordern und diese damit auch ausbilden.
Die Möglichkeiten, Geräte miteinander zu kombinieren, wie Langbank, Barren, Taue, Reck, Gitterleiter, Kletterstangen u. a., eröffnen ein weites Feld, vielseitige Entwicklungsreize zu

ersetzen. Der Vorteil liegt darin, die Geräte in ihrer Anordnung so aufzubauen, daß für jede Altersstufe, jedes Könnens- und Kraftniveau eine entsprechende optimale Belastung erreicht werden kann. Wenn Kinder z. B. auf dem Bauch an einer Schrägbank herunterrutschen, müssen sie mit den Armen bremsen, wie auch beim Herunterhangeln am Tau oder an den Kletterstangen. Auch wenn am Kastenbarren Kinder in die Kipplage aufschwingen, wird die gesamte Schulter-, Bauch- und Oberschenkelmuskulatur stark belastet. Dabei kann man durch Hilfsgeräte oder andere Ausgangspositionen die Belastung so dosieren, daß individuell verschiedene optimale Reize gesetzt werden können. Im Bodenturnen oder beim Pferdsprung wird beim Absprung durch schnellkräftige Aktion die Beinmuskulatur – in einer bestimmten Art und beim Landen oder Niedersprung auf eine andere Art – (kompensatorisch) belastet.

Grundsätzlich gilt dabei, daß tägliche Entwicklungsreize die effektivste Wirkung erzielen. Mindestens jedoch 2- bis 3mal in der Woche sollten Bewegungsreize erfolgen. Da dies in der Schule nur ausnahmsweise der Fall sein kann, bleibt nur die Möglichkeit, das freie Bewegungsleben in der Natur oder den Verein als „gesundheitliche Nachhilfestunde" zu nützen. Die Maximal-Schnell- und Haltekraft, die Beweglichkeit in den Gelenken und die Elastizität der Muskeln und der Sehnen können bei richtigem Angebot im Gerätturnen ausgezeichnet geübt werden.

Es sollte in diesem Zusammenhang erwähnt werden, daß die Frage des Kraftzuwachses bei Kindern vor der Pubertät neu diskutiert werden muß. Meine Meinung deckt sich mit den Aussagen russischer und rumänischer Trainer, die uns 1977 in Wilna bei den Europameisterschaften im Kunstturnen der Männer und in Bukarest anläßlich eines Länderkampfes mitteilten, daß bei 6- bis 11jährigen Jungen und Mädchen eine Verbesserung der Kraftleistungen bis zu 500% im Zeitraum von 4 bis 5 Jahren erfolgt sei. Diese Auskünfte werden von Praktikern in den Vereinen bestätigt. Ähnliche Erfahrungen machte ich in einer Untersuchung mit 7- bis 12jährigen Jungen in Baden-Württemberg.

Ich bin deshalb überzeugt, daß der kindliche Muskel immer trainierbar ist. Dabei wird bei normaler Alltagsbelastung sicher nur eine minimale Steigerung der Muskelkraft erreicht. Erst bei täglichem Training sind die genannten Ergebnisse zu erzielen.

Es ist anzunehmen, daß die Trainierbarkeit des Muskels durch den hormonalen Wachstumsschub zunimmt. Deshalb kann von diesem Zeitpunkt an mit weniger Trainingsaufwand, im Vergleich zu Kindern vor dem hormonalen Wachstumsschub, mehr Kraftzuwachs erreicht werden.

In der *explorierend-erkundenden Bedeutung* und unter dem Gesichtspunkt von *Wahrnehmung und Erfahrung* ist das Turnen in einem umfassenden Sinne geeignet, leibliche und materielle Erfahrungen an und mit Geräten durch den eigenen Körper zu sammeln.

Insbesondere im elementaren Bereich der Grundbewegungen können Kinder z. B. wahrnehmen und erfahren, wie sich einerseits eine Weichbodenmatte schlechter zum Abspringen eignet als der Boden, auf der anderen Seite aber, daß beim Herunterspringen auf diese Matte die Landung weniger hart ist – wie sie die Welt aus einer anderen Optik erleben, wenn sie kopfunter im Kniehang an einer Teppich- oder Reckstange hin- und herschwingen oder auf dem Kopf stehen –, wie sie die Beine zu einem bestimmten Zeitpunkt vor- und zurückschwingen müssen, wenn sie an den Tauen oder Ringen mehr Schwung bekommen wollen – wie sie, auf einem etwas höheren Könnensstand, aus dem Nesthang an den Schaukelringen kurz vor dem Umkehrpunkt des Vorschwunges den Griff lösen müssen, um sich mit einem viertel Salto rückwärts im Flug zu überschlagen, damit sie auf den Füßen landen. So können z. B. Kinder an den Tauen oder Kletterstangen unmittelbare Erfahrungen über die verschiedene Reibungsintensität machen und dies u. U. schmerzhaft wahrnehmen.

Ein weiterer Gesichtspunkt, der in dieser Bedeutungsebene erwähnt werden muß, wäre, wie Kinder hier ihren eigenen Körper wahrnehmen lernen, um ihn im Verhältnis zu den Geräten und zur Bewegung einschätzen zu können, auch wie lang und schwer einzelne Körperteile sind. Diese Wahrnehmungsfähigkeit, wie sich Körperteile bei Bewegungen zu irgendeinem Bezugssystem (Geräte, Erdoberfläche usw.) verhalten, wird durch die Augen und durch die Muskulatur ermöglicht. Im Turnen sind manche Bewegungen mit den Augen nich mehr kontrollierbar. Aber über die Spannungszustände in der Muskulatur kann man die Lage der Körperteile zueinander oder zum Gerät wahrnehmen. Das Empfinden über die Spannungszustände in der Muskulatur (Kinästhetik) ist wichtig und typisch für den Lernprozeß im Gerätturnen. Ohne diese Wahrnehmungsmöglichkeit und -fähigkeit wären viele Bewegungen im Gerätturnen gar nicht oder nur sehr schwer zu erlernen. Die damit auch geistige Auseinandersetzung zwischen Bewegung, Körperspannung, Wahrnehmung und Erfahrung ist im Gerätturnen immer in Abhängigkeit von mechanischen Gesetzen zu sehen. Ein Kind macht bei der Rolle vorwärts die Erfahrung, daß es mit gestreckten Beinen nicht in den Stand kommt, wenn es nicht die Hände zum Abstoßen hinzunimmt. Oder aber ein Schüler lernt, daß er aus dem Oberarmstütz (Oberarmhang) nicht in die Kipplage aufschwingen kann, wenn er mit dem Beinschwung vorhoch vor Passieren der Senkrechten beginnt. Auch gelingt ihm der Kippaufschwung am Reck nicht, wenn er nach dem Anristen die Beine nach unten wegschlägt, anstatt sie an der Stange entlang hochzuschieben.

Es erscheint mir auch bedeutsam, auf den für bestimmte turnerische Bewegungen eigenständigen Rhythmus hinzuweisen. Es gibt die Erfahrung des Rhythmus in der Regel nur bei Sportarten mit zyklischen Bewegungen, wie Rudern, Radfahren, Schwimmen, Laufen u. ä. m. Es ist typisch für das Turnen als azyklischer Sportart, daß sowohl die Einzeltechniken wie auch Bewegungskombinationen einen eigenen Rhythmus aufweisen. So haben beispielsweise die Felgbewegungen an Ringen, Barren und Reck einen typischen Eigenrhythmus. Dieser ist zwar abhängig von den unterschiedlichen konstitutionellen Voraussetzungen des Übenden, bleibt aber in der individuellen Ausprägung gleich. Die markanten Rhythmuswechsel, die wir im Gerätturnen vorfinden, sind immer im Zusammenhang von Bewegungsstruktur, Bewegungsweite, Gerätekonstruktion, Länge und Gewicht der einzelnen Körperteile mit den mechanischen Gesetzen zu sehen.

Ob man die Felgrolle am Boden betrachtet – bei der nach einer bestimmten Rollgeschwindigkeit eine blitzschnelle Hüftstreckung mit Armschub den Körper in den flüchtigen oder gar ruhigen Handstand bringt – oder ob beim einfachen Schwingen am hohen Reck der „Schnepperschwung“ zum Niedersprung geturnt wird –, es sind immr eigentypische rhythmische Folgen zu erkennen, die in der vorher genannten Abhängigkeit zueinander stehen.

Die *soziale Bedeutung von Bewegungshandlungen* ist im Gerätturnen unter zwei Aspekten zu erkennen: einmal beim gegenseitigen Helfen (das ist der kooperative Aspekt) und zum anderen beim Einhalten von Regeln (das ist der assoziative Aspekt).

Die kooperative Form des gegenseitigen Helfens sollte eigentlich schon beim Erlernen einfachster Bewegungen des Gerätturnens beginnen, so muß zum Beispiel, wenn der Mitschüler in den Kipphang am Barren aufschwingt, dafür gesorgt werden, daß er nicht das Gleichgewicht verliert. Beim Schwingen in den Handstand muß man ihn so halten, daß er sich nicht überschlägt oder in den Armen einknicken kann. Auch beim Niedersprung von den schwingenden Tauen oder Ringen muß der Mitschüler bereit sein, den Partner so zu sichern, daß er bei zu viel Vor- oder Rücklage nicht stürzen kann.

Die Form des kooperativen Handels dient im Gerätturnen sowohl der Sicherheit des Übenden als auch der Erfolgserreichung. Dies ist bei einfacheren Übungen im Gerätturnen nicht so deutlich zu erkennen. Bei schwierigeren Teilen des Turnens wird es augenscheinlich, daß unter Umständen Leib und Leben vom verantwortungsbewußten Helfen abhängt. Dieses gegenseitige kooperative Verhalten ergibt sich nicht von selbst, es muß frühzeitig begonnen und gelernt werden. Der Helfer ist der Mittler zum Erfolg, falls es beim Übenden koordinative Mängel oder Defizite in Kraft oder Beweglichkeit gibt. So ist es wichtig zu wissen: wie kann ein Schüler seinem Freund durch Schub- und Drehhilfe dabei helfen beim Hüft-Aufschwung vorlings rückwärts am Stufenbarren oder Reck in den Stütz zu kommen? Hat der Schüler Angst, die Hocke über die Reckstange zu turnen, dann gilt es, die psychischen Barrieren durch die absolut sichere Hilfe so abzubauen, daß er das Gefühl hat: mir kann nichts passieren, ich kann mich auf meinen Partner vollkommen verlassen. Oder: man sieht, daß der Gegner beim Einturnen immer den gleichen Fehler turnt und macht ihn darauf aufmerksam, wie er ihn abstellen kann, selbst auf die Gefahr hin, daß er beim Wettkampf dadurch mehr Punkte erhält als man selbst.

Der zweite, assoziative Aspekt der sozialen Bedeutung setzt bei Kindern so viel Einigung voraus, daß sie dabei lernen, gemeinsam aufgestellte Regeln einzuhalten. Dies kann sowohl im Hindernisturnen vorkommen als auch in einem normierten Wettkampf. Einmal gemeinsam vereinbarte Verabredungen von Schülern, die beispielsweise am Wettbewerb Jugend trainiert für Olympia teilnehmen wollen, haben zur Folge, daß diese Regelung über die Dauer der Vereinbarung eingehalten wird.

Die personale Bedeutung, die sich vor allem auch mit den Begriffen Leistung, Sicherheit, Souveränität und Können verbindet, hat im Gerätturnen mit Erfahrungen zu tun, die unmittelbar den Ausführenden betreffen. Dabei ist das absolute Könnensniveau von untergeordneter Bedeutung. Von personaler Bedeutung ist für das Kind unmittelbar, wenn es das erste Mal mit einer Drehhocke (Hockwende) über den Stufenbarren springt, einen Hüft-Aufschwung am Reck kann oder an den Kletterstangen bis nach oben kommt. Die Steigerung des Selbstwertgefühls – ich habe es geschafft – ist ein Teil dieser Bedeutung. Erfolgserlebnisse haben eine bestimmte, nur für den Ausführenden wichtige Bedeutung, gleichgültig ob sich ein Kind beim Kopf- oder gar Handstand einige Sekunden im Gleichgewicht halten kann oder ob der Kunstturner mit dem Erlernen und Beherrschen eines „Doppelsaltos" ein neues Bewegungsgefühl empfindet.

Im Turnen sind die meisten Bewegungen vom „Alles-oder-Nichts-Prinzip" getragen; hier hat die unmittelbare, an der Bewegung des Ausführenden gemachte Erfahrung eine direkte Bedeutung. Im Turnen ist der Mensch selbst der Gradmesser für die Bewegungen, die zweckfrei im eigentlichen Sinne sind. Hier ist die Unmittelbarkeit durch das Erlebnis für den Ausführenden sofort registrierbar, z. B. der Übende kommt beim Hüft-Aufschwung vorlings rückwärts in den Stütz oder nicht.

Aspekte von Leistung im Gerät- und Kunstturnen sind immer vor dem besonderen Hintergrund dieser Sportart zu sehen. Die sportliche Leistung des Turners wird bei frei gewählten Übungen (Kürübungen) nach Ausführung, Schwierigkeit und Kombination bewertet, bei den Pflichtübungen nur nach der Ausführung. Die Ausführung, vom Prinzip der „Optimierung der Gestalt" getragen, ist dabei letztlich Grundlage der Bewertung. Im Turnen ist die Schwierigkeit und der ästhetische Eindruck für den Beschauer von Bedeutung, im anderen Sportarten zählen Tore, Sekunden und Meter. Womit nicht gesagt sein soll, daß Bewegungen in anderen Sportarten nicht auch einen schwierigen oder ästhetischen Eindruck beim Beschauer hinterlassen können, für das Ergebnis jedoch ist dies dort unwichtig. Personale Bedeutung kann aber auch ein Versagen im Wettkampf haben oder die Erkenntnis, daß bei mangelnder Beweglichkeit im Querspreizen ein guter Handstütz-Überschlag vorwärts schlechter zu turnen ist als bei guter Beweglichkeit.

Auch Sensationslust, Spannung und hasardeurhafte Aspekte sind Gesichtspunkte, die personale Bedeutung haben, z. B. wenn Studenten oder Schüler mit dem Minitrampolin die Überschläge (Saltos) immer höher hinauftreiben, so tun sie dies nicht nur, um die eigene Leistungsfähigkeit in einer bestimmten Weise zu erleben, sondern manchmal auch deshalb, um damit zu renommieren.

Das zentrale pädagogische Problem, das besonders im Gerätturnen unmittelbar am Bewegungsvollzug erlebt wird, ist das Erfolgserlebnis. *Das Gerätturnen wird bei Schülern interessant und attraktiv bleiben, solange die Summe der Erfolgserlebnisse größer ist als die der Mißerfolge.* Erfolgserlebnisse stärken die Selbstsicherheit und das Selbstbewußtsein von Kindern, sie helfen mit, ihre Persönlichkeit zu prägen. Eine überdauernde Motivation, Gerätturnen zu betreiben, wird nur erreicht und erhalten, wenn die Voraussetzungen geschaffen worden sind, zu Erfolgserlebnissen zu gelangen, die man dem eigenen Können und der eigenen Leistung zuschreiben kann.

Turnen als Gerät- und Kunstturnen

Im Hindernisturnen, dem normfreien Turnen, ist die Selbstdarstellung durch das eigene Können nicht in dem Maße möglich wie beim Turnen von Übungsteilen oder Übungen im normierten Turnen. Auch Kinder wollen sich produzieren und zeigen, was für Kunststückchen sie an den Geräten beherrschen.

Unter dem Aspekt der ökonomischen Bewältigung einer Bewegungsaufgabe und der Spezialisierung nach bewegungstechnischen Gesichtspunkten entwickeln sich im normfreien Turnen Formen, die als Auf-, Ab- und Umschwingen, als Über-, Auf- und Abspringen, als Überschlagen, Rollen, Felgen, Kippen und Stemmen strukturell gekennzeichnet sind. Die einfachsten Bewegungsformen dieser Turntechniken bezeichnet man als Fundamentalbewegungen des Gerätturnens.

Fundamentalbewegungen sind im Sinne der Turntechnik zielgerichtete Koordinationen in räumlicher, zeitlicher und energetischer Hinsicht. Sie lassen sich eindeutig in Bewegungsstrukturgruppen des Geräteturnens einordnen.

Fundamentalbewegungen sind die Grundlage für die Erlernung der schwierigen Teile des Gerät- und Kunstturnens. In diesem Bereich des Gerätturnens weisen die Bewegungen zum Teil auch aus ökonomischen Gründen qualitative Merkmale auf und sind somit schon von einem wesentlichen Prinzip des Gerätturnens getragen, vom Prinzip der „Optimierung der Gestalt".

Grundsätzlich meine ich, daß die Fundamentalbewegungen im Gerätturnen für alle gesunden Kinder erlernbar sind, „da sie Ableitungen aus den Grundbewegungen darstellen". Außerdem sind sie durch meist räumliche Begrenztheit, geringere Anforderungen an die Koordination, Kraft und Beweglichkeit sowie an konzentrative, geistige Leistungsfähigkeit gekennzeichnet.

Die Schwierigkeitsteile des Gerät- und Kunstturnens

Von der Beherrschung der Fundamentalbewegungen der einzelnen Strukturgruppen ausgehend, können durch größere Bewegungsweite, Veränderung der Ausgangsposition und durch Überlagerung mit weiteren Bewegungsstrukturen Teile höherer Schwierigkeit erlernt werden. Die Voraussetzungen dafür sind immer im Zusammenhang mit der Verbesserung der motorischen, der koordinativen und der physischen Leistungsfähigkeit zu sehen.

Schwierigkeitsteile im Gerät- und Kunstturnen sind Tätigkeiten, die ein Höchstmaß an zielgerichteter Koordination im Sinne der Turntechnik in räumlicher, zeitlicher und energetischer Hinsicht darstellen. Durch den internationalen Turnerbund (I.T.B.) wurden für die Durchführung von Vergleichswettkämpfen einheitliche Regeln erstellt. Diese Wertungsrichtlinien (Code de Pointage) verlangen frei zusammengestellte Übungen (Kürübungen) an fünf Geräten und einen Kürsprung. Die Kürübungen stellen eine Zusammenstellung (Kombination) von einer bestimmten Anzahl von Einzelteilen dar. Jeder dieser Einzelteile einer Kürübung besitzt einen bestimmten Schwierigkeitsgrad. Man nennt sie deshalb auch Schwierigkeitsteile.

Diese Schwierigkeitsteile sind nach A (geringerer), B (mittlerer) und C (höchster) Schwierigkeit geordnet. Die Schwierigkeitsteile der Kategorie A können an den Geräten Boden, Barren und Reck als durchaus schuladäquat bezeichnet werden. Sie sind bei entsprechender methodischer Aufbereitung und systematischem Aufbau, von den Fundamentalbewegungen der einzelnen Bewegungsstrukturen ausgehend, für die Mehrzahl aller Schüler erlernbar.

Beim Erlernen von Schwierigkeiten der Kategorie B wird es im Schulunterricht in der Regel, von einigen Teilen beim Bodenturnen abgesehen, Einschränkungen geben. Es sei denn, daß im Rahmen von Neigungsgruppen oder Leistungskursen ein entsprechend größerer Zeitraum dafür zur Verfügung steht. Ansonsten kann dies durch das Leistungsturnen in den Vereinen erreicht werden. Abgesehen von einem größeren Zeitaufwand, müssen für das Erlernen dieser Teile besondere körperliche Voraussetzungen vorhanden sein, da sie zum Teil erhöhte Anforderungen an Kraft und Beweglichkeit stellen. Im Schulsport können diese Voraussetzungen nicht geschaffen, d. h. erarbeitet werden.

Lernen im Gerätturnen – methodische Überlegungen

Wenn bisher die Fragen: *warum* Gerätturnen? und *was* im Gerätturnen? gestellt und beantwortet wurden, soll in diesem Abschnitt beschrieben werden, wie Kinder turnen lernen können oder sollen. Diese wichtigen Entscheidungen, die dabei die Lehrenden, aber auch die Lernenden zu treffen haben, sind methodische Entscheidungen, die jedoch nicht unabhängig von den beschriebenen pädagogischen Überlegungen zum Turnen gesehen werden können.

Jeder Lehrer, Trainer und Übungsleiter, der mit Schülern im Gerätturnen arbeitet, weiß aus Erfahrung, daß Lernende in der Regel nur selten schwierige Bewegungen auf Anhieb beherrschen können. Schüler, die dies können, sind die Ausnahme, sie besitzen eine hohe motorische Intelligenz. Sie sind in der Lage, die vom Lehrenden durch Film, Bildreihen, Vormachen oder Sprechen geschaffenen Bewegungsvorstellungen sofort aufzunehmen, umzusetzen und nachzuvollziehen.

Bei Schülern, die diese Voraussetzungen haben, treten in der Regel keine oder nur minimale Störungen in folgenden Bereichen auf:

– *dem physikalisch-mechanischen* (die Körperaktionen entsprechen den mechanischen Gesetzmäßigkeiten)

– *dem koordinativ-konzentrativen* (der Zeitpunkt der Körperaktionen in bezug auf Richtung und Intensität entspricht den mechanischen Gesetzmäßigkeiten)

– *dem anatomisch-physiologischen* (die Kraft und Beweglichkeit verhalten sich günstig im Vergleich zum eigenen Körpergewicht)

– *dem psychologischen Bereich* (durch die im Gerätturnen bei extremen Lagen, großen Schwüngen oder bei Überwindung von Hindernissen auftretenden Angstbarrieren können Sperren für den Lernprozeß eintreten).

Schüler, bei denen in einem oder mehreren Bereichen starke Störungen auftreten, dies wird die überwiegende Mehrzahl sein, werden beim Lernen durch Nachahmung Mißerfolg haben. In diesem Fall muß mit methodischen Teilschritten gearbeitet werden.

Im vorhergehenden Abschnitt habe ich beschrieben, wie sich die Grundbwegungen im Turnen (Hindernisturnen) darstellen und ableiten lassen. Die *Grundbewegungen*, die der Alltagsmotorik zuzurechnen sind und von allen Kindern direkt erlernt werden können, sollten mittels ganzheitlicher Methodik erarbeitet werden. Sobald es jedoch im normierten Turnen an die Erarbeitung der Fundamentalbewegungen und darüber hinaus geht, muß dann, wenn verschiedene Bewegungsaktionen miteinander in einer bestimmten zeitlichen, räumlichen und energetischen Abhängigkeit stehen, die Gesamtbewegung in funktionale Abschnitte zergliedert werden.

U. Göhner hat im nächsten Abschnitt dieses Buches „Bewegungstheoretische Überlegungen", Seiten 35 bis 48, wesentliche Aussagen „Zum Aufbau von Fertigkeiten des Gerätturnens" gemacht.

Die dort gemachten Aussagen werden dergestalt erweitert, daß Fundamentalbewegungen je nach Anzahl der strukturellen Anteile funktional analysiert und gelehrt werden sollten.

Fundamentalbewegungen ganzheitlich zu vermitteln ist nur dann zu empfehlen, wenn der Erfahrungsstand des Schülers entsprechend groß ist und die zu erlernende Bewegung von nur einer Bewegungsstruktur getragen wird.

Für die Schüler ist es wichtig, Hintergründe – warum in Teilschritten gelernt werden soll – zu erfahren. Dabei hat die Arbeitsorganisation im gegenseitigen Helfen entscheidende Bedeutung.

Didaktische Checkliste

Die im vorangehenden Kapitel behandelten Begründungen sind hier in Form einer „Checkliste“ zusammengefaßt.

Es sollte den Kindern unter anderem

im kinästhetischen Bereich

räumliche Erfahrungen durch Schwingen, Springen, Stützen, Drehen und Fliegen sammeln helfen

Bewegungssteuerungen auch unter schwierigen Lagebedingungen (wie Kopf unten, Beine oben) lernen helfen

durch Muskelempfinden das Verhältnis in der Lage der Körperteile zueinander abschätzen und steuern lernen

die eigene Körperkraft erleben und ihre Grenzen abschätzen lernen

ermöglichen, ihren Krafteinsatz in bezug auf Richtung, Zeitpunkt und Intensität richtig dosiert einzusetzen

lernen, eigene Bewegungen in Beziehung zu Weite, Höhe und Tiefe und dem eigenen Körperempfinden einzuordnen;

im sozial-emotionalen Bereich

zeigen, wie man gemeinsam eine Aufgabe lösen kann

Verständnis für den Partner aufbringen lernen

zu einer Befriedigung des eigenen Bewegungstriebs verhelfen

angstfreies Lernen ermöglichen

Möglichkeiten anbieten, zu lernen, daß man im gegenseitigen Helfen und Sichern ein Feld der Gemeinsamkeit hat;

durch äußere Hilfe wie Partner und Geräte eventuelle Angstgefühle abbauen helfen

Situationen provozierend anbieten, in denen sie lernen können, Gefahren zu erkennen, ihr Risiko einzuschätzen und Lösungsmöglichkeiten zu probieren

Freude sowohl über den eigenen wie auch über den Erfolg des Partners erleben lassen

Erfolgserlebnisse vermitteln, um ihre Persönlichkeitsstruktur positivierend zu beeinflussen

im kognitiven Bereich

ermöglichen zu erleben wie, durch die verschiedenen Geräte bedingt, sowohl gleiche, ähnliche wie auch verschiedene Bewegungen geturnt werden können

Verständnis vermitteln, wie Geräte und Matten richtig auf- und abgebaut werden müssen, damit durch fehlerhaftes Verhalten keine Verletzungen und Unfälle entstehen

die Bezeichnungen für die verschiedenen Bewegungen im Turnen nahebringen, um sie richtig einordnen zu können

beim Aufbau von richtigen Bewegungsvorstellungen helfen

die Zusammenhänge und die Abhängigkeit von Körperbewegungen mit den mechanischen Gesetzen erkennen lassen

den Zusammenhang von Kraft und Beweglichkeit als Voraussetzung für das Erlernen von turnerischen Elementen verdeutlichen und begreifen lassen

die Voraussetzungen schaffen helfen, Bewegungsvorstellungen, Bewegungsbeobachtungen als Grundlage für eventuelle Fehlerursachen erkennen zu können

helfen, ihren Partnern Bewegungsfehler zu sagen und durch Korrektur für Abhilfe zu sorgen

den Sinn und die Wichtigkeit von konzentriertem Üben aufzuzeigen und einsichtig machen

die Einsicht vermitteln, daß für jeden Bewegungserfolg eine bestimmte Hauptphase entscheidend ist

aus der Kenntnis über die Hauptphase einer Bewegung eine Begründung für bewegungsentscheidendes Helfen ableiten lernen

Es sollte den Lehrenden unter anderem

im biomechanischen Bereich

die Zusamenhänge von mechanischen Gesetzen und turnerischen Bewegungen erkennen und begründen lassen

Einsicht geben in die Gesetze der Statik und Dynamik

die im Gerätturnen vorkommenden Bewegungsarten aufzeigen

Wissen vermitteln über die „Körperachsen", den Gesamtkörperschwerpunkt, diese Kenntnisse in Verbindung zu bringen mit Bewegungsbeobachtung – Bewegungsvorstellung – und damit eventuelle Fehlerursachen erkennen zu können

in die Lage versetzen, den Kindern die Zusammenhänge von Beweglichkeit, Körperkraft und Gewicht mit den mechanischen Gesetzen zu verdeutlichen und zu erklären;

im informationstheoretischen Bereich

Informationsmöglichkeiten aufzuzeigen, wie durch Sehen, Hören, Fühlen und Muskelempfinden (Kinästhetik) bei Kindern Bewegungsvorstellungen geweckt werden können

Hintergründe aufzeigen, warum, wieviel Anweisungen von Kindern auf einmal aufgenommen und „verarbeitet" werden können

die Begrenzung der Aufnahmefähigkeit bei Kindern erkennen lassen, um danach handeln zu können

in die Lage versetzen, bewegungsentscheidende Anweisungen in eine klare, eindeutige und einfache Sprache zu kleiden

zu einer möglichst „bildhaften" Sprache anregen;

im methodischen Bereich

je nach Kernteil und Notwendigkeit verschiedene Vermittlungsmethoden aufzuzeigen und anwenden lernen

Organisationsformen anbieten, die einen hocheffektiven Unterricht ermöglichen

durch Hinweise über äußere Hilfen wie Partner oder Geräte ein Tätigkeitsfeld schaffen, das von einem Miteinander „Lernender und Lehrender" gekennzeichnet ist

methodische Prinzipien aufzeigen und anwenden lassen, wie vom Bekannten zum Unbekannten und vom Leichten zum Schweren vorgegangen werden kann

die Zusammenhänge im „Erweiterungslernen" von funktionalen Analysen zu methodischen Konsequenzen verdeutlichen und durchsichtig machen

die Abhängigkeit funktionaler Überlegungen für Helfen und Sichern erkennen lassen, um erfolgsversprechende methodische Schritte aufzubauen;

im Bereich der Struktur- und Bewegungslehre

den Begriff der Bewegungsverwandtschaften aufzeigen und die Zusammenhänge zur Methodik nahebringen

die acht Strukturgruppen erkennen lernen

die Zusammenhänge der verschiedenen Strukturgruppen zueinander aufzeigen

die Fundamentalbewegungen jeder Strukturgruppe aufzeigen, um sie für die Lehre einordnen zu können

die Möglichkeiten aufzeigen, wie gewonnene Bewegungserfahrungen der gleichen Struktur von einem auf ein anderes Gerät übertragen werden können

die Zusammenhänge erkennen zu lassen, wie ein geradliniger Weg von den Fundamentalbewegungen einer Struktur zu den schwierigeren Bewegungen des Kunstturnens der gleichen Struktur gegangen werden kann

wie die Koppelung bzw. die Überlagerungen mit weiteren Bewegungsstrukturen ermöglicht wird.

Dafür berücksichtigte und weiterführende Literatur:

Borrmann, G.
Gerätturnen
Berlin 1972

Bruckmann, M, Meusel, W.
Curriculum-Kommission Schulsport, Arbeitskreis Gerätturnen
Kultusministerium Nordrhein-Westfalen 1976

Gabler, H., Grupe, O.
Bewegung, Spiel, Sport. Gutachten und Studien der Bildungskommission
Deutscher Bildungsrat 1973

Göhner, U.
Funktionale Bewegungsanalyse
Schorndorf 1979

Grupe, O.
Was ist und bedeutet Bewegung
in „Die menschliche Bewegung", (Hrsg. Hahn/Preisung), Schorndorf 1976

Baur, J, Hahn, H., Holz, P.
Grundlagen des Kanusports
Stuttgart 1977

Hahnebuth, O.
Rhythmisches Turnen – eine sportliche Kunst
Frankfurt 1964

Hettinger, Th.
Isometrisches Muskeltraining
Stuttgart 1972

Hollmann, W.
Sportmedizin
Berlin 1977

Klein, Ch., Knirsch, K.
Die Struktur der Situation organisierter Erfahrung
Unveröffentl. Manuskript, Tübingen 1978

Klein, Ch.
Spielerziehung im Turnen
Referat beim Jugendturntag des STB 1978

Knirsch, K.
Lehrbuch des Gerät- und Kunstturnens
Böblingen 1983

Kurz, D.
Elemente des Schulsports
Schorndorf 1977

Kurz, D.
Bewegungserziehung im Elementar- und Primarbereich
Deutsches Turnen 1978/1

Meusel, H.
Einführung in die Sportpädagogik
München 1976

Scherler, K.-H.
Sensomotorische Entwicklung und materiale Erfahrung
Schorndorf 1975

Schöpe, F.
Zur didaktischen Struktur des Gerätturnens
Ahrensburg 1976

Die Fundamentalbewegungen des Gerätturnens innerhalb der strukturellen Ordnung

Fundamentalbewegungen

Als Fundamentalbewegungen im Gerätturnen bezeichnet man die einfachsten Bewegungen jeder Strukturgruppe. Sie sind im Sinne der Turntechnik zielgerichtete Koordinationsbewegungen in räumlicher, zeitlicher und energetischer Hinsicht. Sie lassen sich eindeutig in Bewegungsstrukturgruppen des Gerätturnens einordnen.

Die Veröffentlichungen von Leirich/Rieling ordnen alle Bewegungen des Gerätturnens in acht Strukturgruppen ein.

Es sind dies

1. Rollbewegungen
2. Beinschwungbewegungen
3. Sprungbewegungen
4. Auf- und Umschwungbewegungen
5. Überschlagbewegungen
6. Kippbewegungen
7. Felgbewegungen
8. Stemmbewegungen

In einer Analyse dieser acht Strukturgruppen können wir erkennen, daß diese strukturelle Ordnung es zuläßt, innerhalb jeder Strukturgruppe Fundamentalbewegungen zu finden.

Dies ist für die Lehre im Gerätturnen eine Primärerkenntnis. Das Wissen um diese Fundamentalelemente jeder Strukturgruppe ist der „Schlüssel zum Einstieg" in das Gerätturnen.

Dabei müssen wir auf die Besonderheit der Beinschwungbewegungen hinweisen.

Während Leirich/Rieling alle anderen Strukturgruppen nach Drehbewegungen (Rotation) oder geradlinige Bewegungen (Translation) beschreiben, werden die Beinschwungbewegungen als schwungvolle Beintätigkeit, die den Körper in ein anderes Verhalten bringen von vorlings in rücklings oder umgekehrt, beschrieben.

Demnach wäre unsere Zuordnung der Beinschwünge, die keinen Verhaltenswechsel zur Folge haben, nicht gestattet.

Wenn wir diese Zuordnung trotzdem vornehmen, hängt dies mit der gleichen Aktion der Beinschwünge zusammen, die bei turnerischen Elementen durchgeführt werden.

Schema der gewählten Fundamentalbewegungen mit ▷

Bewegungs-strukturen	Fundamentalbewegungen	Veränderungen der Bewegungsweite
Rollbewegung	Rückenschaukel vor- und rückwärts	Erhöhung der Drehgeschwindigkeit und Aufrichten in den Stand
Beinschwungbewegungen und Beinschwünge	Schwingen im Hang am Reck und an den Ringen	Erhöhung der Pendelschwünge
Sprung-bewegungen	ein- und beidbeinige Absprünge mit und ohne Handstütz	größere Flugweite und Flughöhe durch Verwendung von Hilfsgeräten wie Reutherbrett und Mini-Trampolin
Auf- und Umschwungbewegungen	„halber Aufschwung" rückwärts am Barren und an den Ringen in den Kipphang	Erhöhung der Endposition (des KSP-Niveaus) beim Hüft-Aufschwung rückwärts am brusthohen Reck
Kippbewegungen	am Boden abrollen vorwärts mit gebeugtem und fixiertem Hüftgelenk	Beinschwung vor abwärts aus der Rückenlage und abbremsen vor Bodenkontakt
Überschlag-bewegung	Handstütz-Überschlag seitwärts (Rad)	„Rad" über den flüchtigen Seithandstand
Felgbewegungen	Felgunterschwung mit Schwungbeinhilfe am brusthohen Reck	
Stemm-bewegungen	Sprungstemme am Reck	

Veränderungen und Überlagerungen

Veränderungen der Ausgangsposition	Überlagerungen mit weiteren Bewegungsstrukturen
am Boden Rolle vor- und rückwärts aus dem Stand, am Barren Rolle vorwärts aus dem Grätschsitz in den Grätschsitz	– Sprungbewegung zur Sprungrolle
am Barren schwingen im Stütz, am Reck schwingen im Stütz, am Boden einbeiniger Rückhochschwung	– Aufschwungbewegungen – Überschlagbewegungen – Sprungbewegungen
aus dem Anlauf und Ansprung	– Rollbewegungen – Überschlagbewegungen – Beinschwungbewegungen
beidbeiniger Absprung zum Aufschwung rückwärts am brusthohen Reck	– Sprungbewegungen – Beinschwünge (ein- und beidbeinig)
aus dem Kipphang am Barren (Kippe in den Grätschsitz)	– Beinschwünge
aus dem Anlauf und Absprung	– Beinschwünge (einbeinig) – Sprungbewegung (ein- und beidbeinig)
mit beidbeinigem Absprung	– Beinschwünge (ein- und beidbeinig) – Sprungbewegung – Aufschwungbewegung
mit beidbeinigem Absprung	– Sprungbewegungen

Fundamentalbewegungen der im Buch behandelten Strukturgruppen

Im umseitigen Schema sind in der ersten Spalte aus jeder Strukturgruppe die für dieses Buch gewählten Fundamentalelemente dargestellt.

In den Spalten 2, 3 und 4 sind die möglichen Veränderungen zur Überleitung in schwierigere Elemente beschrieben.

Bewegungstheoretische Überlegungen

Nachdem in Abschnitt I beschrieben wurde, welche Übungen aus der Vielfalt der im Gerätturnen möglichen Bewegungen speziell für das Turnen mit Kindern herausgegriffen werden können, sollen jetzt zwei weitere wichtige Aspekte betrachtet werden.

Der erste betrifft den Aufbau und die Struktur des einzelnen Bewegungsablaufs, der zweite geht auf die Situation der lernenden Kinder ein. Aus beiden Aspekten lassen sich bestimmte Bedingungen ableiten, die als Rahmen für die Konzeption der Lehrstufen in diesem Buch zu betrachten sind.

Solche Hinweise sind übrigens im Turnen nichts Neues. Schon bei JAHN ist ein besonderes Kapitel zu finden, das sich „über die Art, wie die Turnübungen zu treiben und im Gange zu erhalten", sind, ausläßt. Aber leider hat diese traditionelle Komponente im Turnen auch immer wieder zum unreflektierten Übernehmen alter Verfahrensformen geführt, die von der Sache der einzelnen Bewegung und von der Individualität des einzelnen Schülers her nicht gerechtfertigt waren.

Ein Teil der heute in Schule und Verein gebräuchlichen Bedingungen ist auf die praktische Erfahrung des Turnlehrers oder Übungsleiters gegründet: Da man mit dieser oder jener Lehrfolge oder mit dieser oder jener Gerätanordnung oder mit einer ganz speziellen Instruktion bei einigen Schülern Erfolg hatte, hält man diese für die beste. Gelegentliche Mißerfolge werden anderen Umständen zugeschrieben.

Ein anderer Teil dieser Bedingungen wird aus theoretischen Überlegungen, die sich mit Fragestellungen des Lehrens und Lernens auseinandergesetzt haben, abgeleitet. (Wieviel Teile darf man gleichzeitig verlangen, in welcher Reihenfolge sollen sie erlernt werden usw.?)

In beiden Fällen ist stets Skepsis angebracht, da in beiden Fällen ein Irrtum nicht auszuschließen ist. (Die Geschichte der Methodik der einzelnen Sportarten weist eine Reihe solcher Irrtümer auf.) Die in diesem Buch verfolgten Möglichkeiten können weder ausschließlich mit nur praktischen Erfahrungen noch mit rein theoretischen Ableitungen begründet werden. Sie stellen einen Kompromiß dar, der theoretische Überlegungen aus der allgemeinen Bewegungslehre des Sports mit praktischen Erfahrungen im Gerätturnen in Einklang und in organisatorisch machbare Formen zu bringen versucht.

Ein Teil dessen, was aus der Bewegungslehre des Sports verwendet wird, soll jetzt in aller gebotenen Kürze dargestellt werden. Es betrifft, wie bereits angedeutet, den Aufbau und die Struktur der einzelnen Bewegung und die Situation des lernenden Kindes.

Zum Aufbau der Fertigkeiten des Gerätturnens

Die wichtigste, im folgenden herauszustellende Eigenschaft ist die Tatsache, daß eine Fertigkeit aus dem Gerätturnen nicht aus einer Menge willkürlicher Teile und zufälliger Aktionen, sondern aus einer wohlgeordneten und begründeten Folge von Phasen, Aktionen und Verlaufsformen mit ganz bestimmten Funktionen besteht.

Dazu ist entscheidend, daß man jeder einzelnen Fertigkeit stets eine bestimmte Zielsetzung zuordnen kann: Beim Umschwung wollen wir aus einer bestimmten Stützposition nach einer Drehung um die vorgegebene Gerätachse wieder in diese Position kommen, bei den Kippbewegungen wollen wir aus einer ganz spezifischen Ausgangsposition, der Kipplage bzw. dem Kipphang, wieder in eine „Normalposition" kommen, und bei den Rollbewegungen soll ein eigentlich nicht fürs Abrollen geschaffener Körper in diesen Bewegungszustand versetzt und manchmal sogar noch „bergauf" bzw. in höhere Endpositionen (flüchtiges Handstehen) gebracht werden.

Auch wenn diese Gleichsetzung einer Fertigkeit mit einer bestimmten Zielsetzung auf den ersten Blick recht einleuchtend erscheint, so darf das nicht darüber hinwegtäuschen, daß sie in Wirklichkeit gar nicht so einfach ist. Hört man sich nämlich einmal die Korrekturen von Übungsleitern und Lehrern an, so erkennt man recht schnell, daß von diesen offensichtlichen Zielsetzungen meist gar nicht die Rede ist. Da werden nämlich vielfach Dinge korrigiert, die mal mit der Haltung was zu tun haben („Laß die Beine zusammen"), mal die Sicherheit betreffen („Wenn du so spät streckst, wird die Drehung zu schnell, daß du dich nicht mehr halten kannst") und manchmal auch die Individualität des Lernenden berücksichtigen („Bei deiner Konstitution darfst du nie so früh anristen"). Das alles deutet darauf hin, daß wir neben der relativ klaren Zielsetzung bezüglich der Orts- und Positionsveränderung bei der einzelnen Übung auch noch viele weitere situationsspezifische Ziele berücksichtigen. Für unsere Analyse ist es nun von entscheidender Bedeutung, wie weit wir die Zielvorstellung für die einzelne Fertigkeit ausdifferenzieren. Wenn nicht klar ist, welche Form der Lernende am Ende erreichen soll, kann auch nicht klar sein, welche Spielräume und welche Freiheiten wir ihm als Lehrender einräumen können.

Für dieses Buch soll als Zielsetzung stets diejenige Endform konzipiert werden, die in ihren einzelnen Bestandteilen und Ausführungsmodalitäten von der Erreichung bestimmter Positionen und Endzustände her begründet werden kann. Das **Erreichen** solcher Positionen bzw. das **Erreichen** bestimmter Situationen soll im Vordergrund stehen, die Art und Weise der Ausführung hat sich dementsprechend dem Gesichtspunkt des Erreichens unterzuordnen. Das bedeutet im einzelnen:

Bei den ausgewählten **Rollbewegungen** ist über entsprechende Einleitung und Steuerung des Abrollvorgangs gerade so viel Drehenergie zu entwickeln, daß der Ausführende wieder in den Stand kommt.

Bei den ausgewählten **Beinschwüngen** soll ein möglichst hohes Schwingen im Stütz oder im Hang erreicht werden.

Bei den **Sprungbewegungen** ist ein Überwinden der entsprechenden Geräte unter einfachen Positionsvorschriften mit Stützhilfe der Arme zu erreichen.

Bei den **Aufschwungbewegungen** muß aus dem Stand über ein „Aufschwingen" des Körpers (Aufwärtsdrehen des Körpers um die Schulterachse) die Hüfte über die Gerätachse gebracht werden, so daß sie zum Abstützen des Körpers verwendet werden kann.

Bei den ausgewählten **Überschlagbewegungen** soll die ganze Drehung um die Körpertiefen- oder Körperquerachse unter Zuhilfenahme des Handstütz erreicht werden und

bei den ausgewählten **Stemmübungen** soll durch Herandrücken der Arme an den Körper (Stemmen) der Übergang vom Stand zum Stütz auf höherer Ebene erreicht werden, wobei zusätzliche Sprunghilfe verwendet werden kann.

Nachdem diese Zielsetzungen vorgestellt wurden, kann die Analyse nach einem einheitlichen Verfahren fortgeführt werden.

Als erstes ist der gesamte Ablauf der Bewegung in kleinere Zeitabschnitte zu zerlegen. Da diese Zerlegung aber nicht das eine Mal so, ein anderes Mal anders ausfallen soll, muß ein möglichst genaues Aufteilungskriterium zur Verfügung gestellt werden. Dies bekommt man, wenn man einen solchen Zeitabschnitt nur dann gegenüber anderen abgrenzt, wenn ihm im Rahmen der oben ermittelten Zielsetzung eine genau beschreibbare Funktion zugeordnet werden kann.

Im ersten Analyseschritt kann der Bewegungsablauf genau dann in kleinere Zeitabschnitte zerlegt werden, wenn jedem dieser Abschnitte eine genau beschriebene Funktion hinsichtlich der eingangs festgelegten Zielsetzung zugeordnet werden kann. Die so gewonnenen Zeitabschnitte sollen Funktionsphasen genannt werden.

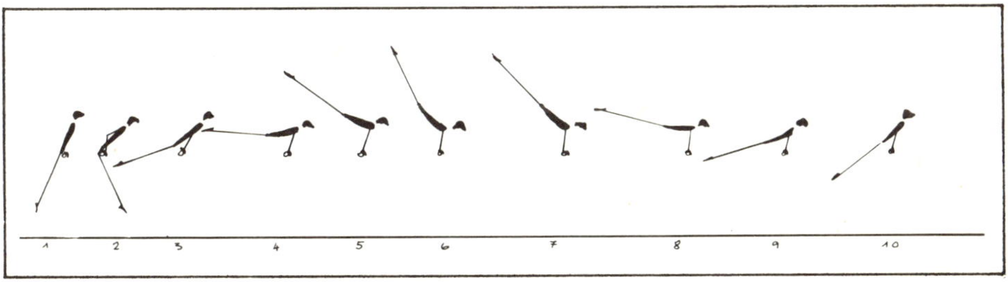

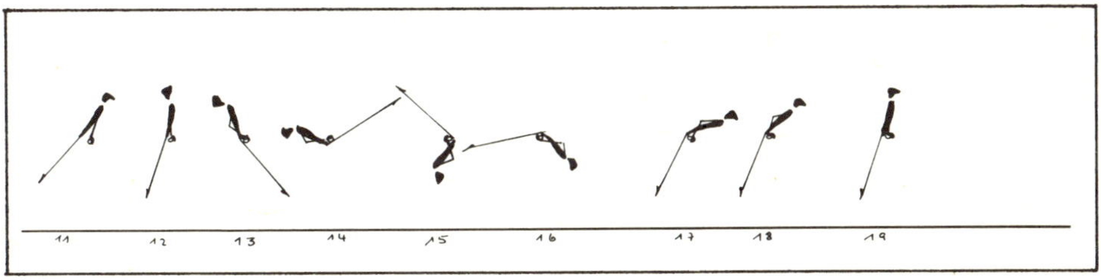

Beim Hüft-Umschwung vorlings rückwärts (vgl. obige Abbildung), dessen Ziel eine 1/1-Drehung um die Reckstange in eine sichere Stützposition sein soll, lassen sich auf diese Weise folgende Zeitabschnitte als Funktionsphasen begründen:

Phase 1 (Bildfolge 1–5)

Dieser Zeitabschnitt läßt sich als Funktionsphase abgrenzen, weil hier für den folgenden Abschwung die beste Ausgangsposition eingenommen werden soll (Entfernen des Körperschwerpunktes von der Drehachse, um optimale Schwerkraftwirkung zu erreichen).

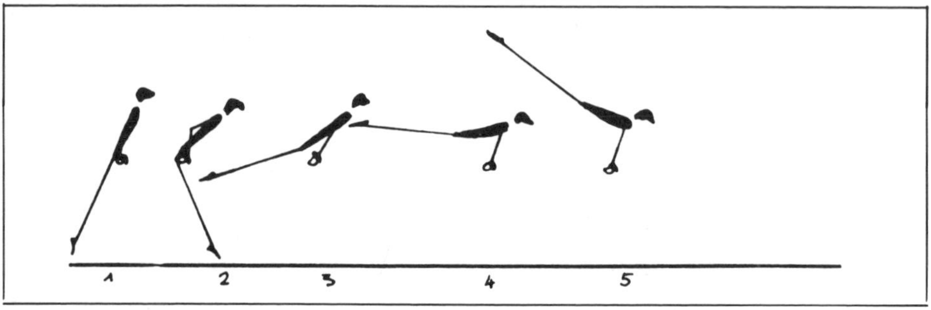

Phase 2 (Bildfolge 6–9)

Hier besteht die Funktion des Abschnitts in der Einleitung der Drehung. Der am Ende der vorigen Phase kurzzeitig in Ruhe befindliche Körper ist in einen Drehzustand mit Rotation um die Gerätachse zu versetzen.

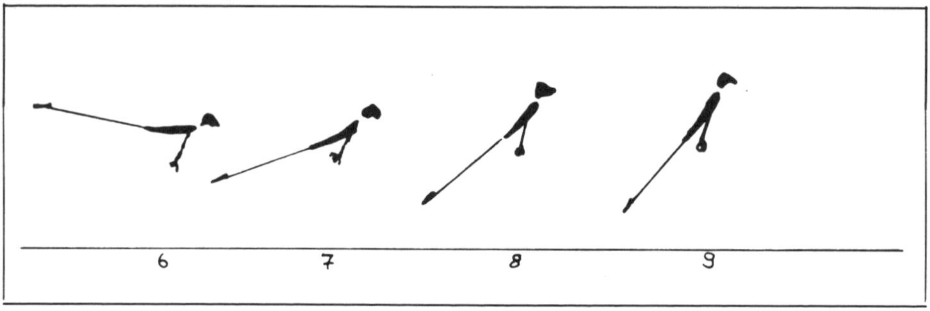

Phase 3 (Bildfolge 10–15)

Während dieser Zeit muß der erreichte Drehzustand bis in die gewünschte Stützposition auch gegen die Wirkung der Schwerkraft gehalten werden.

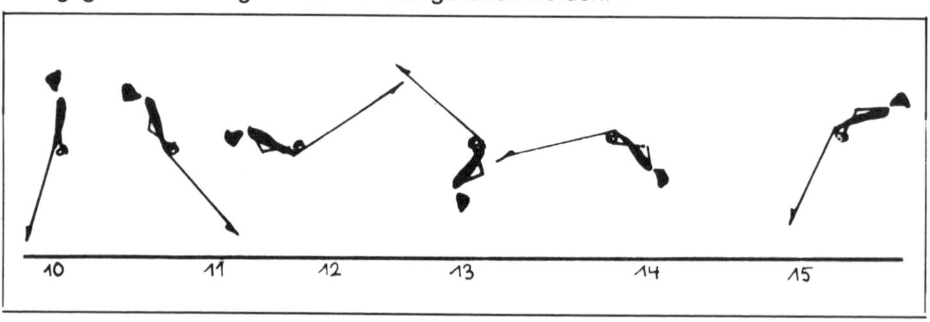

Phase 4 (Bildfolge 16 und 17)

Hier läßt sich noch eine selbständige Phase abtrennen, deren Funktion die Absicherung der zu erreichenden Stützposition ist.

Mit der Zerlegung eines Bewegungsablaufs in seine Funktionsphasen erhalten wir zwar Hinweise, welche Funktionen (Schwerpunkterhöhung, Drehmomentvergrößerung . . .) verwendet werden, um das gesetzte Zeil zu erreichen. Wir wissen jedoch noch nicht viel über die jeweiligen Aktionen, mit denen der Ausführende die einzelne Funktion zu erreichen versucht. Im zweiten Analyseschritt wird daher das Hauptaugenmerk auf die Analyse der einzelnen Aktionen gerichtet. Es ist zu überlegen, durch welche Aktionen (Körperbewegungen, Haltepositionen, Griffveränderungen, Kopfbewegungen . . .) der Ausführende die eben ermittelten Funktionen zu realisieren versucht.

Im zweiten Analyseschritt müssen den Funktionen die jeweils verwendeten Aktionen zugeordnet werden. Es ist zu prüfen, welche der im abgegrenzten Zeitabschnitt erkennbaren Aktionen auch zur Funktionserfüllung beitragen.

Beim Hüft-Umschwung vorlings rückwärts entsteht dabei folgende Zuordnung:

Phase 1

Durch ein leichtes Absenken der Schultern mit gleichzeitigem Beugen der Arme und Hüfte beginnt diese Phase. Aus dieser flüchtigen Position werden die Beine rückwärts aufwärts geschwungen, die Arme wieder gestreckt und der Rumpf von der Reckstange abgedrückt. Der Körper erreicht dadurch am höchsten Punkt eine Position, in der die Schwerkraft, bezogen auf die Schulterachse, als Drehmoment wirken kann.

Phase 2

Hier wird durch das Abschwingen des Körpers (als eine Drehung des Rumpfes um die Schulterachse) und durch ein Zurückschieben der Schultern (als eine Drehung der Arme um die Gerätachse) der gesamte Körper in eine Drehung rückwärts um die Gerätachse versetzt.

Phase 3

Durch Herandrücken des Körpers an die Gerätachse wird der auftretenden Fliehkraft standgehalten, und durch ein Beugen in den Hüftgelenken, während der gegen die Schwerkraft gerichteten Aufschwungphase, kann der gewünschte Drehzustand erhalten bleiben.

Phase 4

Mit einem Umsetzen der Hände in eine Stützposition, dem Auflegen der Hüfte auf die Gerätachse (falls dies nicht schon früher geschehen ist) und dem Strecken in den Hüftgelenken (bzw. dem Aufrichten des Oberkörpers) läßt sich der Drehzustand in der gewünschten Endposition abbremsen.

Durch die Beschreibung der Aktionen einer Funktionsphase haben wir noch nicht alle wesentlichen Merkmale einer Bewegung charakterisiert. Ebenso wichtig für eine funktionale Analyse ist die Ermittlung der Verlaufscharakteristika. Wir wissen zwar nach den ersten beiden Analyseschritten, wofür und durch welche Aktion dies und jenes gemacht wird, aber wir müssen noch überlegen, in welchem Tempo, zu welchem Zeitpunkt, bis zu welcher Höhe oder bis in welche Winkelstellung die einzelnen Aktionen auszuführen sind.

Im dritten Analyseschritt werden die Verlaufsmerkmale der Aktionen einer Funktionsphase festgelegt. Die Angaben über Beginn, zeitlichen und räumlichen Verlauf einer Aktion sind anhand der Funktion, die erreicht werden soll, festzulegen.

Beim Umschwung wissen wir zwar inzwischen, daß der erstgenannte Zeitabschnitt eine Funktionsphase darstellt und daß dazu die Aktionen des Rückschwingens der Beine, das Abdrücken mit der Bauchmuskulatur und des Streckens der Arme dazugehören, aber wir haben noch keine Aussagen darüber, wie weit bzw. wie hoch dieser Rückschwung gehen darf oder soll. Dies muß im dritten Analyseschritt festgestellt werden.

Dieser dritte Analyseschritt ist deswegen von so großer Bedeutung, weil hier die spezielle Situation des Ausführenden zu berücksichtigen ist. Betrachtet man beispielsweise einen guten Turner, so darf dessen Rückschwung durchaus recht hoch ausfallen, da der damit mögliche schnellere Umschwung mit seiner entsprechend höheren Fliehkraft von einem guten Turner noch gehalten werden kann. Bei einem Anfänger dagegen ist dies sicher nicht der Fall. Hier muß dieselbe Aktion mit anderen Verlaufsmerkmalen ausgeführt werden.

Mit diesen drei an die Festlegung der Zielsetzung sich anschließenden Analyseschritten haben wir den ersten wichtigsten Teil der Analyse zur Ermittlung von Bau und Struktur einer einzelnen Bewegung erledigt. Bevor wir damit fortfahren, muß noch eine wichtige für dieses Buch geltende Einschränkung angefügt werden. Aus ökonomischen Gründen ist nämlich bei den einzelnen in diesem Buch durchgeführten Analysen der bislang geschilderte Analysedreischritt in einen einzigen Vorgang zusammengefaßt worden.

Ein anderes Vorgehen hätte eine starke Reduktion der Übungsvielfalt zur Folge gehabt. Es sei daher jedem engagierten Leser empfohlen, parallel zu den hier vorgenommenen Analysen im einen oder anderen Fall selbständig nach dem oben vorgestellten Muster eine Analyse vorzunehmen. Vieles von dem, was man bislang als selbstverständlich hingenommen hat, wird plötzlich problematisch und oft erst nach längerem Überlegen in einem neuen Zusammenhang wieder einordbar.

Nach der Zerlegung in einzelne Funktionsphasen und nach der Beschreibung ihrer Aktions- und Verlaufsmerkmale gilt der nächste Analyseabschnitt dem Aufdecken der Zusammenhänge, die unter den einzelnen Phasen bestehen. Bislang haben wir bei allen Begründungen den Bezug zur Zielsetzung gewählt. Jetzt ist herauszustellen, wie die Phasen gegenseitig zusammenhängen. Dies gelingt, indem man überprüft, ob zur Definition der einzelnen Funktionsphasen nur die Zielsetzung selbst, ober ob nicht etwa irgendeine andere Phase noch zu Hilfe genommen wird.

Im ersten Fall sprechen wir von einer Hauptfunktionsphase der Bewegung. Im zweiten Fall von Hilfs- und Übergangsfunktionsphasen.

Hauptfunktionsphasen sind diejenigen Phasen, die unmittelbar der Erreichung der Zielsetzung dienen. Die Beschreibung der Funktion solcher Phasen kann ohne Verweis auf andere Phasen geschehen.

Die Unterscheidung von Hilfs- und Übergangsfunktionsphasen ist nicht so bedeutend. Im ersten Fall läßt sich lediglich sagen, daß die Funktion der Phase als Hilfe für andere Phasen gesehen werden muß. Bei der Übergangsfunktionsphase ist diese Hilfe festgelegt und auf die Überführung des in der Hauptfunktionsphase erreichten Bewegungszustands in einen stabilen Bewegungszustand oder in eine neue sich unmittelbar anschließende Fertigkeit.

Beim Hüft-Umschwung vorlings rückwärts erkennt man über die Funktionsbeschreibung, daß die dritte Funktionsphase die Hauptfunktionsphase darstellt. Sie ist in ihrer Funktionsbeschreibung nur von der festgelegten Zielsetzung abhängig. Phase 1 und Phase 2 sind Hilfsfunktionsphasen. Bei Phase 2 ist die Funktionsbeschreibung auf die Hauptfunktionsphase angewiesen, bei Phase 1 wird Bezug auf die Funktion der Phase 2 genommen.

Phase 4 ist eine typische Übergangsfunktionsphase. Ihre Funktion besteht in der Überführung des instabilen Drehzustands in eine (relativ) stabile Endposition.

Für die Konzeption des Lehrwegs ist es vorteilhaft, die Hilfsfunktionsphasen ihrerseits wieder zu unterscheiden. Berücksichtigt man nämlich, daß es im allgemeinen eine Hilfsfunktionsphase gibt, die der Hauptfunktionsphase unmittelbar vorausgeht und die in ihrer Funktion auch unmittelbar von ihr abhängig ist, und daß dieser Hilfsfunktionsphase ebenfalls wieder eine zweite unmittelbar vorausgeht, so ist es angebracht, von Hilfsfunktionsphasen erster, zweiter und gegebenenfalls höherer Ordnung zu sprechen. Der Vorteil für Lehrwegüberlegungen liegt darin, daß auf diese Weise deutlich aufgezeigt werden kann, welche unterschiedlichen Zugänge zu „gleichartigen" Bewegungen führen können, d. h. zu Bewegungen, die in ihrer Hauptfunktionsphase übereinstimmen.

Am Beispiel des Kippaufschwungs vorlings vorwärts ist in der Abbildung auf Seite 42 ein Teil der möglichen Variationen zusammengestellt worden. Hier wird deutlich, welche unterschiedlichen Aktionen und Verlaufsformen zur gleichen Hauptfunktionsphase führen können. Gleichzeitig kann diese Darstellung auch klarmachen, weshalb für turnerische Bewegungen gerade eine Analyse unter funktionalem Aspekt sinnvoll ist: Die strukturellen Gemeinsamkeiten der verschiedenen Fertigkeiten werden hier deutlicher als bei allen anderen Analyseformen herausgestellt, und die Orientierung aller Anteile einer Bewegung auf die vorgegebene Zielsetzung wird klar erkennbar.

Die anfänglich aufgestellte Behauptung, daß eine Fertigkeit aus dem Gerätturnen nicht aus einer Menge willkürlicher Teile und zufälliger Aktionen, sondern aus einer wohlgeordneten und begründeten Folge von Phasen, Aktionen und Verlaufsformen mit ganz bestimmten Funktionen besteht, kann jetzt eingelöst werden.

Jede Fertigkeit des Gerätturnens ist so aufgebaut, daß über Hilfsfunktionsphasen eine optimale Ausgangssituation zur Durchführung der Hauptfunktionsphase zu erreichen ist und daß der möglicherweise instabile Bewegungszustand am Ende der Hauptfunktionsphase in einen stabilen Zustand bzw. in eine neue Fertigkeit überführt wird. Funktion,

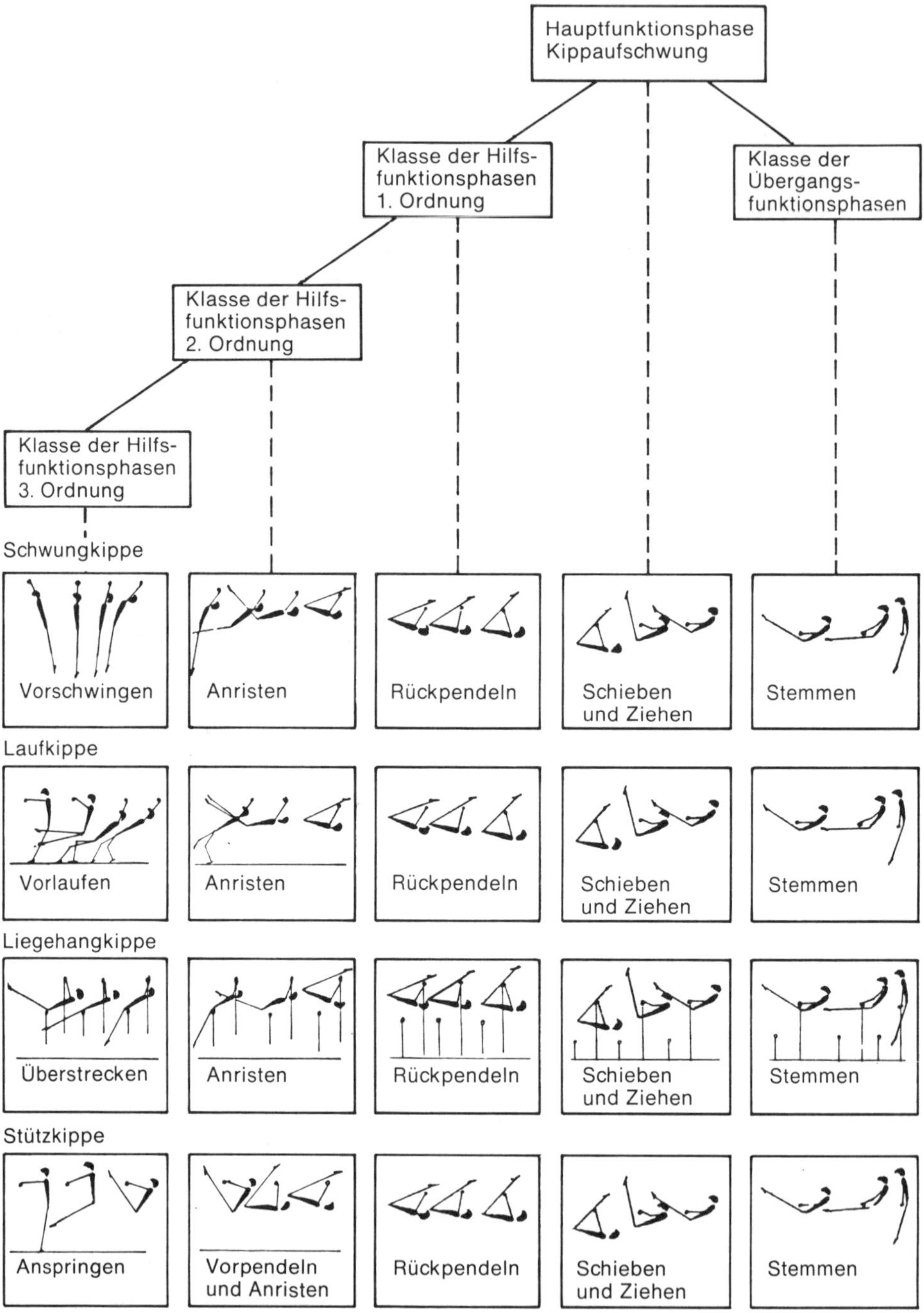
Hauptfunktionsphase Kippaufschwung
Klasse der Hilfsfunktionsphasen 1. Ordnung
Klasse der Übergangsfunktionsphasen
Klasse der Hilfsfunktionsphasen 2. Ordnung
Klasse der Hilfsfunktionsphasen 3. Ordnung
Schwungkippe
Vorschwingen
Anristen
Rückpendeln
Schieben und Ziehen
Stemmen
Laufkippe
Vorlaufen
Anristen
Rückpendeln
Schieben und Ziehen
Stemmen
Liegehangkippe
Überstrecken
Anristen
Rückpendeln
Schieben und Ziehen
Stemmen
Stützkippe
Anspringen
Vorpendeln und Anristen
Rückpendeln
Schieben und Ziehen
Stemmen

Aktion und Verlauf einer Hilfsfunktionsphase erhalten ihre konkrete Form erst in der Abhängigkeit der zugehörigen Hauptfunktionsphase. Für sich alleingenommen sind sie ohne Bedeutung oder aber nicht eindeutig bestimmbar.

Der Vorschwung zum Kippaufschwung hat aus diesem Grund eine völlig andere Form als der Vorschwung zur Hangkehre oder gar zum Überschlag (Salto) als Abgang vom Reck. Die für weitere Überlegungen entscheidende Feststellung ist, daß das Ziel, nämlich die Bewegungen der Hauptfunktionsphase, alle weiteren Teile in ihrer Aktion und in ihrem Verlauf prägt.

Diese Feststellung ist insofern entscheidend, weil wir für alle Fertigkeiten den Lehrweg so konzipieren wollen, daß dem Schüler diese Abhängigkeiten von Anfang an klarwerden. Wir wollen nicht, daß der Lehrer dem Lernenden die Aktionen und ihre Verlaufsformen, so wie sie sein sollten, vorschreibt und begründet. Wir wollen, daß durch entsprechende Anordnung der Lehrschritte diese Einsicht für den Lernenden selbst möglich wird, daß er selbst merkt, welche Vor- und Nachteile etwa das Vorschwingen zum Kippaufschwung hat, wenn es mal mit viel und mal mit wenig Schwung oder wenn es mal mit und mal ohne Konterbewegungen durchgeführt wird, so daß er selbst erkennt, wie man dabei notfalls zu korrigieren hat. (Der russische Biomechaniker Bernstein hat das motorische Lernen nicht als ein Streben nach einem Stereotyp, sondern als ein Beherrschen der Korrekturmechanismem bezeichnet.) Daher sind noch einige Überlegungen zur Funktionsweise des Lernenden notwendig.

Zur Situation des Lernenden

Wie kann diese Einsicht durch den Lernenden erreicht werden? Dazu muß ein kleiner Abstecher vorgenommen werden, der die Funktionsweise des Lernenden stichwortartig beschreiben soll.

Die moderne Verhaltensforschung läßt bei aller Unterschiedlichkeit der einzelnen Ansätze einige Gemeinsamkeiten erkennen, die für die Konzeption von Lehrwegen verwendet werden können. Man nimmt an, daß bei der Ausführung einer zielgerichteten Bewegung zwei Komponenten eine wesentliche Rolle spielen. Die eine Komponente wird als „Plan", als „Programm" oder als „Konzept" bezeichnet und umreißt das, was sich der Ausführende vor Beginn der Aktion für diese zurechtlegt, was er kognitiv (geistig) vorbereitet. Die andere Komponente wird als „Bild" oder auch als ein die Realisierung begleitendes „Konzept" bezeichnet und umfaßt die verarbeiteten Daten, die der Ausführende während der Realisierung vom Geschehen erhält bzw. erhalten kann. Die erste Komponente steuert und leitet gewissermaßen alles das, was der Ausführende während der Realisierung bewußt oder unbewußt tun wird, während die zweite Komponente erst den Versuch erlaubt, der bei zielgerichteten Aktionen für ein selbstregulierendes System unbedingt notwendig ist.

Man kann nun annehmen, daß im Laufe der einzelnen Lern- und Übungsversuche Plan und Bild sich gegenseitig so beeinflussen, daß die Steuerung im Laufe der Versuche verbessert werden kann. Bei dieser gegenseitigen Einflußnahme interessieren uns jetzt vor allem diejenigen Stellen, an denen auch der Lehrende durch bestimmte Maßnahmen gewissermaßen von „außen" eingreifen kann. Hierzu bieten sich besonders zwei Stellen an:

Das die Realisierung steuernde Konzept der Ausführenden wird vom Lehrenden durch Informationen unmittelbar zu beeinflussen versucht. Dies ist der bislang bekannteste Weg, bei dem mit verbaler und visueller Hilfe über Anweisen und Vormachen oder Vorführen von Filmen bzw. Vorzeigen von Strichmännchen der Plan des Lernenden zu prägen versucht wird.

Bezüglich der oben beschriebenen strukturellen Zusammenhänge bei einer Bewegung aus dem Gerätturnen hat ein solches Vorgehen für den Fall eines am zeitlichen Ablauf der Bewegung orientierten Lehrwegs den Nachteil, daß die Verlaufsform der einzelnen Aktionen vom Lehrenden vorgeschrieben werden muß. Wenn mit dem Vorschwingen zur Kippe beispielsweise im Lernweg begonnen wird (weil auch das Vorschwingen im Bewegungsablauf als erster Bewegungsteil ansteht), so kann der Lernende nicht wissen, ob dieses mit viel oder mit wenig Schwung zu turnen ist. Er ist auf die ergänzende Information des Lehrers angewiesen.

Das die Realisierung steuernde Konzept wird über Informationen aufgebaut, die sich der Lernende selbst über die Erfahrungen aus den jeweils vorausgegangenen Realisierungen holen kann. Dies würde bedeuten, daß die Anordnung der einzelnen Übungs- und Lernversuche so gestaltet werden muß, daß die Zusammenhänge im strukturellen Aufbau der jeweiligen Bewegung vom Lernenden auch erkannt werden können.

Auf diese zweite Art der Einflußnahme soll hier geachtet werden. Es gibt gewisse Anhaltspunkte, weshalb diese für das Lernen motorischer Fertigkeiten von nicht geringer Bedeutung ist. An einem sehr einfachen Beispiel kann dies verdeutlicht werden. Wenn wir beispielsweise mit dem Auto in eine unbekannte und nicht überschaubare Kurve zum erstenmal einfahren, so ist es unmöglich, den richtigen Geschwindigkeitsanlauf abschätzen zu können. Man wird daher bestenfalls zufällig das Richtige machen. Wenn uns aber jemand über den Kurvenverlauf informiert und uns Hinweise für die Geschwindigkeit empfiehlt, so fühlen wir uns wahrscheinlich sicherer, und das Konzept für die geplante Kurvendurchfahrt wird anders als im ersten Fall aussehen. Wenn wir allerdings die Kurve bereits ein oder mehrere Male durchfahren und infolgedessen ein selbsterlebtes Bild über den Verlauf der Aktion haben, so wird das Konzept wieder anders ausfallen und die Information vom Außenstehenden entsprechend besser aufgenommen werden. Je besser neue Aktionen auf gemachte Erfahrungen ausgerichtet werden können, desto realistischer wird gewissermaßen das Konzept. (Das muß nicht immer positiv sein. Wir wissen aus dem Turnen geeignete Beispiele, wie gemachte Erfahrungen durch ungünstige Wahl der Übungsanordnung oder ungeeignete Hilfsmaßnahmen so beeindruckend waren, daß weitere Konzeptbildungen unterblieben.)

Zur Konzeption der einzelnen Lehrstufen

Will man nun in einem Lehrgang die strukturellen Zusammenhänge der einzelnen Bewegungen und die Situation des Lernenden gleichzeitig berücksichtigen, so ergeben sich gewisse Grundsätze, die Art und Folge der Lehrstufen charakterisieren.

Grundsatz 1

Die Reihenfolge der Lehrstufen ist so zu organisieren, daß jeder neu zu erlernende Bewegungsabschnitt in seiner funktionstragenden Bedeutung aufgrund der eigenen Realisierung erkannt werden kann.

Dies läßt sich in der konkreten Situation dadurch bewerkstelligen, daß im Konzept des Ausführenden bei einer neu zu erlernenden Bewegung stets Zielaspekte mit einbezogen werden können, die für den Ausführenden in irgendeiner Weise schon einmal realisierte Zielaspekte waren.

Grundsatz 2

Wird in einer Lehrstufe die zu realisierende Menge an Phasen und Aktionen einer Fertigkeit aus Erleichterungsgründen reduziert, so soll der Lernende nur durch solche äußerliche Maßnahmen unterstützt werden, die als funktional gleichwertiger Ersatz für das Nichtrealisierte gelten können.

Hiermit soll verhindert werden, daß der Lernende infolge der externen Maßnahmen während des Lernvorgangs ein Konzept entwickelt und ein Bild von der Bewegung erhält, das mit dem geplanten nicht übereinstimmen kann. Wenn wir beispielsweise beim Überschlag (Salto) vorwärts am Boden so helfen, daß der Lernende seine Arme zum Abstützen auf den Helfern verwenden muß, so liegt kein funktional gleichwertiger Ersatz vor, da die Arme später keine Stütz-, sondern eine Steuerfunktion haben werden.

Grundsatz 3

In keiner Lehrstufe sollte die zu erlernende Bewegung in einen Endzustand führen, der vom Ausführenden noch nicht beherrscht wird.

Ist dies jedoch aufgrund der bisherigen Grundsätze nicht zu umgehen, so muß durch geeignete Maßnahmen der Übergang in den Endzustand „entschärft" werden.

Mit diesem Grundsatz wird vor allem berücksichtigt, daß bei Ungewißheit über den Ausgang oder bei Unkenntnis über den Endzustand in der Konzeptbildung des Ausführenden unbewußt (und unkontrolliert) Vermeidungsaktionen eingeplant sind und auch durchgeführt werden, die den Erfolg der Ausführung beeinträchtigen. Gerade im Turnen ist es dann von entscheidender Bedeutung, daß durch geeignete Maßnahmen (Weichboden, sicheres Auffangen, veränderter Endzustand usw.) die Etablierung von solchen Vermeidungsaktionen in der Konzeptbildung des Lernenden verhindert wird.

Versucht man diese Grundsätze in ein Lehr-Modell umzusetzen, so bietet sich folgendes Vorgehen an:

In der ersten Lehrstufe wird mit dem Erlernen derjenigen Aktionen einer Fertigkeit begonnen, die in der Hauptfunktionsphase dieser Fertigkeit zusammengefaßt sind. Alle weiteren Phasen werden zunächst einmal weggelassen.

Da durch das Weglassen aller weiteren Hilfsfunktionsphasen der Lernende noch kaum alleine in den für die Hauptfunktionsphase günstigsten (energetischen und positionellen) Ausgangszustand kommen kann, sind externe Hilfsmaßnahmen nötig. Sie müssen entsprechend Grundsatz 2 einen funktional gleichwertigen Ersatz darstellen.

In der zweiten Lehrstufe ist zunächst eine (möglichst der Individuallage des Lernenden angepaßte) Funktionsphase aus der Klasse der Hilfsfunktionsphasen erster Ordnung auszuwählen.

Der Lernende hat dann die in der ersten Stufe realisierte Hauptfunktionsphase unter Vorschalten der ausgewählten Hilfsfunktionsphasen auszuführen.

Diese Art der Anordnung der Lehrstufen ist eine Konsequenz aus dem Aufbau der Bewegungen des Gerätturnens. Gemäß Grundsatz 1 erlaubt das Vorschalten der Aktionen der Hilfsfunktionsphase dem Lernenden das Erkennen der Funktion dieses Bewegungsabschnitts. Unterschiedliche Verlaufsnormen der Aktionen in der Hilfsfunktionsphase werden in ihrer Wirkung auf die Aktionen in der Hauptfunktionsphase erkennbar. Entsprechende Instruktionen durch den Lehrer können auf dem Hintergrund der realisierten Bewegung auch verständlich und erfahrbar gemacht werden.

Analog der Situation in Lehrstufe 1 kann externe Hilfe für das Fehlen der weiteren Hilfsfunktionsphasen angebracht werden.

Die weiteren Lehrstufen ergeben sich aus den Startbedingungen der jeweils vorgeschalteten Hilfsfunktionsphasen. Solange diese noch durch weitere Hilfsfunktionsphasen verbessert werden können, müssen noch weitere Lehrstufen angefügt werden.

Die Folge der Lehrstufen wird so lange fortgesetzt, bis die zu Beginn von außen gelieferte Unterstützung durch eigene Aktionen mit gleichwertiger Funktion ersetzt werden kann.

In den Abb. Seite 47 und Seite 48 ist am Beispiel des Kippaufschwungs vorlings vorwärts die Konzeption dieses Lehrwegs mit Alternativen schematisch dargestellt.

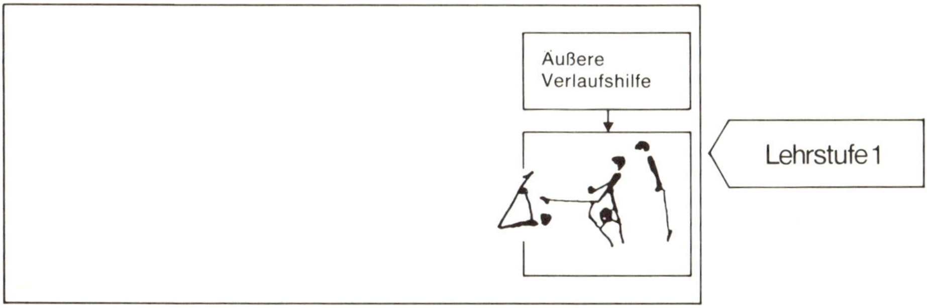
Äußere
Verlaufshilfe
Lehrstufe 1

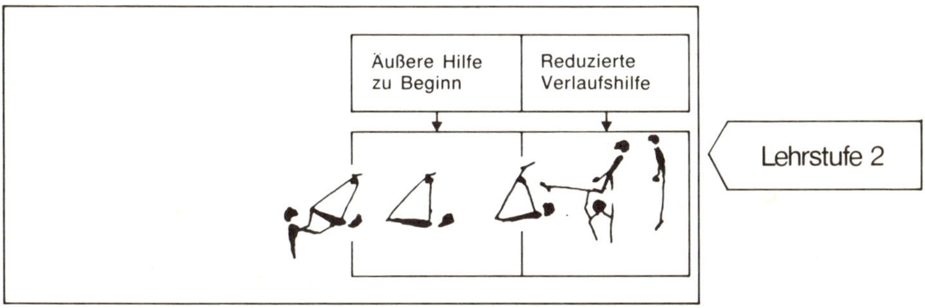
Äußere Hilfe
zu Beginn
Reduzierte
Verlaufshilfe
Lehrstufe 2

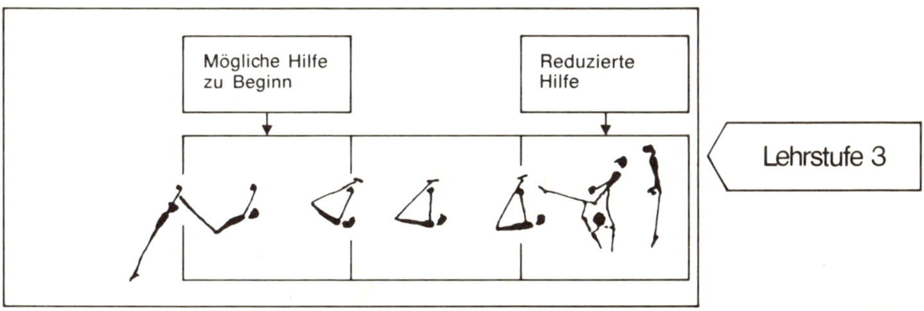
Mögliche Hilfe
zu Beginn
Reduzierte
Hilfe
Lehrstufe 3

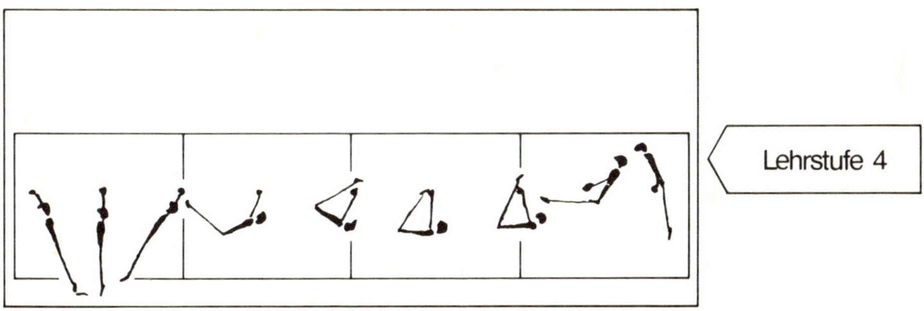
Lehrstufe 4

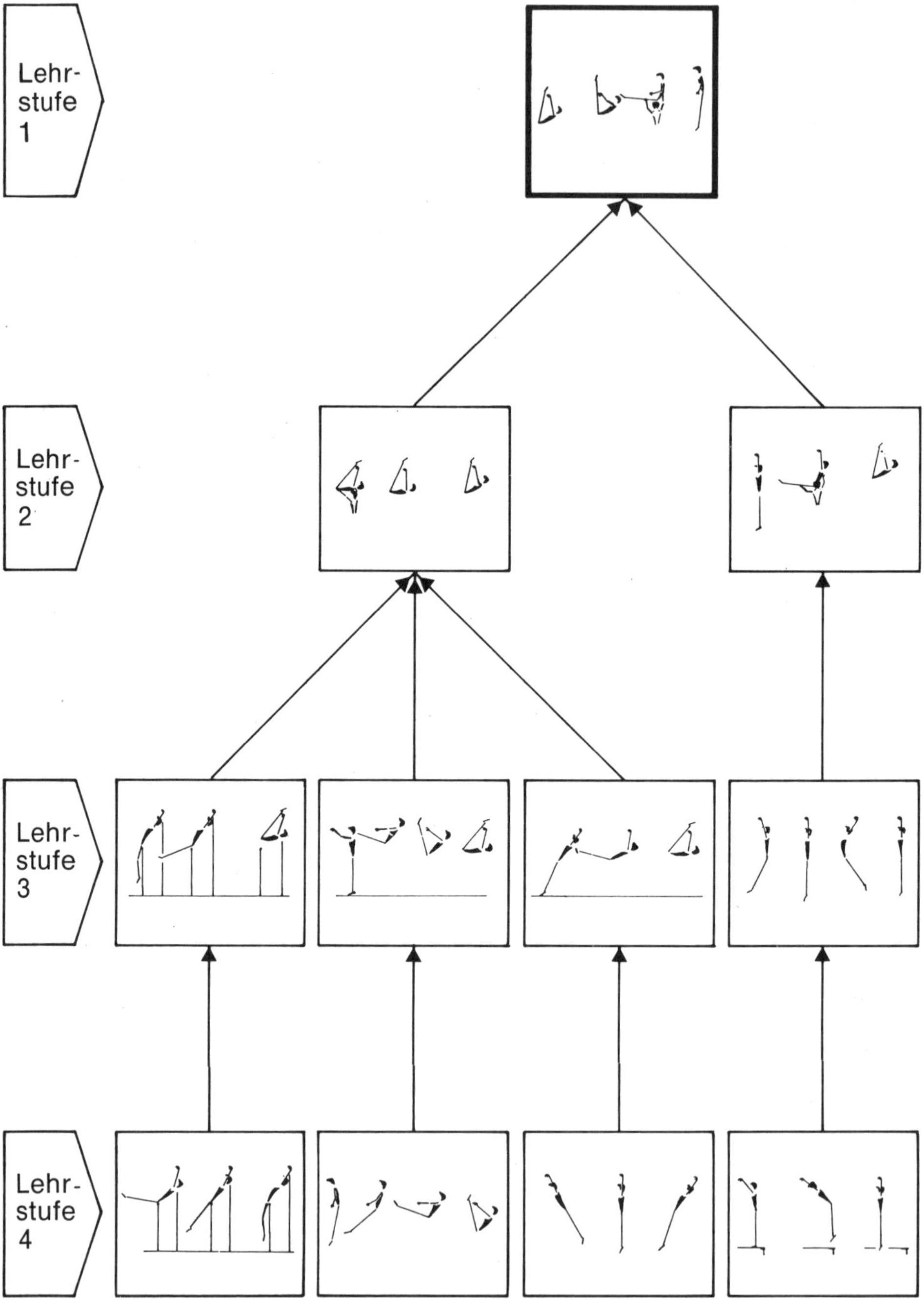
Lehr-
stufe
1
Lehr-
stufe
2
Lehr-
stufe
3
Lehr-
stufe
4

Einfache biomechanische Grundlagen

Die Biomechanik kann, weil sie die Bewegungen des Menschen vom Standpunkt der Gesetze der Mechanik untersucht, gerade im Gerätturnen manche Hinweise geben, die durch andere Überlegungen nicht zu erreichen sind. Wenn man einmal das Turnen als ein Ausnutzen und ein gleichzeitiges Umgehen der Wirkungen der Schwerkraft unter bestimmten vorgegebenen Gerätbedingungen betrachtet, so wird erst deutlich, wieviel praktisches Wissen über Bewegungserzeugung und Zustandsänderungen in den einzelnen Übungen des Gerätturnens steckt.

Im Rahmen dieses Buches können nur einige wenige Aspekte, und diese auch nur in recht oberflächlicher Weise angesprochen werden. Wir schränken uns auf die Probleme der **Positionserhaltung, der Dreh-, Absprung- und Rollbewegungen** ein. Und um wirklich nur das Allernötigste an Begriffen zu verwenden, soll nur das beschrieben werden, was in der Mechanik unter „Kraft" und unter „Drehmoment" verstanden wird.

Die Mechanik nennt jede äußere Einwirkung, wenn sie eine meßbare Ortsveränderung eines Körpers hervorruft, eine Kraft. Das, was Kraft wirklich ist, interessiert den Mechaniker erst gar nicht so sehr. Ihn interessiert nur, wie die Größe quantitativ erfaßt werden kann. Und hier ergibt sich, daß es sinnvoll ist, die Kraft als diejenige Größe zu wählen, die einem Körper eine gewisse **Beschleunigung** (= Geschwindigkeitsänderung) in eine bestimmte **Richtung** gibt. (In der Biomechanik des Sports wird dies zur Zeit durch sogenannte Kraftmeßplatten festgestellt. Sie können die Kräfte messen, die der Sportler nach den drei Raumrichtungen etwa bei einem Absprung auf die Platte ausübt.)

Wichtig für eine qualitative Interpretation von Bewegungsvorgängen ist folgende Aussage: Je größer die Kraft ist und je länger diese einwirken kann, desto größer ist die Geschwindigkeitsänderung.

Ist der Körper durch eine starre Achse (drehbar) festgehalten und wirkt eine Kraft außerhalb dieser Achse auf den Körper ein, so wird dieser Körper, wenn die Richtung der Kraft nicht auf die Drehachse weist, in Drehung versetzt. Man hat in diesem Fall früher (verständlicherweise) von einer „Drehkraft" gesprochen. Heute spricht man von einem Drehmoment. Für die Wirkung dieses Drehmoments ist nun allerdings nicht mehr allein die Größe der angreifenden Kraft entscheidend. Genaugenommen ist es das Produkt aus der einwirkenden Kraft und dem senkrechten Abstand dieser Kraft an der Drehachse (vgl. nachfolgende Abbildungen).

Für eine qualitative Interpretation genügt hier zu wissen: Je größer die Kraft und je größer der senkrechte Abstand von der Drehachse ist und je länger diese Kraft einwirken kann, desto größer ist die am Ende erreichte Drehgeschwindigkeit.

Das Einhalten von Positionen

Im Gerätturnen gibt es einige Positionen, die entweder als selbständige Fertigkeiten (Standwaage, Kopfstand, Handstand, Handwaage) oder als typische Ausgangs- bzw. Zwischenpositionen für einzelne Fertigkeiten gelten (Kipplage, Kipphang, Sturzhang . . .). Das Beherrschen dieser Haltepositionen ist ein Beherrschen von Korrekturaktionen, die bei (stets vorkommenden) kleinen Abweichungen nötig werden. Welche Kräfte dabei auftreten bzw. überwunden werden müssen, hängt von den einzelnen dabei vorliegenden Gleichgewichtsarten ab. Man unterscheidet in Abhängigkeit von der Wirkung der Schwerkraft.

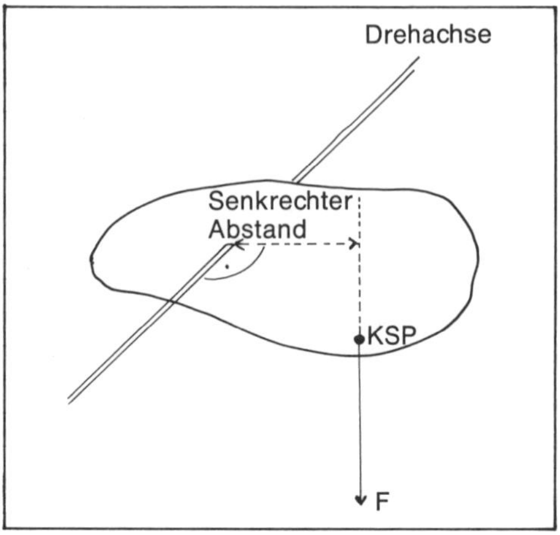

Das indifferente Gleichgewicht

Hier bleibt trotz eventueller Lageveränderungen des entsprechenden Körpers die Wirkung der Schwerkraft unverändert. Der Körper verbleibt daher in der veränderten Lage. (Im Turnen sind solche Positionen idealtypisch nicht zu finden. Näherungsweise können vielleicht bestimmte Abrollpositionen als indifferent bezeichnet werden.)

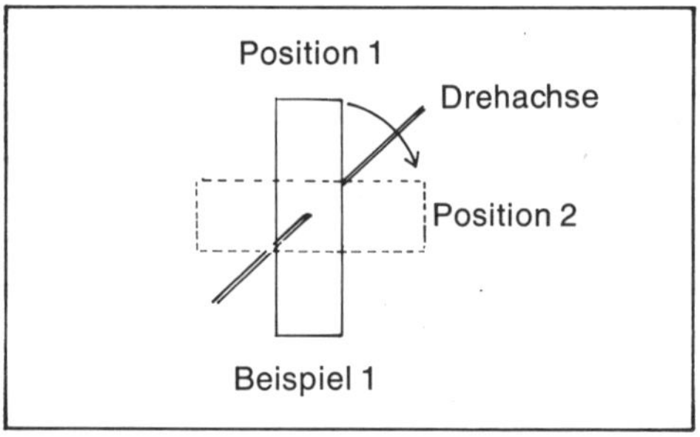

Das stabile Gleichgewicht

Hier bringt die Schwerkraft den aus der Gleichgewichtslage gebrachten Körper stets wieder in diese Lage zurück. Der Körper könnte also nur „gegen" die Schwerkraft aus dieser Lage gebracht werden. (Diese Art Gleichgewicht finden wir bei den Hang- und Stützpositionen, wenn der Körperschwerpunkt unterhalb der Griffstelle liegt. Beim Kipphang ist das Gleichgewicht stabil bezüglich der Griffstelle, aber labil bezüglich der Schulterachse.)

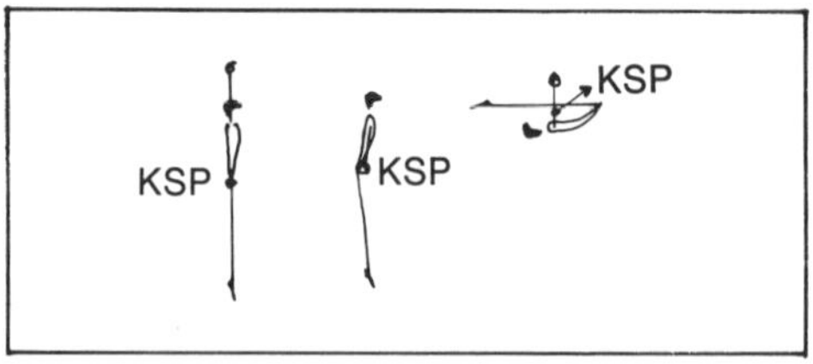

Das labile Gleichgewicht

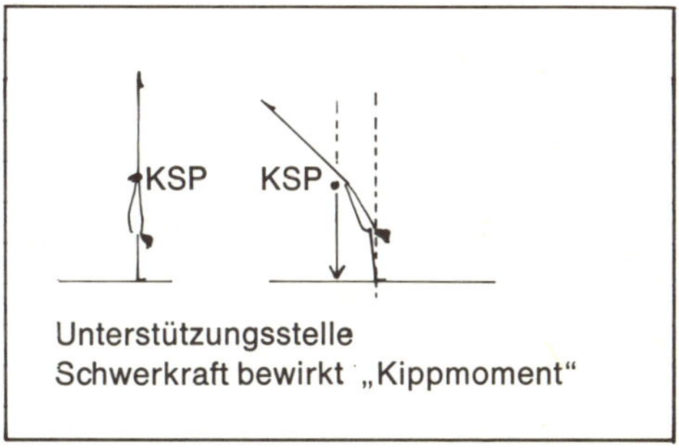

Hier bewirkt bei kleinen Lageveränderungen die Schwerkraft eine weitere gleichsinnig gerichtete Veränderung, so daß der Körper die Ausgangslage durch Schwerkrafthilfe nicht mehr erreichen kann. (Kopf- und Handstand sind typisch instabile Positionen, bei der die Schwerkraft den „Verlust“ dieser Position unterstützt.) Die mechanische Situation wird hier dadurch charakterisiert, daß der Körperschwerpunkt oberhalb der Unterstützungstelle liegt und kleine Veränderungen ein das Umkippen bewirkendes Drehmoment liefern.

Fürs Gerätturnen sind eigentlich nur die Probleme interessant, die sich beim Erhalten eines labilen Gleichgewichts ergeben. Aus der obigen Charakterisierung ergibt sich, daß zur Kompensation ein dem Kippmoment entgegengerichtetes Drehmoment erforderlich ist. Dieses Drehmoment kann in den verschiedenen Positionen auf unterschiedliche Weise aufgebracht werden.

Am Schwebebalken etwa durch Verlagerung einzelner Gliedmaßen in die der Kipprichtung entgegengesetzte Richtung und am Boden oder Barren durch Gegendruck der Arme bzw. der Hände oder der Finger.

Drehbewegungen

Drehbewegungen um starre waagerechte Achsen (Reckstange oder Barrenholm)

Das Drehen um starre waagerechte Achsen ist eine der wichtigsten Bewegungsarten des Gerätturnens. Die Kenntnis ihrer Ursachen und das Wissen um mögliche Veränderungen ist daher eine notwendige Voraussetzung für jeden Lehrenden.

Damit ein Körper um eine starre Achse gedreht werden kann, muß, wie bereits beschrieben, eine nicht auf die Achse gerichtete Kraft an dem Körper angreifen. In den meisten Fällen ist dies im Turnen die Schwerkraft. Sie wirkt als Drehkraft, sobald der Körperschwerpunkt (als ihr Angriffspunkt) nicht senkrecht unter oder über der Achse liegt. Die Größe des Drehmoments richtet sich in diesem Fall (da die Richtung der Schwerkraft immer die Senkrechte ist) nach dem horizontalen Abstand des Schwerpunktes von der Drehachse. Je weiter der Abstand, desto größer das Drehmoment. Die Größe der erreichbaren Drehgeschwindigkeit, die fürs Turnen eine wichtige Rolle spielt, hängt von der Dauer der Einwirkung des Drehmoments ab.

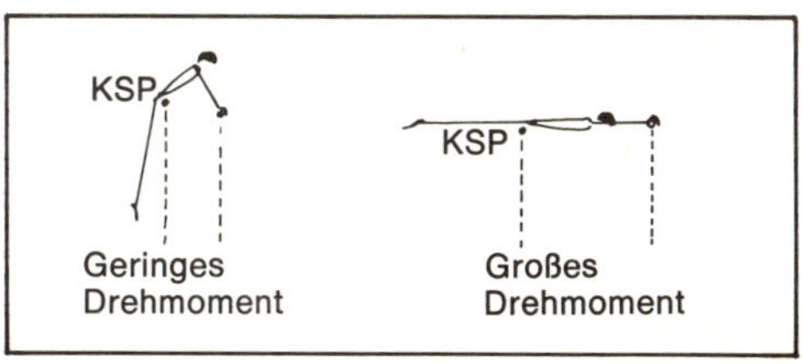

Horizontaler Abstand des Körperschwerpunkts von der Drehachse und Länge der Einwirkungszeit sind daher die wichtigsten Größen für den Gewinn einer schnellen Drehbewegung um eine starre waagerechte Achse. Es ist daher nur konsequent, wenn bei allen Umschwüngen die Ausgangsposition horizontal möglichst weit weg und vertikal möglichst hoch ist.

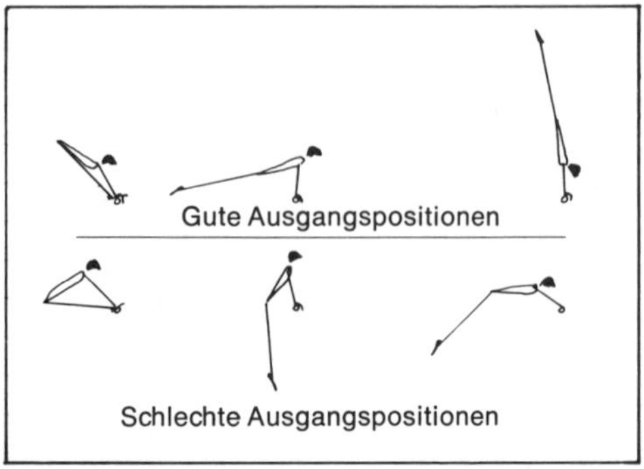

Für das Gerätturnen ist jedoch nicht nur das In-Drehung-Versetzen von großer Bedeutung. Beinahe wichtiger ist es, den drehenden Körper im Aufschwung gegen das hier bremsend wirkende Schwerkraftmoment dennoch genügend weit nach oben zu bringen.

Welche Aktionen sind hier möglich? So wie das die Drehung erzeugende Moment durch Entfernen des Schwerpunktes vergrößert wird, so muß jetzt umgekehrt das rücktreibende Moment durch Annäherung des Schwerpunktes verkleinert werden. Als Demonstration dieses Vorgangs lasse man ein Fadenpendel hin und her schwingen. Wird nun während des Aufschwingens der Faden verkürzt, so pendelt die Kugel höher auf. Zugleich mit diesem Experiment kann auch gezeigt werden, daß ein explosiver Verkürzungsvorgang (bei gleicher Verkürzungsstrecke) das Fadenpendel noch höher bringt. Es kommt also nicht nur auf das Verkürzen, sondern auch auf die Schnelligkeit der Verkürzung an.

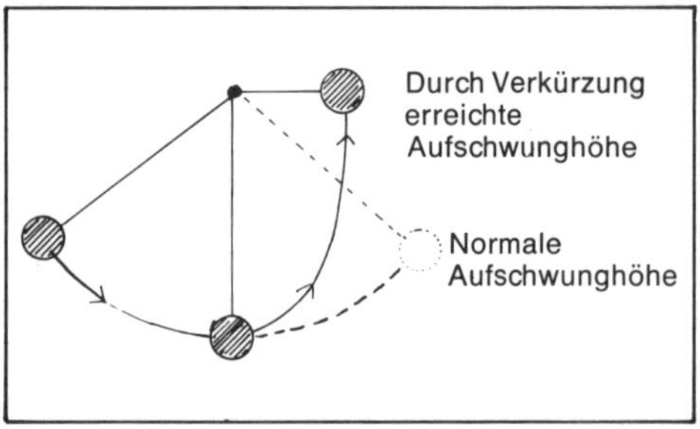

Da der menschliche Körper sich durch die verschiedenen Gelenke auf unterschiedliche Weise verkürzen bzw. verkleinern kann, ist nicht von vornherein klar, womit diese Schwerpunktannäherung vollzogen werden soll. Für Kinder ist beispielsweise eine Verkürzung durch Anziehen der Arme sehr schwierig. Sie verwenden daher häufig ein einfaches Anhocken der Beine im Aufschwung und ein Strecken der Beine im Abschwung. Das ist nicht falsch (denn sie bekommen damit ja durchaus auch Schwung), aber es läßt sich schwer für Übergänge in andere Bewegungen verwenden.

Dagegen bietet die sogenannte „Schnepperbewegung" gerade für die Weiterführung zu anderen Bewegungen große Vorteile: Die überstreckten (bzw. die gebeugten) Hüftgelenke werden während des Aufschwungs explosiv gebeugt (bzw. gestreckt) und der Winkel zwischen Rumpf und Oberarm entsprechend verändert. Beides kommt einer Schwerpunktannäherung gleich, beides kann explosiv ausgeführt werden, und beides läßt sich gut in anschließende Bewegungen überführen.

Drehbewegung um freie (Schwerpunkt-)Achsen

Dreht sich der menschliche Körper ohne Kontakt zu einem Gerät oder zum Boden, so dreht er sich immer um Körperachsen, die durch den Körperschwerpunkt gehen. Dabei wird im Gerätturnen vorrangig um die Körperquer- und Körperlängsachse gedreht.

Die Probleme, die dabei im Turnen zu lösen sind, sind einmal, diese Drehung auszulösen, und zum anderen, die eingeleitete Drehung innerhalb eines (zum Beispiel durch die Flugzeit) vorgeschriebenen Zeitraums um einen ganz bestimmten Winkelbereich zu drehen bzw. bis in eine ganz bestimmte Position zu steuern. Ersteres werden wir noch bei den Sprungbewegungen behandeln. Bei letzterem verwendet man eine Eigenschaft, die in der Mechanik mit dem Prinzip der (Dreh-)Impulserhaltung charakterisiert wird. Danach gilt, daß das Produkt aus dem Trägheitsmoment (früher wurde auch diese Größe für den Laien etwas verständlicher als „Drehmasse" bezeichnet) und der Winkelgeschwindigkeit ohne äußere Einwirkung stets konstant bleiben muß.

Berücksichtigt man, daß für unsere Überlegungen über das Trägheitsmoment nur wissenswert ist, daß dieses durch die Massenverteilung, bezogen auf die jeweilige Drehachse, charakterisiert wird (je weiter weg die Masse von der Drehachse ist, desto größer ist das Trägheitsmoment) und daß diese Massenverteilung für den Menschen durch seine eigenen Kräfte in sehr weiten Grenzen veränderbar ist, so läßt sich folgendes feststellen:

„Freie" Drehungen können zielgerichtet gesteuert werden, indem der Ausführende die Lagerung seiner Körperteile um die Drehachse verändert. Dabei bleiben infolge des Drehimpulserhaltungssatzes noch gewisse Ausführungsfreiheiten. Die Drehung beim Überschlag (Salto) kann bis zu einer bestimmten Stelle gebracht werden, indem der Körper sehr früh, aber nur gering verkleinert wird, und diese Veränderung erst spät wieder aufgegeben wird oder indem diese Verkleinerung erst spät, aber um so stärker und das Öffnen erst kurz vor Erreichen der gewünschten Position ausgeführt wird.

Absprungbewegungen

Absprungvorgänge im Gerätturnen sind im Gegensatz etwa zur Leichtathletik nicht nur auf Höhe oder Weite ausgerichtet, sie sind durch die jeweilige Aufgabe zusätzlich stets noch an das Erreichen bestimmter Drehzustände gebunden und manchmal auch noch mit einem Sprunggerät (Reutherbrett, Minitramp, Trampolin) zu koordinieren. Bei der Diagnose von Sprungfehlern ist daher eine genaue Kenntnis der mechanischen Hintergründe von großem Vorteil.

Der Absprung ohne Drehbewegung

Der Absprung ohne Drehbewegung stellt die Grundsituation der Absprungvorgänge dar. Wir werden ihn daher gesondert behandeln, auch wenn er im Turnen praktisch nicht vorkommt. Wird die Bewegung der abstoßenden Extremitäten (im Turnen wird ja auch von den Armen abgestoßen) so ausgeführt, daß die Wirkungslinie der resultierenden Stützkraft durch den Körperschwerpunkt geht, so wird der Ausführende nur in der Richtung dieser Wirkungslinie beschleunigt. Er erhält insbesondere keine Drehung.

Die für die Sprung- oder Flughöhe entscheidende Geschwindigkeit am Ende des Abstoßvorganges hängt ab von der Größe der aufgewendeten Abstoßkraft und der Dauer des Abstoßvorganges.

Beides kann beim Menschen nicht beliebig und unabhängig voneinander verändert werden. Ein Abstoß aus der tiefen Hocke dauert zwar länger, doch ist hier die aufgewendete Abstoßkraft sehr viel geringer als ein Abstoß aus mittlerer Beugeposition. Vermutlich gibt es hier nur individuelle Optimalwerte.

Wird der Absprung mit Hilfe eines Sprunggeräts ausgeführt, so muß die Wurfeigenschaft des Geräts beachtet werden. Als Faustregel kann gelten: Je länger die Wurfzeit (bzw. Schwingdauer) des Geräts ist, desto länger darf auch der Absprungvorgang beim Ausführenden dauern. Der Ausführende kann beim Trampolin die Beine etwas stärker beugen als etwa beim Reutherbrett.

Der Absprung mit Einleitung einer Drehbewegung

Soll der Turnende in der Flugphase nach dem Abstoß eine (zielgerichtete) Drehbewegung ausführen, so muß diese Drehung immer schon im Abspungvorgang eingeleitet werden. Dies gelingt, wenn der Abstoß exzentrisch (am Zentrum-KSP vorbei) vorgenommen wird: Die Wirkungslinie der resultierenden Stützkraft geht hierbei **nicht** durch den Körperschwerpunkt. Ein typisch exzentrischer Abstoß ist das Abdrücken (Abstützen) bei einer Sprunghocke, -grätsche oder einem -hecht. Durch die nur wenig von der Waagerechten abweichende Körperhaltung kurz vor dem Abstützen und durch die ,,exzentrische Anordnung“

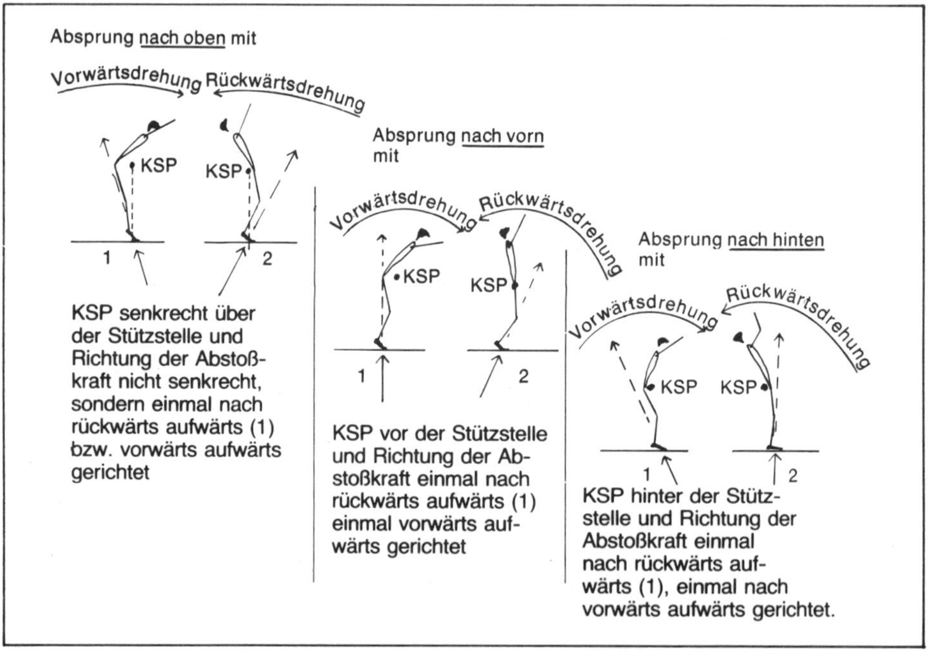

der Arme wirkt jeder Armabdruck in dieser Position am Körperschwerpunkt vorbei. Die meist vorhandene Vorwärtsdrehung des Körpers wird dadurch dann in eine Rückwärtsdrehung umgewandelt.

Je nach Lage des Körperschwerpunkts und der Richtung der Wirkungslinie ergeben sich die in der Abbildung Seite 54 aufgezeigten sechs Möglichkeiten: senkrechter Absprung mit Vorwärts- bzw. Rückwärtsdrehung, Absprung nach vorne mit Vorwärts- bzw. Rückwärtsdrehung, Absprung nach hinten mit Vorwärts- bzw. Rückwärtsdrehung.

Da im Turnen insbesondere auch Absprünge während eines bereits bestehenden Bewegungszustandes vorkommen, ist noch folgender Hinweis anzufügen: Sobald ein sich bewegender Körper exzentrisch angehalten wird, wirken die aus dem Bewegungszustand sich ergebende Trägheitskraft (jeder Körpr versucht den vorhandenen Bewegungszustand zu erhalten) und die Kraft, mit der angehalten wird, als ein Drehmoment.

Der Körper kommt infolgedessen (ohne eine besondere „Abstoß"-Bewegung) ebenfalls in Drehung. Bei allen Absprungbewegungen mit Anlauf wird in der ersten (Brems)-Phase des Absprungs eine solche Drehung eingeleitet. Daher ist in der zweiten (Absprung-)Phase des Absprungs im Vergleich zu Sprüngen aus dem Stand weniger Drehkraft aufzubringen.

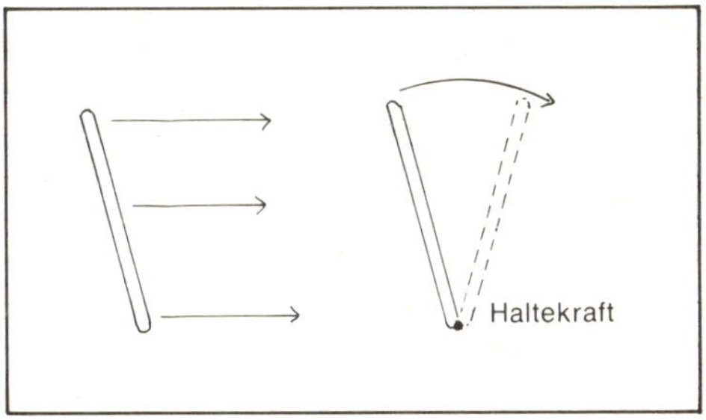

Abrollbewegungen

Sicherlich mit zu den frühesten Erfahrungen des Kindes gehört der Vorgang des Abrollens. Gegenstände werden bergab in Drehung versetzt, und sie lassen sich auch auf anderen Unterlagen in relativ lang anhaltende Drehung bringen, wenn nur die Körperperipherie geeignet gerundet ist. Welche Hintergründe den einen Körper besser als den anderen abrollen lassen, wird dabei wohl kaum reflektiert.

Genaugenommen sind Abrollvorgänge Drehbewegungen um momentane Drehachsen, die sich an der jeweiligen Berührungslinie zwischen dem rollenden Körper und der Rollunterlage befinden. Sie entstehen auf verschiedene Weise.

Die Berührung des abzurollenden Körpers mit der Unterlage kann, wenn der Körper vorher schon in Bewegung war, als exzentrischer Stoß angesehen werden. Der Körper wird daher (wie oben angedeutet) in Drehrichtung versetzt.

Der abzurollende Körper wird schon vor Berührung der Unterlage in Drehung versetzt (so daß das Abrollen nur ein Amortisieren der vorliegenden Drehenergie darstellt).

Der abzurollende Körper ist so gebaut, daß bei der Berührung mit der Unterlage sein Schwerpunkt nicht senkrecht über der Unterstützungsfläche liegt, also ein Kippmoment auftritt, und diese Situation auch nach einer bestimmten Veränderungszeit immer noch vorhanden ist.

Obwohl man im Grunde genommen nur den dritten Fall als typische Abrollbewegung ansieht (vgl. nebenstehende Abb.), müssen auch die beiden anderen Fälle mit beachtet werden.

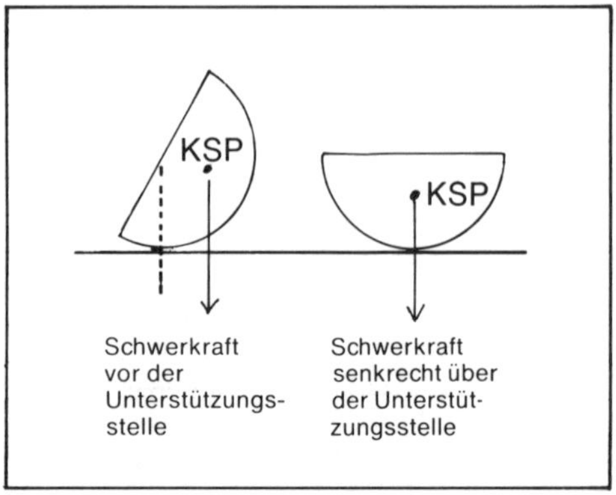

Im Turnen entsteht der Rollvorgang in den meisten Fällen durch eine Kombination dieser drei Entstehungstypen.

Eine Rollbewegung wird so lange weiterbeschleunigt, wie der Körperschwerpunkt trotz der durch das Rollen veränderten Situation noch vor der Senkrechten durch den Unterstützungspunkt liegt. Dieser Fall liegt bei dem obigen Halbzylinder nur bis in die zweite Position vor. Bei einem Zylinder oder einem Rad, das bergab läuft, ist dies immer erfüllt.

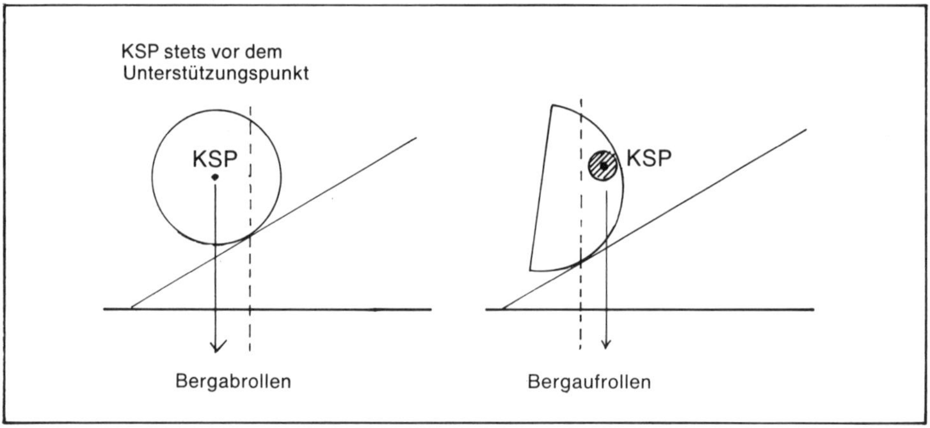

Allerdings kann ein Körper auch durchaus eine Zeitlang bergauf rollen (ohne vorher in Drehung gewesen zu sein). Dazu muß nur die Massenverteilung günstig angelegt werden. (Bleimasse in einem Halbzylinder exzentrisch lagern.)

Ist die Körperperipherie des abrollenden Gegenstandes ungeeignet (d. h., ist der Schwerpunkt nicht in allen Positionen vor der Unterstützungsstelle), so kann die dadurch bedingte Behinderung überwunden werden, wenn die vorliegende Drehenergie größer ist als die zur Überwindung der Behinderung notwendige Hubenergie oder aber wenn für diese Hubenergie zusätzliche Kräfte verwendet werden (vgl. nachfolgende Abb).

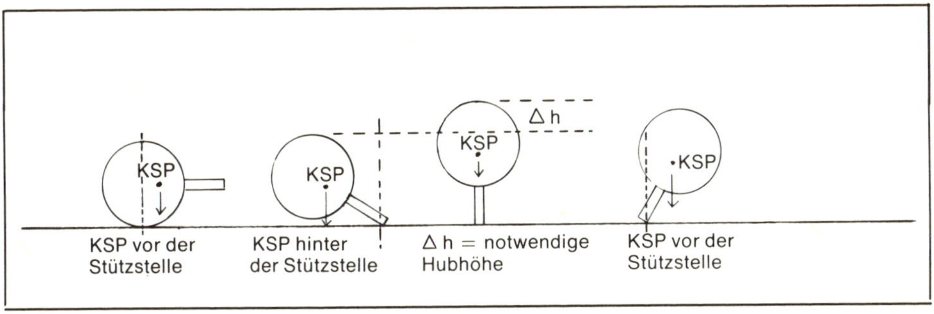

Bei der Rolle vorwärts bzw. rückwärts liegt dann, wenn über die Füße bzw. den Kopf weitergerollt werden soll, eine solche Peripheriebehinderung vor. Sie kann durch größere Rollenergie und/oder durch zusätzliche Hubenergie, vgl. Abbildungen (z. B. Stemmen der Arme), überwunden werden.

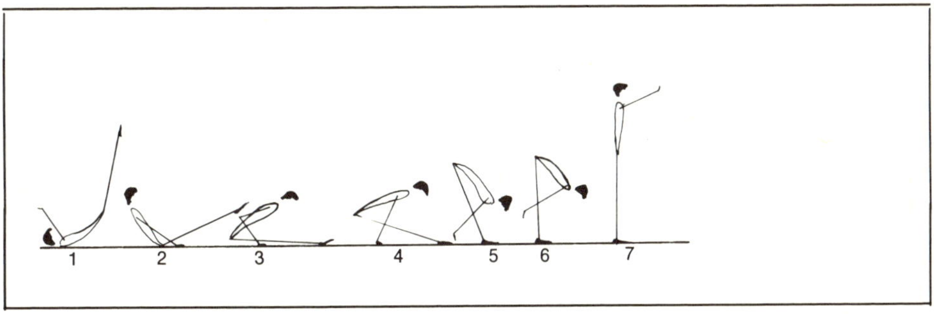

Zusätzliche Hubenergie

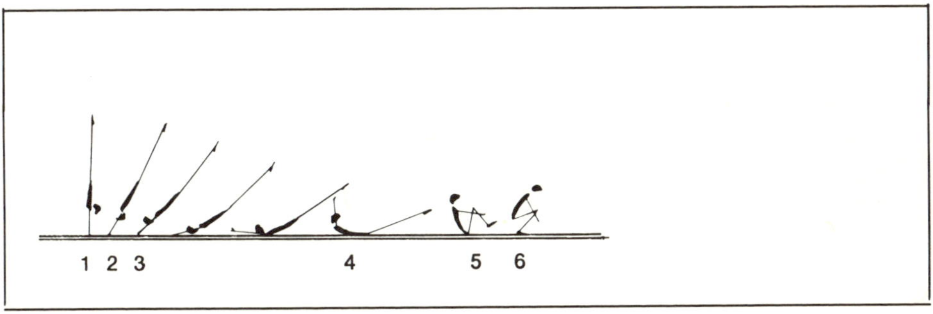

Größere Rollenergie

Übergang von Fundamentalbewegungen zu höheren Schwierigkeiten

Vorbemerkung

Die Kenntnis über die Strukturgruppen des Gerätturnens allein würde uns in der Lehre nicht viel weiterhelfen. Die Zusammenhänge sind es, die aus diesen einzelnen Bausteinen ein festes Gebäude entstehen lassen können.

So ist es möglich, von Fundamentalbewegungen jeder Strukturgruppe des Gerätturnens ausgehend, schwierigere Elemente zu erlenen. Selbst die schwierigsten C-Teile des Kunstturnens sind aus diesem Gefüge heraus erlernbar. Durch Erschwerung um eine Stufe wird allmählich das Könnensniveau gesteigert.

Die jeweilige Erschwerung der Fundamentalbewegung um eine Stufe kann erreicht werden durch:

Größere Bewegungsweite

Veränderung der Ausgangsposition

Überlagerung mit weiteren Bewegungsstrukturen

An folgendem Beispiel soll dies erklärt werden

„Vom halben Aufschwung rückwärts am Barren und an den Ringen zum Riesen-Felgaufschwung am sprunghohen Reck“ und mögliche Weiterungen

Fundamentalbewegung

Der halbe Aufschwung rückwärts am Barren und an den Ringen

Die KSP-Erhöhung ist minimal, wenn mit gebeugten Armen und entsprechend niedriger Griffposition begonnen wird.

Fundamental-bewegung	Halber Aufschwung rückwärts am Barren und an den Ringen in den Kipphang	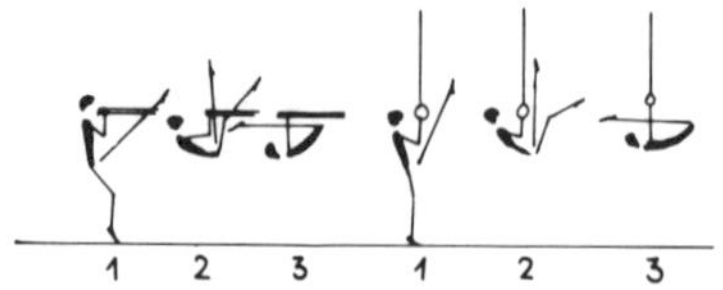
1. Stufe der Erschwerung	Größere Bewegungsweite durch Erhöhung des KSP – Hüft-Aufschwung vorlings rückwärts am Reck mit Schwungbeinhilfe –	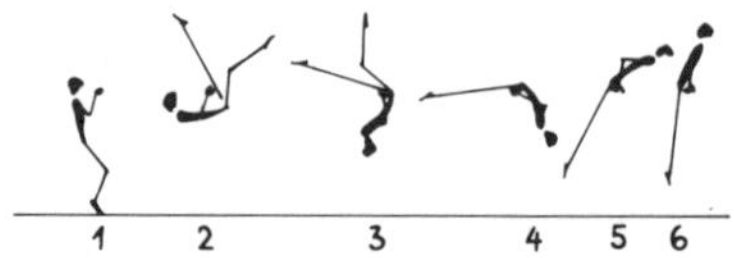
2. Stufe der Erschwerung	1. Veränderung der Ausgangsposition – Hüft-Aufschwung vorlings rückwärts am Reck mit beidbeinigem Absprung –	
3. Stufe der Erschwerung	2. Veränderung der Ausgangsposition – aus dem ruhigen Hang am sprunghohen Reck Hüft-Aufschwung vorlings rückwärts –	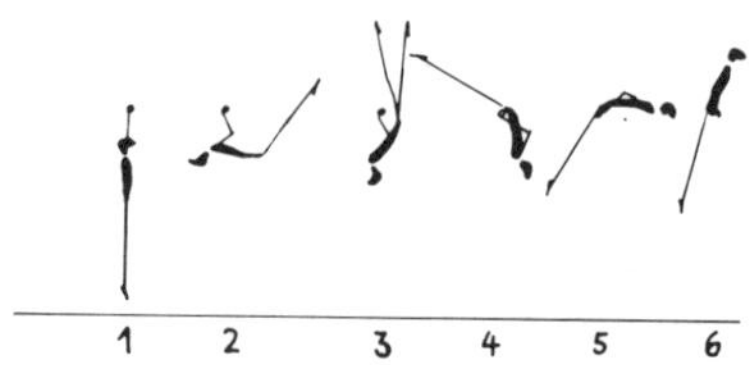
4. Stufe der Erschwerung	Überlagerung mit einer weiteren Bewegung (Beinschwung) – Aus einem leichten Abschwung Hüft-Aufschwung vorlings rückwärts am sprunghohen Reck	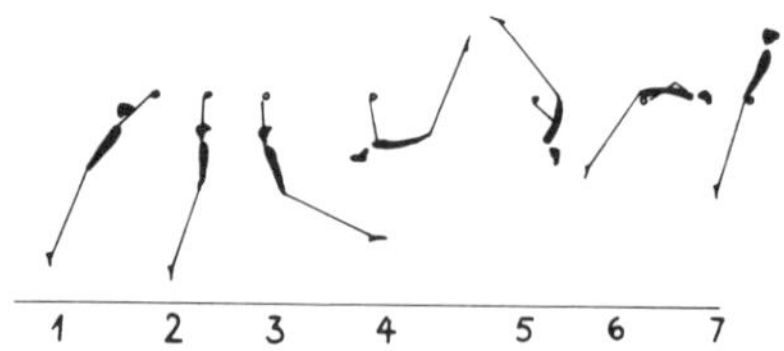
5. Stufe der Erschwerung	Überlagerung mit einer neuen Bewegungsstruktur (Felgbewegung) – Aus einem leichten Abschwung Hüft-Aufschwung und schnelle Hüftstreckung zum Felgaufschwung	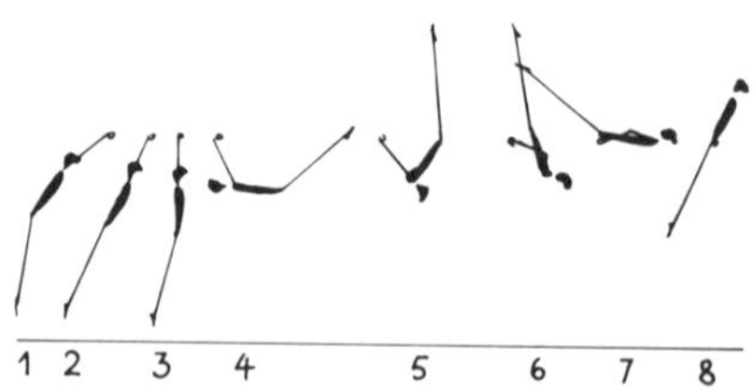

6. Stufe der Erschwerung	3. Veränderung der Ausgangsposition – Abschwung aus einer höheren Ausgangsposition (aus der Waagerechten) – Felgaufschwung mit Beinschwung- und Felgbewegung –	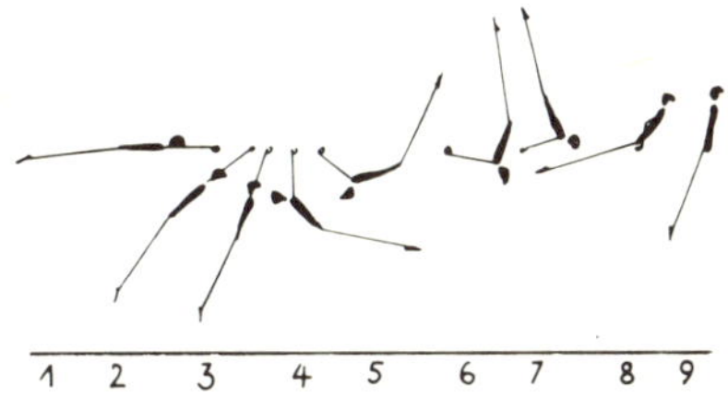
7. Stufe der Erschwerung	Überlagerung des Felgaufschwungs mit einem Armschub –	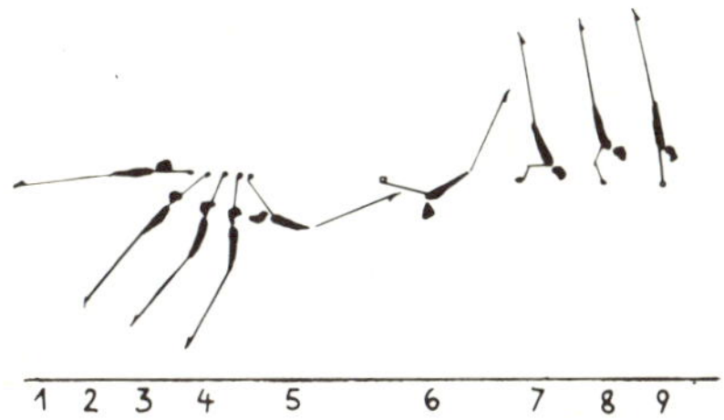
8. Stufe der Erschwerung	4. Veränderung der Ausgangsposition – Abschwung aus dem Handstand, Riesen-Felgaufschwung –	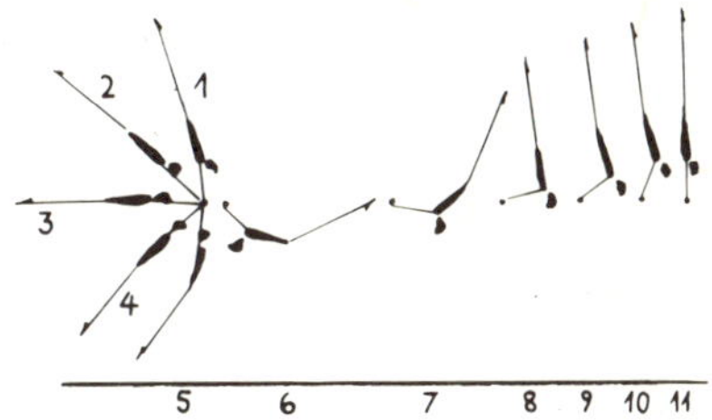
9. Stufe (Weiterungen)	Im weiteren Verlauf der Erschwerung kann durch Überleitung in die Überschlagbewegung (Salto) rückwärts ein neues Element aus dieser Bewegungsstruktur entstehen	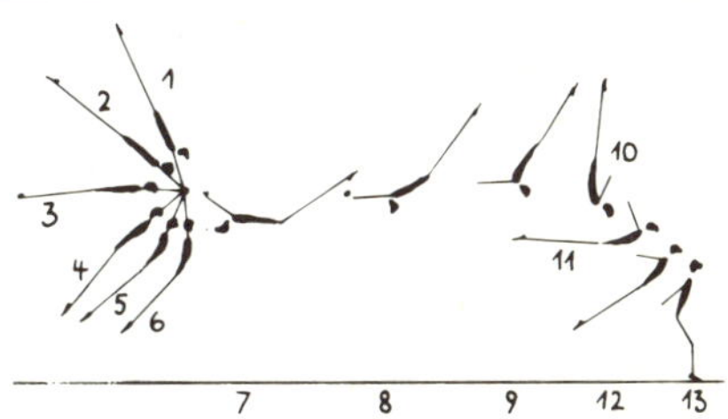

Stellung des Übenden zum Gerät

Vorbemerkung

Da im Gerätturnen die Stellung zum Gerät mit ,,vor – oder hinter dem Gerät" bezeichnet wird, soll in diesem kurzen Vorspann eine Erläuterung dazu gegeben werden. Dies vor allem um Mißverständnisse zu vermeiden.

Um eindeutige Anweisungen zur Ausgangsstellung des Übenden zum Gerät zu ermöglichen, wird dies an einigen Beispielen verdeutlicht.

1. Um eine Stellung oder Richtung zu erklären, benötigen wir ein sogenanntes Bezugssystem. Dies kann einmal der eigene Körper oder aber auch ein Gerät sein. Grundsätzlich gilt, daß die vorgesehene Bewegungsrichtung von der Stellung des Körpers und seiner Blickrichtung ausgeht. Dabei gilt als vorausgesetzt, daß sich der Kopf in normaler Stellung befindet (nicht gedreht).

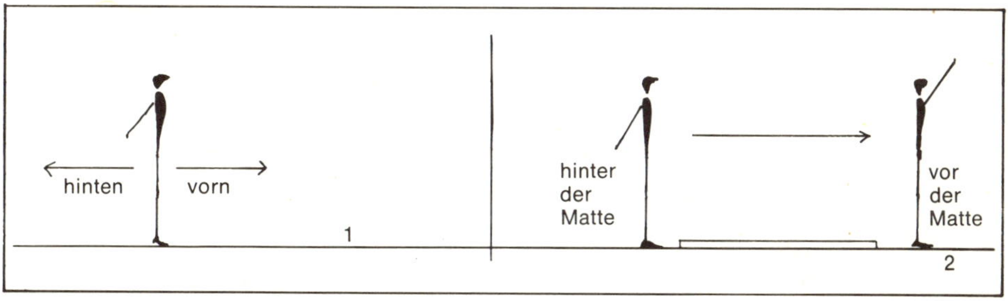

2. Wird ein Gerät von einem außerhalb Stehenden betrachtet, so ergibt sich die gleiche Erklärung wie vorhin.

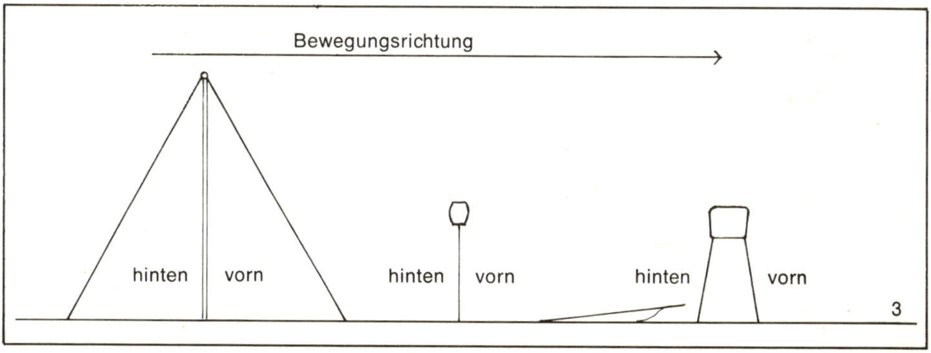

3. Nimmt ein Übender eine bestimmte Stellung zu Geräten ein, so gelten die in den Zeichnungen dargestellten Begründungen und Aussagen.

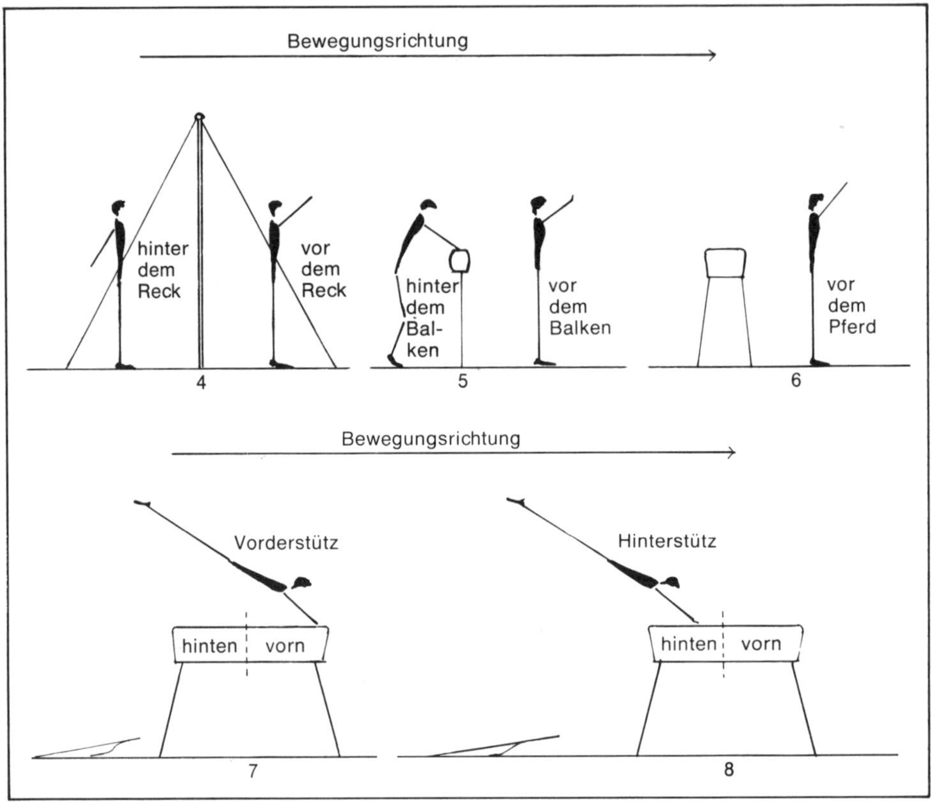

I. Bodenturnen

Vorbemerkungen

Das Bodenturnen läßt in seiner Besonderheit und Vielfalt – es ist kein konstruiertes Gerät – die Fundamentalbewegungen fast aller Strukturgruppen zu. So kann beispielsweise mit Formen der Kipp-, Felg-, Roll-, Sprung-, Beinschwung- und Überschlagbewegungen hier begonnen werden.

Es ist, mit Ausnahme des Pauschenpferdturnens, am wenigsten mit dem Faktor Angst verbunden. Die Übenden können sich an Holmen, Stangen u. ä. nicht anschlagen. Außerdem ist die „Höhe" bei den Fundamentalbewegungen relativ gering im Vergleich zu anderen Geräten. Dadurch ist auch das Verletzungsrisiko gering und Hilfe kann ohne Zusatzgeräte geleistet werden.

Für viele Elemente des Bodenturnens benötigt man keine Matten, so ist es möglich, daß im Freien auf dem Rasen geturnt wird.

All diese Hintergründe zusammen genommen fordern geradezu auf, daß der „Einstieg" zum Gerätturnen am Boden gefunden werden sollte.

Rollbewegungen

Rolle vorwärts

Strukturzuordnung

Rollbewegung

Funktionsphasenanalyse

Hilfsfunktionsphase II. Ordnung

Aus dem Stand Absenken des Körpers aus der labilen Gleichgewichtsposition und Verlagern des KSP nach vorn von den Füßen auf die Hände.

Hilfsfunktionsphase I. Ordnung

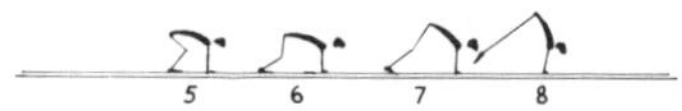

Durch Beinabstoß den Körperschwerpunkt über die stützenden Hände hinwegbringen.

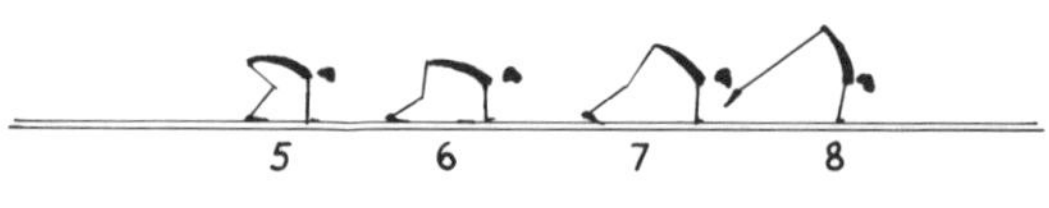

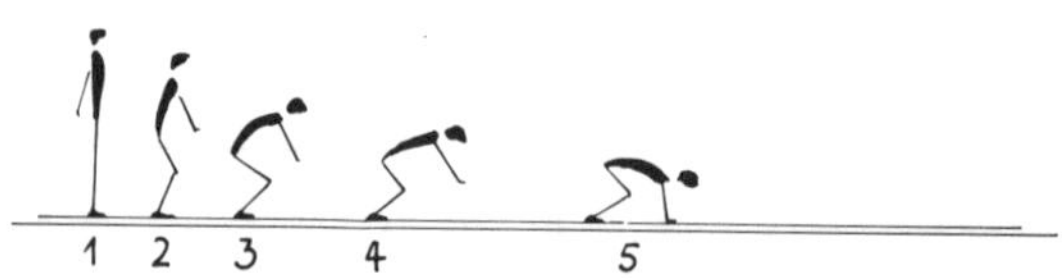

Hauptfunktionsphase

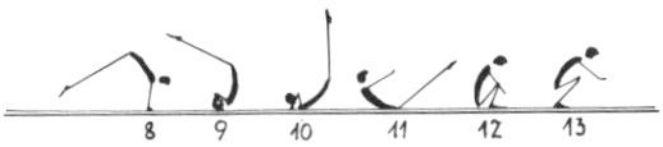

Durch langsames Beugen der vorher gestreckten Arme die Fallgeschwindigkeit des Körpers bremsen, bis die Schultern aufliegen und den rollenden Körper durch schnelles Annähern der Beine und Arme an den Körperstamm in seiner Drehgeschwindigkeit beschleunigen.

Übergangsfunktionsphase

Aus dem Hockstand eine weitere Rolle vorwärts (siehe II. Ordnung), zurückfallen in den Sitz oder aufrichten in den Stand.

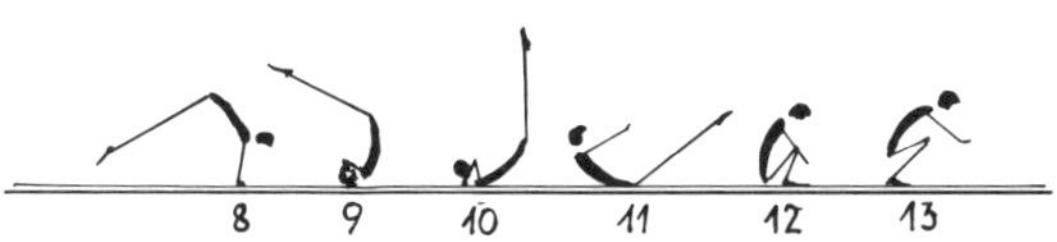

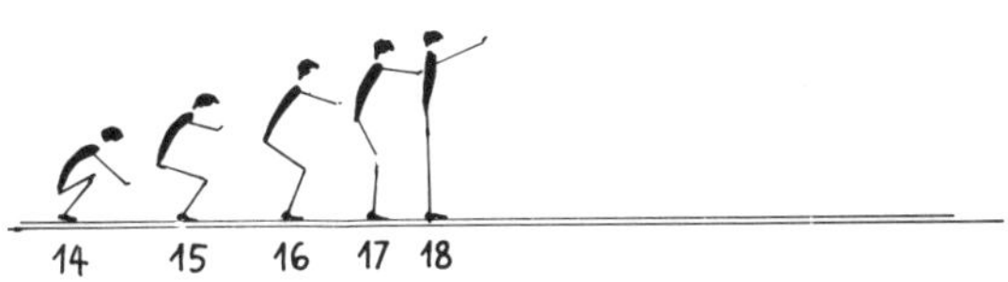

Aus dieser Phasenanalyse ist abzuleiten, daß für die Beherrschung der Rolle vorwärts die Koordination verschieden gewichtiger Teilkraftimpulse erlernt werden muß.

Das wiederum bedeutet, daß die Rolle vorwärts von der schiefen Ebene, die „das Rollen" an sich erleichtert, jedoch technisch-methodischer Selbstbetrug ist.

Außerdem können, wenn die bremsende „Armarbeit" nicht erlernt wird, in ungünstigen Situationen Verletzungen im Halswirbelbereich auftreten.

Methodischer Weg

Rückenschaukel

a) Wir legen Matten aus. Auf jeder Matte sitzen quer 2 Kinder.

Rollt langsam zurück bis auf die Schultern, daß die gestreckten Beine über dem Kopf sind. Wer kann so das Gleichgewicht halten? Setzt euch wieder auf.

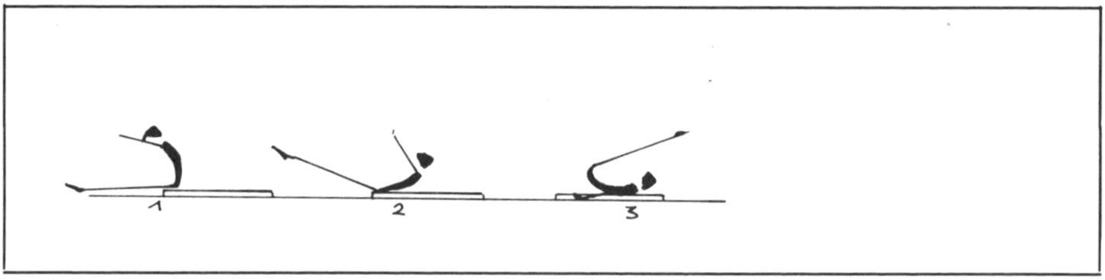

b) Bei gleicher Organisationsform bis f)

Turnt das gleiche noch einmal. Nehmt schnell eure Schienbeine in die Hand und macht euch klein wie ein Paket. Wer kann so als Paket vor- und zurückschaukeln?

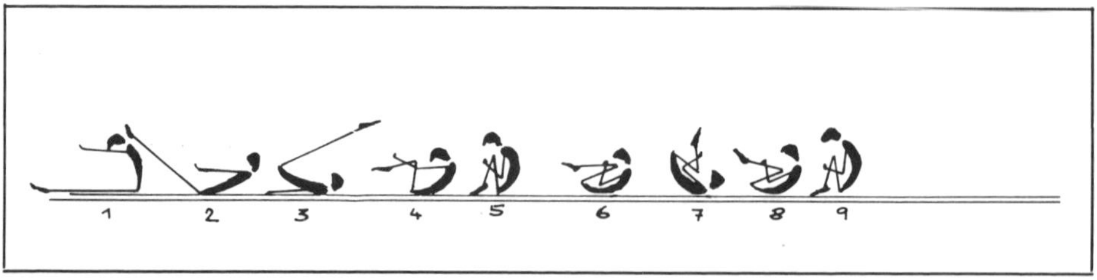

c) *Rollt zurück, macht ein Paket und schaukelt vor und zurück. Wer kann sich beim Vorschaukeln so klein machen, daß er auf die Füße kommt? Die Hände dürfen die Schienbeine dabei nicht verlassen.*

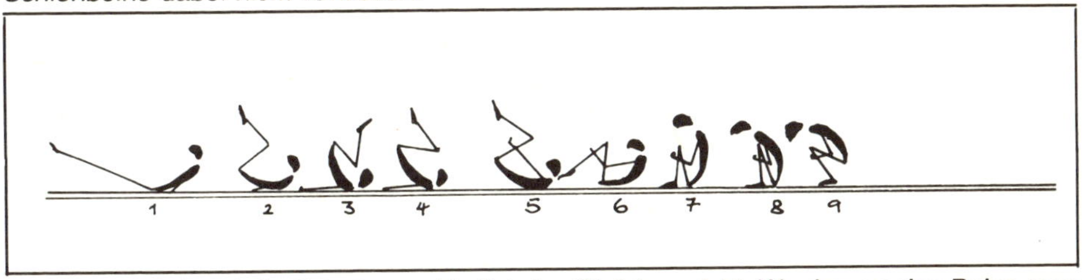

d) *Rollt zurück auf die Schulter und haltet das Gleichgewicht. Wer kann seine Beine ganz strecken und die gestreckten Arme hinter dem Kopf auf den Boden legen, ohne das Gleichgewicht zu verlieren? Rollt ab zum Sitz.*

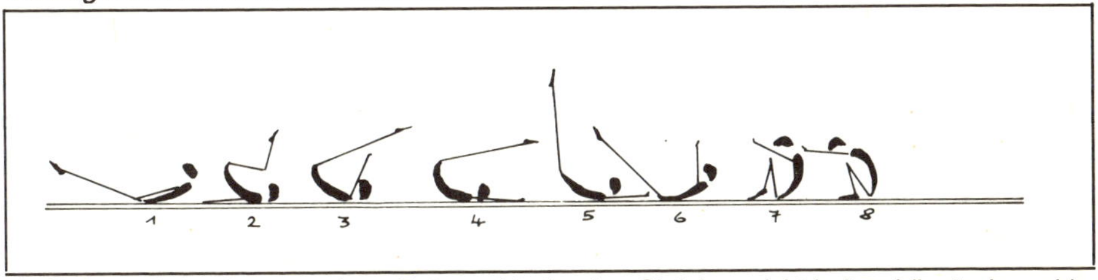

e) *Rollt zurück mit gestreckten Beinen, bis ihr das Gleichgewicht halten könnt wie vorhin. Wer kann sich in der Hüfte strecken und einen Nackenstand (Kerze) machen, ohne daß er mit seinen Händen den Körper abstützt? Die Hände bleiben dabei hinter dem Kopf auf dem Boden. Rollt vor in den Sitz.*

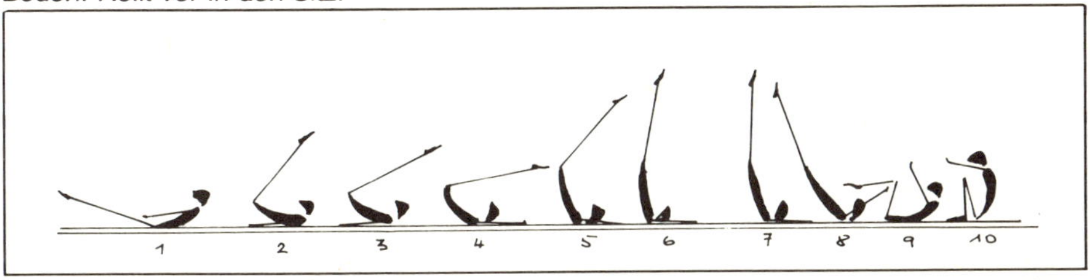

f) *Rollt zurück, bis ihr in der Kerze das Gleichgewicht haltet. Laßt euren Körper in dieser Haltung mit rundem Rücken nach vorn abrollen. Wer kann dann, wenn sein Gesäß den Boden berührt, ganz schnell ein Paket machen und die Knie an die Brust ziehen, damit er auf den Füßen steht?*

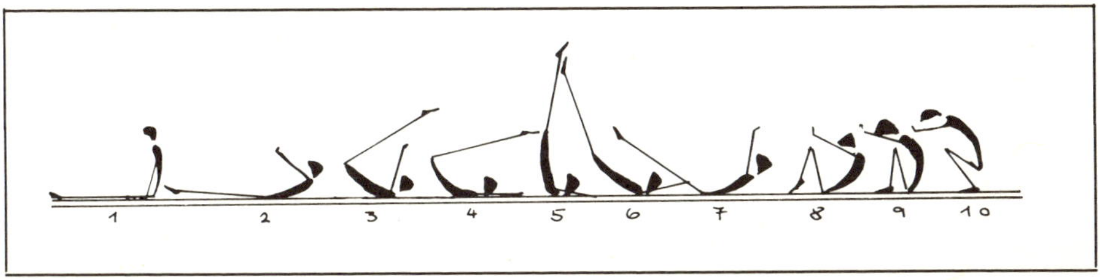

Abrollen von erhöhter Plattform

a) Wir stellen Bänke in die Halle und legen davor Gummimatten.

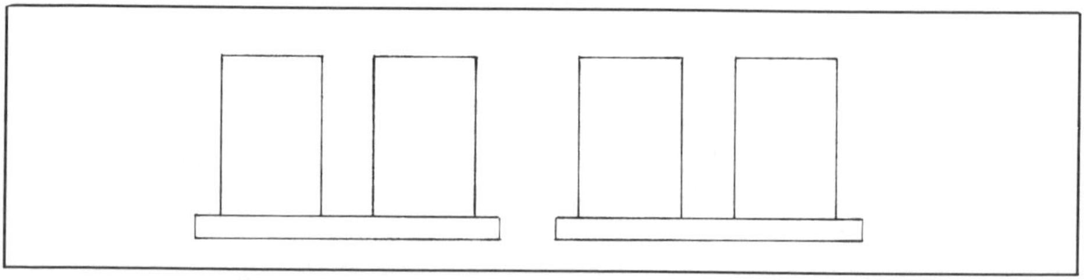

Kniet euch so auf die Bank (Kastendeckel), daß eure Kniescheiben darüber hinausragen. Setzt die Hände schulterbreit nahe an der Bank auf den Boden. Wer kann seinen Kopf „durch die Hände schieben“, daß er mit Hinterkopf und Schulter auf den Boden kommt? Streckt dabei eure Hüfte, rollt ab und steht auf.

b) Die Kinder stehen im tiefen Hockstand am Bankrand.

Setzt die Hände wie vorhin und schiebt den Kopf dazwischen und legt eure Schulter ganz sanft auf den Boden. Stoßt euch mit den Füßen von der Bank leicht ab (streckt die Beine). Wer kann seine Beine so lange gestreckt lassen, bis er mit dem Gesäß den Boden berührt, sich erst dann schnell klein machen, um in den Stand zu kommen?

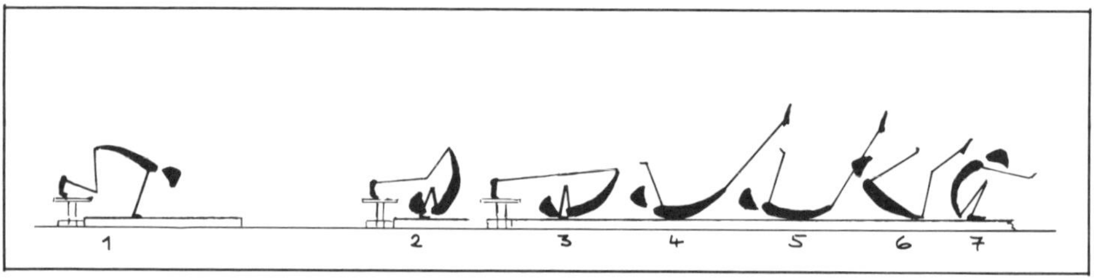

Rolle vorwärts auf der „Ebene“

a) Zwei bis drei Schüler befinden sich an einer Matte und turnen nacheinander in Mattenlängsrichtung. Je ein Kind steht unmittelbar hinter der Gummimatte.

Geht in die tiefe Hockstellung und setzt eure Hände auf. Wer kann genau wie vorhin von der höheren Plattform die Beine strecken und die Rolle vorwärts in den Stand turnen?

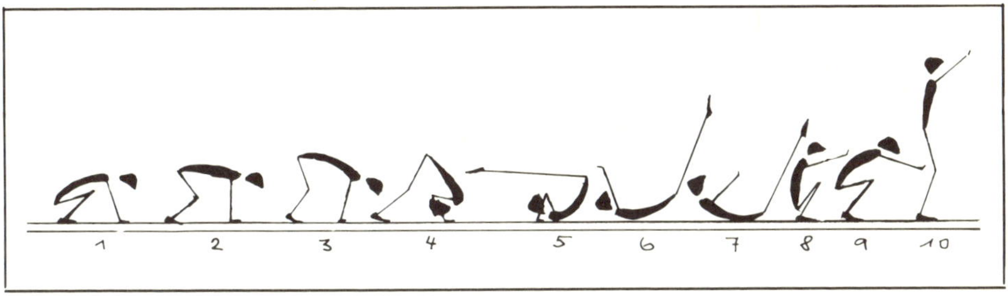

b) Bei gleichem Gerätaufbau steht je ein Kind aufrecht hinter der Matte.

Nehmt eure Hände hinter den Körper. Geht in eine leichte Hockstellung und verlagert das Gewicht dabei schon nach vorn. Turnt die Rolle vorwärts zügig in den Stand.

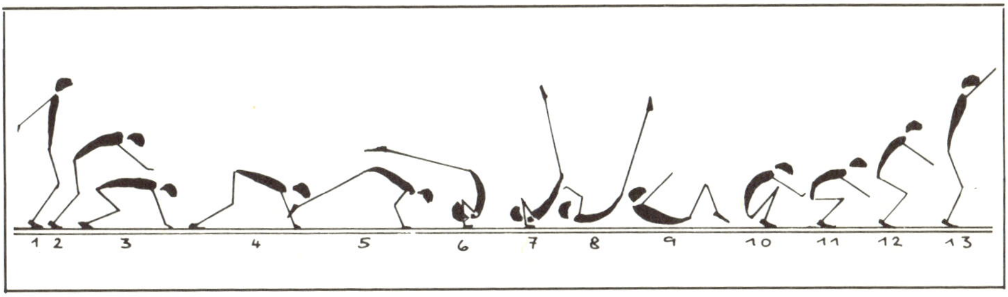

Sprungrolle (Flugrolle)

Strukturzuordnung

a) Sprungbewegung
b) Rollbewegung

Funktionsphasenanalyse

Sie ist gleich wie bei der Rolle vorwärts.
Der Unterschied besteht in der stützlosen Phase (Flugphase). Sie wird durch größere „Energiezufuhr" beim Absprung erzielt. Im gleichen Maße verlangt nach dem Stütz der Hände die „Abbremsarbeit" mit den Armen ebenfalls einen größeren Krafteinsatz.

Methodischer Weg

Flugphase

Wir stellen Bankgassen mit 0,50 m Abstand von Bank zu Bank auf. Über die Bank legen wir im Abstand von etwa 1,5 m erst Sprungseile, später Turnstäbe. Je mehr Bänke, desto besser. Es empfiehlt sich, im „Strom" üben zu lassen.

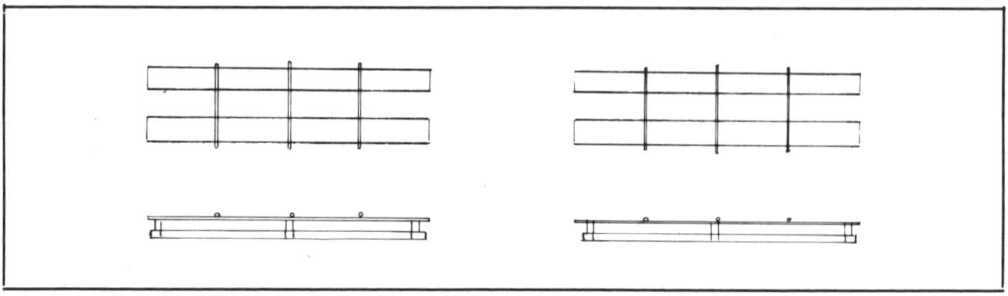

a) Die Kinder stehen hintereinander hinter den Bankgassen in Gruppen.

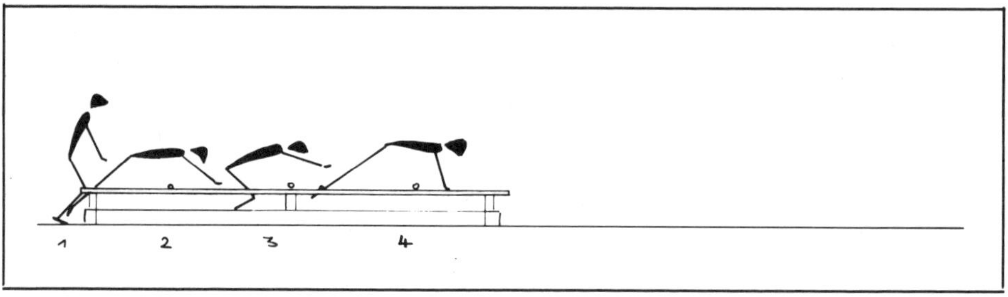

Springt wie ein Tiger über die Stäbe von den Füßen auf die stützenden Hände, Füße usw. Wer kann ohne Pause im Stand sofort wieder abspringen, als ob der Boden sehr heiß wäre (prellendes Springen)?

Dabei dürft ihr nur von den Fußballen abspringen.

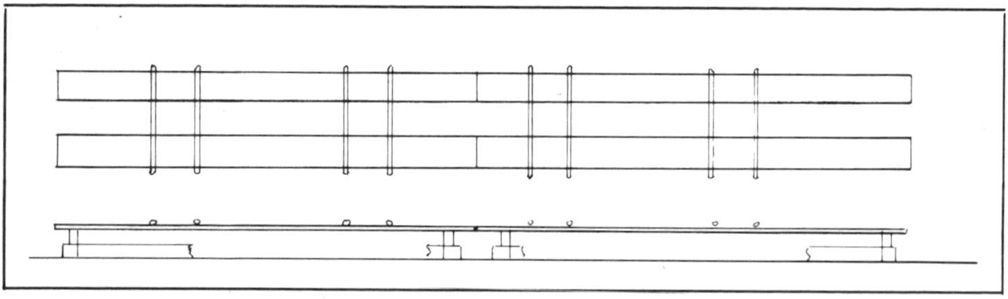

Wir legen die Stäbe so auf die Bänke, daß immer zwei Hindernisse auf einer Bank durch je zwei Stäbe gebildet werden.

b) Bei gleicher Arbeitsorganisation stehen die Kinder hinter den Bankgassen.

Wer kann genau wie vorhin mit ganz schnellen Absprüngen über die breiteren Hindernisse springen und dabei ganz sicher mit den Händen stützen (prellendes Springen)?

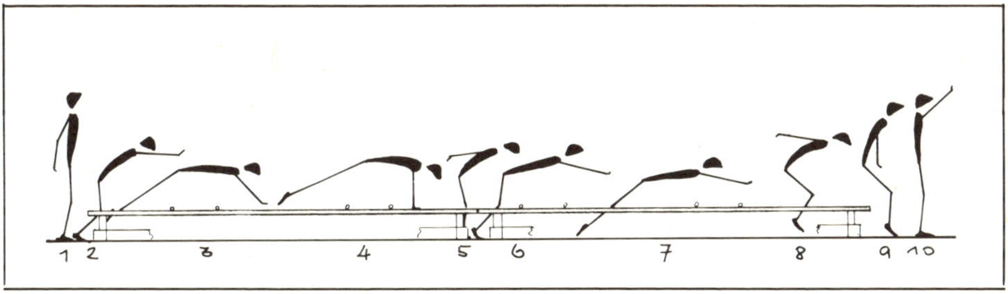

In dieser Phase muß darauf geachtet werden, daß der „Fußkontakt" nur kurzzeitig erfolgt, um ein schnelles Überspringen der Stäbe zu erreichen.

c) Die Stützebene Bank wird jetzt auf die Höhe der Absprungebene Boden gebracht. Wir legen je zwei Gummimatten hintereinander und lassen zwischen beiden Matten einen Graben von etwa 0,5 m bis 1,0 m je nach Größe und Alter der Kinder.

In den Mattengraben legen wir einen großen Medizinball (3 kg). Je ein Kind ist im Hockstand am Grabenrand.

Wer kann über den Graben springen ohne dabei den Ball zu berühren?

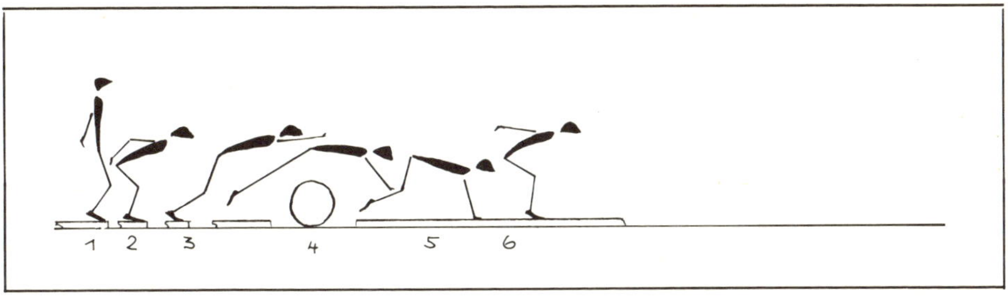

Flugphase mit Abrollen

a) Der Gerätaufbau bleibt gleich. Je ein Kind ist im Hockstand am Grabenrand.
Springt wie vorhin über den Graben auf die Hände. Schiebt dabei den Kopf so zwischen die Hände, daß ihr Hinterkopf und Schultern sanft auflegen könnt, um daran eine Rolle in den Stand zu turnen.

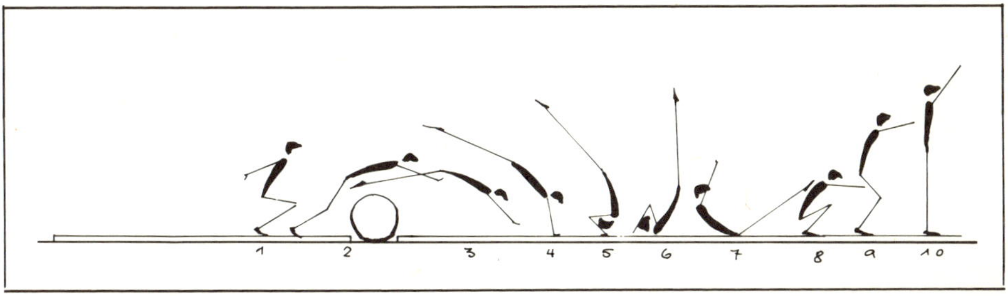

b) Gleicher Gerätaufbau. Hinter jedem Mattengraben steht ein Kind.

Nehmt eure Hände nach hinten, geht leicht in die Knie und springt ab zur Sprungrolle über den Ball. Wer kann im Flug seine Beine so lange gestreckt lassen, bis sein Gesäß den Boden berührt, um dann schnell die Beine anzuhocken?

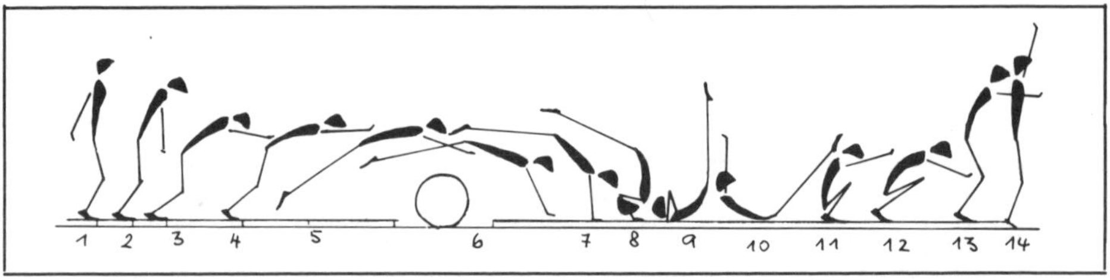

c) Der Ball wird entfernt, die Matten werden aneinandergelegt. Mehrere Kinder nacheinander auf einer Matte. Je ein Kind steht hinter der Matte.

Turnt aus dem Stand die Sprungrolle in den Stand.

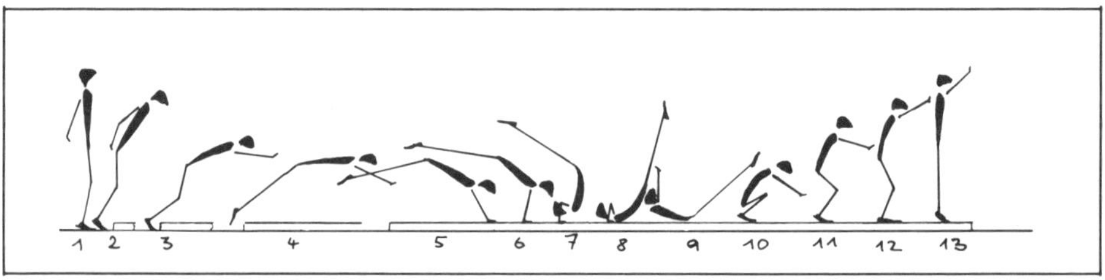

Strecksprung und Sprungrolle

Bei gleichem Gerätaufbau wird vor der Sprungrolle ein Strecksprung geturnt. Der prellende Strecksprung wird als schon erarbeitet vorausgesetzt. Je ein Kind steht am Mattenanfang mit dem Gesicht zur Mattenbahn.

Turnt einen Strecksprung mit Armkreis rückwärts. Wer kann direkt aus einem prellenden Absprung die Sprungrolle in den Stand turnen?

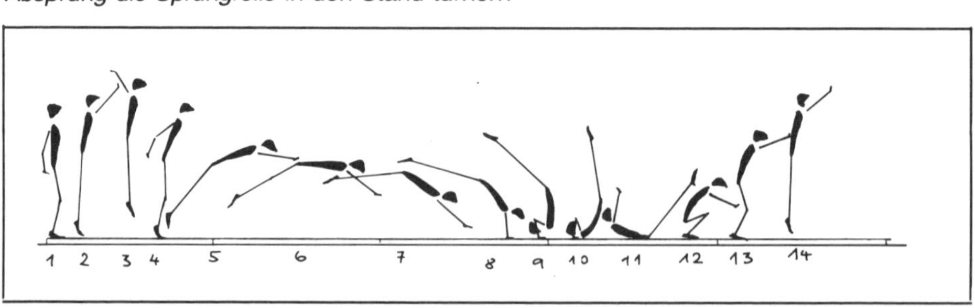

Beim Anfänger darf auf keinen Fall die Sprungrolle aus dem Anlauf oder über „möglichst weiten Graben" geturnt werden. **Hier gilt der Leitsatz: Höhe geht vor Weite!**

Es wäre ebenfalls unverantwortlich, Sprungrollen als Wettkampf über kniende oder liegende Partner turnen zu lassen. Äußerst gefährlich ist es, mit Kindern die Sprungrolle vom Minitrampolin auf die gleiche Höhe des Absprungs oder gar nach unten turnen zu lassen. Hier erweist sich, daß die Abbremsarbeit" der Arme von entscheidender Bedeutung für die Sicherheit des Übenden ist. Die Gefahr von Halswirbelverletzungen ist dann sehr groß, wenn auf diese Vorarbeiten nicht genügend geachtet wird.

Rollbewegungen

Rolle rückwärts in den Grätschstand

Strukturzuordnung

Rollbewegung

Funktionsphasenanalyse

Hilfsfunktionsphase II. Ordnung

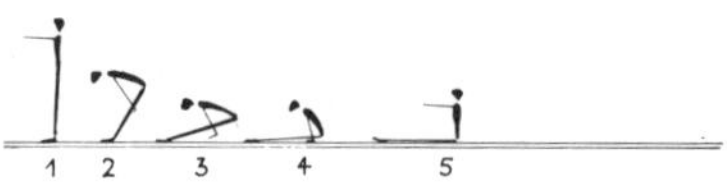

Aus dem Stand Absenken des Körpers nach rückwärts in den Sitz.

Hilfsfunktionsphase I. Ordnung

Aus dem Sitz wird der Körper zurückgerollt, und die Hände werden schulterbreit aufgesetzt. Der Körperschwerpunkt wird dabei über die druckbereiten Hände gebracht.

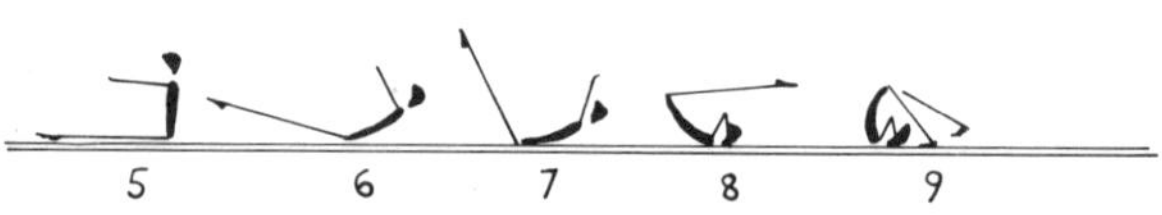

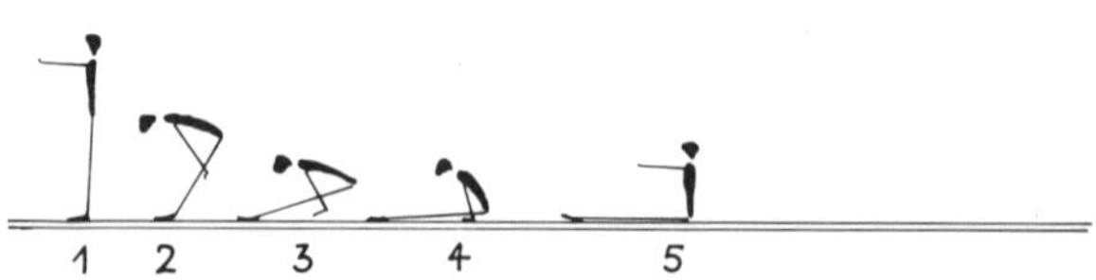

Hauptfunktionsphase

Der rollende Körper wird nach Fußkontakt bei gegrätschten Beinen durch Armdruck in den Grätschstand hochgedrückt.

Übergangsfunktionsphase

Aufrichten des Oberkörpers aus dem Grätschliegestütz vorlings in den Grätschstand.

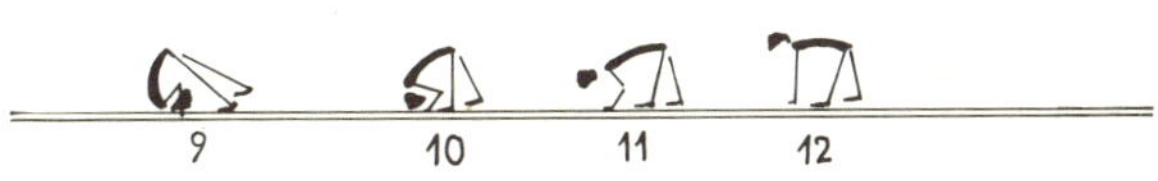

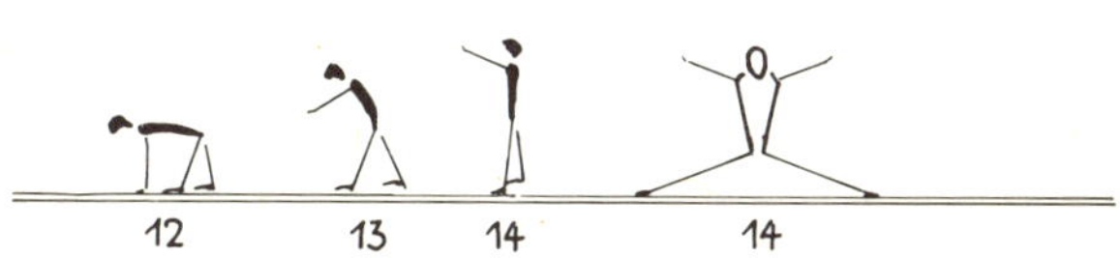

Vorbemerkung

Bei der Rolle rückwärts gilt in noch weit höherem Maße die Forderung, nicht über die schiefe Ebene zum Übungsziel zu gelangen. Ist sie doch der erste Übungsteil beim Bodenturnen, bei dem der KSP gegen die Schwerkraft angehoben werden muß. Die Hauptphase dieses Elements ist das „Hochdrücken" des Rumpfes während des Rollens. Wird dieser Übungsteil nicht richtig erlernt, ist eine erfolgreiche methodische Weiterführung zur Rolle rückwärts in den flüchtigen Handstand nicht gewährleistet. Außerdem ist die Verletzungsgefahr im Halswirbelbereich wie bei der Rolle vorwärts vorhanden.

Vorübung

Aus dem Grätschstand den Kopf auf den Boden setzen und wieder hochdrücken in den Grätschstand.

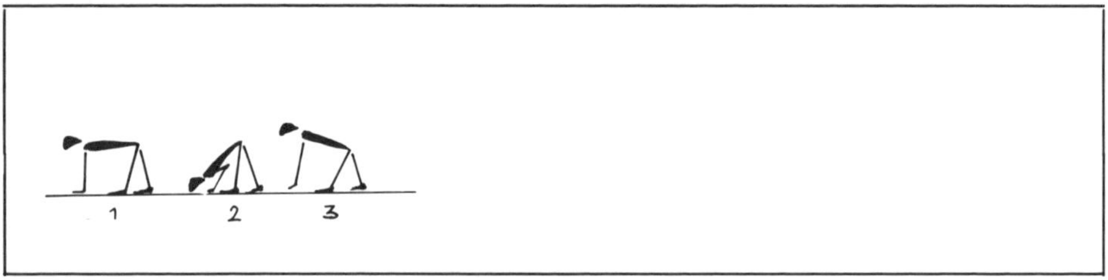

Methodischer Weg

Rückenschaukel

a) Gummimatten werden in der Halle ausgelegt. Je 2 bis 3 Kinder sitzen nebeneinander am Mattenrand mit dem Rücken zur Matte.

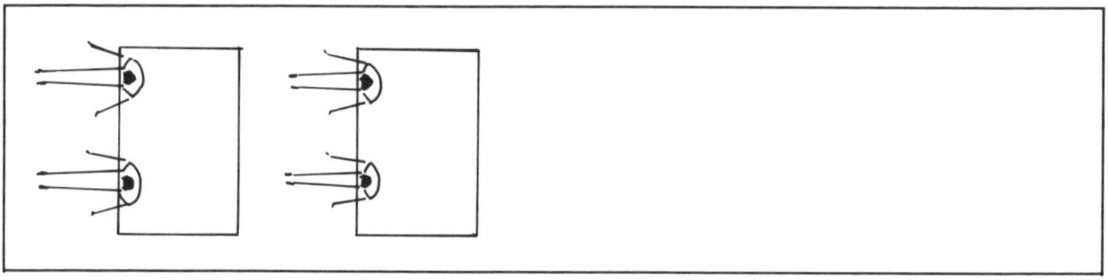

Rollt mit gestreckten Beinen zurück in die Kipplage und haltet das Gleichgewicht. Die Hände bleiben dabei am Boden. Wer kann nach dem Zurückrollen die Füße hinter sich auf den Boden legen? Rollt wieder vor. Turnt dies mehrmals hintereinander.

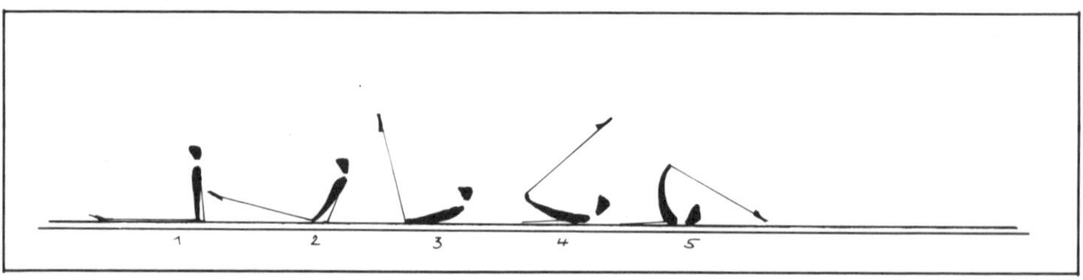

b) Auf jeder Matte arbeitet eine Dreiergruppe. Rechts und links kniet je ein Kind. Das dritte Kind sitzt am Mattenrand mit dem Rücken zur Matte.

Rollt mit gestreckten Beinen zurück in die Kipplage und haltet das Gleichgewicht. Wer kann die Beine grätschen und mit den Fußspitzen den Boden berühren?

Schließt die Beine und rollt mit gestreckten Beinen wieder ab in den Sitz. Setzt die Füße leise auf. Turnt das mehrmals hintereinander.

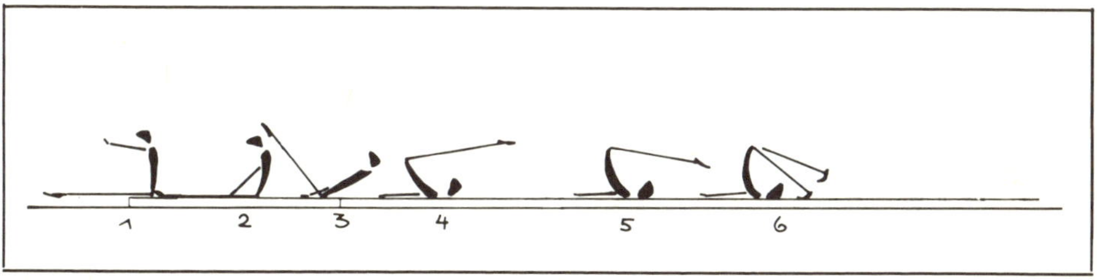

Die Helfer auf beiden Mattenseiten sorgen an der Hüfte dafür, daß ihr Partner nicht nach hinten überrollt.

Handaufsatzposition

Gleiche Arbeitsform, Hilfestellung und Ausgangslage.

Rollt zurück in die Kipplage. Wer kann seine Hände außerhalb der Schulter aufsetzen (dabei zeigen die Finger nach außen)? Nehmt die Hände wieder weg und rollt wie vorhin nach vorn in den Sitz ab. Turnt dies mehrmals hintereinander.

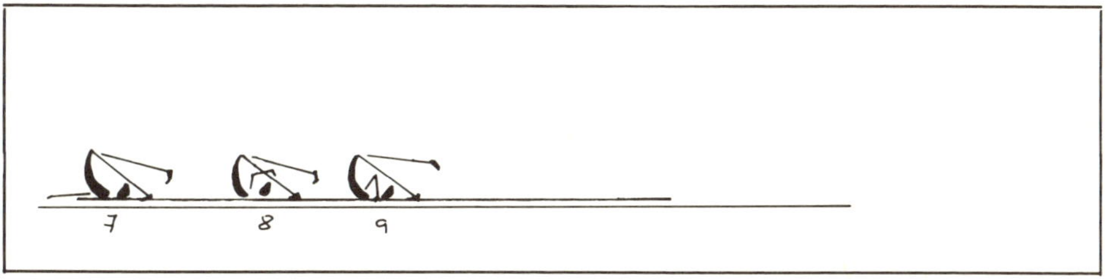

Die Helfer unterstützen durch Eingreifen die richtige Aufsetzposition der Hände. Sprecht mit eurem Partner und gebt ihm dabei die notwendigen Anweisungen und Korrekturen. Außerdem müßt ihr an der Hüfte haltend dafür sorgen, daß euer Partner dabei das Gleichgewicht nicht verliert.

Armdruck und Rolle rückwärts

Bei gleicher Arbeitsform, Hilfestellung und Ausgangslage.

Rollt zurück in die Gleichgewichtslage und setzt die Hände wie vorhin auf. Grätscht die Beine und setzt die Fußspitzen auf den Boden. Wer kann sich so hochdrücken, daß er in den Grätschstand kommt und die Knie dabei gestreckt läßt?

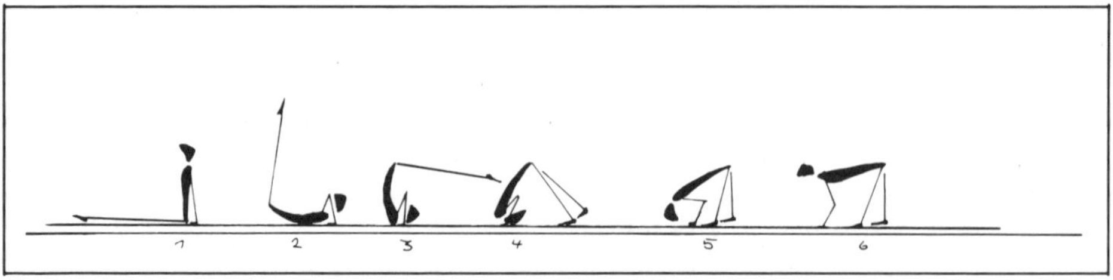

Die Helfer fassen mit einer Hand unter die Schulter und unterstützen den Armschub. Mit der anderen Hand wird am Gesäß die Drehbewegung bis in den Grätschstand unterstützt.

Die Helfer müssen unbedingt darauf achten, daß die Hände schulterbreit aufgesetzt werden. Werden die Hände zu eng aufgesetzt (zu nahe am Kopf), kann der Schüler sich schlecht hochdrücken. Bei der „kleinen Rolle" ist dies durch die geringe „Schubleistung" nicht so gut zu erkennen. Bei der später zu erlernenden Felgrolle (Rolle rückwärts in den flüchtigen Handstand) ist die „enge Handstellung" u. a. vielfach die Ursache für den Mißerfolg.

Absenken aus dem Stand

Rücksenken aus dem Stand in den Sitz mit gestreckten Beinen. An jeder Matte turnt eine Dreiergruppe. Ein Kind steht mit dem Rücken zur Matte am Mattenrand. Ein Partner steht hinter seinem Rücken. Schüler, die eine gute Rumpfbeugung nach vorn können (Dehnfähigkeit der Beine und Rumpfrückseite), haben es dabei leichter.

Beugt den Oberkörper so weit wie möglich nach vorn herunter bis fast an die Oberschenkel und laßt die Beine dabei gestreckt. Setzt die Hände so auf, daß die Finger zu den Fußspitzen hin zeigen. Senkt euch langsam rückwärts in den Sitz.

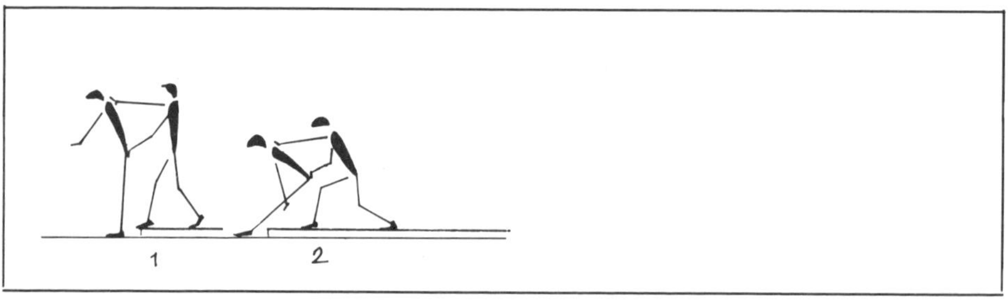

Zwei Helfer hinter dem Rücken des Übenden fassen mit einer Hand im Genick oder an der Schulter und mit der anderen Hand am Gesäß und bremsen so die „Senkgeschwindigkeit" nach hinten zum Sitz.

Rolle rückwärts aus dem Stand in den Grätschstand

Gleiche Arbeits- und Organisationsform. Ein Partner kniet neben der Matte und sichert die Rolle rückwärts. Die Kinder stehen wie vorhin am Mattenrand.

Turnt wie vorhin Rumpfvorbeugen, Händeaufsetzen und Bremsen beim Rücksenken in den Sitz.

Wer kann die Rolle rückwärts in den Grätschstand turnen, ohne die Knie dabei zu beugen?

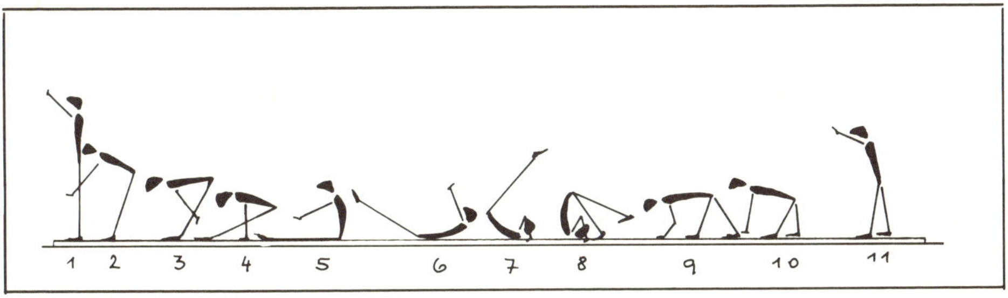

Die Helfer sichern in der eben angegebenen Art und Weise.

Rolle rückwärts in den Hockstand

Strukturzuordnung

wie bei der Rolle rückwärts in den Grätschstand

Funktionsphasenanalyse

wie bei der Rolle rückwärts in den Grätschstand

Auf weitere Vorübungen können wir jetzt verzichten, da die wesentlichen Vorarbeiten für das Gelingen der Rolle rückwärts in den Hockstand durch die Rolle rückwärts in den Grätschstand bereits erfüllt wurden.

Methodischer Weg

a) Je eine Dreiergruppe befindet sich auf einer Matte.
Je ein Kind befindet sich im Sitz am Mattenrand.

Rollt zurück und laßt die Beine dabei zusammen und nehmt die Knie an die Brust. Wer kann sich ganz klein machen und mit den Fußspitzen hinten fast den Boden berühren?

Die Helfer rechts und links sichern an Gesäß und Schulter das Gleichgewicht des Übenden.

b) Bei gleicher Ausgangslage und Hilfestellung.

Rollt zurück und setzt die Hände außerhalb der Schultern auf. Bringt die Fußspitzen fast auf den Boden. Wer kann schnell mit den Händen drücken, seinen Oberkörper dadurch aufrichten, dabei seine Füße aufsetzen und über die Hockstellung in den Stand kommen?

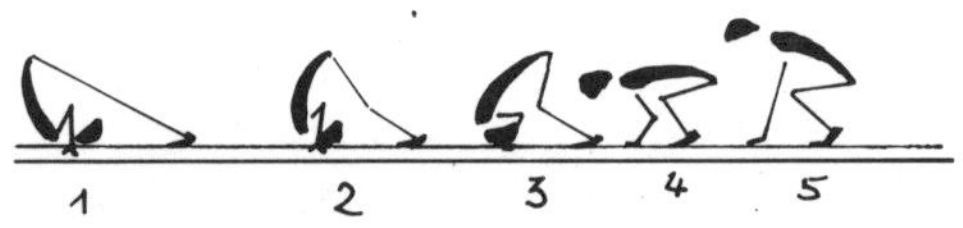

Die Helfer rechts und links unterstützen an der Schulter die „Schubarbeit" und am Gesäß die Drehbewegung.

Überschlagbewegungen

Handstütz-Überschlag seitwärts (Rad)

Strukturzuordnung

a) Sprungbewegung (einbeinig)

b) Überschlagbewegung

Funktionsphasenanalyse

Hilfsfunktionsphase II. Ordnung

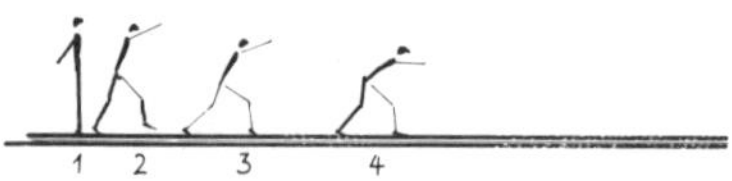

Aus dem Stand Verlagerung des KSP vor die Füße, um die Teilrotation vorwärts einzuleiten.

Hilfsfunktionsphase I. Ordnung

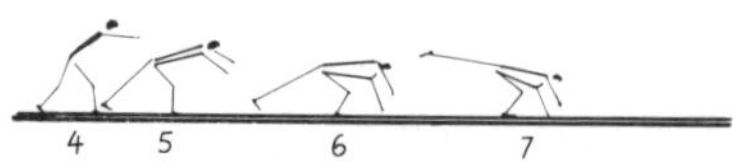

Aus der Teilrotation vorwärts mit Aufsetzen des Druckbeins und ¼ Drehung zum „Händeaufsetzen". Gleichzeitig damit wird das Schwungbein vom Boden gelöst.

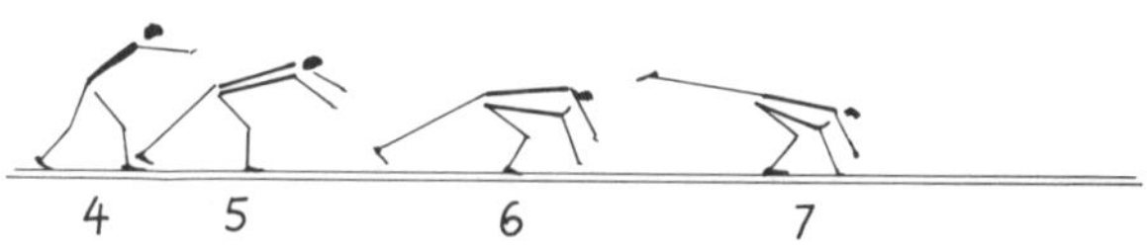

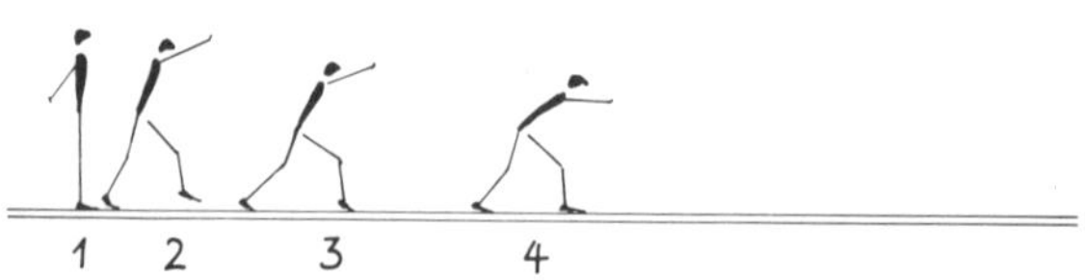

Hauptfunktionsphase

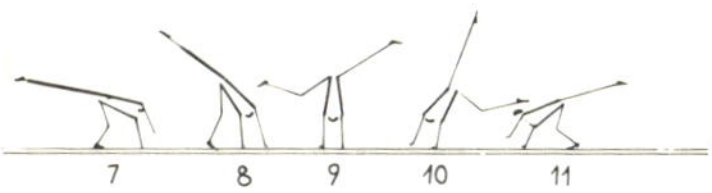

Nach dem Aufsetzen der Hände wird durch Schwungbeinimpuls (einbeiniger Beinschwung) und Druckbeinimpuls auf die Hüfte (einbeinigen Absprung) der KSP über die stützenden Hände hinweggebracht.

Übergangsfunktionsphase

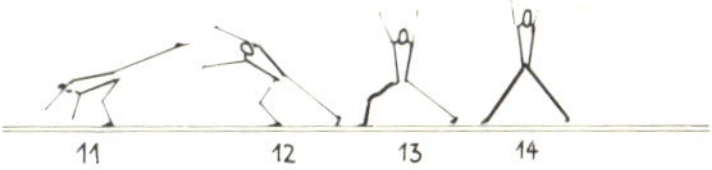

Aufrichten des Körpers, nachdem das vorherige „Schwungbein" wieder Bodenkontakt hat, durch Abdruck von den Händen und Abwärtsführen des zweiten Beines (Druckbein).

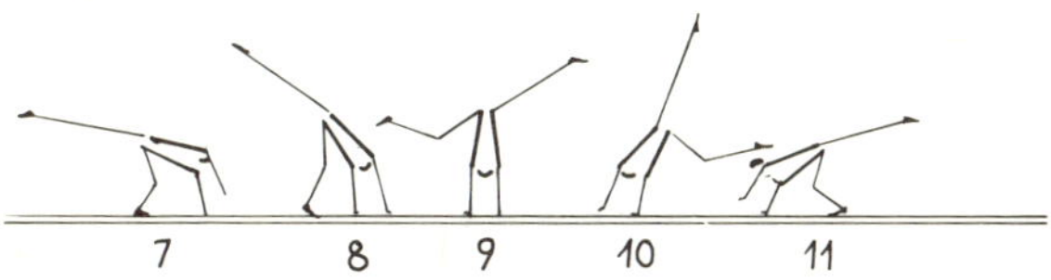

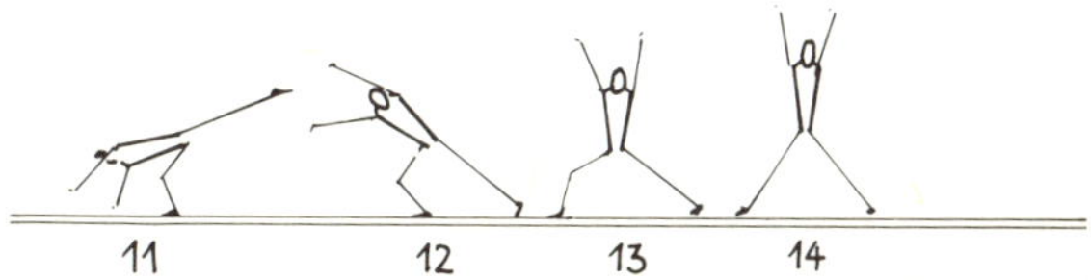

Vorbemerkungen

Da die Stützebene Bank höher ist als die Stützebene Boden, wird der Angstfaktor ,,Kopf unten, Beine oben" auch beim Anfänger im ,,Einstieg" über die Bank relativ unbedeutend sein. Vorübungen, die keine hohe ,,Energiezufuhr" (Kraftleistung) verlangen, sind immer dann angebracht, wenn sie direkt zum eigentlichen Ziel führen, ohne die Gesamtbewegung zu verfälschen.

Da beidbeinige Absprünge leichter sind als einbeinige, die Stützphase jedoch gleich ist, kann über diesen Einstieg mit der eigentlichen Hauptphase der Bewegung begonnen werden. Gleichzeitig ist die Gewähr gegeben, daß diese Fundamentalform des Rades von allen Kindern geleistet werden kann.

Methodischer Weg

Drehhocke über die Bänke mit beidbeinigem Absprung

Wir stellen mehrere Bänke im Abstand von 3 bis 4 m quer in die Halle. Als Arbeitsform bietet sich dabei der ,,Übungsstrom" an.

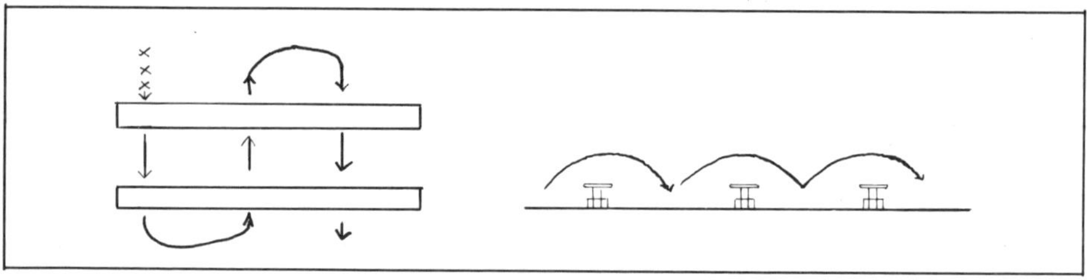

a) Die Kinder stehen in einer Reihe hintereinander hinter einer Bankseite.

Stützt mit den Händen auf der Bank und springt schnell mit den Füßen auf die andere Seite. Lauft zur nächsten Bank und turnt das gleiche usw. über alle Bänke.

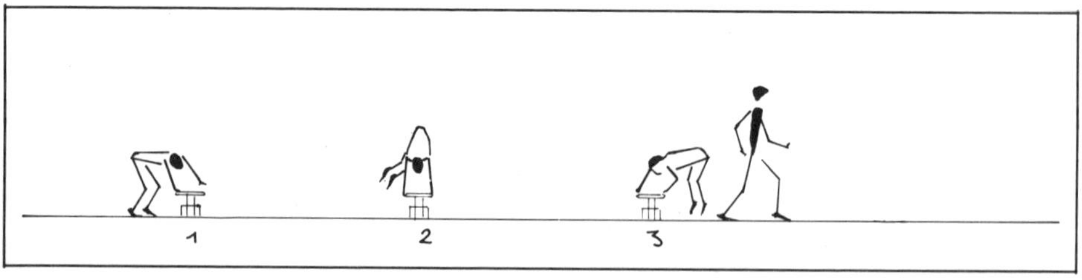

b) Bei gleichem Gerätaufbau und gleicher Arbeitsform.

Stützt mit den Händen auf der Bank und springt darüber. Wer kann in der angefangenen Drehrichtung weiterdrehen, um direkt zur nächsten Bank zu kommen? Turnt an der nächsten Bank das gleiche.

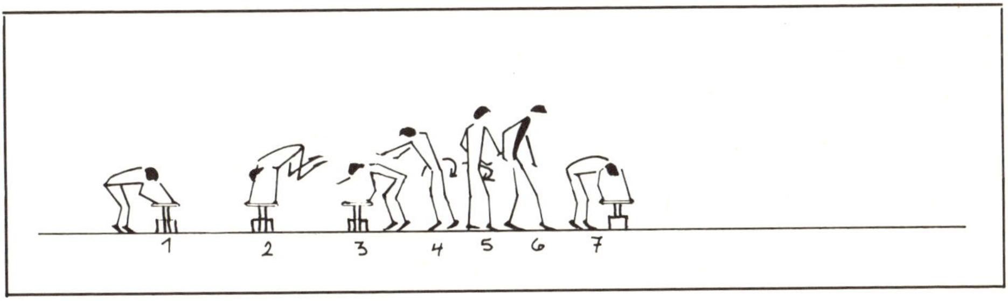

c) Arbeitsform und Gerätaufbau bleiben gleich.

Turnt dasselbe wie vorhin. Wer kann nach dem „Drüberspringen" erst einen Fuß aufsetzen, um besser weiterdrehen zu können?

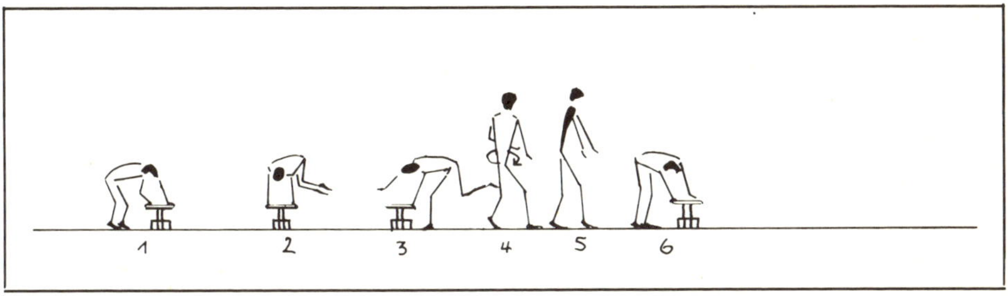

Drehhocke mit einbeinigem Absprung

a) Bei gleichem Gerätaufbau und gleicher Arbeitsform. Die Kinder stehen etwa einen Meter hinter der ersten Bank.

Geht an die Bank und stützt mit den Händen. Wer kann mit den Füßen nacheinander über die Bank schwingen und springen (scheren)? Setzt wie vorhin nur einen Fuß auf. Dreht weiter und lauft zur nächsten Bank, um dasselbe zu turnen.

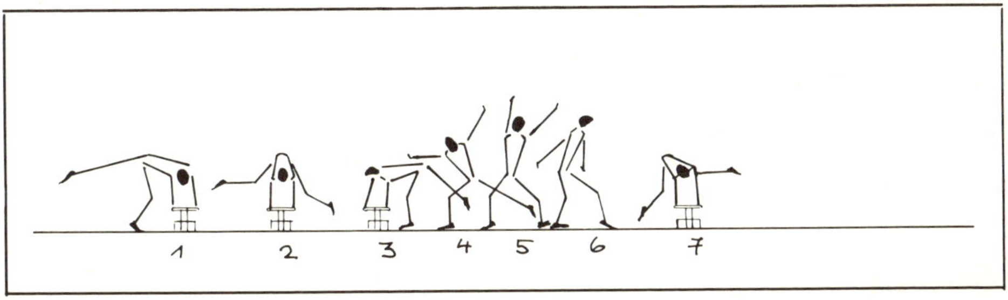

b) Die Bänke werden jetzt so nahe aneinandergestellt, daß die Kinder in unmittelbarer Folge die Bänke „überradeln" können. Die Arbeitsform bleibt gleich.

Turnt aus dem Gehen die gleiche Übung wie vorhin. Wer kann das erste Bein schnell über die Bank schwingen und den Fuß hinter der Bank auf den Boden setzen, bevor er sein anderes Bein drüber bringt? Dreht weiter und turnt an der nächsten Bank dasselbe usw.

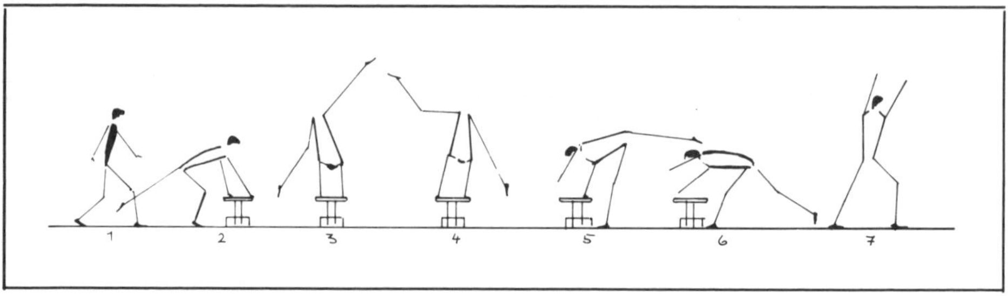

c) Gleicher Gerätaufbau und gleiche Arbeitsform.

Turnt dasselbe wie vorhin. Wer kann jetzt den „ersten" Fuß ganz nahe hinter der Bank auf den Boden setzen und weiter drehen, bevor sein anderer Fuß auf dem Boden ist? Dreht weiter und turnt an der nächsten Bank dasselbe usw.

Rad auf der Ebene

Das bis jetzt erreichte Rad wird den Ansprüchen an eine gute technische Ausführung nicht gerecht. Dafür wären eine größere Kraftzufuhr mit dem Schwung- und Druckbein sowie die Koordination beider Teilimpulse über den flüchtigen Seithandstand nötig.

Trotzdem stellt diese Bewegung schon ein „richtiges Rad" dar.

a) Wir legen 2 bis 3 Matten quer im Abstand von etwa 1 m hintereinander. Über jede Mattenreihe spannen wir eine Gummischnur 30 bis 50 cm hoch.

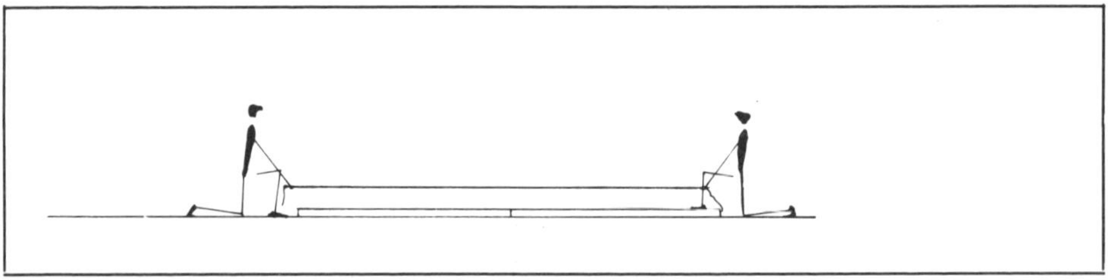

Hinter jeder Mattenreihe steht eine Gruppe Kinder. Was vorhin die Bänke waren, sind jetzt die Matten mit der Gummischnur.

Setzt eine Hand hinter und eine Hand vor die Schnur auf den Boden. Schwingt und springt nacheinander mit den Beinen wie vorhin an der Bank über die Schnur. Setzt wieder erst einen Fuß auf, dreht euch weiter, lauft zur nächsten Matte und turnt dasselbe.

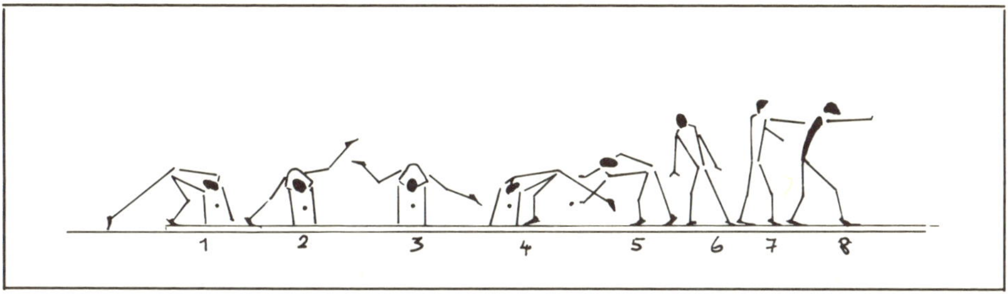

b) Bei gleicher Arbeitsform werden die Gummischnüre auf 50 bis 70 cm je nach Kindergröße erhöht.

Turnt das gleiche wie vorhin. Wer kann so über die Schnur schwingen und springen, daß er die Schnur weder mit den Füßen noch mit dem Rumpf berührt? Lauft zur nächsten Matte und turnt dasselbe.

In diesem Stadium muß unbedingt darauf geachtet werden, daß das Schwungbein zuerst den Boden ganz nahe an der Hand berührt, bevor das Druckbein Bodenkontakt hat. Sobald die Kinder die Füße nacheinander aufsetzen gelernt haben, wird auf die Gummischnur verzichtet.

c) Die Matten bleiben liegen, die Gummischnüre werden entfernt.

Wer kann jetzt das Rad genauso hoch wie vorhin über die Gummischnur turnen und dabei einen Fuß nach dem anderen aufsetzen, um weiterlaufen zu können?

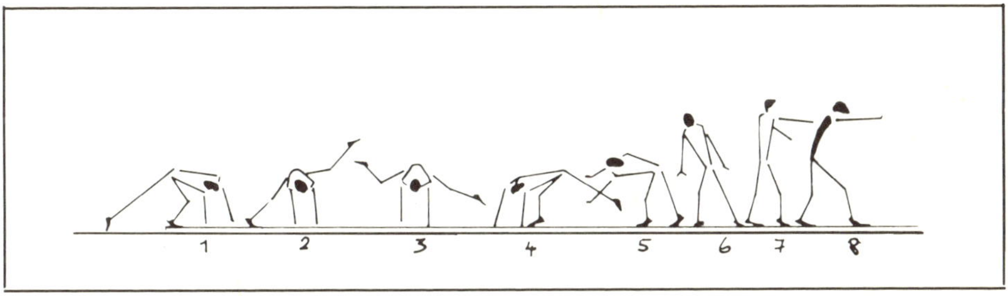

Es empfiehlt sich, in diesem Stadium das Rad nach beiden Seiten (links und rechts) zu erarbeiten.

Handstand

Vorbemerkungen

Da das Rad eine Übung mit kurzem Stütz in der ,,Kopf-unten-Position" ist, wird hier eine konsequente Fortführung des begonnenen methodischen Weges eingeschlagen.

Für den Handstand sind einige wichtige Vorbemerkungen nötig.

In den Handstand kann man durch verschiedene Aktionen gelangen. Durch Schwingen, Springen, Heben oder Drücken.

Schwingen

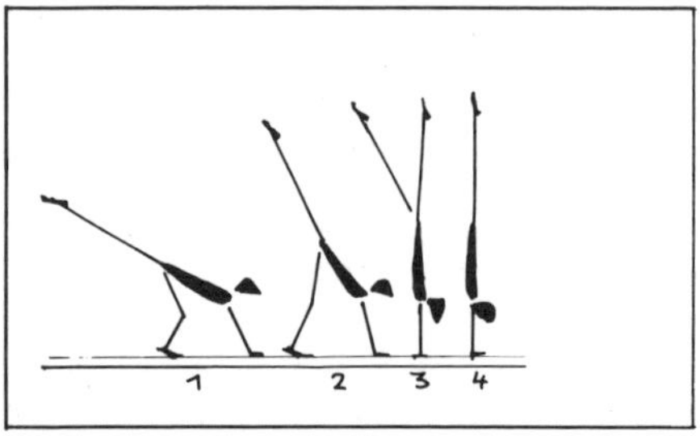

Springen

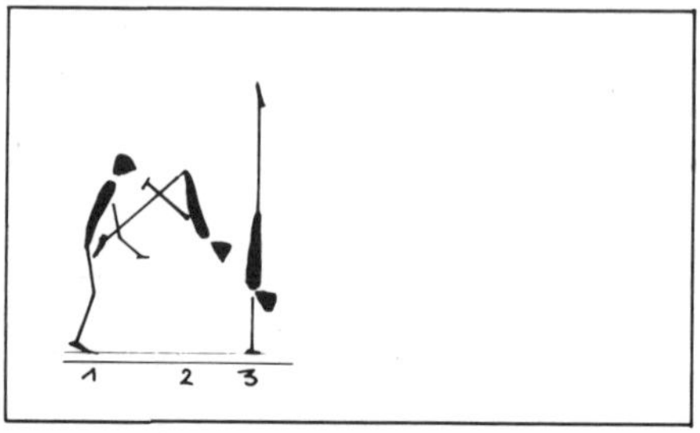

Heben

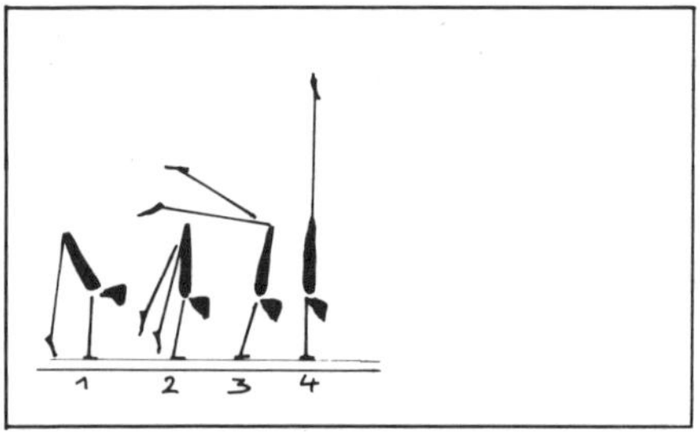

Drücken

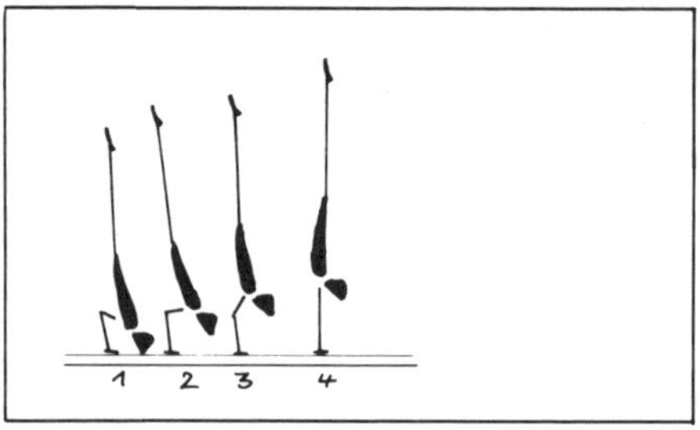

Für einen Handstand, der nicht zu einer Belastung der Lendenwirbelsäule führen soll, müssen zwei wichtige anatomische Voraussetzungen gegeben sein bzw. erfüllt werden. Dabei sei darauf hingewiesen, daß kurzzeitiges Belasten wie beim Rad relativ ungefährlich ist.

a) Die Beweglichkeit im Schulterbereich. Der Arm-Rumpf-Winkel (Rumpfvorderseite) sollte eine Öffnung von 180° zulassen.

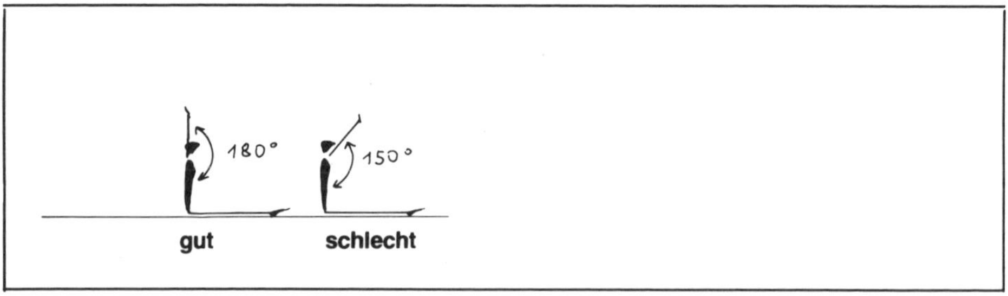

b) Die Muskelkraft im Schulter-Rumpf-Bein-Bereich muß den Körper vollkommen strecken können.

Sind beide Voraussetzungen vorhanden, ermöglicht dies eine günstige statische Position. Die einzelnen Wirbelkörper der Wirbelsäule – mit Ausnahme der Halswirbelsäule – können dadurch ähnlich wie Bauklötze, die übereinandergestellt werden, in einer günstigen Gleichgewichtslage gehalten werden.

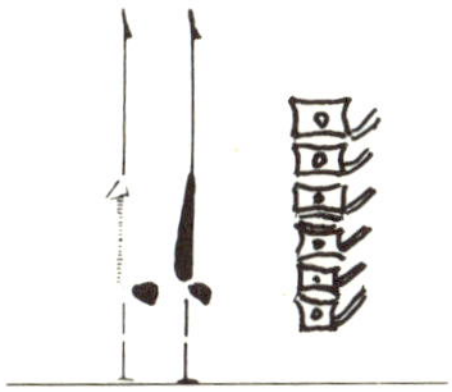

gut

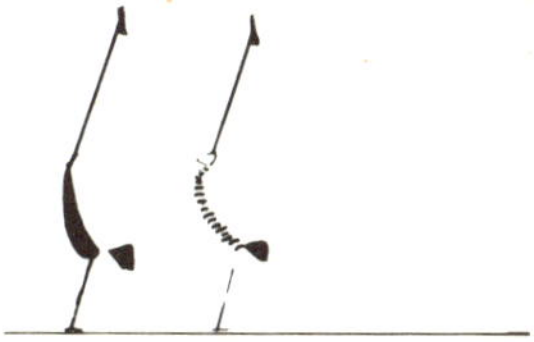

schlecht

Je geringer diese Beweglichkeit der Schulter oder die Kraft im Rumpf-Bein-Bereich ist, desto mehr wird in der Wirbelsäule passiv ausgeglichen.

Für den Kinderbereich beschränken wir uns später auf die einfachste der drei Formen, in den Handstand zu gelangen: mit dem Aufschwingen in den Handstand. Beim Handstandschwingen kommt eine weitere Forderung hinzu: die Beweglichkeit im Querspreizen.

Je geringer die Beweglichkeit im Querspreizen, desto geringer ist die Arbeitseffektivität des Schwungbeines, da die Kraftzufuhr des Druckbeines früher einsetzen und aufhören muß.

Hieraus ist zu ersehen, daß kraftsparendes Turnen u. a. von der Beweglichkeit abhängig ist. Dies gilt übrigens nicht nur für den Handstand.

Handstandposition

Im Grunde ist jede Position, in der man anstatt auf den Füßen auf den Händen steht, ein Handstand.

Um den Schülern die Lagevorstellung bewußt zu machen, müssen wir Ausgangslagen wählen, die allen Schülern den „Handstand" ermöglichen. Dabei muß gleichzeitig gewährleistet sein, daß keine Überstreckung im Sinne einer „Hohlkreuzlage" auftritt.

Bei sehr differenzierter Betrachtung führt nämlich der Schwungbeinimpuls beim Handstandschwingen geradezu zwingend in eine Überstreckung. Auch der sogenannte „Zappelhandstand" bringt in der methodischen Reihe keinen brauchbaren Ersatz für die vorgesehene Position.

Deshalb sollte vor dem „Handstandschwingen" die Klärung der „Lage" im Handstand unbedingten Vorrang haben.

Methodischer Weg

a) Wir stellen Böcke oder Kästen so hoch, daß sie der Rumpf- plus Armlänge der Übenden entsprechen. Auf einer Seite legen wir je eine Matte längs. Rechts und links steht je ein Partner als Hilfestellung wie vorhin. Ein Kind legt sich mit dem Bauch so auf das Gerät, daß der „Hüftknick" genau mit dem Kasten (Bock)-Rand abschließt.

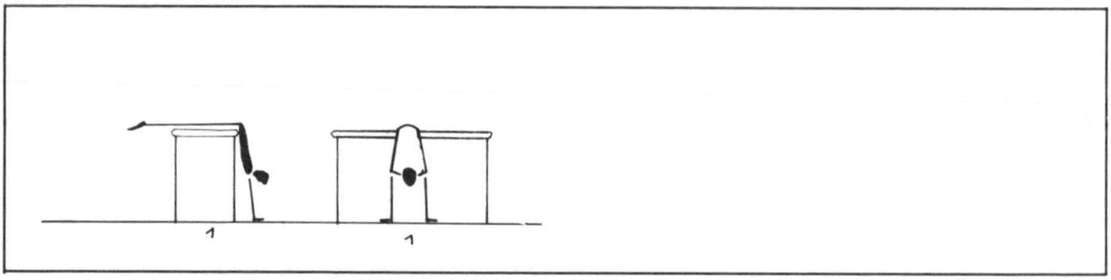

Setzt die Hände schulterbreit etwa 20 bis 40 cm vor dem Kasten auf die Matte. Die Finger zeigen dabei leicht nach außen und sind gespreizt.

Drückt die Schultern so nahe wie möglich an den Kasten. Die Helfer führen eure Beine nur so hoch, daß sie nicht über den Kastenrand hinwegragen. Streckt euch ganz nach oben, macht euch in der Hüfte fest wie ein Brett und schaut zwischen eure Hände auf den Boden. Die Helfer bringen euch wieder zurück in die Ausgangslage.

Die Helfer verhindern mit ihren Knien ein „Ausweichen" der Schulter des Übenden nach vorn. Mit Klammergriff am Oberschenkel führen sie die Beine des Übenden bis vor die Senkrechte.

b) Bei gleichem Gerätaufbau und gleicher Arbeitsorganisation liegt ein Schüler auf dem Kasten.

Geht mit den Knien so weit nach vorn, daß euer Gesäß über den Kopf, die Arme und der Rumpf dabei senkrecht sind.

Die Helfer fassen am Oberschenkel und führen euch so in den Handstand. Wer kann seinen Körper steif wie ein Brett machen? Schaut zwischen eure Hände. Die Helfer legen euch nachher wieder auf den Kasten.

Die Helfer verhindern mit ihren Knien an der Schulter ein „Ausweichen" nach vorn und bringen den Übenden am Oberschenkel bis in die vollkommene Streckung in den Handstand. Sie „führen" ihn wieder zurück auf den Kasten. Sie achten auch darauf, daß kein Hohlkreuz entsteht.

c) Bei gleichem Gerätaufbau und gleicher Arbeitsorganisation liegt ein Schüler auf dem Kasten.

Laßt euch in den Handstand heben. Bleibt im Handstand ganz fest. Schiebt eure Schultern jetzt nach vorn über die Hände hinweg, beugt leicht die Arme und den Kopf. Rollt vorwärts ab in den Stand.

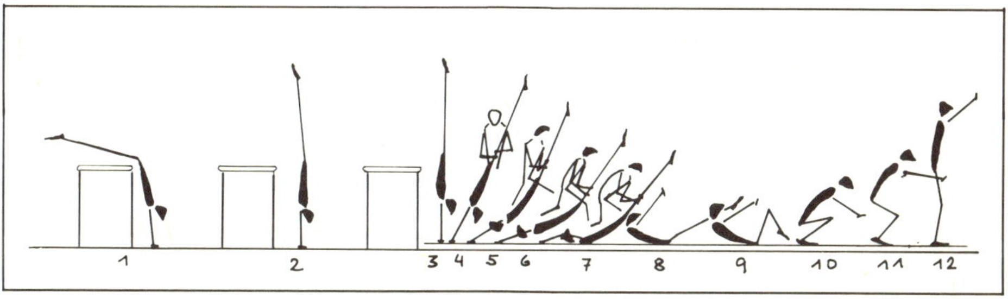

Die Helfer unterstützen und sichern wie vorhin am Oberschenkel und an der Schulter. Sie müssen dafür sorgen, daß die Übenden über den Handstand hinweg vollkommen gestreckt bleiben. Der Schüler darf erst losgelassen werden, wenn er mit der Schulter den Boden berührt hat.

d) Je eine Dreiergruppe hat eine Matte und legt sie auf den Boden quer an eine Wand. Je ein Schüler steht an einer Mattenseite direkt an der Wand als Helfer. Der andere ist im Liegestütz vorlings auf der Matte mit den Füßen zur Wand.

Kriecht mit den Füßen an der Wand hoch und geht mit den Händen immer näher an die Wand. Wer kann so nahe heran, daß er mit der Brust an die Wand kommt?
Streckt euch, daß ihr mit den Fußspitzen so hoch wie möglich kommt. Rollt auf die Matte ab.

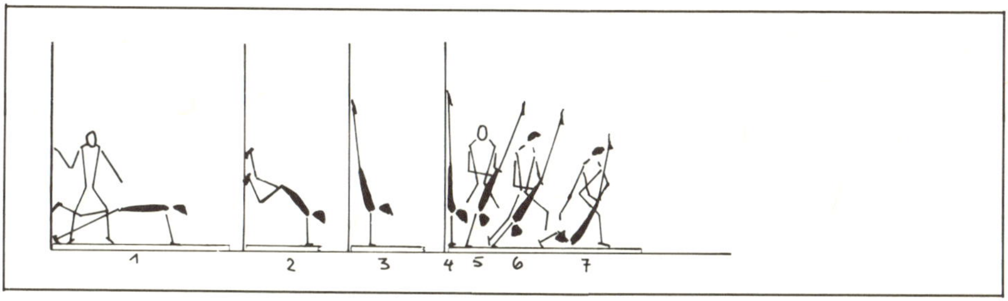

Die Helfer sichern mit ihren Knien an der Schulter und mit den Händen an der Oberschenkelrückseite und helfen ihm beim Abrollen.

Überschlagbewegungen

Handstand schwingen (halber Überschlag)

Strukturzuordnung

Sprungbewegung (einbeinig)

Funktionsphasenanalyse

Hilfsfunktionsphase II. Ordnung

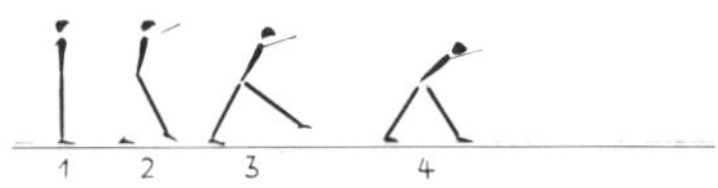

Aus dem Stand Verlagerung des KSP vor die Füße, um die Teilrotation vorwärts einzuleiten. Spreizen des Druckbeins, um den vorwärts drehenden Körper in der „Fallgeschwindigkeit" abzubremsen.

Hilfsfunktionsphase I. Ordnung

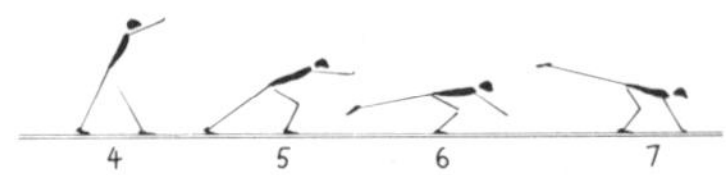

Aufsetzen und beugen des Druckbeins mit Vorwärtsdrehen des Körpers. Gleichzeitiges Lösen des Schwungbeins und Absenken des KSP, bis die Hände den Boden sanft berühren.

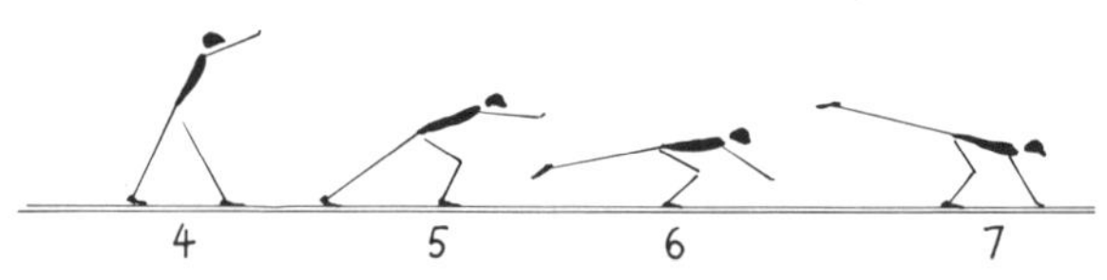

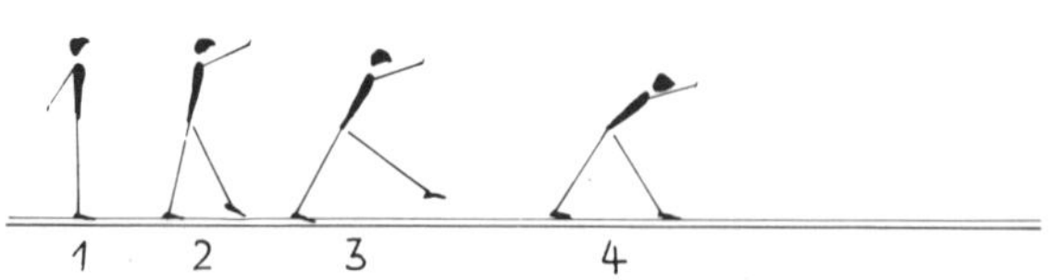

Hauptfunktionsphase

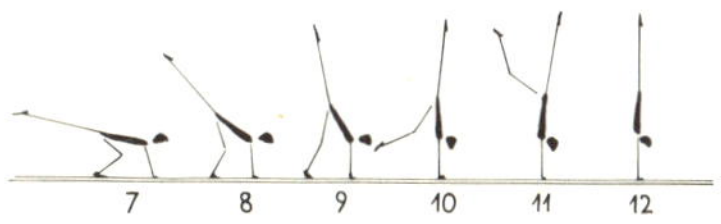

Bei Handkontakt am Boden starker Beinschwung mit einem Bein bis zur Beweglichkeitsgrenze im Querspreizen. Dann explosiver Druckbeinimpuls (einbeiniger Absprung), um den Körperstamm über die stützenden Hände zu bringen.

Übergangsfunktionsphase

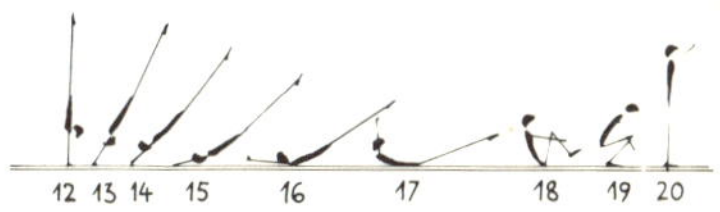

Je nach Größe der Energiezufuhr durch Schwung- und Druckbein: überschlagen, abrollen oder zurückbewegen in die Ausgangsposition.

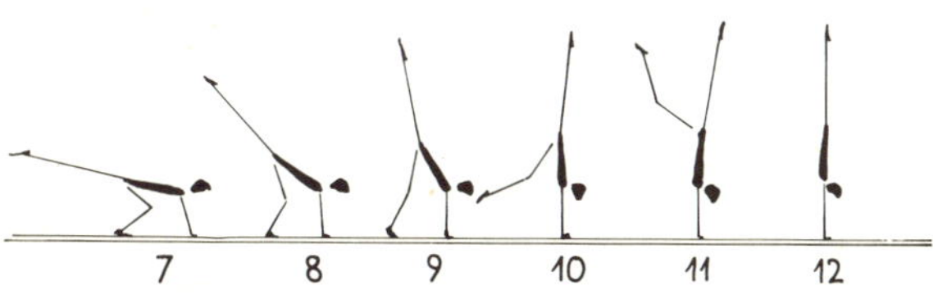

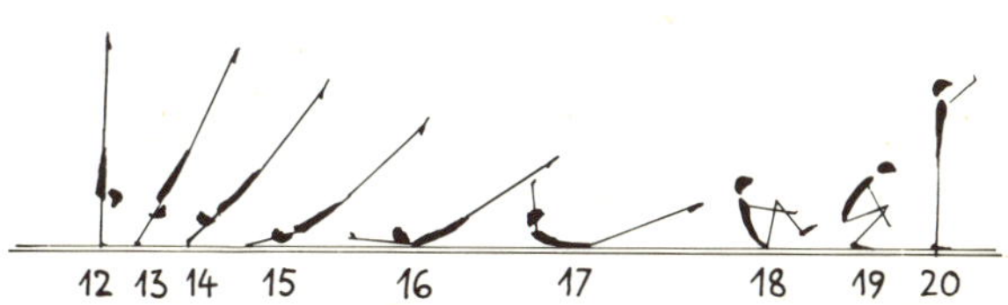

Methodischer Weg

Teilrotation

a) An jeder Gummimatte turnen je drei Kinder, das erste steht mit den Fußspitzen auf dem Mattenrand.

Laßt euch nach vorn fallen. Stellt euch vor, ihr seid ein Baum, der umgesägt wird. Wer kann ein Bein dabei so nach vorn nehmen damit er den fallenden Körper ,,abbremsen" und seine Hände bei gestreckten Armen sanft auf den Boden setzt?

Die Hände werden schulterbreit mit leicht gespreizten Fingern aufgesetzt.

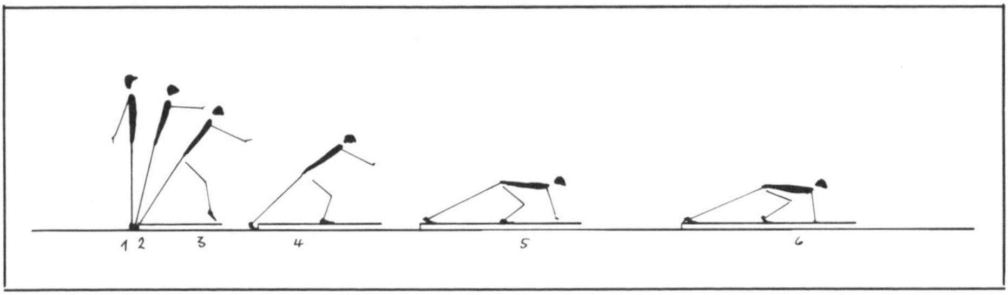

Richtet euch auf und lauft nach ,,vorn" weg.

b) Ausgangsstellung wie vorher.

Auf der Matte ziehen wir zwei Querstriche. Der Abstand beider Striche sollte der Rumpflänge des Übenden entsprechen.

Setzt einen Fuß auf den nahen und die Hände auf den entfernten Strich. Die Arme bleiben gestreckt. Nehmt das hintere Bein (euer Schwungbein) vom Boden weg und versucht, die Ferse dieses Beines hochzuschwingen. Übt dies mehrmals.

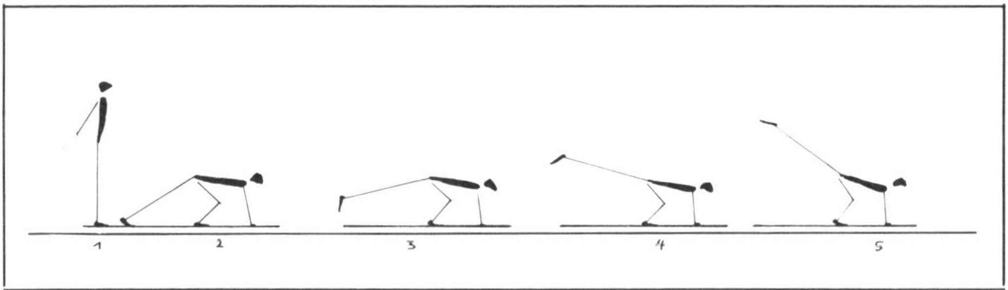

c) Ausgangsstellung bleibt gleich.

Setzt einen Fuß auf den nahen Strich. Stellt euch vor, ihr seid eine Balkenwaage. Wer kann so sich bewegen wie eine Waage, daß der Oberkörper nach vorn herunterkommt, bis die Hände sanft auf den entfernten Strich gesetzt werden können und dabei gleichzeitig das Schwungbein hochschwingen, ohne daß das vordere Bein (Druckbein) den Boden verläßt? Schaukelt mehrmals vor und zurück.

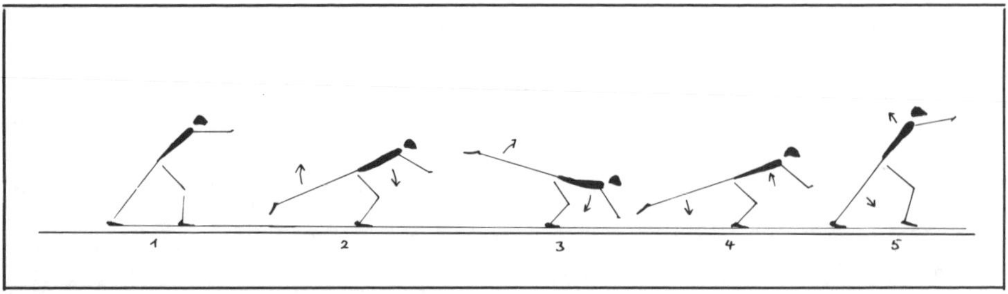

d) Ausgangsstellung bleibt gleich, rechts und links neben der Matte steht ein Helfer.

Schwung- und Druckbeinimpuls

a) Je ein Kind steht hinter der Matte, rechts und links steht je ein Helfer

Turnt wie vorhin die Balkenwaage. Wer kann dann, wenn ein Schwungbein hinten hoch ist, mit dem Druckbein kräftig abstoßen? Laßt eure Arme dabei ganz gestreckt und geht genauso wieder zurück. Schaukelt so mehrmals vor und zurück.

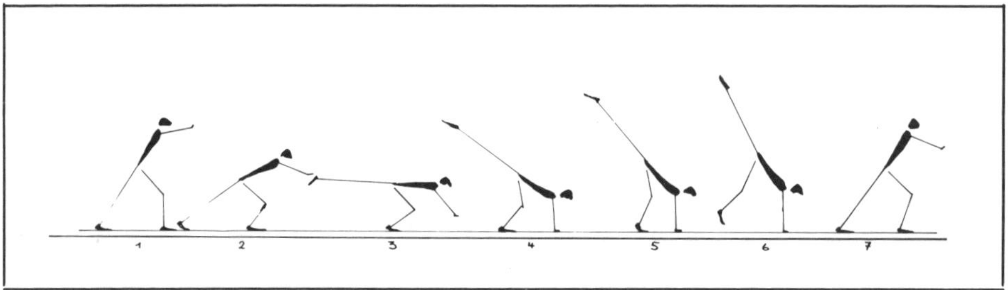

Die Helfer müssen darauf achten, daß der Übende nicht überfällt. Sie fassen frühzeitig am Oberschenkel und begleiten den Übenden. Nicht hochziehen!

b) Ausgangs- und Hilfestellungen wie vorhin.

Laßt euch fallen wie ein Baum und setzt Fuß und Hände wie vorhin auf. Wer kann dann, wenn sein Schwungbein so weit wie möglich hinten oben ist, mit seinem Druckbein ganz kräftig abstoßen? Bleibt nicht im Handstand stehen, sondern geht gleich wieder in der gleichen Form zurück. Setzt also immer erst ein Bein auf.

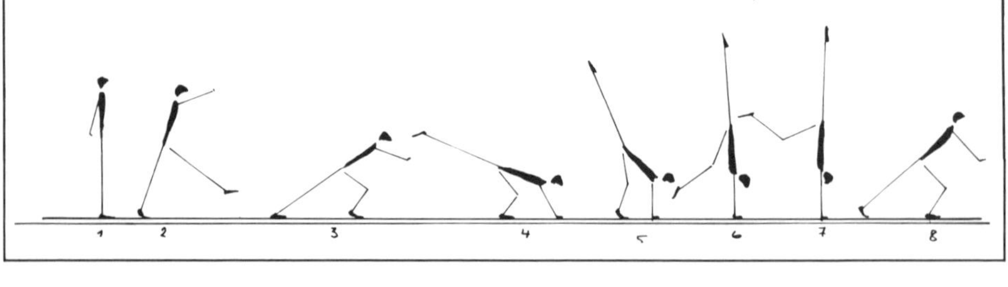

Die Helfer sichern sehr früh am Oberschenkel und setzen ggf. ein Knie dann gegen die Schulter des Übenden, wenn er im flüchtigen Handstand ist.

c) Gleiche Ausgangs- und Hilfestellung wie vorhin.

Setzt das Druckbein auf den nahen, Hände sanft auf den entfernten Strich auf und schwingt in den Handstand. Wer kann im Handstand den Bauch einziehen und sich mit fest gespanntem Körper ganz strecken, daß er wie eine Säule steht? Setzt beim Rücksenken erst ein Bein auf.

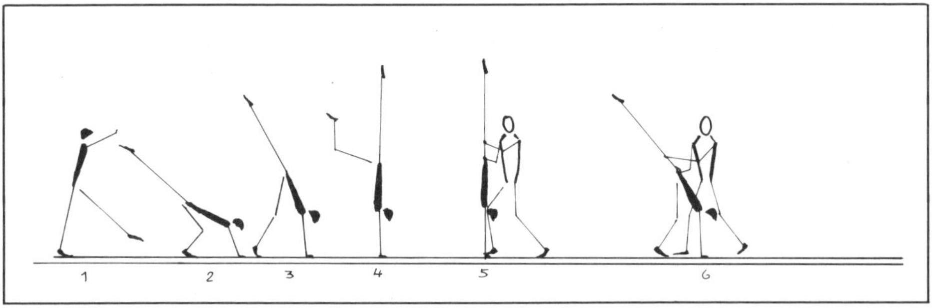

Die Helfer müssen den „geraden Handstand“ absichern. Sagt eurem Partner, was er machen muß.

II. Ringe

Turnen an schwingenden Geräten

Vorbemerkungen

Schwingende Geräte im Turnen sind die verstellbaren Ringe und die Taue. Kinder können an diesen beiden Geräten die Schwünge im Langhang recht problemlos lernen. Aus Zeitgründen und im Hinblick auf effektive Organisationsformen wird im Anfangsbereich mehr an den Tauen geschwungen als an den Ringen. Dafür gibt es zwei gewichtige Gründe.

a) Die Griffhöhe kann sich jedes Kind selbst wählen, ohne daß dabei das Gerät verstellt werden muß.

b) In der Regel sind in der Turnhalle mehr Taue als Ringe angebracht.

Trotzdem soll auf zwei wesentliche Einschränkungsgesichtspunkte für das Turnen an den Tauen hingewiesen werden.

Da die Griffebene an den Tauen senkrecht ist (die Erdanziehung wirkt in gleicher Richtung), können sich Kinder nicht lange halten, sie rutschen ab. Außerdem kann es durch die Rauhigkeit der Taue zu Reibungsverletzungen kommen.

Die Griffebene an den Ringen und am Reck ist horizontal, das heißt, daß der Griff rechtwinkelig zur Erdanziehung wirkt. Dadurch wird die Griffsicherheit größer.

Für die Vor- und Rückschwünge im Langhang gelten je zwei anatomische und psychologische Gesichtspunkte.

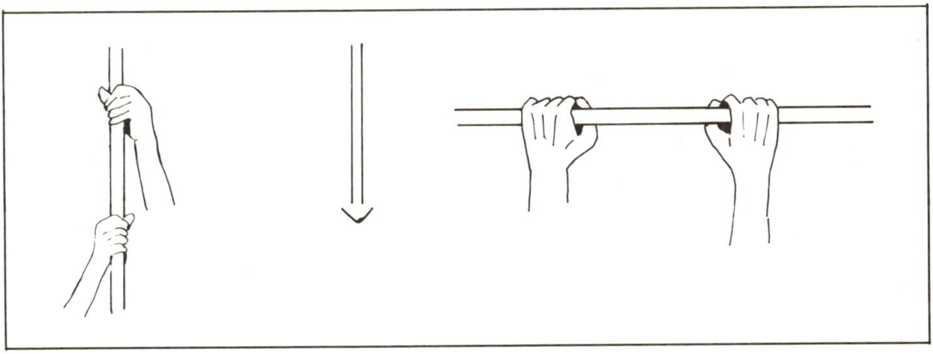

Für die Vor- und Rückschwünge im Langhang gelten je zwei anatomische und psychologische Gesichtspunkte.

a) Die Vorschwungbewegungen sind einfacher, da die Körperkonstruktion nach vorn (Rumpfvorderseite) eine größere Beugung zuläßt und

b) der Übende Sichtkontakt in Turnrichtung hat.

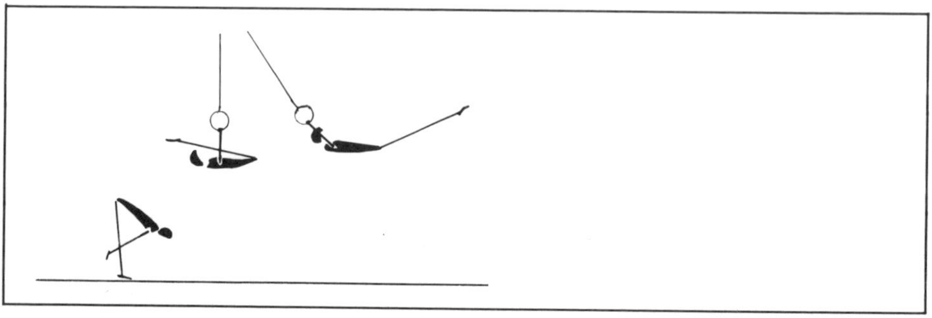

Die Rückschwungbewegungen sind schwerer, da

a) die Beugung nach hinten (Rumpfrückseite) durch die Körperkonstruktion geringer ist als nach vorn und

b) der Übende beim Schwingen keinen Sichtkontakt in die Bewegungsrichtung hat.

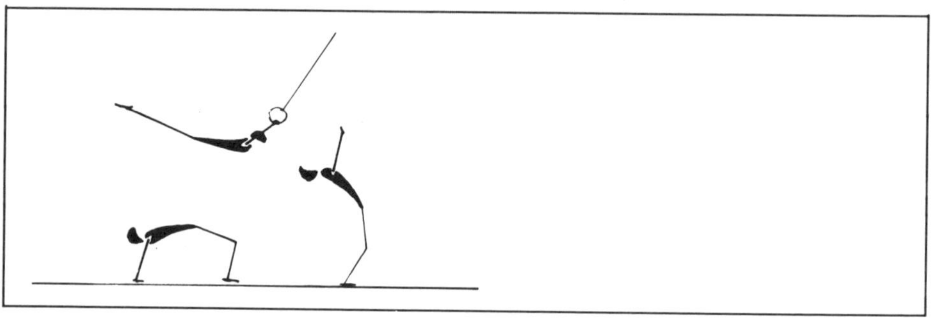

Schwingen an den Tauen

Strukturzuordnung

Sie erscheint hier nicht sinnvoll, da das Schwingen an den Tauen in der Regel durch eine „Auslenkung" entsteht, die strukturell nicht einzuordnen ist (hinaufsteigen). Im weitesten Sinne könnte man dabei von einer „Sprungbewegung" sprechen.

Funktionsphasenanalyse

Sie ist beim Schwingen an den Tauen nicht angebracht, da die Kraftzufuhr (zur Schwungverstärkung) in bezug auf Intensität und Richtung hierbei unwesentlich ist.

Schwingen an den Tauen im Langhang mit gebeugten Armen

Vorbemerkungen

Vor dem Beginn sollten alle Knoten aus den Tauenden entfernt werden, da sie u. a. beim Niedersprung u. U. zu Hodenverletzungen führen können. In der Richtung der pendelnden Taue sollten sich die Kinder nicht aufhalten (1, 2 und 3 stellt die Pendelrichtung der Taue, die Kreuzchen die Kinder dar.)

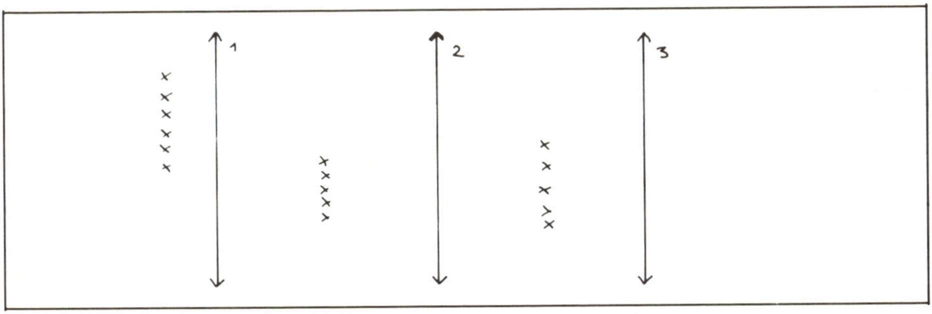

a) 10 m hinter dem Tau steht eine Gruppe Kinder.

Je ein Kind faßt ein Tau kopfhoch.

Lauft vor, springt ab und zieht euch hoch. Wer kann einmal vor- und zurückschwingen und sich „oben" halten? Laßt beim 2. Vorschwung am tiefsten Punkt die Taue los und lauft zur anderen Seite weg. Bleibt danach „drüben" stehen.

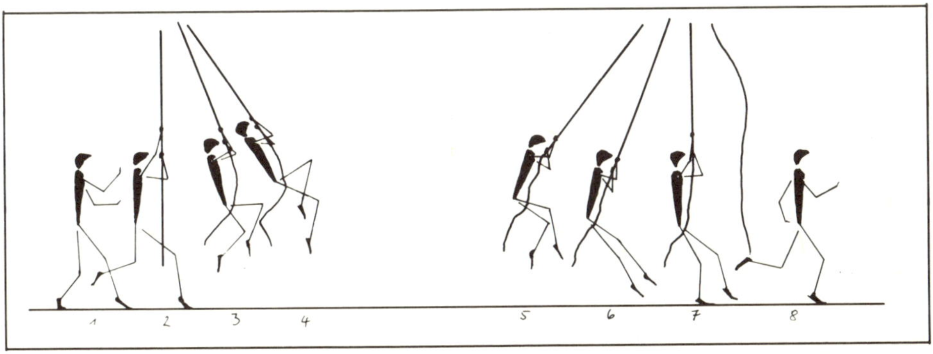

Das nächste Kind läuft an, faßt das Tau und turnt dasselbe usw., bis die ganze Gruppe durch ist.

b) Wir stellen etwa 3–5 m vom tiefsten Punkt Bänke quer zur Schwungrichtung der Taue auf. Unter jede „Taubahn" legen wir Gummimatten. Wenn vorhanden, legen wir auf die andere Seite Weichbodenmatten zum Niedersprung.

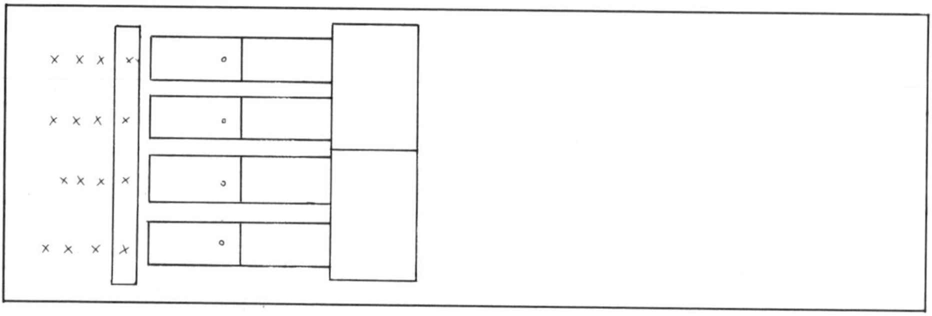

Je ein Schüler steht mit einem Tau auf der Bank.

Springt ab, zieht euch hoch und schwingt auf die andere Seite. Wer kann genau dann loslassen, wenn ihr am Ende des Vorschwungs über der Matte seid? Lauft außen herum zurück und stellt euch wieder an.

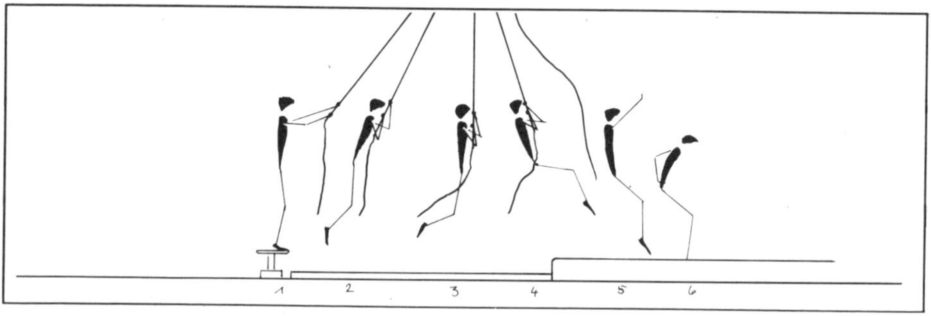

c) Bei gleichem Gerätaufbau und gleicher Arbeitsform steht je ein Schüler mit einem Tau auf der Bank.

Springt weg, zieht euch hoch. Wer kann vor- und zurückschwingen, ohne daß dabei seine Arme „lang" werden? Übergebt dem nachfolgenden Schüler auf der Bank das Tau.

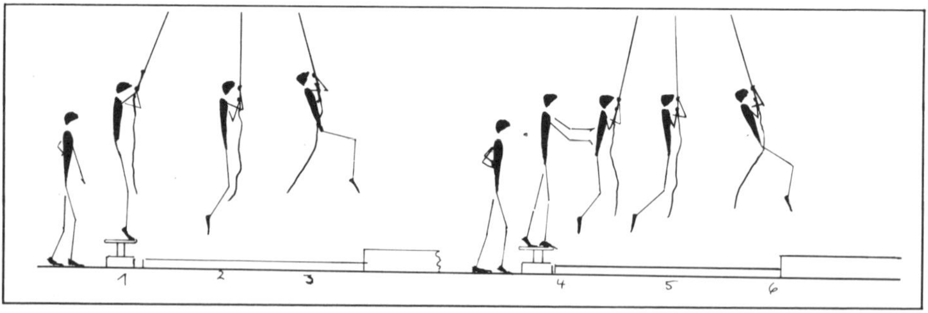

Der nächste Schüler steht schon auf der Bank und übernimmt das Tau des „zurückkommenden" Schülers.

d) Wir entfernen die Bänke und stellen auf beide Seiten 2- bis 3teilige Kästen quer zur Schwungrichtung der Taue auf. Die Kästen dürfen nur so weit voneinander entfernt sein, daß die Kinder sicher von einer auf die andere Seite schwingen können. Hinter jedem Kasten steht die gleiche Anzahl Kinder.

Je zwei Kinder stehen auf jedem Kasten, die anderen Kinder stehen hinter dem Kasten auf dem Boden. Je einer der beiden Schüler faßt das Tau auf dem Kasten.

Springt ab, zieht euch hoch und schwingt zur anderen Seite auf den Kasten in den Stand. Übergebt dem anderen das Tau und springt ab. Stellt euch am anderen Kasten an, damit ihr später wieder zurückschwingen könnt.

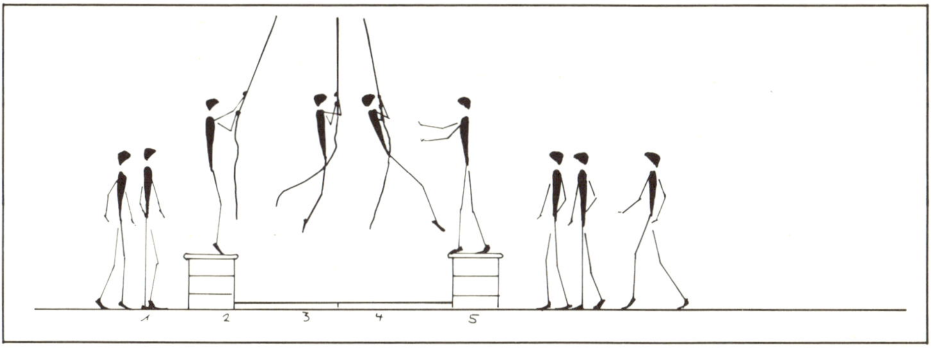

Der „tauerwartende" Schüler sichert die Landung desjenigen, der „angeschwungen" kommt.

e) Die Übungsgruppen stehen auf einer Seite hinter den Kästen. Auf jedem Kasten stehen zwei Kinder. Einer davon hat das Seil.

Springt ab, zieht euch hoch und schwingt hinüber in den flüchtigen Stand. Wer kann sich schnell umdrehen, abspringen und wieder zum Ausgangskasten zurückschwingen? Übergebt das Tau und springt ab.

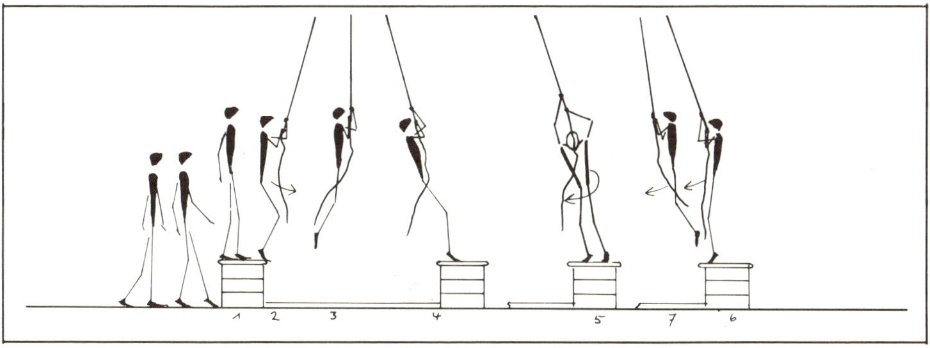

Der Partner auf dem Kasten übernimmt den anschwingenden Schüler, sichert ihn beim Stand und nimmt das Seil, um selbst zu schwingen usw.

Schwingen an den Ringen

Schwingen mit gebeugten Armen

a) Wir stellen quer zur Schwungrichtung der Ringe auf beiden Seiten je einen 2- bis 3teiligen Kasten etwa 2 bis 3 m vom tiefsten Punkt entfernt auf. Die Ringe werden so hoch gestellt, daß die Kinder im Stand unter dem tiefsten Punkt die Ringe gerade noch fassen können. Unter jede „Schwungbahn" legen wir Gummimatten. Auf jeder Seite hinter jedem Kasten steht die gleiche Anzahl von Kindern. Auf jedem Kasten stehen zwei Kinder und fassen je einen Ring.

Springt wie vorhin mit den Tauen ab und schwingt zur anderen Seite hinüber. Wer kann dabei immmer durch die Ringe schauen? Übergib den Ring und spring ab.

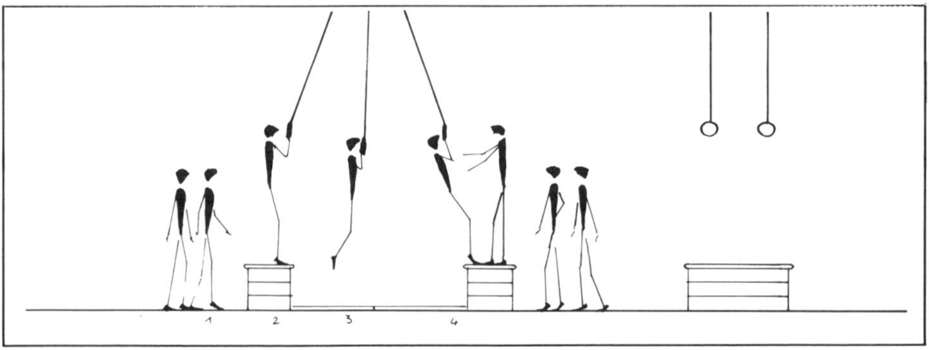

b) Die Gruppen stehen alle an einer Seite hinter den Kästen. Je zwei Schüler stehen auf den Kästen und fassen je einen Ring.

Turnt dasselbe wie vorhin. Wer kann drüben kurz auf den Kasten stehen, sich umdrehen und zurückschwingen? Schaut im Schwingen immer durch die Ringe.

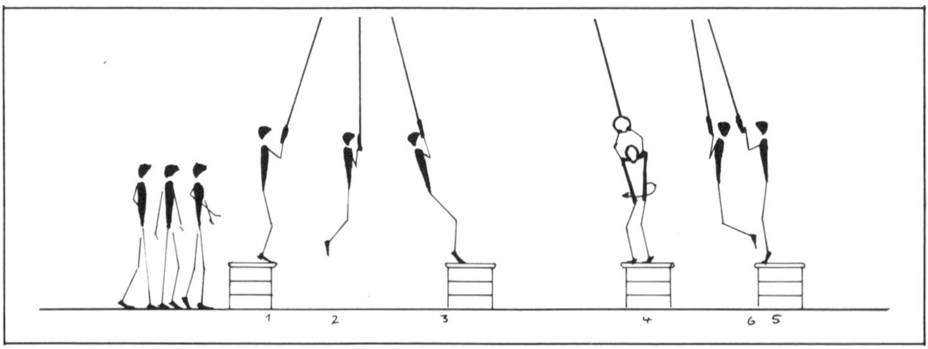

c) Der gegenüberstehende Kasten wird etwa 1 m näher zur Mitte hin und nur zweiteilig hoch gestellt. Vor die Kästen legen wir je eine Weichbodenmatte.

Alle Kinder sind auf einer Seite hinter den Kästen, zwei stehen auf den Kästen und fassen je einen Ring. Auf der Matte vor den Kästen steht immer ein Helfer.

Springt ab und schwingt hinüber. Wer kann seine Beine so weit vornehmen, daß er über den Kasten hinweg auf die Matte abspringen kann?

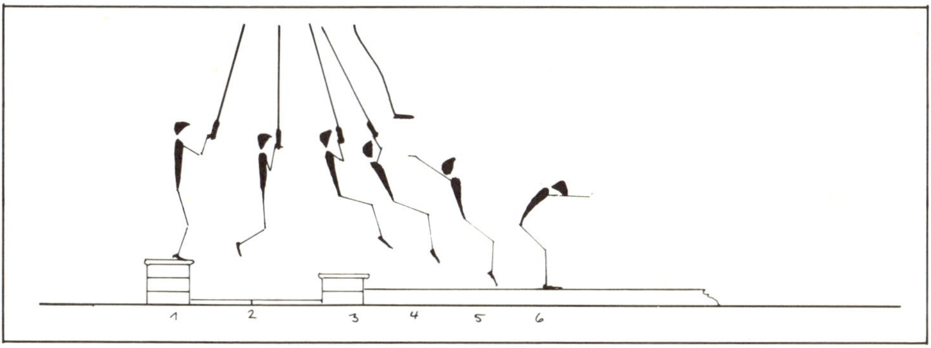

Die Ringe schwingen zurück, die beiden nächsten Schüler schwingen hinüber und springen ab usw.

Wer geturnt hat und auf der Matte steht, dreht sich schnell um und sichert seinen nachfolgenden Partner im Niedersprung mit einer Hand am Bauch und mit der anderen am Rücken (Eingabeln).

d) Bei gleicher Arbeitsform, Hilfestellung und gleichem Geräteaufbau. Wie vorhin stehen je zwei Kinder auf einem Kasten.

Wer kann aus dem Stand am Kastenrand erst die Hüfte vorfallen lassen (den Körper spannen) und auf die andere Seite hinüberschwingen? Nehmt wie vorhin die Beine weit vor und springt über den Kasten auf die Matte ab.

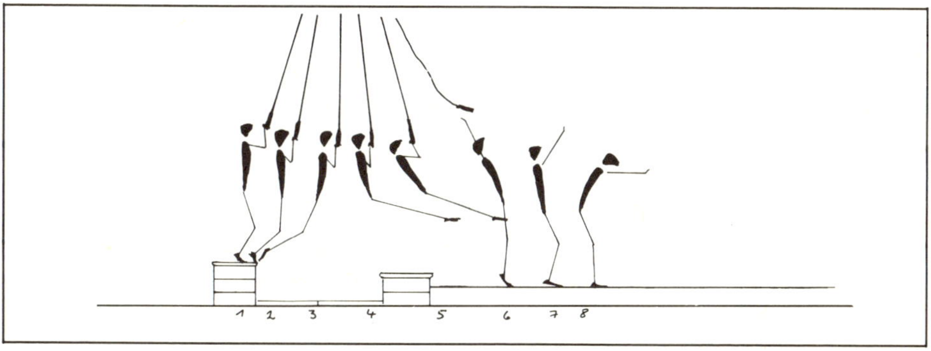

Die Helfer sichern wieder wie vorhin am Bauch und am Rücken die Landung.

Schwingen mit gestreckten Armen (im Langhang)

Vorbemerkungen

Bei einer sehr differenzierten Anlayse zeigt sich, daß bei der Einführung des ,,Beinabstoßes" mit Schrittstellung keine eindeutige Überstreckung vor dem Vorschwung und keine günstige Beugung vor dem Rückschwung eintritt. Außerdem würde der ,,Schrittabstoß" im Vergleich zu den Schwüngen im Langhang am Reck und im Oberarmhang am Barren keine ,,gleiche Körperlage" darstellen. Dies könnte beim ,,Übertragen" der Bewegungserfahrung ,,Langhangschwünge" auf ein anderes Gerät einen Störfaktor darstellen.

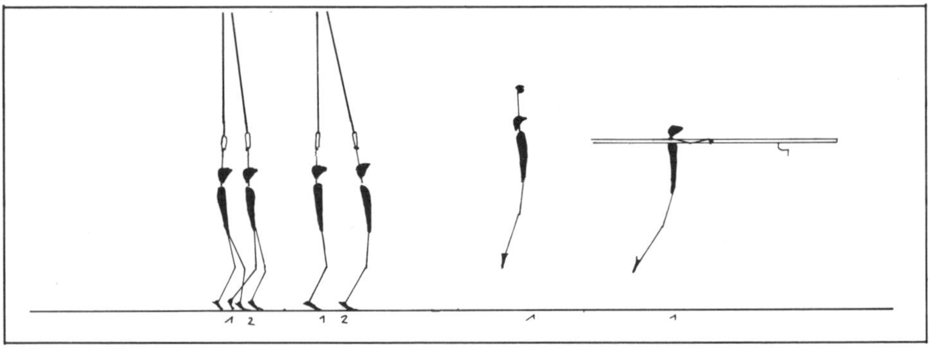

Dies wiederum bedeutet, daß vor allem beim Anfänger diese ,,hochenergetische Lage" der vorgespannten Muskulatur der Rumpfvorder- oder -rückseite nicht gewährleistet ist und damit keine optimalen Voraussetzungen für die nachfolgenden Vor- oder Rückschwünge gegeben sind. Der Leitsatz in der Trainingslehre, ,,Vorgespannte Muskulatur kontrahiert schneller als lockere Muskulatur", sollte gerade beim Anfänger nicht vergessen werden. Alle Fakten zusammengenommen raten uns, zumindest für den ,,Einstieg" mit Anfängern den Abstoß mit geschlossenen Beinen zu beginnen.

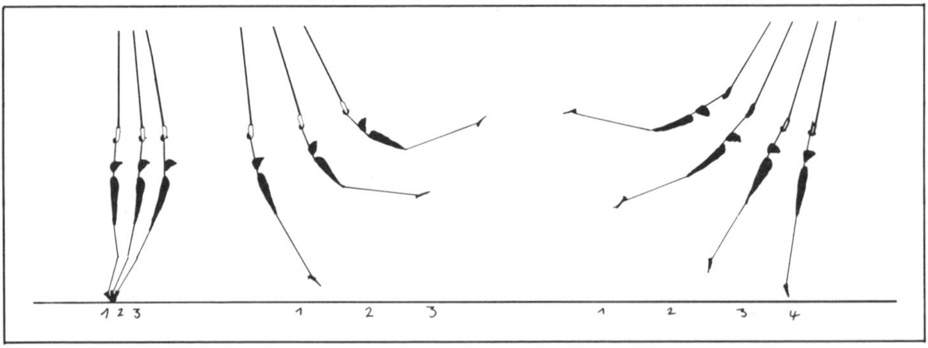

Die folgende Funktionsphasenanalyse wurde nur für den Vorschwung erstellt. Für den Rückschwung würde die Anlayse genau umgekehrte Aussagen in bezug auf die Richtung des Kraftimpulses und der Körperposition ergeben. Die Strukturzuordnung bleibt gleich.

Schwingen im Langhang

Strukturzuordnung

Sprungbewegung (Beinabstoß)

(Für den Vor- und Rückschwung, Beinschwünge)

Funktionsphasenanalyse

Hilfsfunktionsphase II. Ordnung

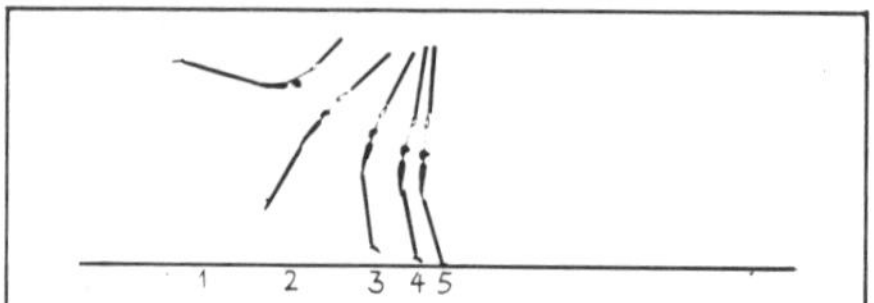

Der Ab- bzw. Vorschwung beginnt aus der höchsten ausgelenkten Position. Aus einer starken Körperspannung (aktive Überstreckung) werden die Beine nach vorn genommen. Die Füße werden je nach gewünschtem Folgeelement kurz vor, genau auf oder kurz hinter dem tiefsten Punkt aufgesetzt.

Hilfsfunktionsphase I. Ordnung

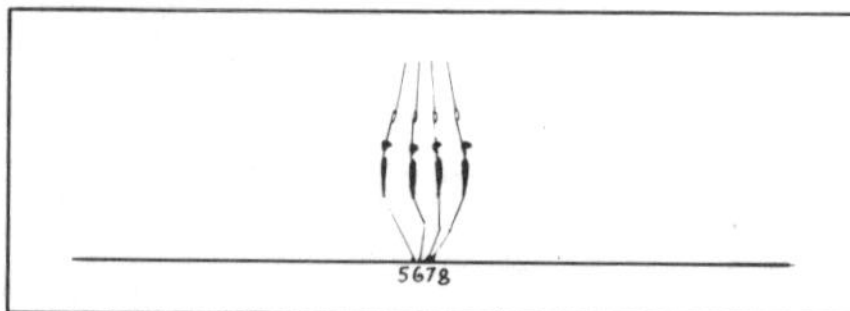

Kurz vor Passieren des KSP unter dem Aufhängepunkt der Ringe (tiefsten Punkt) findet der Fußkontakt statt. Durch den beidbeinigen Abstoß (Kraftimpuls nach hinten) wird die Pendelreaktion nach vorn ausgelöst. Dabei muß der Körper bei Ausnutzung der gesamten Beinkraft im letzten Moment des Abstoßes die größte Körperspannung – aktive Überstreckung – erreichen.

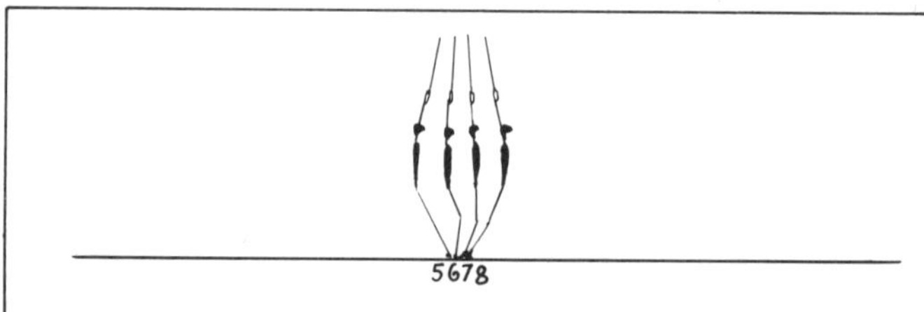

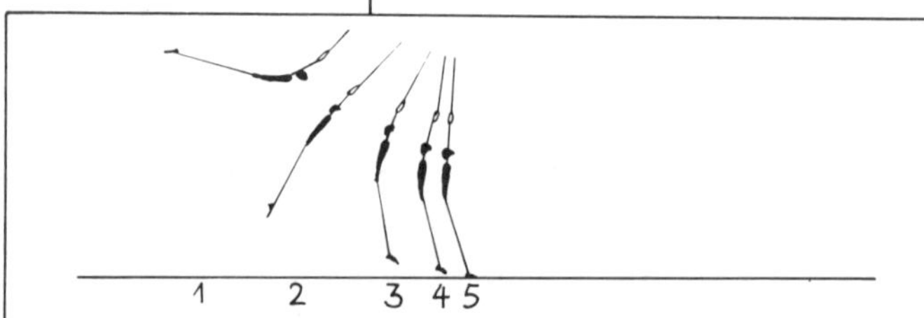

Hauptfunktionsphase

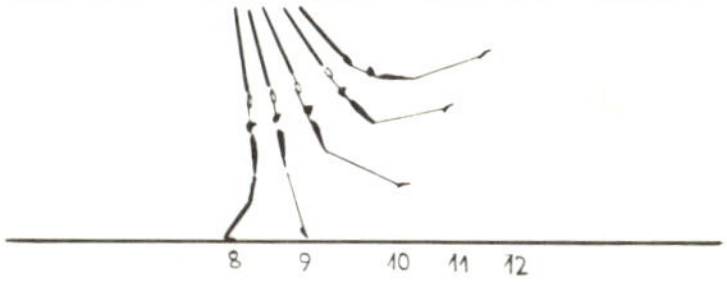

Aus der starken Überstreckung wird der Körper (das Pendelsystem Mensch – Ringe) durch Vorhochschwingen der Beine verkürzt. Dadurch wird eine größere Aufschwunghöhe erreicht.

Übergangsfunktionsphase

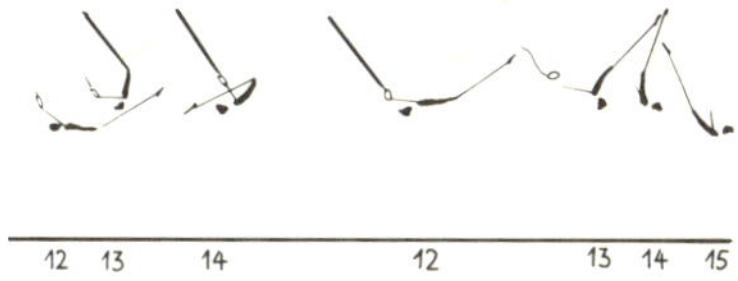

Die Übergangsfunktionsphase kann ein neuer Übungsteil sein: Aufschwingen in den Kipphang, Stemmschwung vorwärts oder Überschlag (Salto) rückwärts u. a. Außerdem kann die Übergangsfunktionsphase die ausgelenkte Position für Rückschwung darstellen.

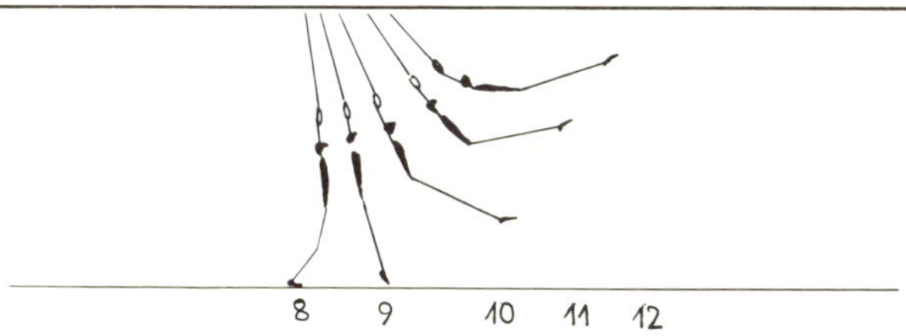

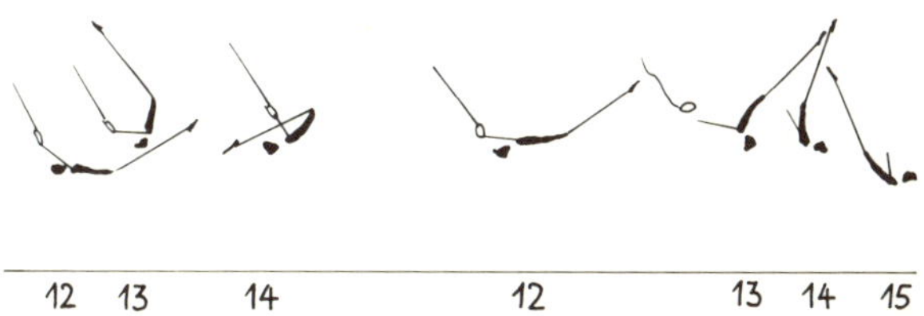

Methodischer Weg

Beinabstoß

Wir ziehen unter jedes Ringepaar genau unter den in Ruhe befindlichen Ringen einen Querstrich auf den Mattenbahnen.

Die Gruppe an jedem Ringepaar darf sich nicht in der Bewegungsebene der pendelnden Ringe aufhalten. Damit die Ringe nicht andauernd verstellt werden müssen, sollten die Gruppen der Körpergröße nach eingeteilt und die Ringhöhe danach gewählt werden.

a) Die Ringe werden so hoch eingestellt, daß die Kinder die Ringe im ruhigen Stand unter dem tiefsten Punkt mit gestreckten Armen greifen können. Damit mehr Kinder gleichzeitig turnen können, turnt jedes Kind nur an einem Ring.

Stellt die Füße hüftbreit auf den Querstrich der Matte und faßt je einen Ring. Wer kann sich ganz „aushängen", daß er das Körpergewicht nicht mehr auf den Füßen trägt, sondern mit vollkommen gestreckten Armen an den Ringen hängt und die Füße nur noch leicht Kontakt haben?

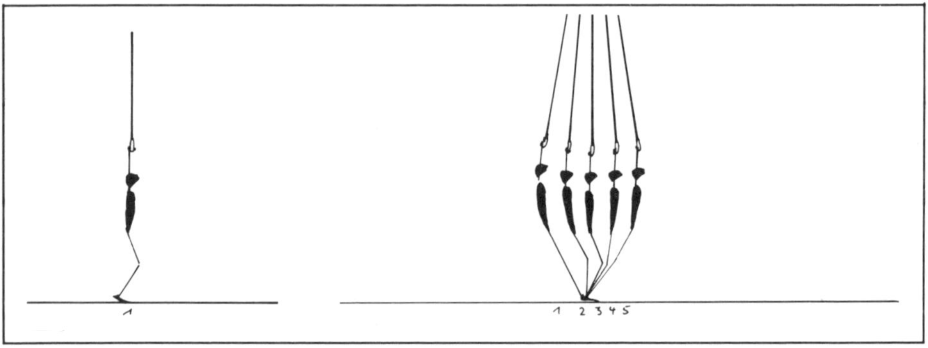

Da sich die Ringeseile etwas dehnen, sind die Knie beim „Aushängen" etwas gebeugt.

Versucht jetzt, langsam erst die Knie und dannn die Hüfte nach vorn zu schieben und wieder zurückzubringen. Immer am „Endpunkt" vorn und hinten müssen die Beine vollkommen gestreckt sein. An beiden Endpunkten müßt ihr die Spannung sowohl der vorderen wie auch hinteren Muskulatur spüren.

b) Bei gleichem Gerätaufbau und gleicher Organisation steht wie vorhin je ein Kind unter einem Ring im Hangstand.

Wer kann wie vorhin erst seine Knie, dann die Hüfte nach vorn schieben und im letzten Moment kräftig mit den Füßen abstoßen, um die Beine und den Körper ganz locker nach vorn zu schwingen? Schwingt zurück, setzt die Füße auf dem Querstrich auf. Stoßt euch wieder ab und laßt die Beine und den Körper locker nach hinten ausschwingen.

Schwingt vor, setzt die Füße in Schrittstellung am „tiefsten Punkt" auf und lauft nach vorn weg!

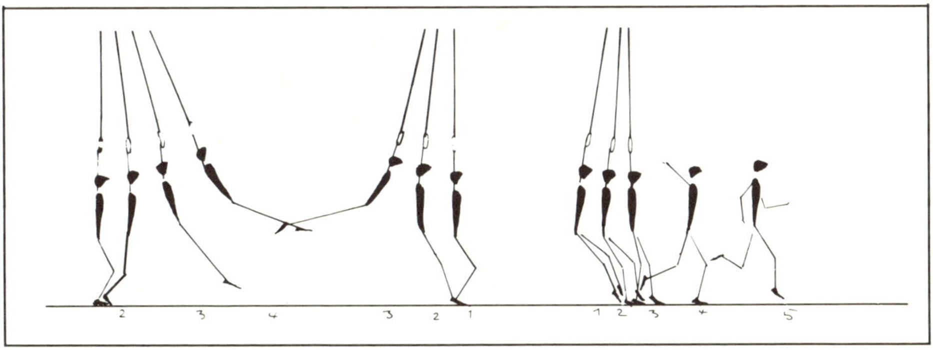

c) Gleicher Gerätaufbau, gleiche Arbeitsorganisation und Hilfestellung.

Stellt euch wie vorhin unter die Ringe und turnt die gleiche Übung. Wer kann 2- bis 3mal so schwingen, daß nach dem Beinabstoß der Körper sowohl beim Vor- wie auch beim Rückschwung locker ausschwingt? Dabei sollte der Fußkontakt zum Beinabstoß immer auf den Querstrich erfolgen. Setzt die Füße beim 3. Vorschwung in Schrittstellung am tiefsten Punkt auf und lauft nach vorn weg.

Schwingen am Ringepaar

Unter jedem Ringepaar steht wie vorhin vollkommen „ausgehängt" ein Kind im Hangstand.

Geht so weit zurück, daß ihr gerade noch stehen könnt. Springt mit beiden Füßen ab und nehmt die Beine so vor, daß ihr die Füße genau auf den Querstrich setzen könnt. Stoßt euch kräftig ab und schwingt nach vorn aus. Turnt wie vorhin an einem Ring das gleiche 3mal. Lauft beim 3. Vorschwung nach vorn weg.

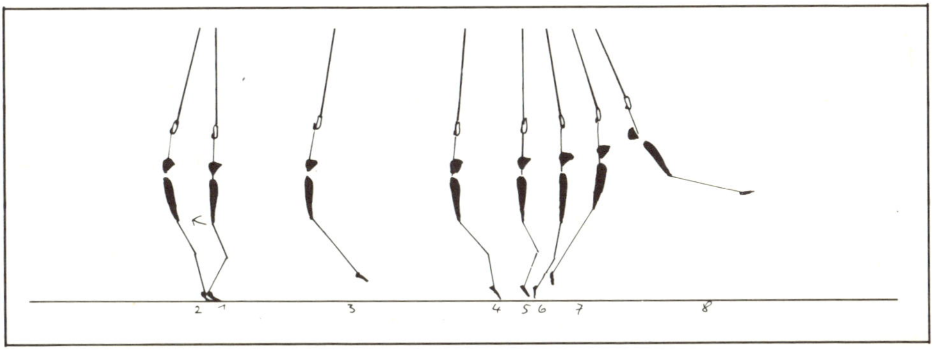

Vorschwung mit ½-Drehung

Die halbe Drehung wurde schon beim Schwingen am Kasten erarbeitet. Anfangs sollte die ½-Drehung an den Ringen nach dem ersten Vorschwung geturnt und dann sofort weggelaufen werden.

Die Ausgangsstellung bleibt gleich. Je ein Kind steht unter einem Ringepaar.

Geht so weit zurück, daß ihr gerade noch stehen könnt. Springt ab, nehmt die Beine vor und stoßt euch kräftig ab. Wer kann – wie vorhin am Kasten – am Ende des Vorschwungs eine halbe Drehung turnen? Schwingt vor und lauft vom tiefsten Punkt an nach vorn weg.

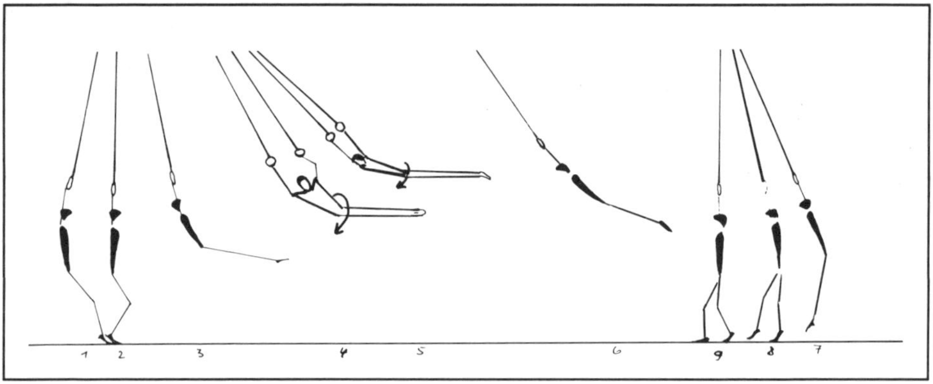

Bei den Drehungen müssen zuerst die Füße am „vorderen Umkehrpunkt" wie in eine „Schlaufe" eingeschraubt werden, dann drehen der Kopf und die Schultern dahinter her. Sollte ein Schüler den Zeitpunkt, oder die Aktion als solche, nicht erfaßt haben, kann die „Schlaufe" durch einen Partner, der die Füße des Übenden hält und die Drehung unterstützt, hergestellt werden.

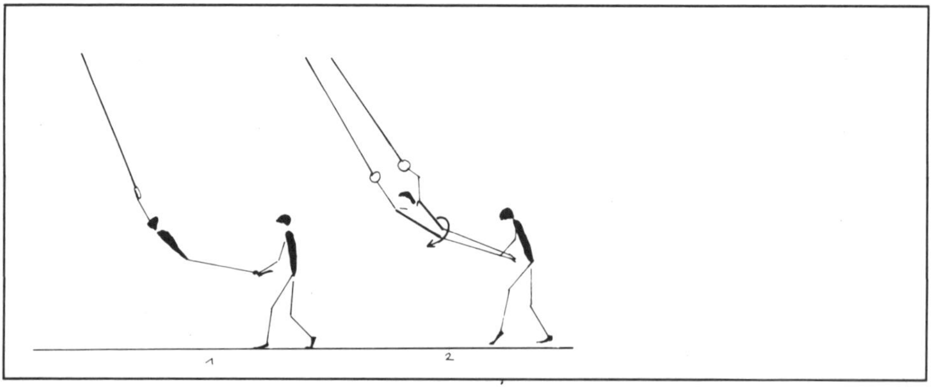

Turnen an den ruhig hängenden Ringen

Vorbemerkungen

Fundamentalbewegungen, die Anfänger an den Ringen ohne Mühe lernen können, sind

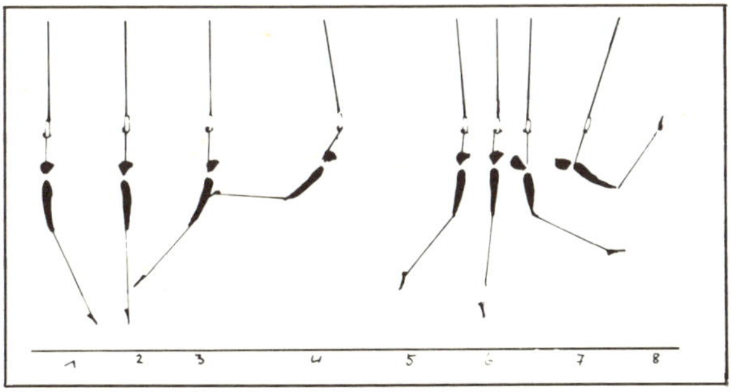

Pendelschwünge im Langhang (mit geringer Stemmarbeit)

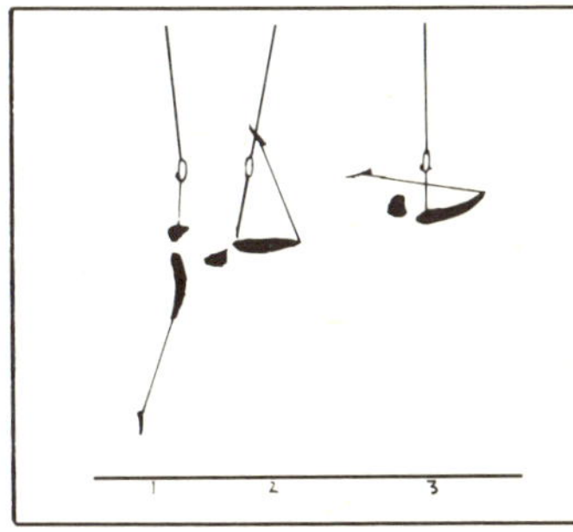

Aufschwingen beim Vorschwung in den Kipphang

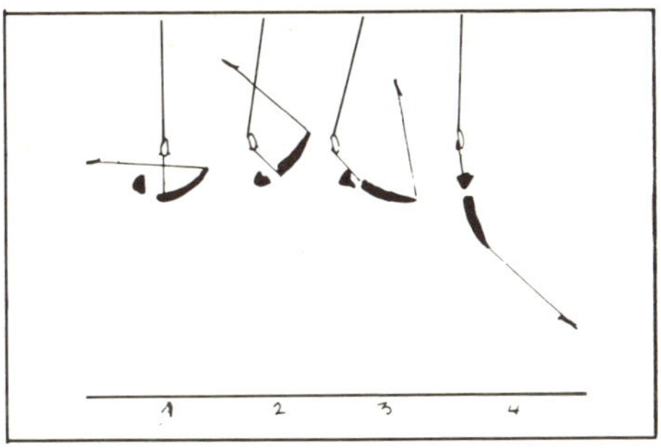

Senken aus dem Kipphang in den Langhang

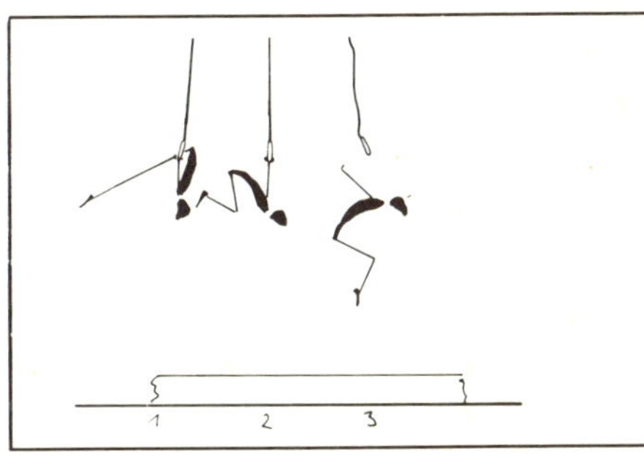

Halber Überschlag rückwärts in den Stand

Der Beinschwung zum „Schwungverstärken" beim Pendeln im Langhang ist in seiner einfachsten Form für alle Kinder möglich und wurde an den „Schaukelringen" bereits erlernt. Die Aktion ist für alle Aufschwungbewegungen aus dem Langhang gleich. Sie wird im wesentlichen durch einen Beinschwung (Beinschnepper als Pendelverkürzung) hervorgerufen. Der Zeitpunkt des Beinschwunges wird etwa mit dem Durchschwingen des KSP unter dem Aufhängepunkt der Ringe (Senkrechten) bezeichnet. Schwünge mit großer und hoher Schwungweite wie beim Kunstturnen verlangen neben exaktem Zeitpunkt des Beinschwunges viel Rumpf- und Schulterkraft. Sie sind u. a. auch abhängig von der Arm- und Schulterkraft. Im Anfänger-Kinderturnen ist diese Art des Pendelns nicht möglich.

Die Bewegungserfahrung des „Zeitpunkts" für den Beinschwung beim Vor- oder Rückschwung kann nicht von allen Kindern ohne weiteres von den Schaukelringen auf die ruhig hängenden Ringe übertragen werden. Meist tendieren Kinder jedoch dazu, die Beinschwünge zu früh anzusetzen.

Turnen an den ruhig hängenden Ringen

Pendeln mit Schwungverstärken

im Langhang

Strukturzuordnung

Funktionsphasenanalyse

Hilfsfunktionsphase II. Ordnung

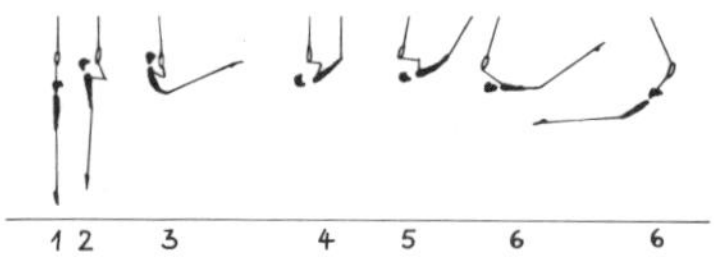

Anheben oder allmähliches „Aufschaukeln" des Körpers in die ausgelenkten Positionen, damit eine relativ große Abwärtsgeschwindigkeit erreicht werden kann.

Hilfsfunktionsphase I. Ordnung

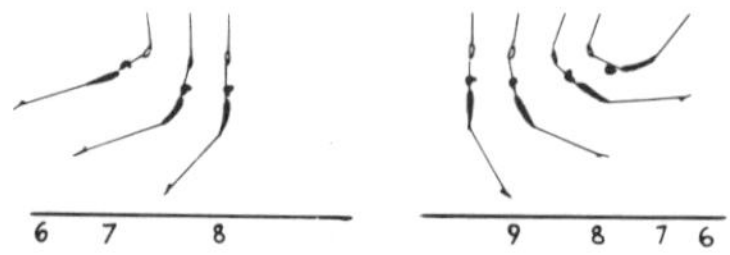

Abschwung aus der ausgelenkten Position zum Vorschwung in die starke Körperspannung der Rumpfvorderseite oder Abschwung aus der ausgelenkten Position in eine starke Spannung der Rumpfrückseite zum Rückschwung.

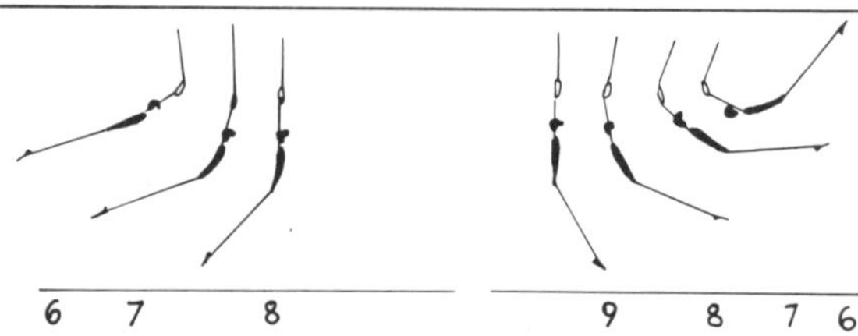

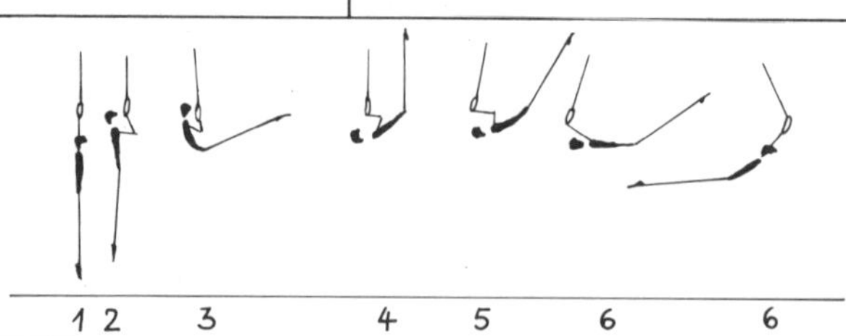

Hauptfunktionsphase

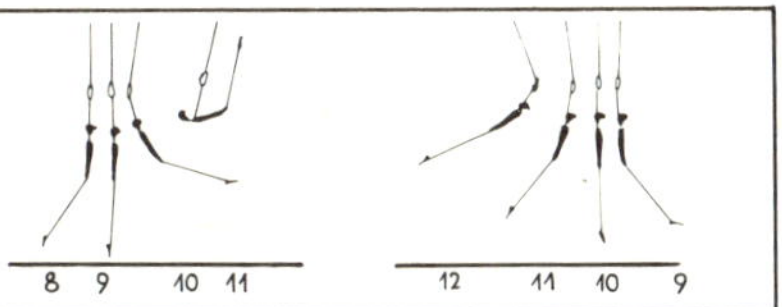

Vor- und Rückschwung.
Aus der starken Vorspannung (energiereiche Lage der Rumpfvorder- oder -rückseite) wird der Beinschwung durch schnellkräftige Muskelarbeit im vorderen oder rückwärtigen Muskelbereich als Pendelverkürzung durchgeführt. Beim Vorschwung vorhoch in die Beugung, beim Rückschwung rückhoch in die Überstreckung.

Übergangsfunktionsphase

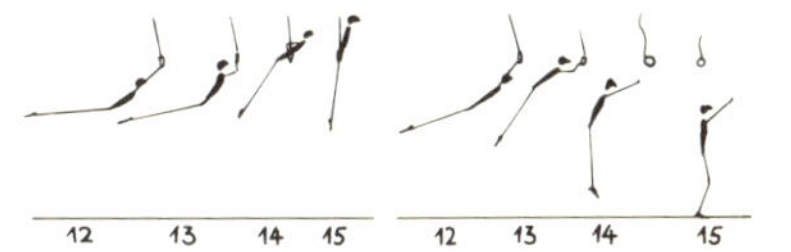

Durch Überlagerung der Vorschwungbewegung (Rückschwungbewegung) mit einer anderen Bewegungsstruktur wie Stemmen, Felgen, Aufschwünge und Überschläge kann eine andere Endlage erreicht werden. Die Übergangsfunktionsphase nach dem Vor- oder Rückschwung kann sich aber auch als Niedersprung darstellen.

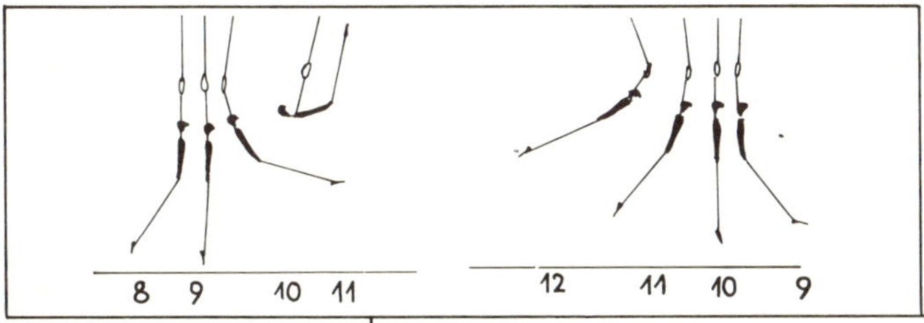

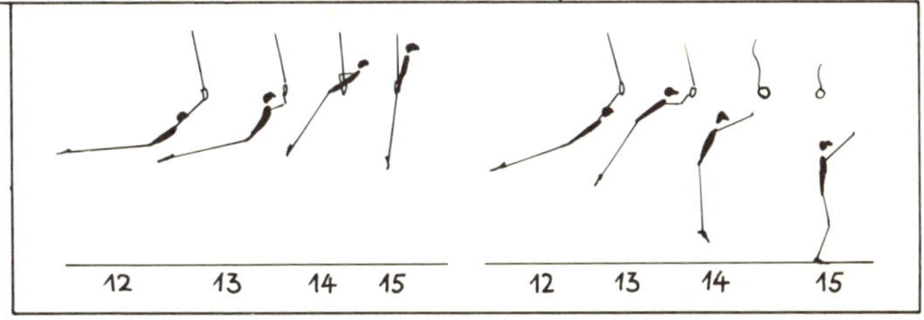

Methodischer Weg

a) Die Ringe werden so hoch gestellt, daß die Kinder im Langhang mit den Füßen den Boden nicht berühren. Unter den Ringen liegen, wenn vorhanden, Weichbodenmatten. An jedem Ringepaar turnt eine Gruppe. Je zwei Schüler sind Helfer, ein dritter steht genau unter den ruhig hängenden Ringen.

Schaut die Ringe an, beugt leicht die Knie und holt mit den Armen hinter dem Körper Schwung. Wer kann abspringen und so genau zielen, daß er die Ringe gleich beim ersten Mal mit beiden Händen fassen kann? Springt wieder ab und turnt dies mehrmals.

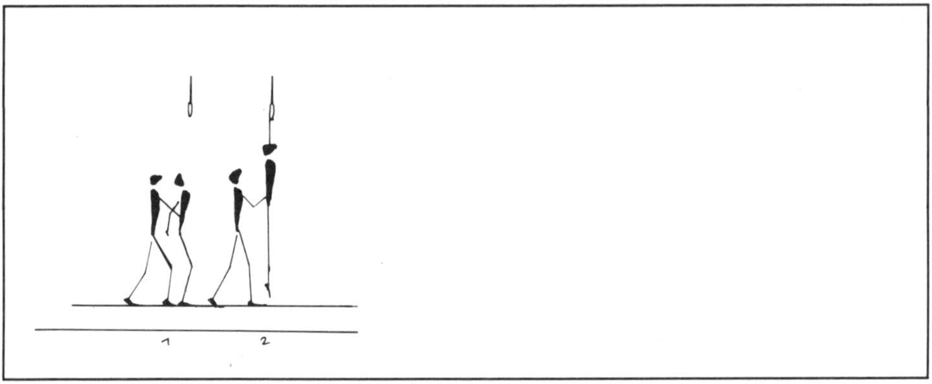

Ein Helfer steht unmittelbar hinter dem Übenden und faßt ihn an der Taille und hebt ihn unterstüzend hoch. Er muß den Übenden im Hang ruhig anhalten, damit er nicht hin-, her- oder gar seitwärts pendelt. Beim Wechsel hilft der andere Partner.

b) Bei gleicher Ausgangs- und Hilfestellung springt je ein Kind in den ruhigen Hang an den Ringen.
Wer kann im Langhang seine Beine etwas nach vorn nehmen und sie vorn 5 Sekunden halten? Führt sie langsam nach hinten so hoch wie ihr könnt. Wer kann sie auch hinten 5 Sekunden halten? Springt ab.

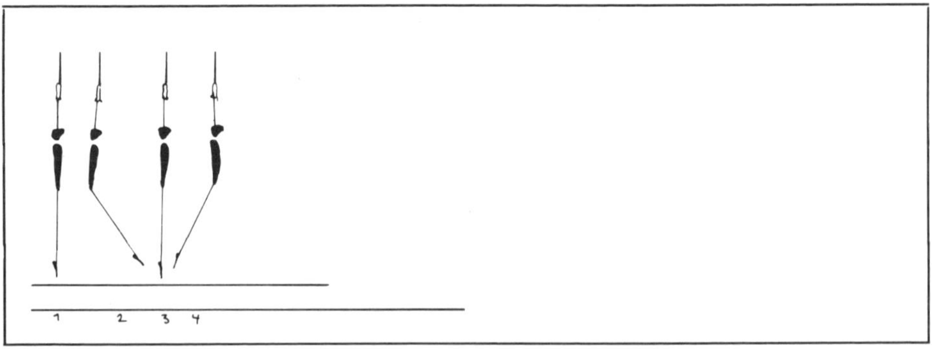

Die Helfer unterstützen den Sprung in den ruhigen Hang und sichern die Landung beim Niedersprung durch „Eingabeln" am Bauch und am Rücken.

c) Bei gleicher Ausgangslage und Hilfestellung springt ein Kind in den ruhigen Langhang.

Nehmt die Beine etwas nach vorn und senkt sie wieder nach unten. Schlagt dann, wenn die Beine unten vorbei sind, ganz stark nach hinten hoch und schwingt wieder vor. Schlagt sie dann, wenn sie genau unten „durch" sind, ebenso schnell wieder nach vorn hoch. Wer kann dabei die gleiche Muskelspannung halten wie bei der langsamen Übung? Springt nach dem 2. Rückschwung ab.

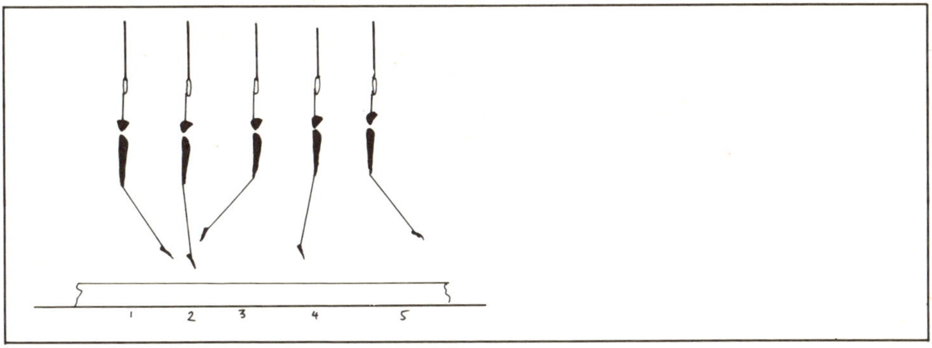

Die Helfer unterstützen und sichern wie vorher.

d) Bei gleicher Ausgangslage und Hilfestellung springt je ein Kind in den Langhang.

Turnt die gleiche Übung wie vorhin mehrmals hintereinander und schlagt dabei die Beine immer beim Durchschwingen am tiefsten Punkt kräftig vor bzw. zurück. Wer kann beim Rückpendeln der Beine die Ringe möglichst weit nach vorn drücken? Beim Vorpendeln der Beine bilden die Arme und die Ringseite eine Linie. Springt nach dem Rückpendeln am Umkehrpunkt ab.

Die Helfer sichern durch Eingabeln den Niedersprung.

Turnen an den ruhig hängenden Ringen

Aufschwingen beim Vorschwung in den Kipphang

Strukturzuordnung

Aufschwungbewegung

Funktionsphasenanalyse

Hilfsfunktionsphase II. Ordnung

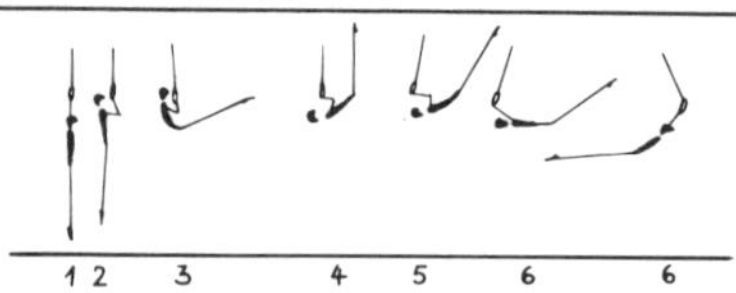

Anheben oder allmähliches „Aufschaukeln“ in die ausgelenkte Position, um einen möglichst hohen Abschwung zu erreichen.

Hilfsfunktionsphase I. Ordnung

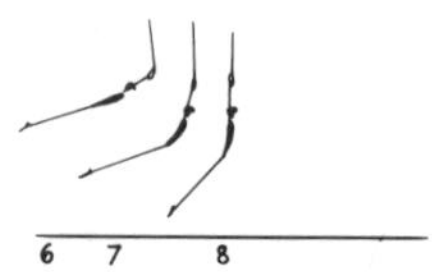

Abschwung aus der ausgelenkten Position in die starke Körperspannung der Rumpfvorderseite bis zur „senkrechten“ Position des Körpers.

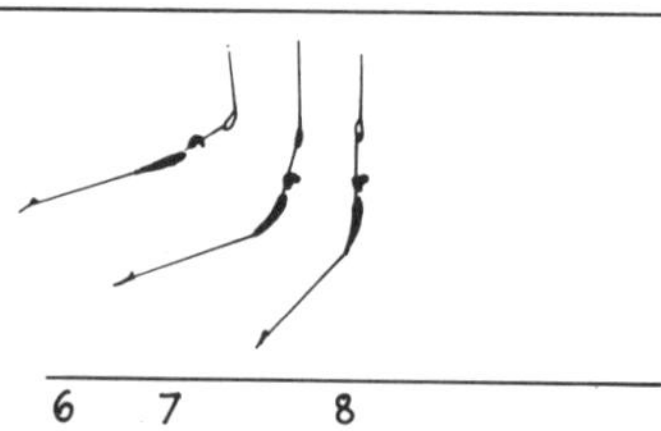

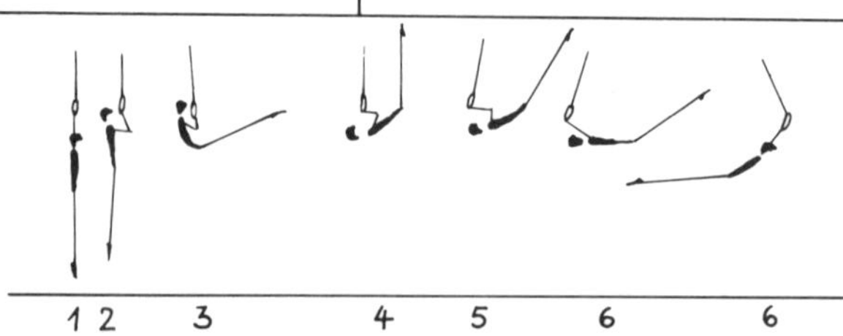

Hauptfunktionsphase

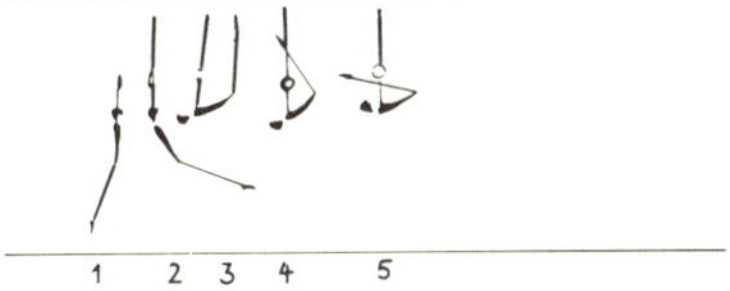

Aus der starken Vorspannung der Rumpfvorderseite wird nach Passieren der „Senkrechten" ein schneller Beinschwung vorhoch geturnt. Die Beugung im Bein- und Rumpfwinkel stellt die notwendige Pendelverkürzung für den Aufschwung in den Kipphang dar.

Übergangsfunktionsphase

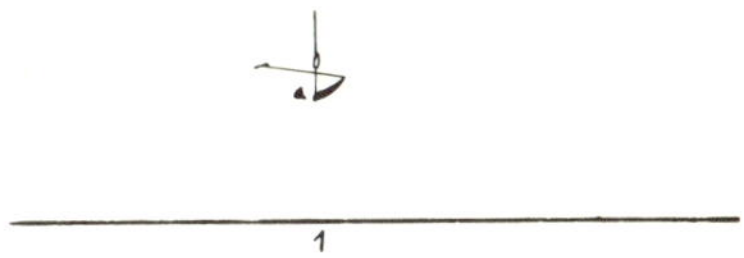

Der Kipphang ist eine „ruhige Lage", die den Endpunkt des Aufschwunges darstellt. Der KSP befindet sich dabei zwischen dem Griff der Hände und der Schulter.

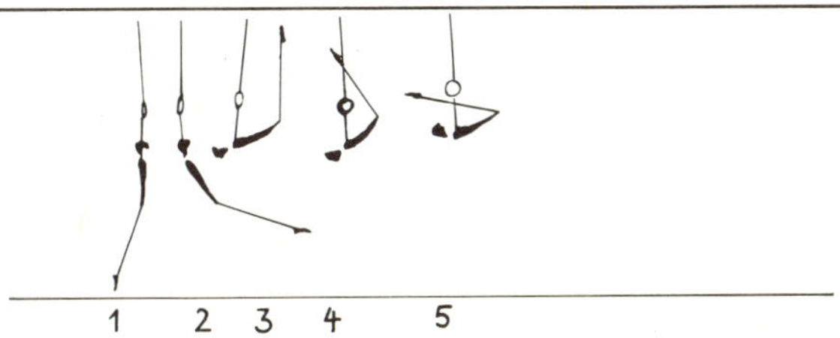

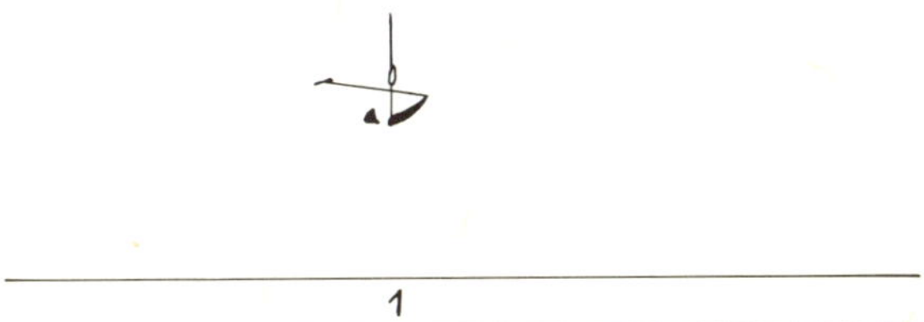

Vorbemerkungen

Die Aufschwungbewegungen beim Vorschwung aus dem Stand oder Langhang in den Kipphang (Barren, Ringe) oder Stütz (Reck) weisen die gleichen Bewegungsmerkmale auf, wobei am Barren und an den Ringen von einer halben Drehung rückwärts um die Körperbreitenachsen gesprochen werden kann („halber Aufschwung"), am Reck von einer ganzen Drehung.

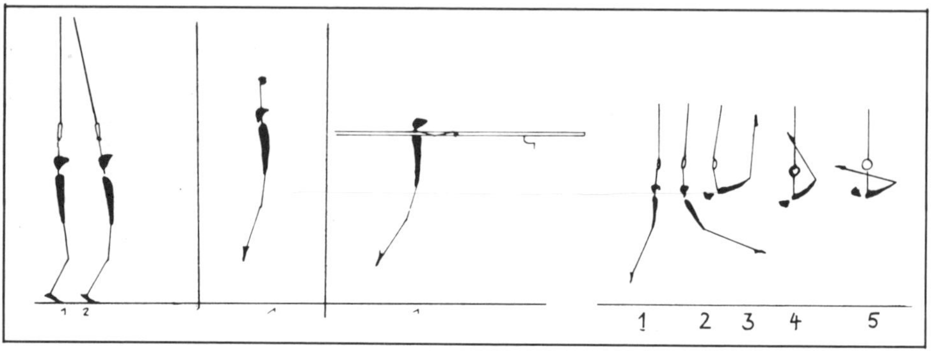

Da die „halben Aufschwünge" leichter sind als die „ganzen", die Bewegungsmerkmale jedoch gleich sind, ist der methodische Weg, den wir anbieten, einleuchtend.

Methodischer Weg

Kipplage

Trotz der Bewegungserfahrung vom Bodenturnen her sollte vor Beginn des Weges zum „Aufschwung in den Kipphang" diese Erfahrung noch einmal „abgerufen", wiederholt werden.

a) Je zwei Kinder sitzen quer am Mattenrand auf einer Gummimatte.

Rollt zurück auf die Schulter und haltet das Gleichgewicht. Rollt wieder in den Sitz. Wer kann während der ganzen Übung die Beine ganz gestreckt halten?

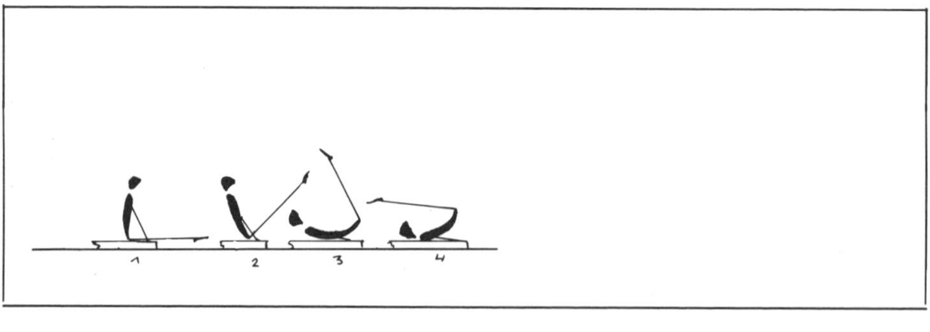

b) Gleiche Ausgangslage am Mattenrand.

Turnt das Zurückrollen in die Kipplage. Wer kann sein Gleichgewicht halten und dabei seine Arme nach oben strecken? Rollt wieder ab in den Sitz.

Kipphang am Barren

Die „Erfahrung Kipplage" sollen die Kinder unter anderen Bedingungen (Hang) vom Boden auf den Barren übertragen lernen.

a) Wir stellen den Barren brusthoch und sichern ihn rundherum mit Matten ab. An jedem Barren können 3 Dreiergruppen gleichzeitig (je eine am Barrenende, die dritte in der Barrenmitte) arbeiten. Ein Kind turnt, und die beiden anderen jeder Gruppe sind Helfer. Je eine Dreiergruppe turnt ganz außen und eine Gruppe in der Mitte des Barrens. Die außen turnenden Kinder stehen je mit dem Gesicht zur Mitte, alle Kinder fassen die Holmenden mit Speichgriff (Handrücken zeigt nach außen).

Stellt einen Fuß (Druckbein) genau unter die Hände und nehmt das andere Bein (Schwungbein) zurück. Schwingt das Schwungbein bis über den Barrenholm und springt erst dann mit dem Druckbein dahinter her. Wer kann sich langsam so weit rückwärts drehen, bis er wieder auf den Füßen ist? Haltet dabei den Holm fest. Springt wieder ab und dreht euch wieder vorwärts in die Ausgangsstellung. Turnt das mehrmals hintereinander. Wer geturnt hat, hilft dem nächsten.

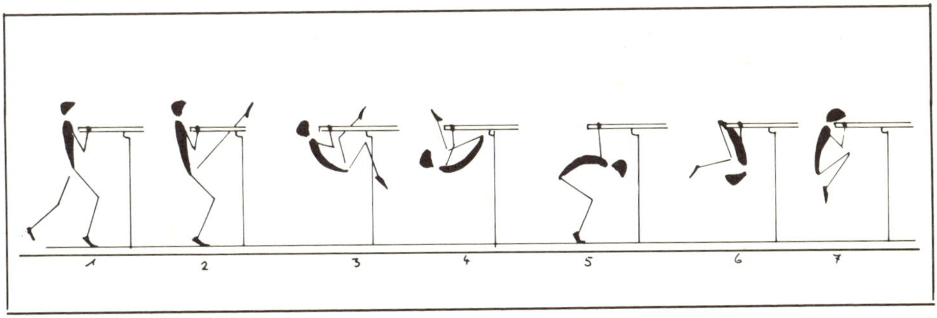

Die Helfer außen unterstützen und sichern an der Schulter und Oberschenkelrückseite die Aufwärtsbewegung.

b) Bei gleicher Ausgangslage, Arbeitsform und Hilfe.

Schwingt und springt wie vorhin vorhoch. Nehmt die Knie an die Brust und dreht euch rückwärts. Wer kann in „der Mitte" abbremsen und das Gleichgewicht in dieser Lage 3 Sekunden halten? Dreht euch vorwärts in den Stand.

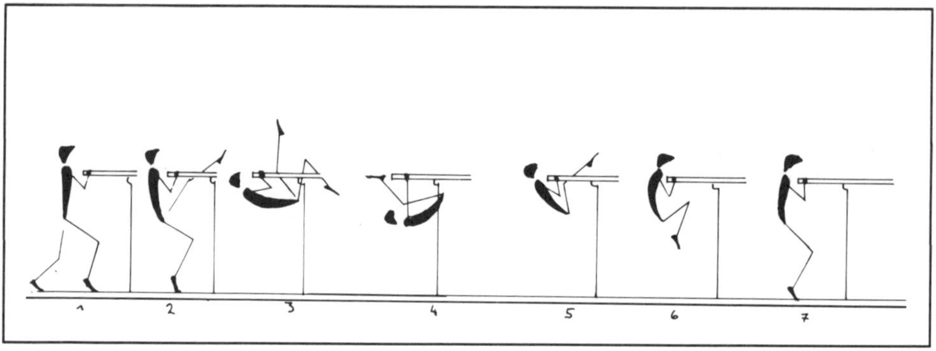

Die Helfer unterstützen die Aufschwungbewegung, sichern das „Abbremsen" im Kipphang und garantieren das „Gleichgewicht".

c) Ausgangslage, Helfer und Arbeitsform wie vorhin.

Turnt die gleiche Übung wie vorhin, haltet das Gleichgewicht und schaut euren Bauch an. Wer kann jetzt seine Knie strecken und so 3 Sekunden halten? Dreht euch vorwärts in den Stand.

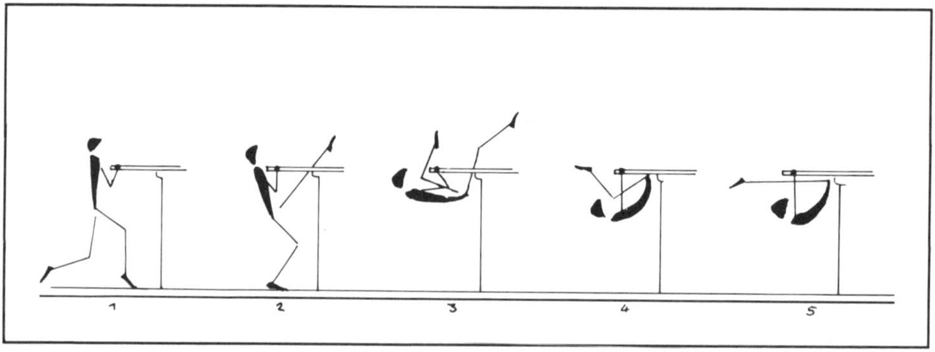

Die Helfer unterstützen und sichern wie vorhin.

Kipphang an den Ringen

Die Erfahrung, die die Kinder am Barren mit dem Aufschwung in den Kipphang gewonnen haben, nützen wir für den Kipphang an den Ringen. Durch die „wackeligen" Ringe wird zwar die Gleichgewichtssituation etwas erschwert, die Griffsituation jedoch ist dadurch variabler und leichter geworden.

a) Je eine Dreiergruppe ist an einem brusthohen Ringepaar. Je ein Kind steht unter dem Aufhängepunkt in Schrittstellung. Das „Sprungbein“ ist genau unter den Ringen, das Schwungbein ist hinten. Rechts und links von ihm stehen die Helfer.

Schwingt das hintere Bein bis in Ringehöhe und springt mit dem Druckbein erst dann dahinter her. Nehmt die Knie an die Brust und streckt dabei die Arme. Wer kann wie am Barren abbremsen, die Knie strecken und das Gleichgewicht halten? Schaut immer auf euren Bauch, sonst verliert ihr die Orientierung! Dreht wieder vorwärts in die Ausgangslage.

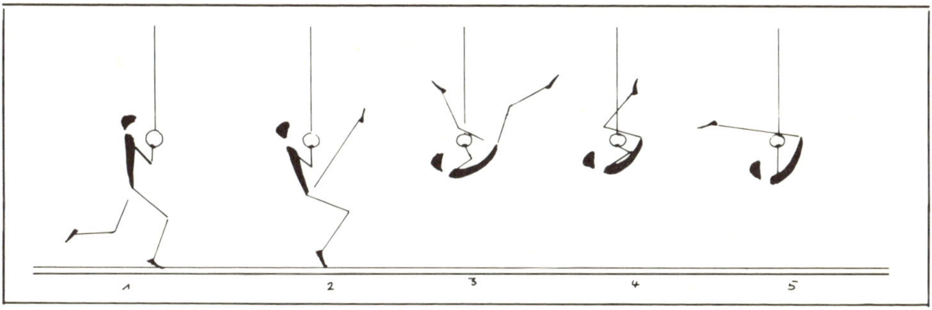

Die Helfer unterstützen und sichern wie am Barren an der Schulter und an der Oberschenkelrückseite bis in den ruhigen Kipphang.

b) Gleiche Arbeitsform, Hilfestellung und Ausgangslage.

Turnt den Aufschwung in den ruhigen Kipphang. Wer kann sich in der Hüfte strecken, daß er eine „Kerze“ macht? Schaut dabei immer euren Bauch an. Beugt wieder in der Hüfte und dreht euch vorwärts in den Stand.

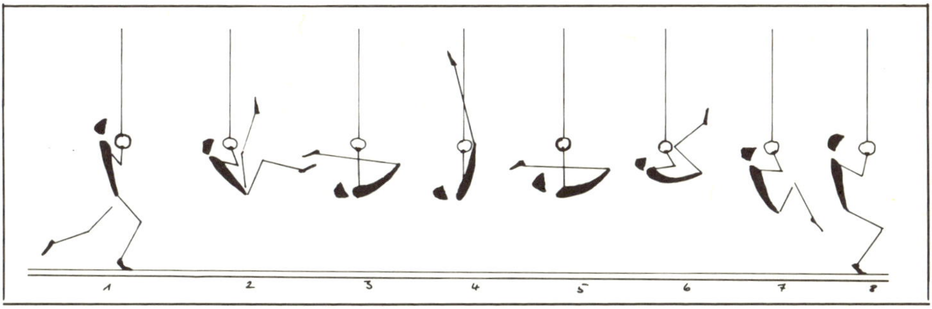

Die Helfer unterstützen wie vorhin. Sie müssen an der Schulter und den Beinen dafür sorgen, daß der Übende in der „Kerze“ sein Gleichgewicht halten kann. Der Kopf darf dabei nicht in den Nacken genommen werden.

c) Gleiche Arbeitsform, Hilfestellung und Ausgangslage.

Turnt den Aufschwung in den ruhigen Kipphang und versucht die „Kerze". Beugt wieder in der Hüfte in den Kipphang. Wer kann nach vorn drehen und die gestreckten Beine senken, ohne die Arme dabei zu beugen?

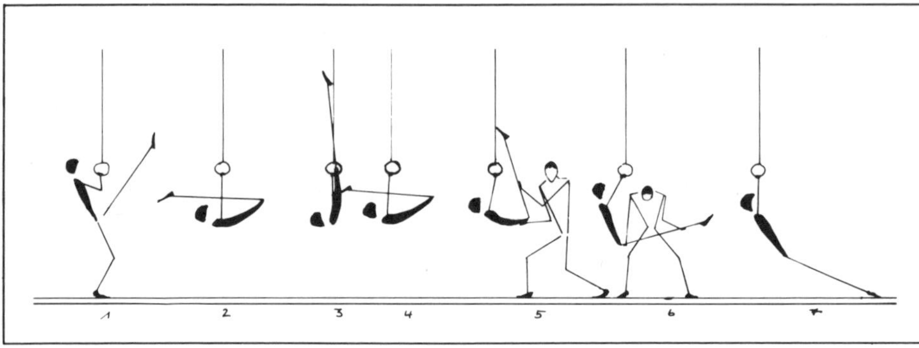

Die Helfer sichern und unterstützen wie vorhin. Beim Senken vorwärts in den Stand müssen sie an der Unter- und Oberschenkelrückseite die „Fallgeschwindigkeit" der Beine und des Körpers bremsen, damit der Übende nicht mit den Fersen auf den Boden schlägt. Die Arme müssen dabei gestreckt bleiben.

Pendeln mit gebeugten Armen und Aufschwingen in den Kipphang

a) An jedem reichhohen Ringepaar turnt eine Dreiergruppe. Ein Schüler steht in Grundstellung unter dem Aufhängepunkt der Ringe, rechts und links steht je ein Helfer.

Springt ab und zieht euch so hoch, daß der Kopf in Ringehöhe ist. Wer kann sich so 5 Sekunden halten? Springt ab.

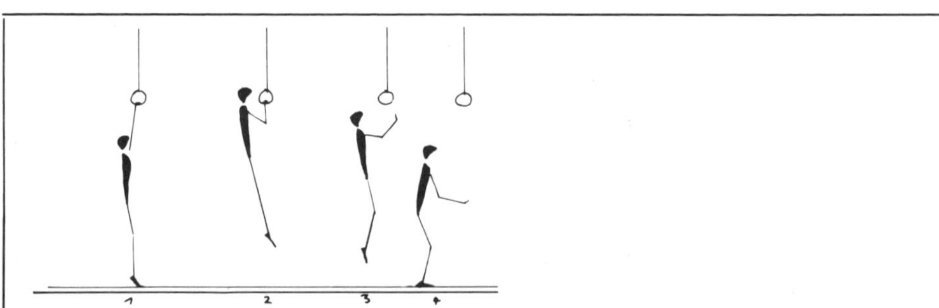

b) Gleiche Ausgangslage.

Springt ab und zieht euch wie vorhin hoch. Wer kann mit gebeugten Armen die Beine 5mal vor- und zurückpendeln, ohne daß dabei seine Arme „lang" werden? Springt beim letzten Zurückpendeln ab.

Die Helfer sichern am Bauch und am Rücken (Eingabeln) die Landung.

c) Gleiche Ausgangslage.

Springt ab und zieht euch hoch. Pendelt vor und zurück. Wer kann beim zweiten Vorpendeln seine Beine wie an den niederen Ringen über den Kopf nehmen und gleichzeitig dabei seine Arme strecken, um in den ruhigen Kipphang zu kommen? Schaut dabei immer euren Bauch an und senkt mit gestreckten Armen langsam in den Stand.

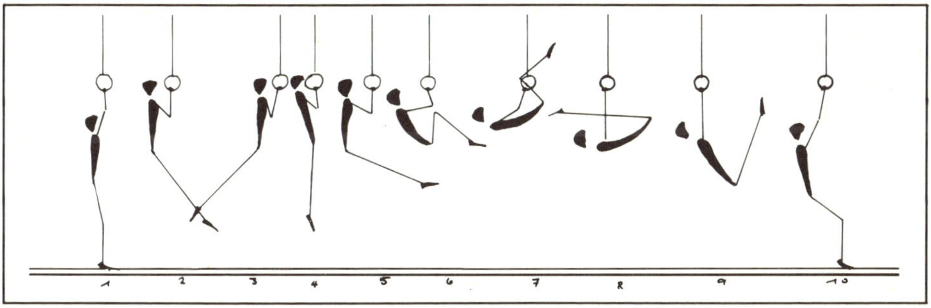

Die Helfer rechts und links unterstützen und sichern den Aufschwung in den Kipphang an der Schulter und der Oberschenkelrückseite. Außerdem wie vorhin beim Senken mit gestreckten Armen in den Stand.

In dieser Phase muß darauf geachtet werden, daß der Beinschwung auf keinen Fall einsetzt, bevor der Körper unter den Ringen (Senkrechten) durchschwingt.

Aufschwung in den Kipphang aus dem Langhang mit gestreckten Armen

Die Ringe werden sprunghoch gestellt (darunter werden Matten gelegt). An jedem Ringepaar übt immer eine Dreiergruppe.

a) Ein Schüler steht genau unter dem Aufhängepunkt der ruhig hängenden Ringe. Ein Helfer steht hinter ihm, faßt dessen Taille und hilft ihm beim Sprung an die Ringe.

Springt in den Langhang. Schwingt die Beine vor und zurück. Wer kann beim dritten Vorschwung nach dem Durchschwingen am tiefsten Punkt seine Beine schnell über den Kopf vorhoch schwingen, um in den ruhigen Kipphang zu kommen? Senkt euch wieder nach vorn mit gestreckten Armen. Schwingt zurück und springt am Ende des Rückschwunges ab.

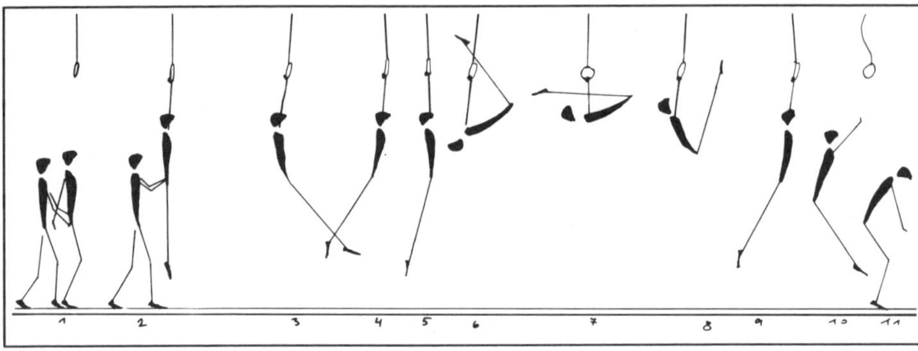

Die Helfer unterstützen notfalls die Aufschwungbewegung an der Oberschenkelrückseite und sichern beim Senken aus dem Kipp- in den Langhang an der Oberschenkelrückseite.

b) Bei gleicher Ausgangslage, Hilfestellung und Arbeitsform.

Springt in den Langhang und schwingt vor und zurück. Schwingt in den ruhigen Kipphang. Wer kann wie an den niederen Ringen in der Hüfte strecken und das Gleichgewicht halten? Schaut immer euren Bauch an. Beugt wieder in der Hüfte und senkt sofort mit gestreckten Armen euren Körper in den Langhang. Schwingt zurück und springt ab.

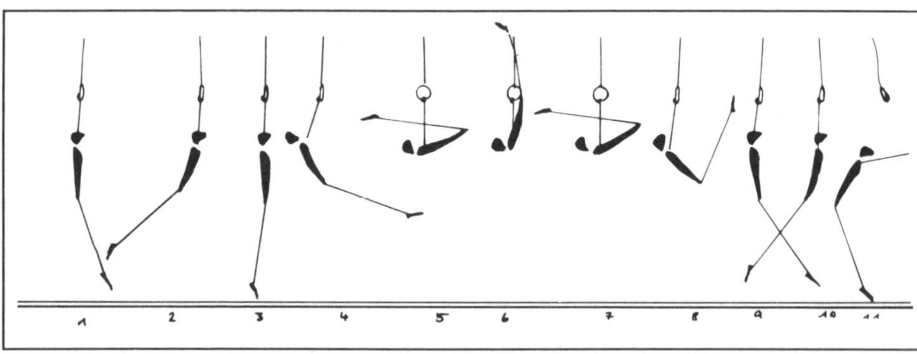

Die Helfer unterstützen und sichern wie vorhin. Bei der „Kerze" müssen sie darauf achten, daß der Übende das Gleichgewicht nicht verliert und mit gestreckten Armen senkt.

Überschlagsbewegungen

„Halber" Überschlag (kleiner Salto) rückwärts

Vorbemerkungen

Die Bezeichnung Überschlag (Salto) rückwärts ist sicher etwas zu hoch gegriffen, mißt man diese Bewegung am technischen und kraftmäßigen Können des Leistungsturnens. Der Form jedoch vergleichbar, nur mit weniger Kraftzufuhr und ohne Koppelung mit anderen Bewegungsstrukturen wie Felgbewegungen, ist dieser Bewegungsablauf das Fundamentalelement zum Überschlagen rückwärts. Die Voraussetzungen dafür sind durch das Aufschwingen in den Kipphang schon gegeben.

Strukturzuordnung

a) Aufschwungbewegung
b) Überschlagbewegung

Funktionsphasenanalyse

Sie ist ohne „Koppelung" mit der Felgbewegung zum gestreckten Überschlag rückwärts identisch mit der Aufschwungbewegung in den Kipphang (Seite 127 bis 128), und mit einer weiteren Drehung rückwärts erweitert.

Methodischer Weg

a) An jedem reichhohen Ringepaar ist je eine Dreiergruppe. Unter den Ringen liegen, wenn vorhanden, Weichbodenmatten. Je ein Kind steht genau unter dem Aufhängepunkt der Ringe im Hangstand. Rechts und links steht ein Helfer.

Springt ab und dreht euch rückwärts in den Kipphang. Schau nach hinten und dreht euch langsam so weit rückwärts, bis ihr den Boden fast mit den Füßen berührt. Laßt die Ringe los und springt ab.

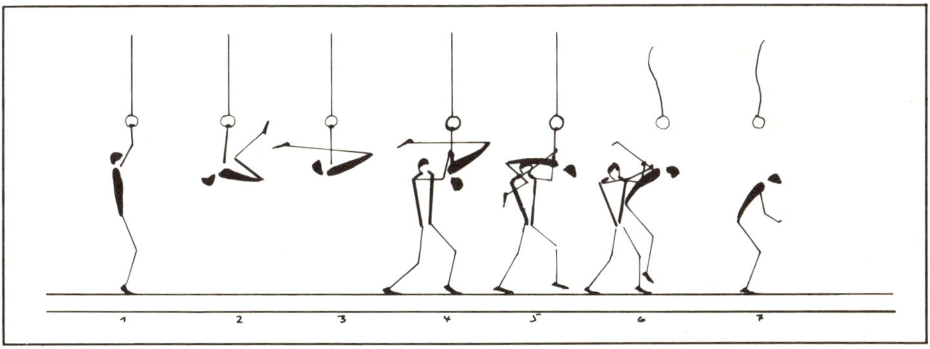

Die Helfer stehen ganz nahe beim Übenden und fassen schon beim Abspringen des Übenden an den Oberarmen im Klammergriff und sichern ihn bis in den Stand.

b) Bei gleicher Ausgangslage, Hilfestellung und Arbeitsform.

Springt ab und turnt den Kipphang. Wer kann sich jetzt sofort weiter drehen, daß er schon dann, wenn er den Boden sieht, die Ringe losläßt?

Die Helfer müssen wie vorhin sehr nahe am Übenden stehen und ihn im Klammergriff bis in den sicheren Stand bringen.

c) Die Ringe werden so hoch gestellt, daß die Kinder im Hang gerade noch unten durchschwingen können, ohne zu streifen. Die Arbeitsform und Hilfestellung bleiben gleich.

Ein Kind steht genau unter dem Aufhängepunkt der Ringe, hinter ihm steht ein Helfer und unterstützt ihn beim Sprung in den Hang.

Springt in den Langhang. Schwingt zweimal vor und zurück und beim dritten Vorschwung auf in den Kipphang, dreht euch rückwärts weiter. Schaut dabei nach hinten und löst den Griff, wenn ihr den Boden seht.

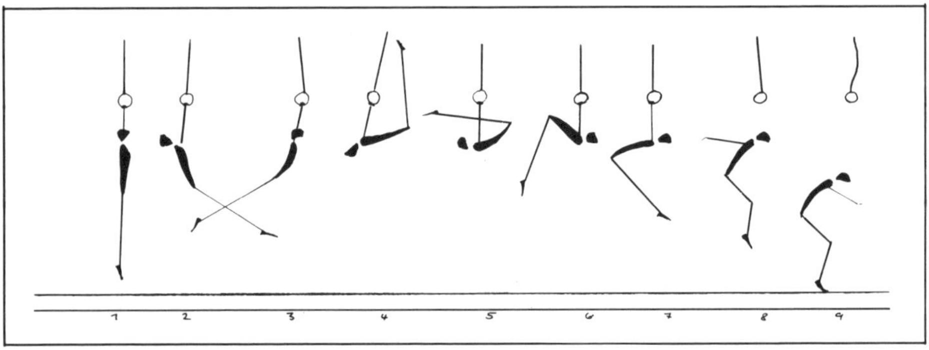

Die Helfer fassen beim 3. Vorschwung im Klammergriff die Oberarme und tragen den Übenden sicher bis in den Stand.

d) Bei gleichem Gerätaufbau, gleicher Arbeitsform und Hilfestellung.

Springt in den Hang und schwingt zweimal vor und zurück. Turnt beim dritten Vorschwung das Aufschwingen in den Kipphang, schaut nach hinten und löst den Griff, wenn ihr den Boden seht.

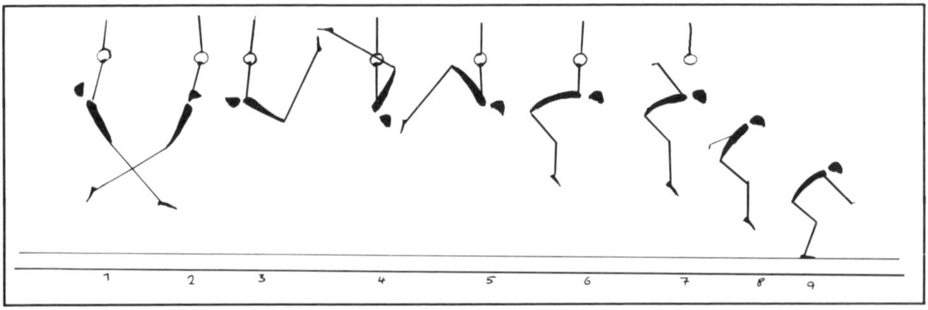

Die Helfer fassen und sichern wie vorher.

An dieser Stelle verweisen wir auf die vom Autor dieses Buches verfaßten weiteren Werke zum Thema Turnen:

„Turnpraxis in der Schule“ – lehrplanorientierte Unterrichtshilfen, die dem oft „planlosen“ Schulsport praktikablen Übungsstoff altersstufenmäßig und in kleinen Schritten vorgehend anbieten. So wird jeder, ob leistungsorientiert oder nicht, rasch Fortschritte und Erfolge erzielen.

Das „Lehrbuch des Gerät- und Kunstturnens“, Nachfolgewerk des Bestsellers „Lehrbuch des Kunstturnens“, stellt den Überbau des hier vorliegenden Bandes dar.

Auch diese Bücher sind bei der CD-Verlagsgesellschaft, Böblingen, erschienen und für zahlreiche Lehrer, Trainer und Übungsleiter unentbehrliche und notwendige Hilfsmittel geworden. Dem Übenden, dem Schüler oder dem im Verein Aktiven geben diese Werke wesentliche Einblicke und helfen die eigene Leistung zu begreifen, zu verbessern und zu steigern.

III. Sprung

Vorbemerkungen

Die im allgemeinen Kinderturnen gezeigten Stützsprünge sind „Grundstützsprünge“. Bei den Grundstützsprüngen Hocke und Grätsche handelt es sich für Kinder nur darum, dieses Hindernis stützend zu überwinden.

Die Stützsprünge der Kunstturner unterscheiden sich von den Grundsprüngen in ihrer strukturellen Zuordnung durch die Koppelung von Sprungbewegungen mit

a) Beinschwungbewegung
dazu zählen Hocke, Bücke, Grätsche, Hecht,

b) Überschlagbewegungen
dazu zählen Handstütz-Überschläge vor- und seitwärts.

Diese Formen der Stützsprünge mit Kindern sind erst bei entsprechenden Kraftvoraussetzungen und Bewegungserfahrung zu erarbeiten. Beim Absprung mit Reutherbrett werden nur die Grundstützsprünge Hocke und Grätsche behandelt. Dabei wird zuerst mit der Erarbeitung der Hocke begonnen.

Grundstützsprung Hocke

Strukturzuordnung

a) Sprungbewegungen

b) Beinschwungbewegung

Funktionsphasenanalyse

Hilfsfunktionsphase II. Ordnung

Aus dem Stand anlaufen, um die notwendige Horizontalgeschwindigkeit für den Ansprung zu erreichen.

Hilfsfunktionsphase I. Ordnung

Der einbeinige „Ansprung" auf den Absprungpunkt (Boden, Matte oder Brett) mit leichter Beugesituation und starker muskulärer Vorspannung in den Fuß-, Knie- und Hüftgelenken sowie der Verlagerung des KSP vor den Abdruckpunkt.

Hauptfunktionsphase

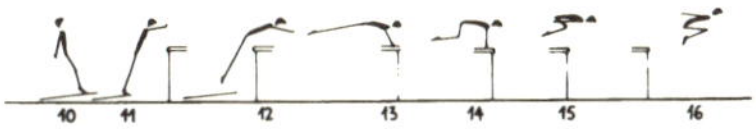

Durch die Haltekraft der Füße beim beidbeinigen Absprung und die Bewegung des KSP einerseits und durch die Anlaufgeschwindigkeit andererseits wird die Drehbewegung vorwärts eingeleitet. Beim Absprung wird nicht nur Rotation erreicht, sondern auch Höhe, die mit der Horizontalbewegung in eine stützlose Phase (Flugphase) führt.

Durch den Stütz der Hände wird eine ,,stemmende“ Unterbrechung der Drehbewegung vorwärts und die Umkehrung in eine Drehbewegung rückwärts erreicht (exzentrischer Stoß am KSP vorbei).

Mit dem Vorhocken der Beine wird die Drehbewegung rückwärts beschleunigt und damit das Aufrichten des Oberkörpers ermöglicht.

Übergangsfunktionsphase

Während der Drehbewegung rückwärts wird durch das Vorbringen der Beine und eine Öffnung des Bein-Rumpf-Winkels, die Rückwärtsdrehung verlangsamt, um in den Stand zu kommen.

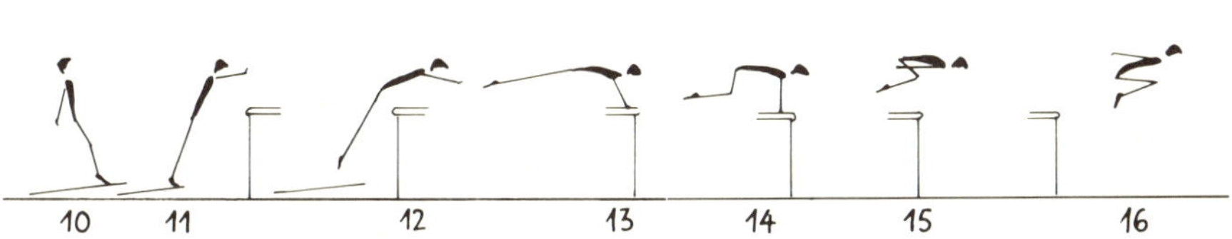

Vorbemerkung

Die Betrachtung der Hauptfunktionsphase der Hocke zeigt uns fast deckungsgleiche Bewegungsbilder wie beim „Stützhoppeln" (Hasenhüpfen).

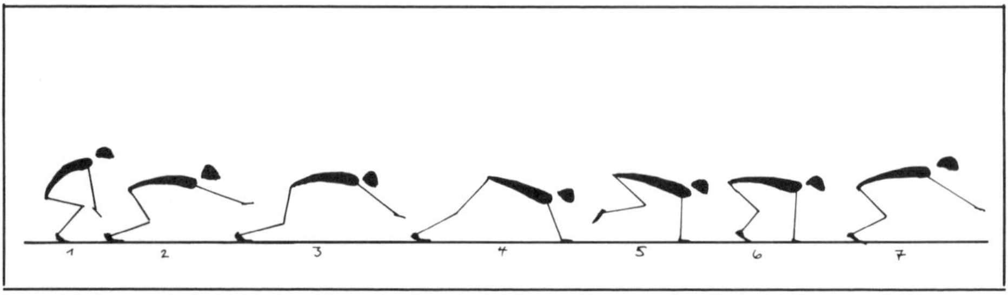

Diese Erkenntnis und die daraus ableitbare methodische Konsequenz ermöglicht es uns, einen direkten Weg zur Fundamentalbewegung „Stützsprung Hocke" zu gehen.

Da den Kindern das Stützhoppeln am Boden schon bekannt ist, wollen wir sowohl die Höhe als auch die Weite im Laufe der methodischen Arbeitsstufen vergrößern bzw. erweitern.

Methodischer Weg

Stützhocke auf der Ebene

Wir legen quer in die Halle vor jede Gruppe zwei bis drei Sprungseile oder Reifen im Abstand von etwa 1,00 bis 1,50 m je nach Alter der Kinder.

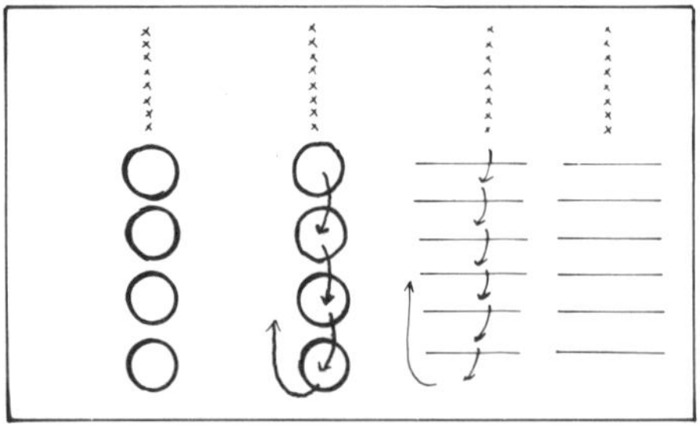

a) Die Kinder stehen in Reihen hinter den Seilen/Reifen.

Geht hinter den Seilen in die tiefe Hocke. Greift über die Seile und springt mit den Füßen dahinter her, daß ihr danach wieder in der Hocke seid. Wer kann ohne Pause immer über die Seile hocken, springen, hocken, springen, bis er auf der anderen Hallenseite ist? Lauft zurück.

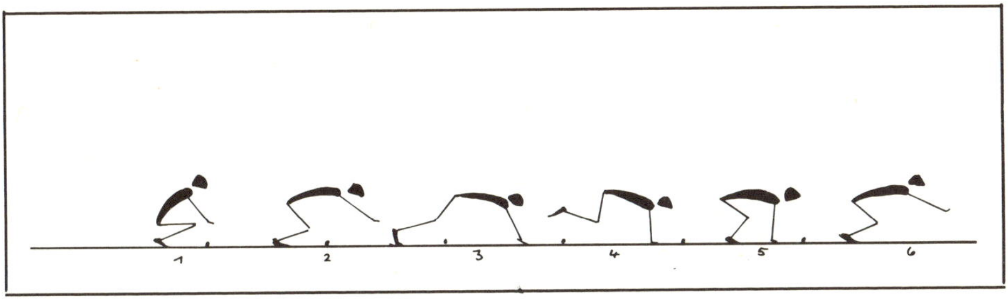

b) Wir legen die Seile so, daß sie wie Gräben (etwa 1 m breit) quer zur Bewegungsrichtung liegen. Die Kinder stehen wie vorhin hinter dem ersten Graben.

Geht wie vorhin in die Hocke. Springt wie ein Pferd oder ein Tiger über den Graben. Wer kann so springen, daß er zuerst fliegt und dann erst die Hände aufsetzt, um danach die Füße wieder aufzusetzen?

Stützhocke in der Bankgasse

a) Es werden immer zwei Bänke nebeneinandergestellt (Bankgasse). Quer über die Bankgassen legen wir jeweils im Abstand von etwa 1,5 m Sprungseile. Je eine Gruppe steht hinter „ihrer“ Bankgasse.

Springt wie vorhin am Boden über die Seile und stützt auf den Bänken. Wer kann dabei nur ganz kurz den Boden mit den Fußballen berühren (als ob der Boden heiß wäre) und sofort weiter über das nächste Seil springen?

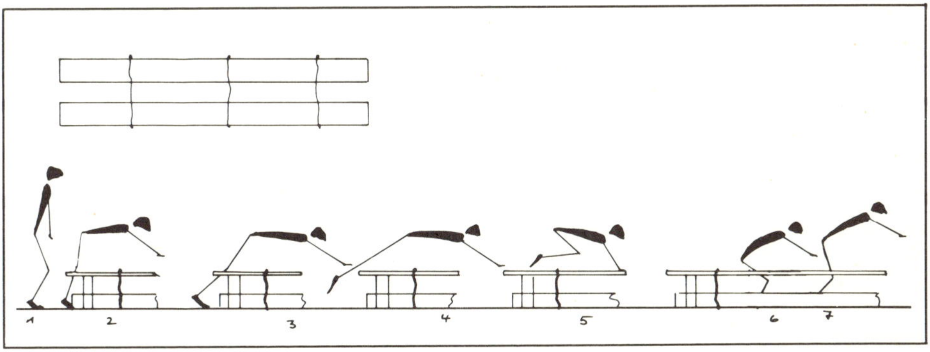

b) Anstatt der Seile legen wir Turnstäbe im gleichen Abstand über die Bänke, die Arbeitsform bleibt gleich.

Springt über die Stäbe. Wer kann ganz schnell hintereinander über die Stäbe springen und dabei zuerst fliegen und dann erst stützen?

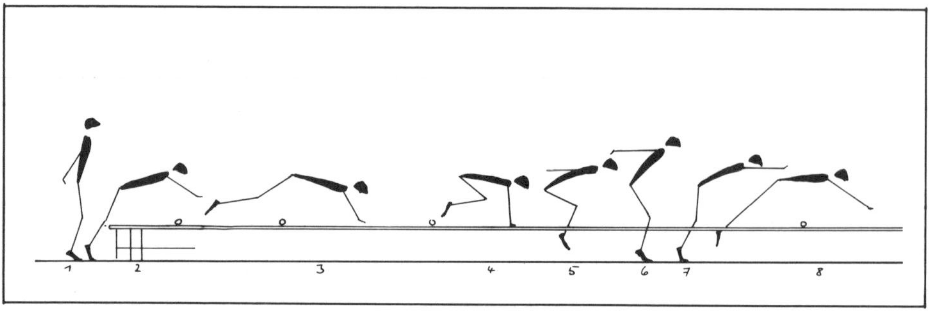

Während dieser Arbeitsstufe muß der „prellende Absprung" vom Fußballen herausgearbeitet werden.

c) Wir legen immer zwei Stäbe als „Grabenhindernis" im Abstand von etwa 0,5 bis 1 m quer über die Bank. Zwei Gräben pro Bank. Die Arbeitsform bleibt gleich.

Springt wie vorhin über die Stäbe. Wer kann so springen, daß er zuerst fliegt, bevor er mit den Händen hinter den „Stäben" auf den Bänken stützt (Springen, Fliegen, Stützen)?

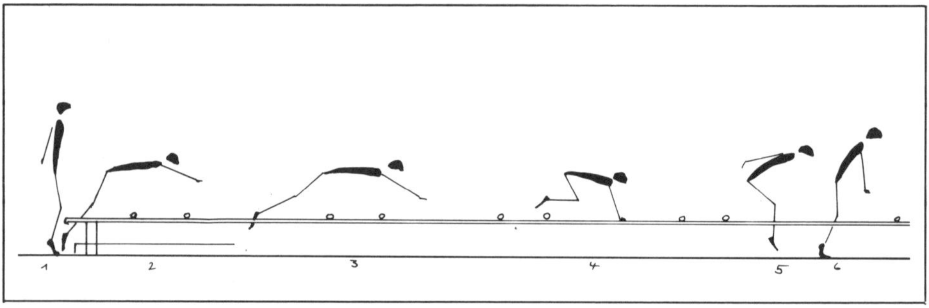

Hocke über den Querkasten

Vorerst wird die Hocke nicht mit dem Reutherbrett gesprungen, da die Benützung dieser Absprunghilfe einer gesonderten Einführung bedarf.

Die Kästen werden etwa hüfthoch gestellt. Vor und hinter den Kästen liegen Gummimatten. Der Stützsprung am Kasten erfordert eine exakte Hilfestellung. Unter leichten Bedingungen und bei richtiger Anleitung können Kinder sich ohne weiteres selbst gegenseitig helfen. Für alle geradlinigen Bewegungen wie Hocke usw. benötigen wir Stützgriffhilfe (s. Helfen und Sichern Seite 264).

a) Zwei Kinder stehen auf der „Landeseite" vor dem Kasten leicht schräg Rücken an Rücken. Die Helfer müssen nahe aneinander stehen. Fällt ein Kind wirklich einmal vornüber, so wird es durch die Schultern der Helfer vor einem Sturz bewahrt.

Je ein Kind steht im Hockstand auf dem Kasten und stützt. Die Helfer fassen mit ihrer näheren Hand am Ober- und mit der entfernteren am Unterarm.

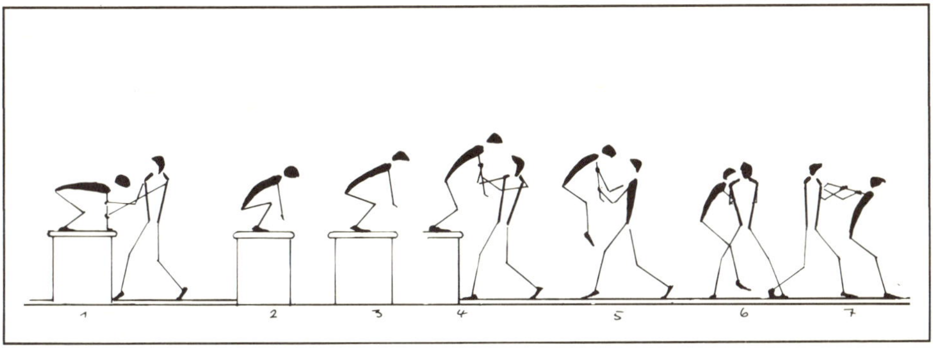

Springt aus der Hockstellung leicht nach oben und vorn ab.

Die Helfer tragen und begleiten den „Springer" bis in den sicheren Stand. Sie müssen sich dabei mit einem Schritt zurück zueinander drehen.

b) Die Arbeitsorganisation und die Hilfestellung bleiben gleich. Die Kinder stehen in Reihen hinter den Kästen. Die Kinder nehmen zwei bis drei Meter Anlauf. Anfangs sollte nicht schnell angelaufen werden. Endscheidend ist vorerst der Absprung und nicht der Anlauf, da ja in dieser Arbeitsstufe keine weite Flugbahn nötig ist.

Lauft mit ein paar Schritten an, springt ab, stützt auf dem Kasten und setzt die Füße auf dem Kasten auf. Springt wie vorhin ab.

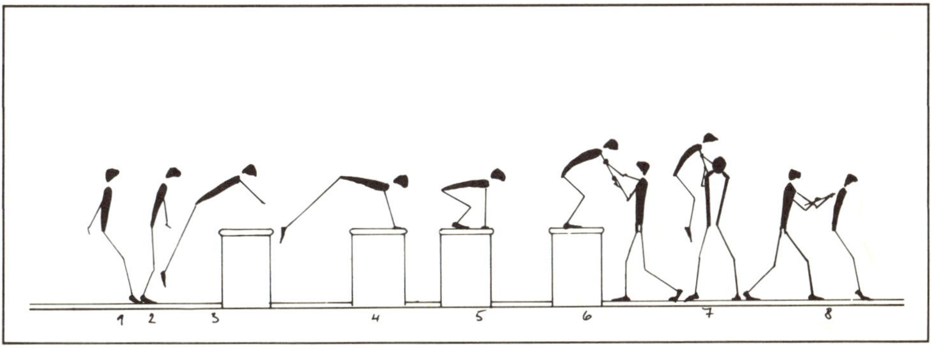

Die Helfer fassen sehr früh wie vorhin und begleiten den Übenden bis in den sicheren Stand.

c) Bei gleicher Arbeitsorganisation, Hilfestellung und Ausgangsposition.

Lauft ein paar Schritte, springt ab und stützt. Wer kann sich wie an der Bankgasse (über die Stäbe) mit den Händen kräftig abstoßen und die Füße dabei nicht mehr auf den Kasten setzen?

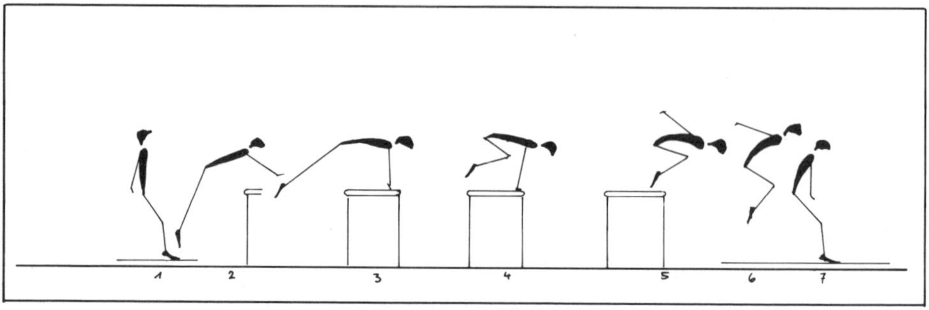

Die Helfer müssen schon vor dem Stütz griffbereit sein und beim Stütz den Übenden sicher über den Kasten in den Stand begleiten.

Absprung vom Reutherbrett

Vorbemerkungen

Die Voraussetzung für diesen Absprung ist das „prellende Springen". Diese für fast alle beidbeinigen Absprünge im Gerätturnen sehr wichtige Grundform muß innerhalb der Gymnastik und während der „Aufwärmübungen" geschult und immer wiederholt werden. Es handelt sich beim beidbeinigen Absprung um eine sehr schnelle Gelenkstreckung im Beinbereich, die von sehr schnellen Muskelkontraktionen getragen wird. Das bedeutet, daß die gesamte Sprungmuskulatur in der Ansprungphase eine hohe Vorspannung haben muß.

Methodischer Weg

Prellendes Springen am Boden

a) Die Kinder stehen auf dem Fußballen und haben die Knie fast gestreckt.

Wer kann mit festgespannter Beinmuskulatur ganz schnell vom Boden weghüpfen (wie ein Gummiball), ohne daß die Fersen dabei den Boden berühren? Je weniger ihr die Knie beugt, desto schneller kommt ihr vom Boden weg.

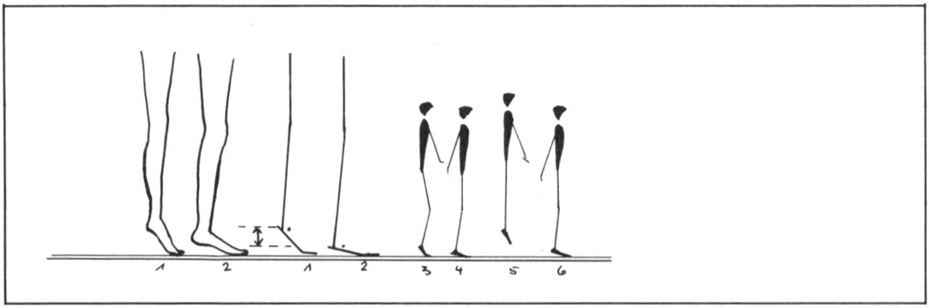

b) Die Kinder haben die gleiche Ausgangsposition.

Springt wie vorhin mit stark gespannter Beinmuskulatur nur auf den Fußballen. Wer kann dabei so mit den Armen mitschwingen, daß er kleine Armkreise unter der Schulter macht?

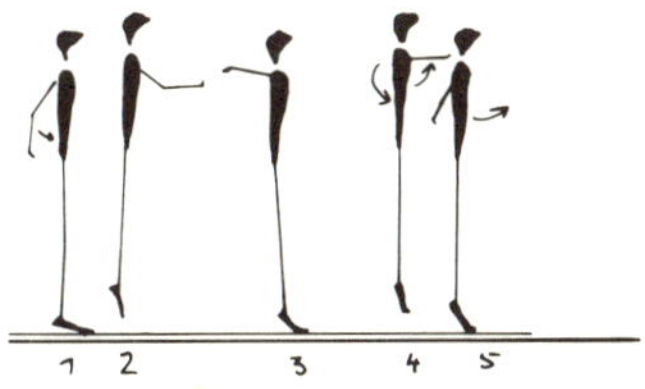

Prellendes Springen am Reutherbrett

Vorbemerkungen

Das prellende Springen vom Reutherbrett ist für Kinder aus zwei Gründen nicht einfach. Einmal ist das geringe Eigengewicht bis etwa 45 kg der Kinder (die Rutherbretter sind für etwa 50 bis 75 kg konstruiert) daran schuld.

Wesentlicher jedoch ist der Lernvorgang bei Kindern, den „Schleudereffekt" mit dem prellenden Abspringen in eine zeitliche Übereinstimmung zu bringen. Als günstig hat sich bei Kindern bis etwa zur 3. bis 4. Klasse eine „Dämpfung" durch eine aufgelegte Gummimatte erwiesen.

a) Wir legen quer über die Reutherbretter je eine Gummimatte, davor stellen wir längs einen zweiteiligen Kasten. Je ein Kind steht auf der Matte am Brett.

Versucht wie vorhin am Boden nur aus den Fußgelenken mit kleinen Armkreisen zu springen. Wer kann nach dem dritten Springen vom Reutherbrett abspringen, auf dem Kasten mit gestreckten Beinen landen und seine Arme dabei nach oben schwingen?

b) Wir legen hinter das Brett eine Gummimatte längs, der andere Gerätaufbau bleibt wie vorher. Die Kinder stehen in Reihen hinter den Sprungsanlagen. Das erste Kind steht am entfernten Ende auf der Gummimatte.

Springt aus dem Gehen auf die Matte am Brett. Wer kann sofort (prellend) auf den Kasten springen?

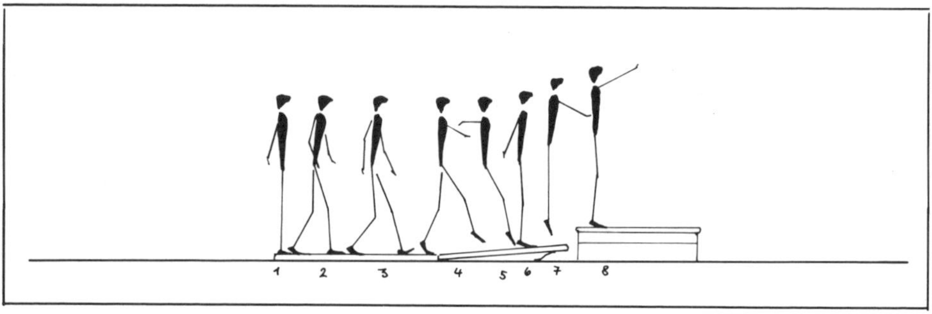

c) Bei gleichem Gerätaufbau, gleicher Arbeitsform und Ausgangsstellung wird der Kasten um einen Einsatz erhöht (dreiteiligen Kasten).

Geht schnell an und springt mit starker Spannung auf das Brett und sofort auf den Kasten. Wer kann dabei fest nur aus den Fußgelenken springen und die Arme mit nach vorn oben schwingen?

Hocke mit Reutherbrett über den Querkasten

Die Gummimatten auf den Reutherbrettern bleiben. Die Kästen werden quer und etwa brust- bis hüfthoch gestellt. Der Anlauf sollte auf 5 bis 7 m begrenzt werden. Zu große Horizontalgeschwindigkeit ist schwer mit dem Absprung in Übereinstimmung zu bringen (siehe Seite 134). Die Helfer stehen, wie schon erlernt, auf der Landeseite der Kästen.

Turnt nach 3 bis 5 Laufschritten und Absprung von der Matte die Hocke über den Querkasten.

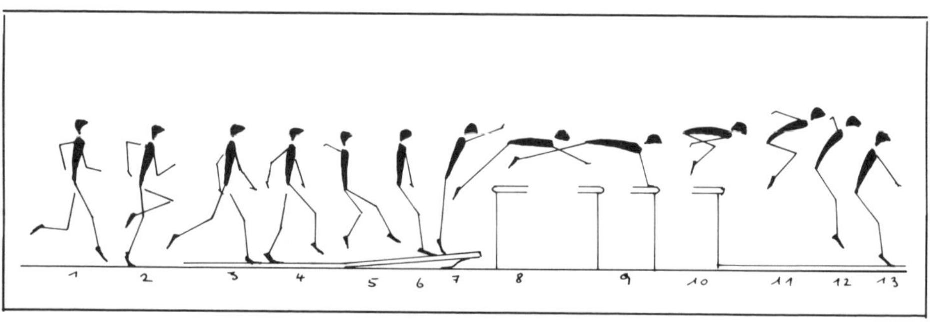

Die Helfer fassen sehr früh im Stützgriff und begleiten den Übenden bis in den sicheren Stand.

Grundstützsprung Grätsche

Strukturzuordnung wie bei der Hocke

Funktionsphasenanalyse wie bei der Hocke

Der Unterschied besteht darin, daß während der Hauptfunktionsphase beim Grätschen die Beine außen an den Händen vorbeigebracht werden.

Vorbemerkungen

Während des Aufwärmens und Dehnens wird der Grätschstand geübt, so daß man hier auf eine genauere Darstellung dieses einfachen Teils verzichten kann.

a) Hinter einem hüfthohen quergestellten Kasten liegt wie bei der Hocke ein Reutherbrett, darauf eine Gummimatte. Vor dem Kasten stehen zwei Helfer wie bei der Hocke. Je ein Kind steht auf dem Mattenbrett und stützt mit den Händen auf dem Kasten.

Springt wie bei der Hocke 2- bis 3mal prellend auf dem Fußballen. Wer kann nach dem dritten Springen sein Gesäß schnell hochziehen, die Beine grätschen und sie sanft auf den Kasten stellen? Springt nach vorn ab.

Die Helfer fassen schon beim prellenden Springen im Stützgriff und sichern den Übenden bis zur Landung nach dem Niedersprung.

b) Bei gleichem Gerätaufbau und gleicher Hilfestellung steht je ein Kind etwa 2 bis 3 m vor der Sprunganlage.

Geht an, springt ab und greift dabei schnell auf den Kasten. Wer kann schnell sein Gesäß hochziehen und die gegrätschten Beine sanft auf den Kasten stellen? Springt nach vorn ab.

Die Helfer unterstützen und sichern wie vorher bis in den Stand.

c) Gerätaufbau, Ausgangs- und Hilfestellung bleiben gleich. Der Anlauf sollte wie bei der Hocke auf 5 bis 7 m begrenzt werden.

Lauft mit ein paar Schritten an und springt ab. Stützt, zieht das Gesäß hoch und grätscht die Beine. Wer kann sich mit den Händen abstoßen, über den Kasten hinwegdrücken, ohne die Füße aufzusetzen?

Die Helfer fassen sehr früh, unterstützen den Handabdruck und sichern bis zum sicheren Stand.

Es muß unbedingt vermieden werden, daß Kinder die Grätsche so springen, daß sie nach dem Absprung die Hände unter dem Gesäß stehen lassen. Diese Art, grätschend ein Hindernis zu überwinden, führt in vielen Fällen zu Verletzungen im Hand- und Unterarmbereich.

IV. Barren

Vorbemerkungen

Die hier am Barren zu behandelnden Kernteile sind Fundamentalbewegungen im Stütz, der Aufschwung in den Kipphang und die Rolle vorwärts aus dem Grätschsitz in den Grätschsitz. Bewegungen im Oberarmstütz (Oberarmhang) sind in der Regel nur bei entsprechend guten Last-Kraft-Verhältnissen der Kinder angebracht und dann sollte auch nur mit geringen Wiederholungen im Oberarmstütz geturnt werden. Ganz zu vermeiden ist das „Beugestützhüpfen“. Ohne entsprechende Muskelkraft im Schulterbereich könnten beim Schwingen im Oberarmhang Verletzungen in der Verbindung des Band-, Sehnen- und Muskelbereichs von Schlüsselbein zu Brustbein auftreten.

Im Stütz ist der pendelnde Körper an diesem Gerät in einer Position, die an sich zwei verschiedene Lagesysteme aufzeigt.

Die Arme von den Händen (Stütz) aufwärts bis zu den Schultergelenken befinden sich in einer relativ labilen, der daran hängende Körper in einer relativ stabilen Lage.

Beim Schwingen im Stütz müssen beide Systeme miteinander im Gleichgewicht gehalten werden, sonst wäre ein Sturz unvermeidlich.

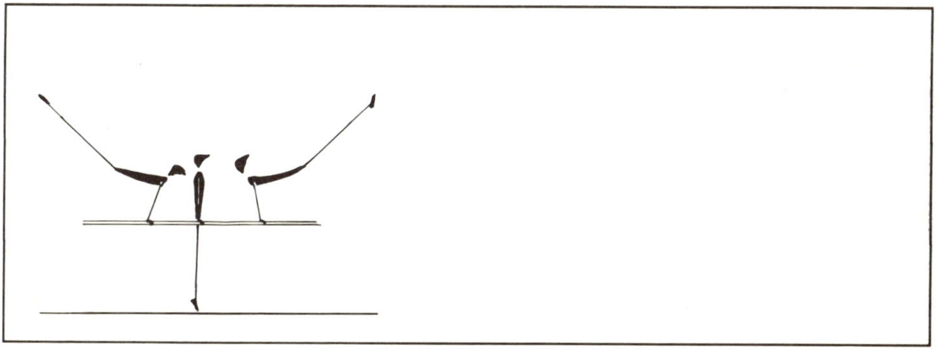

Das bedeutet, daß der KSP des Schwungsystems Mensch sich möglichst über den stützenden Händen befinden muß. Für die Praxis heißt dies, daß beim Vorschwung der Beine die Schulter leicht zurück- und beim Rückschwung der Beine die Schulter entsprechend nach vorn genommen werden muß.

Durch die Körperkonstruktion in den Schultergelenken bedingt, ergeben sich einige notwendige Betrachtungen.

Der Arm-Rumpf-Winkel der Körpervorderseite kann bei fast allen Menschen bis zu 180 Grad, in einigen Fällen sogar etwas darüber geöffnet werden.

▼

▲

Der Arm-Rumpf-Winkel auf der Rumpfrückseite kann bis maximal 150 Grad ohne Ausschultern geöffnet werden.

Beinschwünge

Vorbemerkungen

Etwas vereinfacht kann man von den Beinschwüngen allgemein sagen, daß sie vielfach die ,,Kraftzufuhr" für eine Pendelverkürzung bei Pendelbewegungen im Hang oder Stütz darstellen.

Der Vorschwung sollte aus zwei Gründen vor den Rückschwung gestellt werden.

a) Die ,,Verkürzung" nach vorn ist leichter (anatomische Gründe).

b) Die Kinder haben ,,Sichtkontakt" in die Bewegungsrichtung.

Beinschwünge

Vorschwung im Stütz

Strukturzuordnung

Beinschwungbewegung

Funktionsphasenanalyse

Hilfsfunktionsphase II. Ordnung

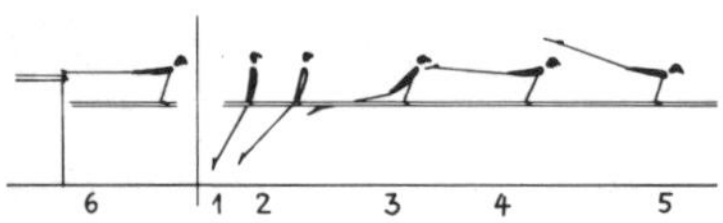

Der Körper wird in die „ausgelenkte Position“ für eine Abschwungbewegung gebracht. Sie ist durch einen Rückschwung oder aus einer stabilen Position vom Kasten und ähnlichem zu erreichen.

Hilfsfunktionsphase I. Ordnung

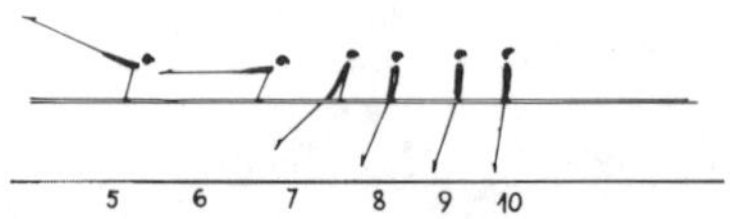

Beim Abschwung aus der „ausgelenkten Position“ wird der Bein-Rumpf-Winkel in der letzten Phase vor Passieren der senkrechten Lage in eine aktive Körperspannung (Überstreckung) und damit Muskelvorspannung des gesamten vorderen Rumpf-Bein-Bereichs gebracht. Dadurch ist eine günstige Ausgangsposition für eine schnelle Beugung gegeben. Je nach vorgesehener Folgebewegung wird diese Vorspannung etwas vor, genau am oder kurz nach dem Passieren der „Senkrechten“ aufgegeben, um die Hauptphase zu beginnen.

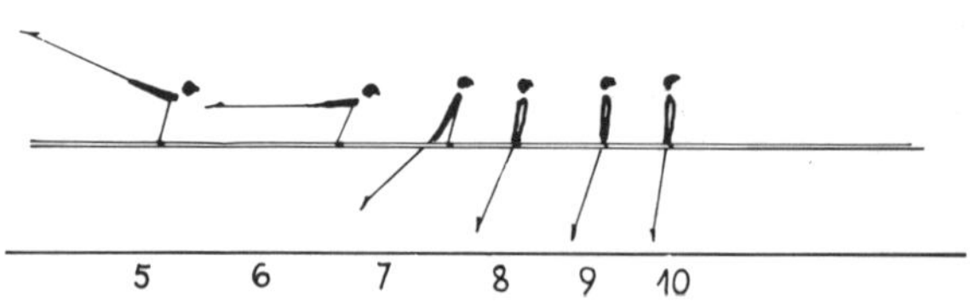

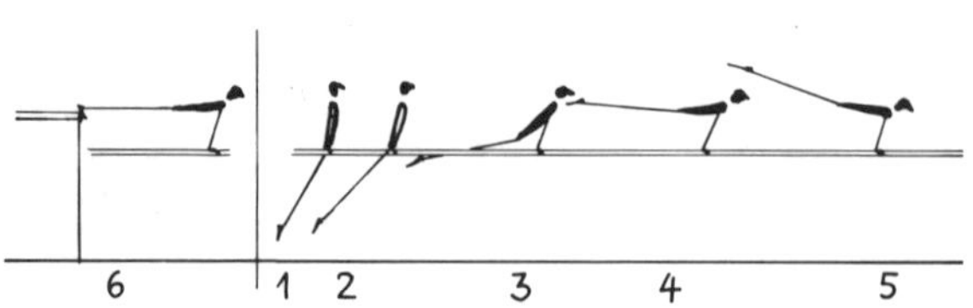

Hauptfunktionsphase

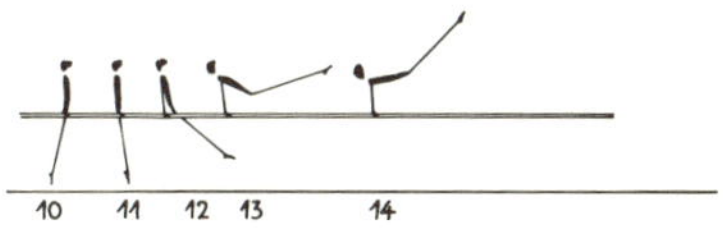

Wenn der KSP des überstreckten Körpers die senkrechte Position erreicht, wird durch schnelles Vorhochbringen der Beine die Körperlänge verkürzt und dadurch beschleunigt (Verkürzung des Pendels in der Aufschwungphase).

Übergangsfunktionsphase

Sie kann eine ruhige Position wie Grätsch- oder Quersitz sein, oder sie stellt sich als Ausgangsposition für den Abschwung dar und ist die Voraussetzung für einen späteren Rückschwung. Wird die Übergangsphase mit einer neuen Bewegung überlagert, so entstehen daraus andere Elemente wie Kehren mit und ohne Drehungen in den Stand oder Stütz (Stützkehre), Überschlagbewegungen rückwärts in einer Ebene zum Stütz oder mit seitlicher Verlagerung in den Stand. Alle Überlagerungen können mit und ohne Drehungen um die Körperlängsachse geturnt werden.

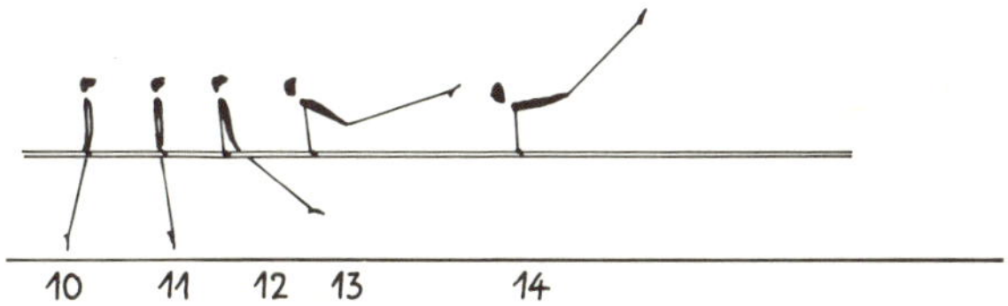

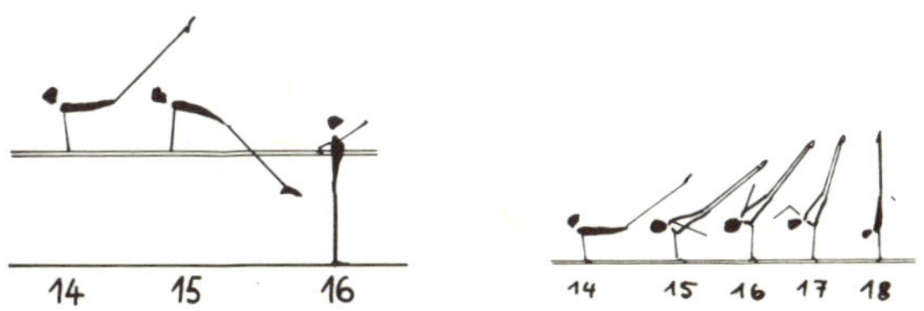

Methodischer Weg

Drehhocke (Hockwende am Barren)

Wir stellen je nach Gruppengröße und Barrenanzahl 2 bis 4 niedere Barren, die mit Matten abgesichert sind, auf. Je nach Kindergröße müssen die Barrenholme hüfthoch sein. Hinter den Barren stellen wir Kleinkästen und bei ganz kleinen Kindern in den Barren einen ein- bis zweiteiligen Kasten längs.

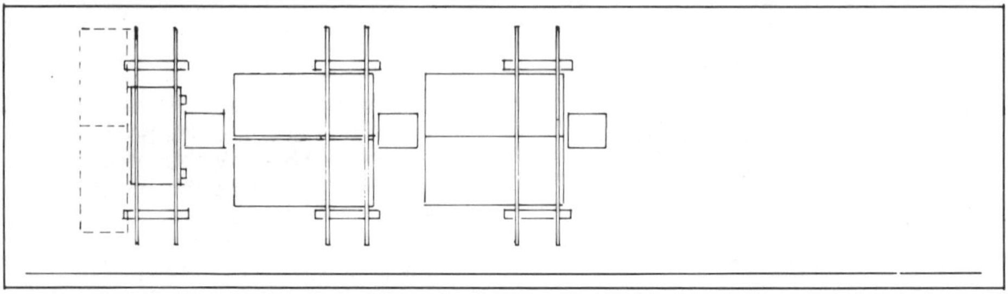

a) Die Arbeitsorganisation kann entweder in Gruppen am gleichen Barren oder im Übungsstrom an allen Barren durchgeführt werden. Wir wählen hier den Übungsstrom. Die ersten vor jedem Barren beginnen.

Steigt auf den Kleinkasten und Barren, stützt mit den Händen und springt drüber. Lauft zum nächsten Barren usw.

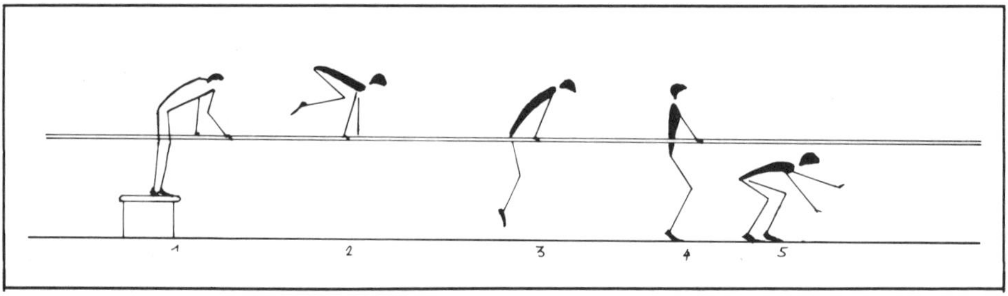

b) Bei gleicher Arbeitsform und Gerätaufbau.

Steigt auf den Kleinkasten und stützt auf den Holmen. Wer kann über einen Holm hinweg zwischen den Barren auf den Boden (Kasten) springen und unter dem entfernten Holm weg zum nächsten Barren laufen?

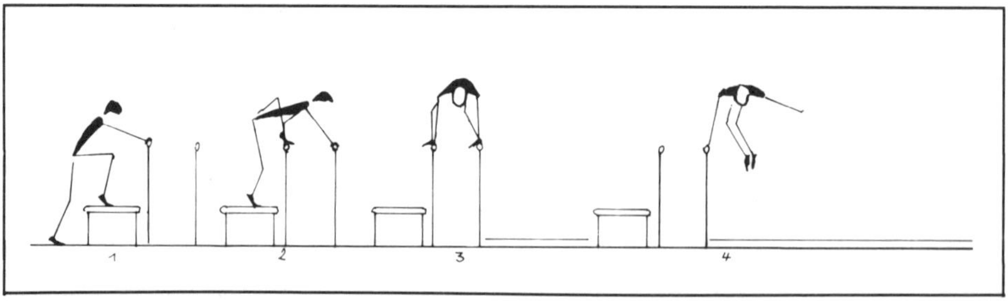

Kehre aus dem beidbeinigen Absprung

a) Gleicher Gerätaufbau und gleiche Arbeitsform und Ausgangsstellung

Springt wie vorhin stützend in den Barren zum Stand. Wer kann sofort wieder abspringen, die Beine nach vorn hochbringen und sich nach außen auf den Holm setzen (Außenquersitz)? Springt sofort wieder ab und lauft zum nächsten Barren.

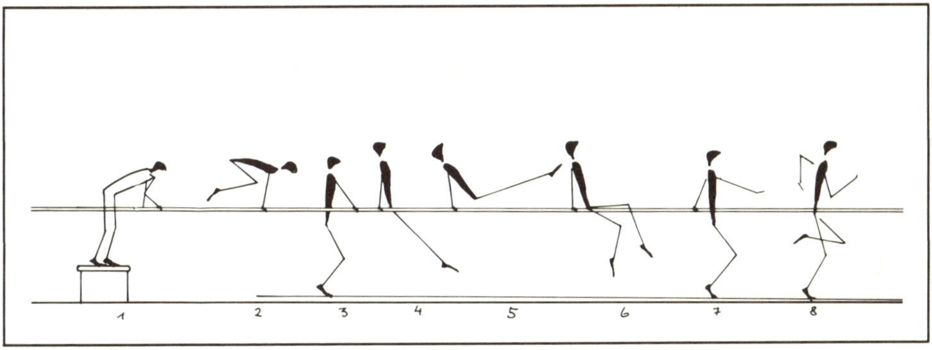

b) Ausgangsstellung, Gerätaufbau und Arbeitsform wie vorher.

Springt wie vorhin in den Barren. Wer kann sofort abspringen und über den anderen Holm hinwegkommen, ohne daß er den Holm berührt? Lauft zum nächsten Barren und turnt dasselbe.

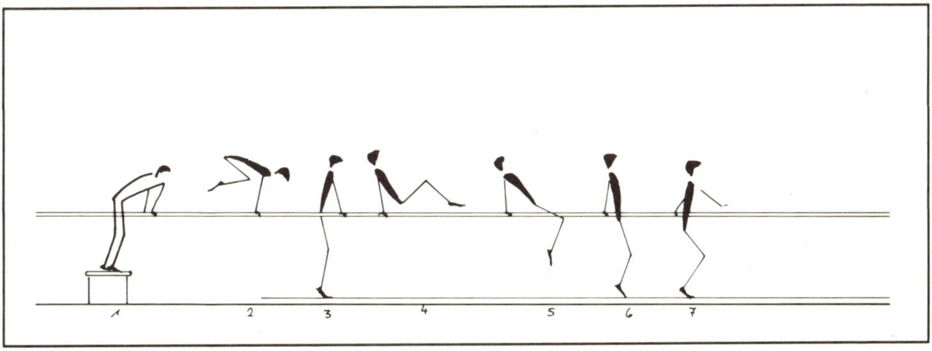

c) Wie vorher.

Turnt die gleiche Übung wie vorher. Wer kann mit gestreckten Beinen über den Holm nach außen abspringen, die Beine gestreckt lassen und dabei den Barren nach hinten „wegschieben"?

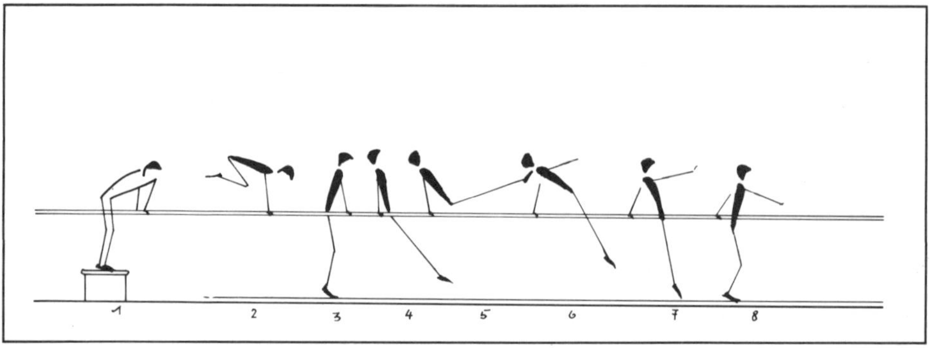

Kehre aus dem Vorschwung

Ein Kasten wird quer vor den Barren gestellt. Der Kastendeckel in der Barrenmitte wird entfernt. In und neben dem Barren liegen Matten.

a) Die Gruppe steht hinter dem Barren.

Wer kann aus dem Stand vom Kasten vorgreifen, stützen, die Beine vorschwingen und die Füße auf die Holmen vor den Händen aufsetzen? Greift wieder vor die Füße und turnt dasselbe. Laßt jetzt zuerst die Knie, dann die Hüfte nach vorn unten fallen, schwingt ein und setzt die Füße wieder auf die Holme. Turnt diese Übung, bis ihr über den Barren hinweg seid. Lauft zum nächsten Barren und turnt dasselbe.

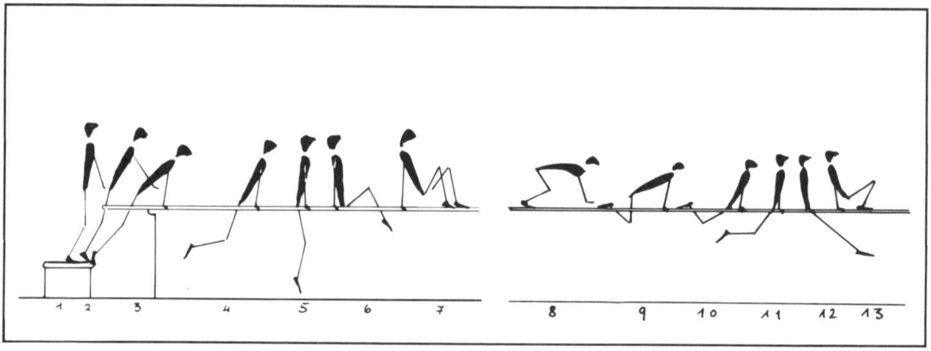

b) Bei gleicher Ausgangsstellung und gleicher Organisation.

Wer kann die gleiche Übung turnen, aber mit zwei- bis dreimaligem Vorgreifen und Vorschwingen über den ganzen Barren kommen? Lauft zum nächsten Barren, um die gleiche Übung zu wiederholen.

c) Der Gerätaufbau und die Organisationsform und Ausgangsstellung bleiben gleich.

Wer kann nach vorn greifen, stützen, die Beine nach vorn schwingen lassen und sich außen auf einen Holm setzen? Springt ab, lauft zum nächsten Barren und turnt dasselbe.

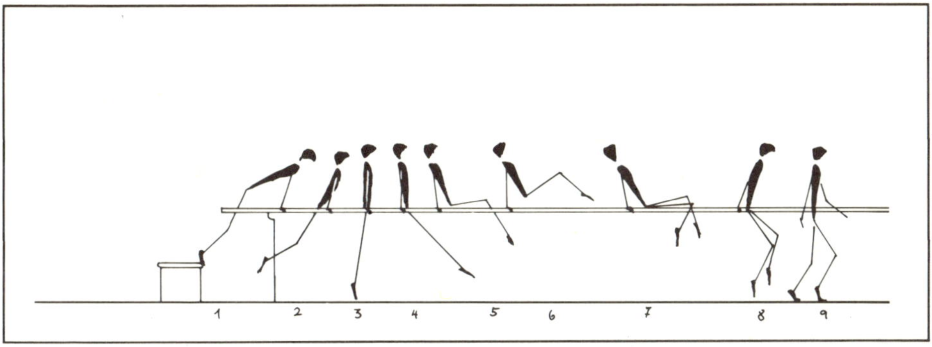

d) Bei gleicher Ausgangsstellung.

Turnt die gleiche Übung wie vorhin. Wer kann die Beine vorschwingen, ohne sich außen auf den Holm zu setzen und neben dem Barren abzuspringen? Lauft zum nächsten Barren und turnt dasselbe.

e) Gleiche Ausgangsstellung und Organisationsform.

Turnt die gleiche Übung wie vorhin. Wer kann jetzt beim Abspringen nach außen sich so weit strecken, daß er den Barren nach „hinten" wegschiebt und möglichst weit vor den Händen außen zum Stand kommt?

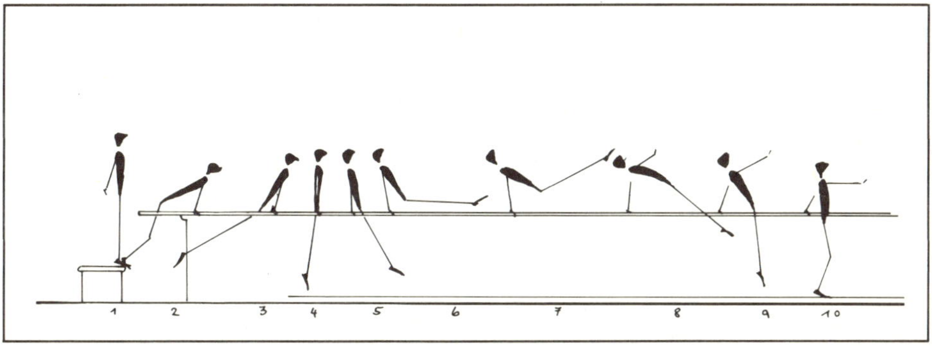

Kehre mit Drehung

a) Aus der gleichen Ausgangsstellung und Organisationsform.

Greift vor und schwingt nach vorn. Setzt euch außen auf den Holm. Wer kann so nach außen abspringen, daß er mit einer Vierteldrehung zum Barren in den Stand kommt (Außenseitstand vorlings)? Lauft zum nächsten Barren, um dasselbe zu turnen usw.

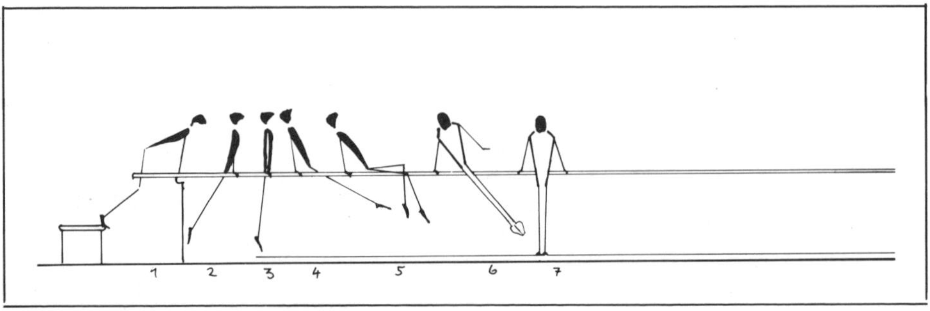

b) Bei gleicher Ausgangsstellung.

Turnt genau wie vorhin die Übung. Versucht aber, nach dem Vorschwung der Beine die ¼-Drehung in der „Luft zu turnen", daß ihr mit dem Gesicht zum Barren steht. Lauft zum nächsten Barren, um dasselbe zu turnen.

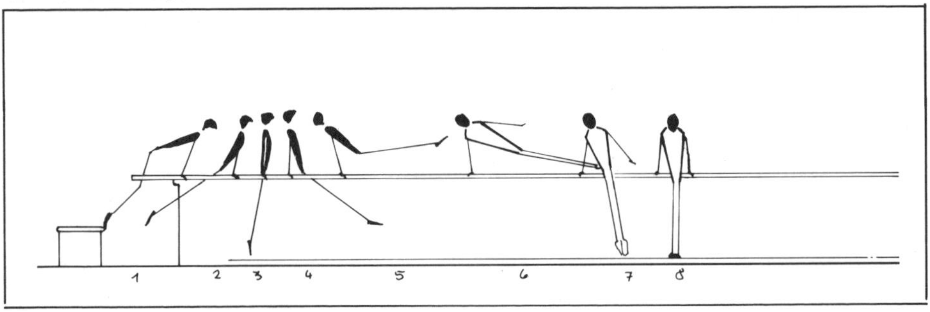

c) Gleiche Ausgangsstellung.

Wer kann jetzt sogar eine halbe Drehung „in der Luft" turnen? Lauft zum nächsten Barren und turnt dasselbe.

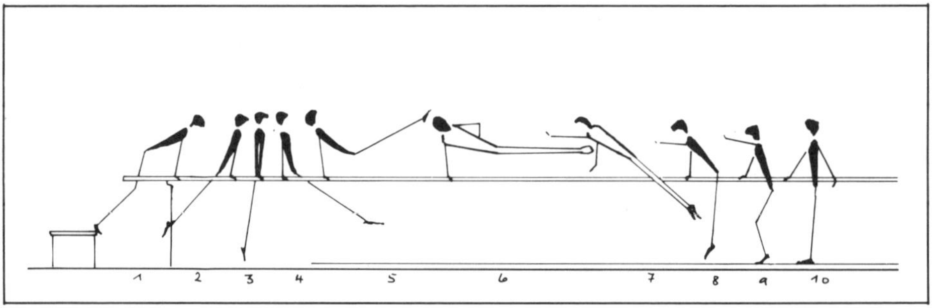

Kehre aus dem Außenquersitz

Vorbemerkungen

Die Kehre von einem Holm über den Barren zum Außenquersitz auf den anderen Holm oder zum Stand bedarf einiger Vorbemerkungen.

Es muß der Oberschenkel des inneren Beines möglichst in seiner gesamten Länge auf dem Holm aufliegen. Dadurch erreicht man eine günstigere Hebelwirkung. Die „Schwungbeinhilfe“ des äußeren Beines ist mit „Absprung“ des inneren Beines vom Holm und der Gewichtsverlagerung (Stütz) in Übereinstimmung zu bringen.

Wegen der günstigeren Federung sollte später in der Mitte des Barrens geturnt werden. Die Barren sind hüfthoch und werden mit Matten abgesichert.

a) Die Kinder verteilen sich gleichmäßig auf alle Barren. Auf jedem Holm sitzen mit den Beinen nach außen (Außenquersitz) 3 bis 4 Kinder.

Setzt euch so auf den Holm, daß ihr genau quer zum Holm sitzt. Die Außenhand greift hinter das Gesäß, die andere Hand ist am anderen Holm. Wer kann den Oberschenkel des inneren Beines vom Gesäß bis fast zum Knie auflegen? Dieses Knie bleibt gebeugt. Das andere Bein muß ganz gestreckt bleiben. Springt ab.

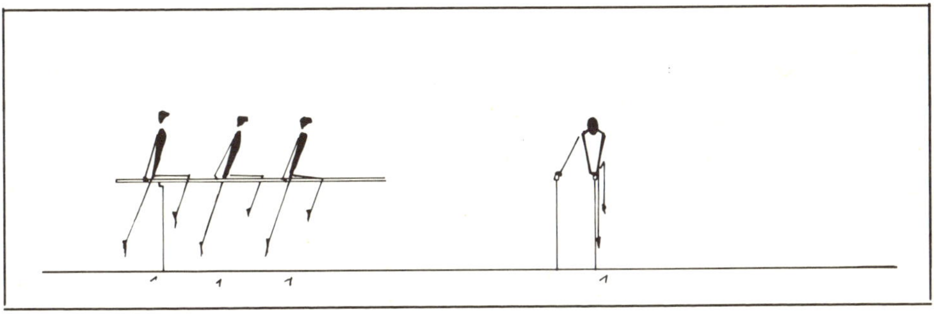

b) Je zwei Kinder sitzen durch „Lücken“ getrennt auf jedem Holm.

Setzt euch genau so auf den Holm wie vorhin, daß euer gestrecktes Bein und der Oberkörper eine Linie bilden. Wer kann so vor- und zurückschaukeln, daß dabei immer der Oberkörper und das gestreckte Bein eine Linie bilden?

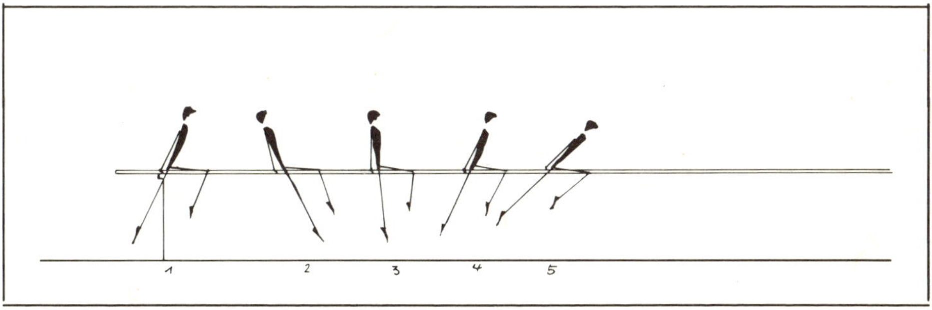

c) Gleiche Ausgangsstellung und Arbeitsform. Je ein Kind sitzt im Außenquersitz auf einem Holm (pro Barren zwei).

Schaukelt wie vorhin vor und zurück. Wer kann beim Vorpendeln des gestreckten Beines den Unterschenkel des anderen Beines ganz schnell so strecken, daß er vom Holm abspringen kann? Setzt euch wieder auf den Holm. Turnt dies mehrere Male und springt ab.

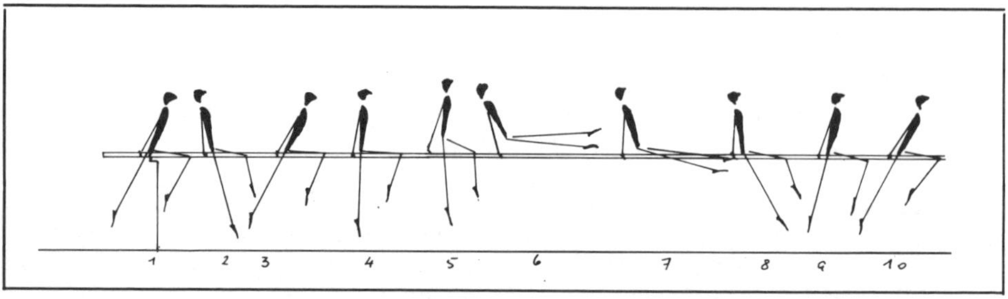

d) Gleiche Ausgangsstellung und Arbeitsform. In jedem Barren steht ein Kind.

Springt ab, schwingt vor in den Außenquersitz, schaukelt zurück und wieder vor. Wer kann beim Vorschwung so kräftig vom Oberschenkel abspringen, daß er seine Beine über den Barren bringt, um außen auf dem anderen Holm zu sitzen? Springt ab.

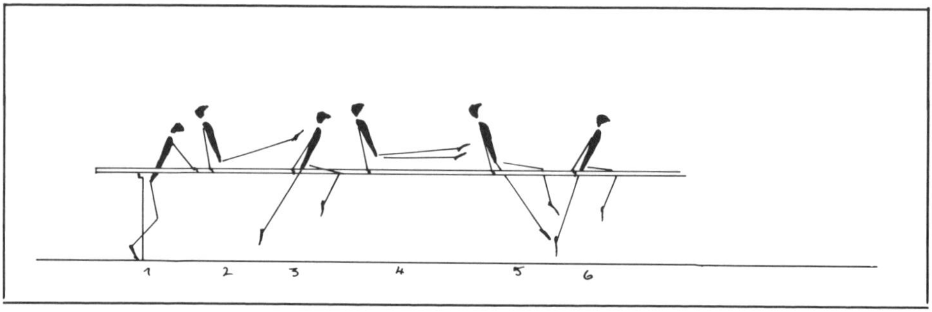

e) Gleiche Arbeitsform und Ausgangsstellung.

Turnt dieselbe Übung wie vorhin. Wer kann mehrmals aus dem Sitz von einer Barrenseite zur anderen wechseln? Springt ab.

f) Gleiche Arbeitsform und Ausgangsstellung.

Turnt die gleiche Übung wie vorhin. Wer kann nach dem zweiten Mal „Sitzwechsel" über beide Holme hinweg in den Stand abspringen (Kehren)?

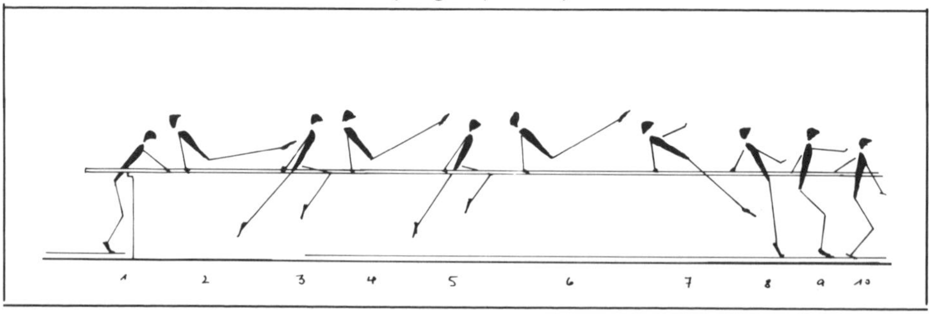

Beinschwünge

Rückschwung im Stütz

Strukturzuordnung

Beinschwungbewegung

Funktionsphasenanalyse

Hilfsfunktionsphase II. Ordnung

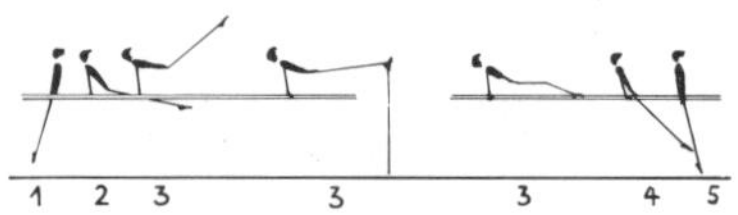

Die ausgelenkte Position kann durch verschiedene Aktionen erreicht werden. Durch einen Vorschwung, aus einem ruhigen Stand am Kasten oder aus dem Liegestütz rücklings von den Barrenholmen.

Hilfsfunktionsphase I. Ordnung

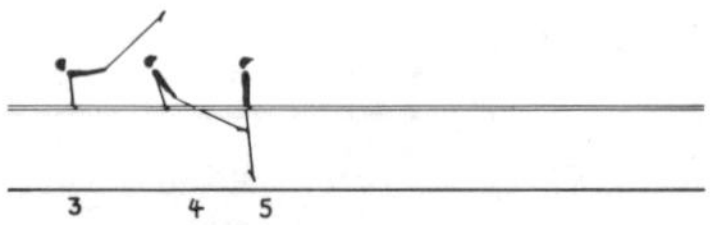

Der Abschwung wird aus der ausgelenkten Position mit leicht gebeugter Hüfte bis kurz vor Erreichen der senkrechten Lage geturnt.

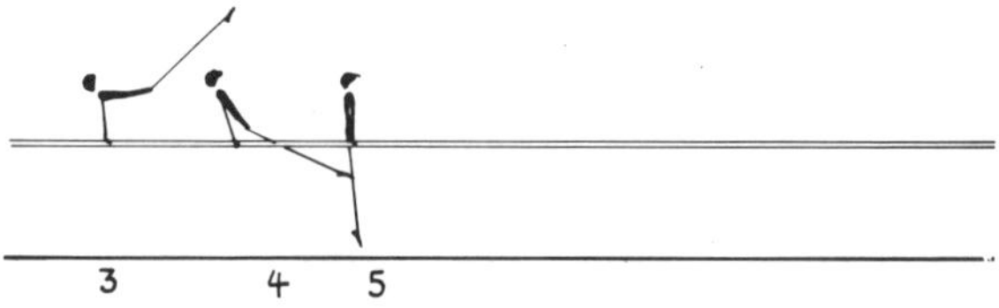

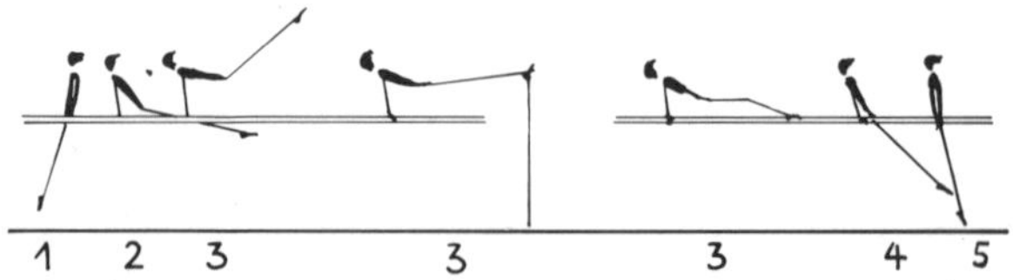

Hauptfunktionsphase

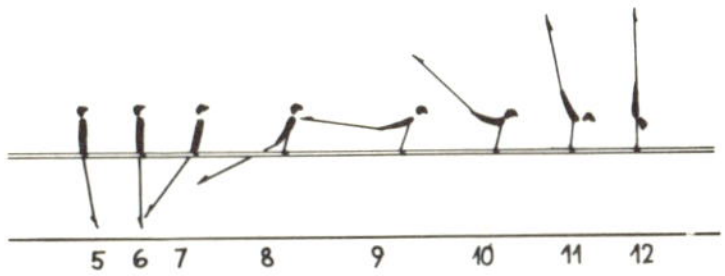

Der abwärts pendelnde Körper bleibt bis kurz vor der senkrechten Position (KSP) in der Hüfte leicht gebeugt. Beim Passieren des KSP in der senkrechten Position werden die Beine schnellkräftig in eine aktive Überstreckung nach hinten hoch geschwungen. Durch die Verkürzung des Pendels rückhoch während der Aufschwungphase wird eine „höhere Endlage“ erreicht.

Übergangsfunktionsphase

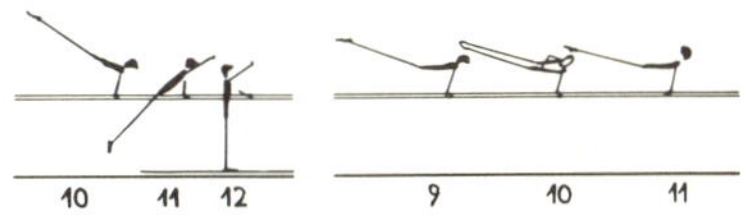

Sie kann als Abschwung zum mit seitlicher Verlagerung in den Stand mit und ohne Drehung (Wenden) geturnt werden. Außerdem kann sie in eine ruhige Lage wie im Quersitz führen. Wird die Hauptphase mit viel Beinschwung geturnt, so kann die Übergangsphase der Oberarmstand oder Handstand sein. Wird die Übergangsphase mit einer neuen Bewegung überlagert, so entstehen daraus andere Elemente wie Überschlagbewegungen vorwärts in einer Ebene in den Stütz oder mit seitlicher Verlagerung in den Stand. Alle Überlagerungen können mit und ohne Drehung um die Körperlängsachse geturnt werden.

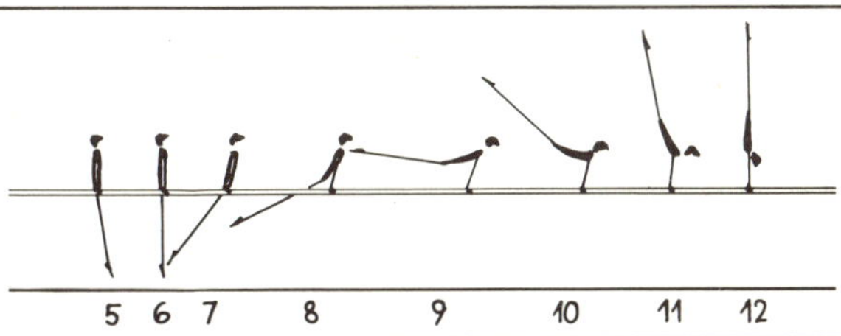

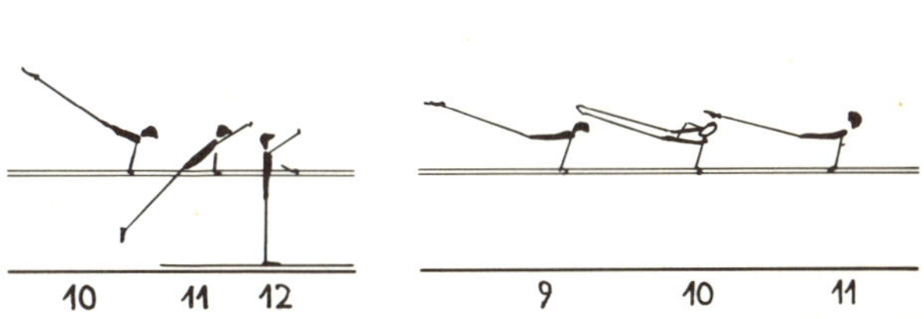

Methodischer Weg

Beinschwungaktion

a) Wir stellen mehrere Barren hüfthoch. 6 bis 8 Kinder stehen quer im Barren und schauen in die gleiche Richtung.

Springt in den ruhigen Stütz und versucht, euch im Körper zu strecken. Nehmt alle gleichzeitig eure Beine etwas nach vorn und haltet sie so 2 Sekunden. Führt sie langsam zurück, bis ihr sie nicht mehr seht, und haltet sie „hinten" zwei Sekunden. Achtet dabei auf die Muskelspannung „vorn" und „hinten". Dabei dürft ihr nicht ins Schwingen kommen. Springt ab.

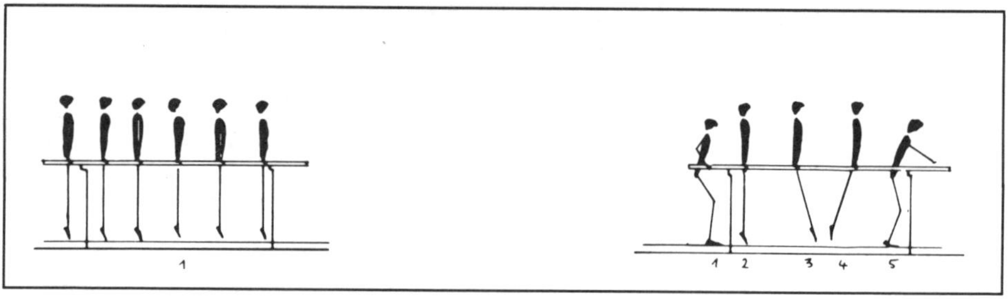

b) Gleiche Ausgangslage, Arbeitsform und gleicher Gerätaufbau wie vorher.

Springt in den ruhigen Stütz. Führt die Beine zurück und haltet sie hinten. Nehmt sie langsam vor und haltet sie leicht vorn. Führt sie wieder zurück. Wer kann die Fersen dabei mit gestrecktem Knie so weit wie möglich nach hinten hochbringen und dabei seine Schultern leicht nach vorn nehmen? Ihr dürft dabei nicht ins Schwingen kommen. Springt ab.

Beinschwung zum Rückschwung

a) Je eine Fünfergruppe befindet sich am Barrenende.

Je ein Schüler steht mit dem Gesicht zum Barren und greift direkt am Barrenende (Außenquerstand vorlings). Auf jeder Seite rechts und links des Übenden stehen je zwei Helfer. Zwei vor und zwei hinter dem Übenden.

Springt in den ruhigen Stütz (ohne danach zu schwingen). Nehmt wie vorhin die Beine leicht nach vorn und wieder zurück. Versucht, die Beine einen kurzen Moment „hinten" zu halten. Achtet auf die Spannung in der Rückenmuskulatur. Ihr müßt dabei die Schultern leicht vor die Hände bringen. Die Helfer sichern euch dabei. Springt ab.

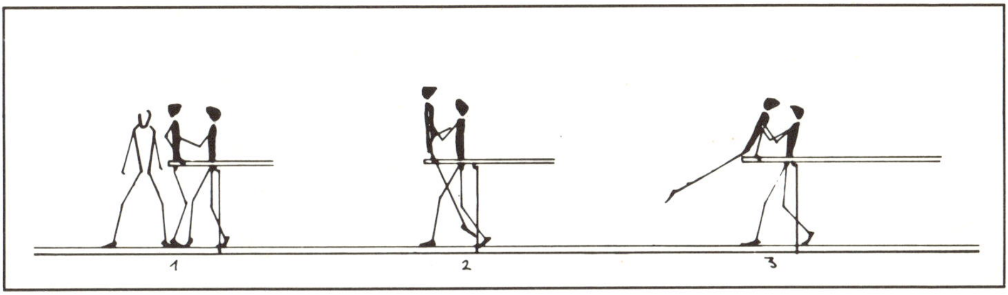

Die Helfer vor dem Übenden sichern im Stützgriff an den Oberarmen die Vorlage. Die Helfer an den Beinen greifen von unten an Ober- und Unterschenkel und erleichtern durch ein ganz kurzes „tippendes Anhalten" die Überstreckung im Bein-Rücken-Bereich.

b) Gleiche Organisationsform, Ausgangsstellung und Hilfestellung. Je ein Schüler springt in den ruhigen Stütz wie vorhin.

Nehmt die Beine vor und wieder zurück. Wer kann dann, wenn der Körper an den Händen vorbeipendelt, die Fersen ganz kräftig hinten hochschlagen? Haltet am höchsten Punkt bei „guter Vorlage" einen Moment diese Überstreckung an. Springt danach ab.

Die Helfer sichern und unterstützen in der gleichen Weise wie vorhin. Dabei ist auf die Vorlage mit vollkommen gestreckten Armen zu achten.

c) Bei gleicher Organisationsform und Hilfestellung steht ein Schüler so hinter dem Barren, daß er mit leichter Vorlage und gestreckten Armen das Barrenende erfassen kann.

Springt ab und schwingt leicht vor und wieder zurück. Versucht wie vorhin die Fersen nach dem „tiefsten Punkt" kräftig rückhoch zu schlagen. Wer kann am höchsten Punkt bei guter Schultervorlage den Körper mit starker Spannung in der Rückenmuskulatur einen Moment anhalten (freie Stützwaage)? Springt ab, ohne den Griff zu lösen, und turnt sofort den gleichen Ablauf noch einmal.

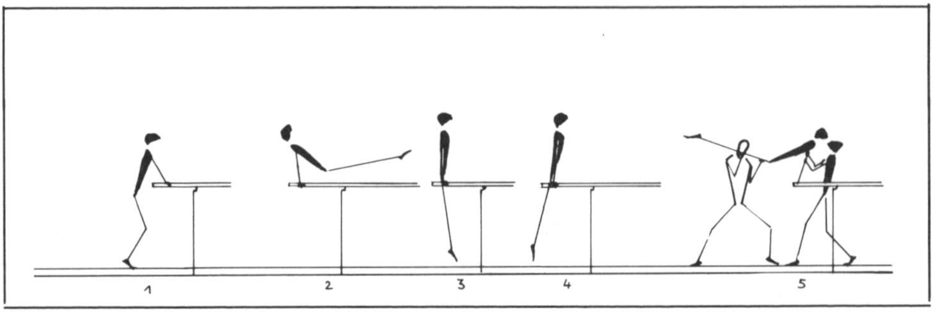

Die Helfer sichern und unterstützen wie vorhin. Wichtig ist die „aktive Streckung“ am hinteren Umkehrpunkt.

Wende

a) Bei gleicher Organisationsform wie vorhin legen wir an jedes Barrenende Matten nebeneinander. An jedem Holmstreben (Säule) befestigen wir ein Gummischnurende. Ein Schüler spannt die Gummischnur bis auf eine Entfernung von ca. 3 m. Je ein Schüler steht in der gleichen Ausgangslage wie vorhin hinter dem Barrenende (pro Barren zwei Sechsergruppen).

Springt in den Stütz zum Vorschwung, schwingt zurück und schlagt die Fersen kräftig rückhoch. Wer kann mit guter Vorlage beim Rückhochschwingen das Gewicht auf einen Holm verlagern und sich mit beiden Händen auf einen Holm stützen? Ihr müßt dabei mit der einen Hand vor die andere greifen. Springt nach außen über die Gummischnur ab.

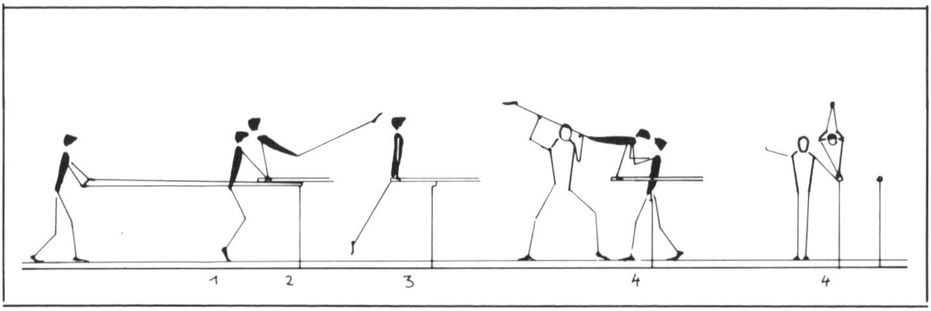

Die Helfer vorn sichern an den Schultern und die hinten an Ober- und Unterschenkelvorderseite. Diese beiden Helfer müssen den Übenden auch über die Schnur hinweg beim Niedersprung seitwärts unterstützen.

In dieser Phase muß darauf hingearbeitet werden, daß die aktive Überstreckung im höchsten Punkt erkennbar ist. Nur beim Beinschwung mit aktiver Überstreckung wird die Gefahr beseitigt, daß sich die Kinder bei einer Wende in der Barrenmitte die Beine anschlagen. Aus der Funktion, die der Beinrückschwung besitzt, ist es z. B. nicht sinnvoll die Wende über das „Anhocken“ erlernen zu lassen.

Wende in der Barrenmitte

Damit möglichst viele Schüler gleichzeitig an einem Barren turnen können, sind zwei Arbeitsgruppen an einem Barrenende. Bei Erwachsenen wäre dies nicht gut möglich. Der turnende Schüler dreht sich um und steht mit dem Gesicht nach außen, etwa auf der Querstrebe des Barrens mit gestreckten Armen und etwas Vorlage und greift etwa 20 cm vor dem Barrenende. Die Helfer zur Barrenmitte hin halten an den Beinen, und die am Barrenende sichern den Stütz.

Springt in den Stütz und schwingt vor und zurück. Versucht wie vorhin die Beine kräftig rückhoch zu schwingen, um mit seitlicher Gewichtsverlagerung bei guter Vorlage auf einem Holm zu stützen. Wer kann wie vorhin über die Gummischnur über den Barrenholm nach außen abspringen?

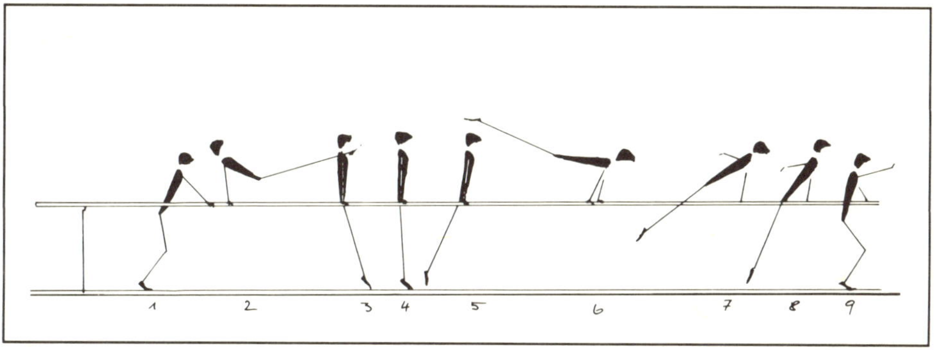

Die Helfer sichern wie vorhin. Sie müssen in jedem Fall verhindern, daß der Schüler die Beine an den Holmen anschlägt. Wichtig ist, daß mit der Haltearbeit die Position der „freien Stützwaage" mit Stütz auf einem Holm und die gute Vorlage dem Schüler bewußt gemacht werden muß. Die aktive Körperspannung beim Rückschwung muß so lange erhalten bleiben, bis der Schüler unmittelbar vor der Landung ist. Auf keinen Fall im Stütz auf einem Holm in der Hüfte abknicken (beugen).

Aufschwungbewegungen

Aufschwung rückwärts in den Kipphang

Strukturzuordnung

a) Aufschwungbewegung

b) Sprungbewegung (einbeinig)

Funktionsphasenanalyse

Hilfsfunktionsphase II. Ordnung

entfällt

Hilfsfunktionsphase I. Ordnung

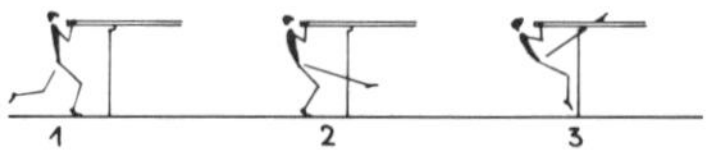

Aus dem Stand wird durch Schwung- und Druckbeinimpuls (einbeiniger Absprung) oder nur Druckbeinimpuls (beidbeiniger Absprung) die Drehbewegung rückwärts eingeleitet.

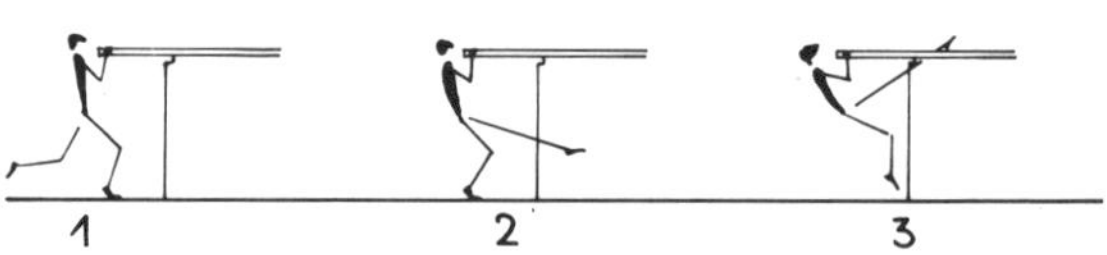

Hauptfunktionsphase

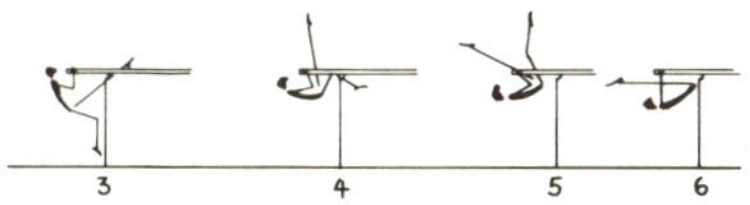

Nach Einleitung der Drehbewegung rückwärts wird durch Annähern der Beine an den Körperstamm (Rumpf) die Rückwärtsdrehung in den Kipphang beschleunigt (Pendelverkürzung).

Übergangsfunktionsphase

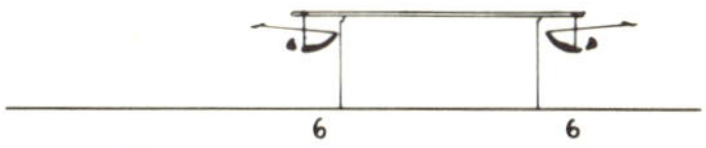

Diese Phase stellt eine Endphase bzw. Endlage dar und wird als Kipphang bezeichnet. Im Kipphang befindet sich der Körper in einer gemischten Gleichgewichtssituation. Da sich jedoch der KSP unter der Drehachse befindet, kann man von einer relativ stabilen Gleichgewichtsposition sprechen.

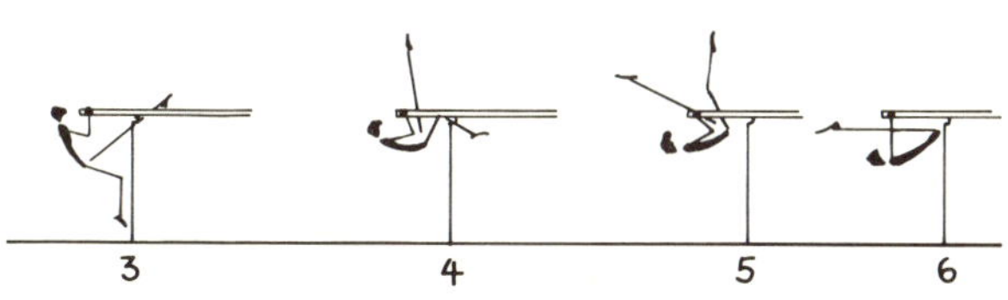

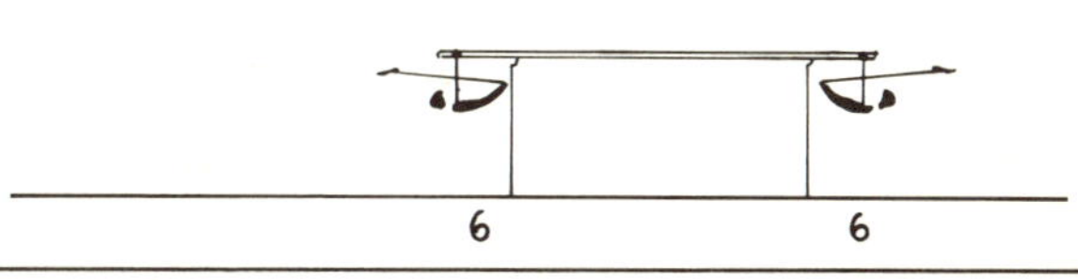

Drehen vor- und rückwärts in den Stand

Vorbemerkung

Die Aufschwungbewegung rückwärts in den Kipphang am Barren ist trotz der etwas schwierigen Griffsituation (Ell- oder Speichgriff) leichter als am Reck. Außerdem ist der Aufschwung rückwärts am Barren oder an den Ringen nur eine halbe Drehung und damit ein „halber Aufschwung" (vgl. Ringe, S. 122–124).

Die wesentlichste Erleichterung besteht darin, daß durch die „Freiheit" in der Holmengasse der KSP nicht so hoch angehoben werden muß wie am Reck. Bei entsprechender Holmhöhe (schulterhoch) tritt durch die in der Ausgangslage gebeugten Arme während des „Rückwärtsdrehens" eine „Umkehrsituation" ein (Schulter absenken, Beine hochbringen). Dadurch bleibt beim Drehen rückwärts der KSP annähernd auf gleicher Höhe zur Ausgangslage.

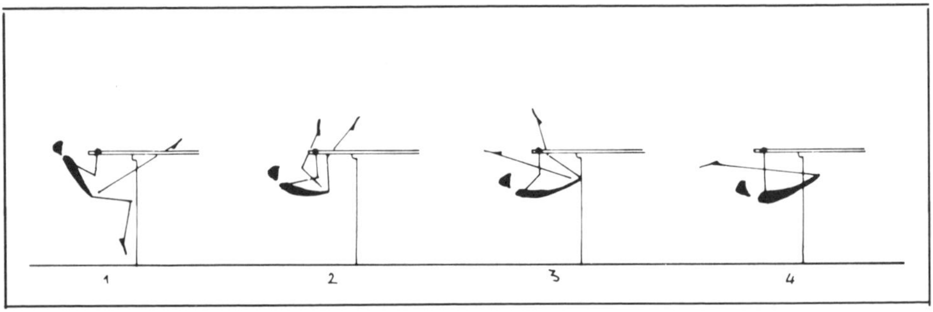

Ähnliche Situationen treffen wir auch an den Ringen an.

Methodischer Weg

Kipplage

Trotz der Bewegungserfahrung vom Bodenturnen her sollte vor Beginn des methodischen Weges zum „Aufschwung in den Kipphang" diese Erfahrung noch einmal „abgerufen", wiederholt werden.

a) Je zwei Kinder sitzen quer am Mattenrand auf einer Gummimatte.

Rollt zurück auf die Schulter und haltet das Gleichgewicht. Rollt wieder in den Sitz. Wer kann während der ganzen Übung die Beine ganz gestreckt halten?

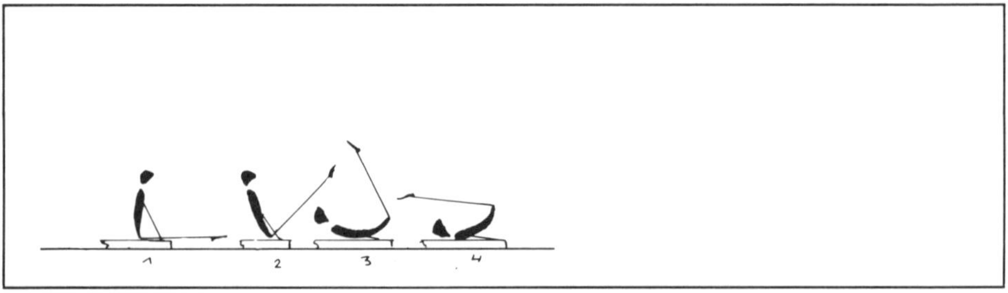

b) Gleiche Ausgangslage am Mattenrand.

Turnt das Zurückrollen in die Kipplage. Wer kann sein Gleichgewicht halten und dabei seine Arme nach oben strecken? Rollt wieder ab in den Sitz.

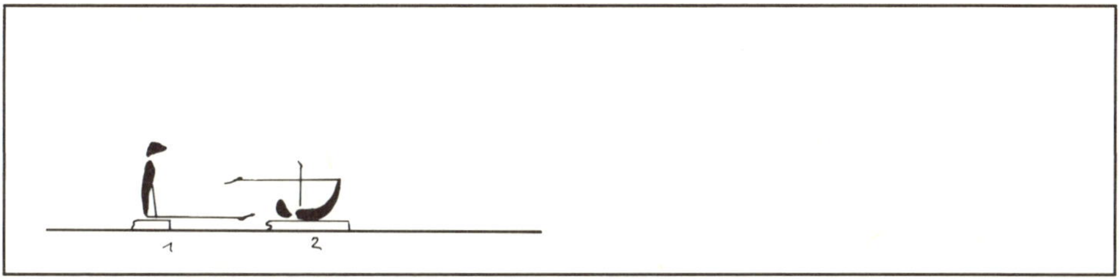

Kipphang

Die „Erfahrung Kipplage" sollen die Kinder unter anderen Bedingungen (Hang) vom Boden auf den Barren übertragen lernen.

a) Wir stellen den Barren brusthoch und sichern ihn rund herum mit Matten ab. An jedem Barren können 3 Dreiergruppen gleichzeitig arbeiten. Ein Kind turnt, und die beiden anderen jeder Gruppe sind Helfer. Je eine Dreiergruppe turnt ganz außen und eine Gruppe in der Mitte des Barrens. Die außen turnenden Kinder stehen je mit dem Gesicht zum Barren, alle Kinder fassen die Holme mit Speichgriff (Handrücken zeigt nach außen).

Stellt einen Fuß (Druckbein) genau unter die Hände und nehmt das andere Bein zurück (Schwungbein). Schwingt das Schwungbein bis über den Barrenholm und springt erst dann mit dem Druckbein dahinter her. Wer kann sich langsam so weit rückwärts drehen, bis er wieder auf den Füßen ist? Haltet dabei den Holm fest. Springt wieder ab und dreht euch wieder vorwärts in die Ausgangsstellung. Turnt das mehrmals hintereinander. Wer geturnt hat, hilft dem nächsten.

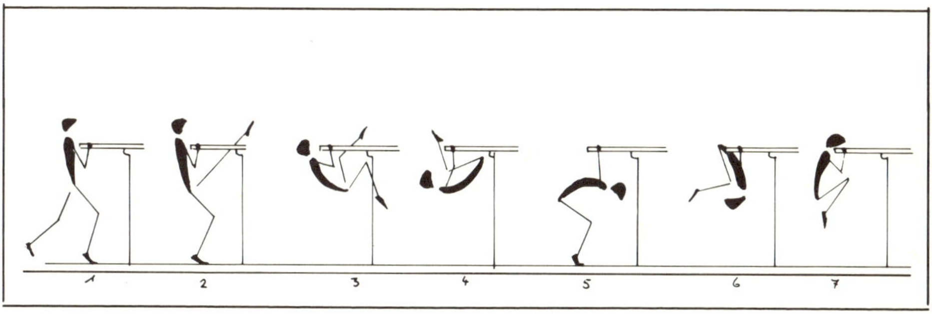

Die Helfer außen unterstützen und sichern an der Schulter und Oberschenkelrückseite die Aufwärtsbewegung.

b) Bei gleicher Ausgangslage, Arbeitsform und Hilfe.

Schwingt und springt wie vorhin vorhoch. Nehmt die Knie an die Brust und dreht euch rückwärts. Wer kann in der Mitte abbremsen und sein Gleichgewicht in dieser Lage 3 Sekunden halten? Dreht euch vorwärts in den Stand.

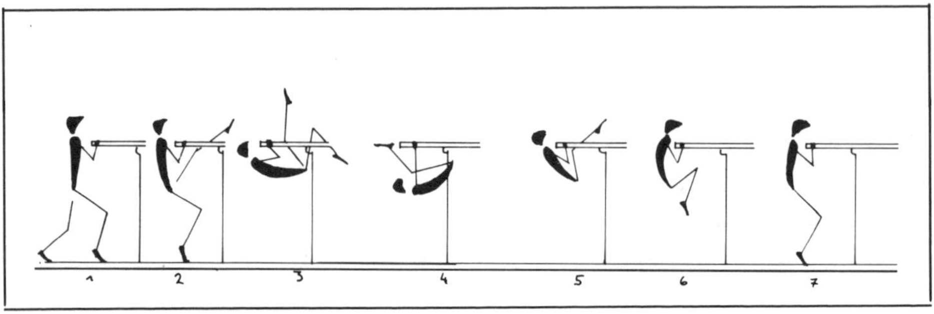

Die Helfer unterstützen die Aufschwungbewegung, sichern das „Abbremsen" im Kipphang und garantieren das „Gleichgewicht".

c) Ausgangslage, Helfer und Arbeitsform wie vorhin.

Turnt die gleiche Übung wie vorhin, haltet das Gleichgewicht und schaut euren Bauch an. Wer kann jetzt seine Knie strecken und so 3 Sekunden halten? Dreht euch langsam vorwärts in den Stand.

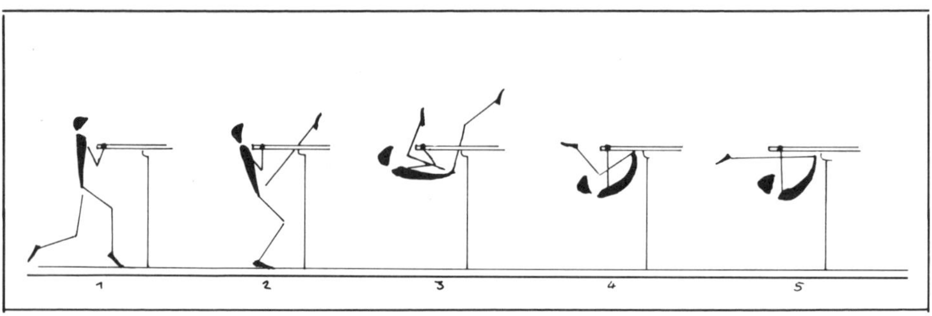

Die Helfer unterstützen und sichern wie vorhin.

d) Gleiche Arbeitsform, Hilfestellung und Ausgangslage.

Turnt den Aufschwung in den ruhigen Kipphang. Wer kann sich in der Hüfte strecken, daß er eine „Kerze" macht? Schaut dabei immer euren Bauch an. Beugt wieder in der Hüfte und dreht euch vorwärts in den Stand.

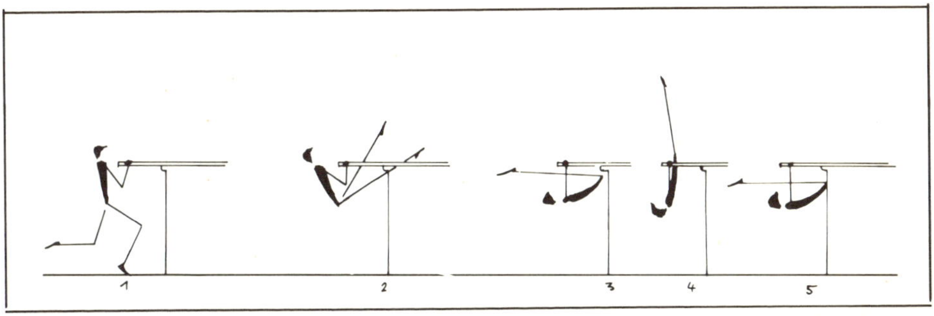

Die Helfer unterstützen wie vorhin. Sie müssen an der Schulter und den Beinen dafür sorgen, daß der Übende in der „Kerze" sein Gleichgewicht halten kann. Der Kopf darf dabei nicht in den Nacken genommen werden.

e) Gleiche Arbeitsform, Hilfestellung und Ausgangslage.

Turnt den Aufschwung in den ruhigen Kipphang und versucht die „Kerze". Beugt wieder in der Hüfte in den Kipphang. Wer kann nach vorn drehen, die gestreckten Beine senken und die Arme dabei beugen, daß er langsam und sanft in den Stand kommt?

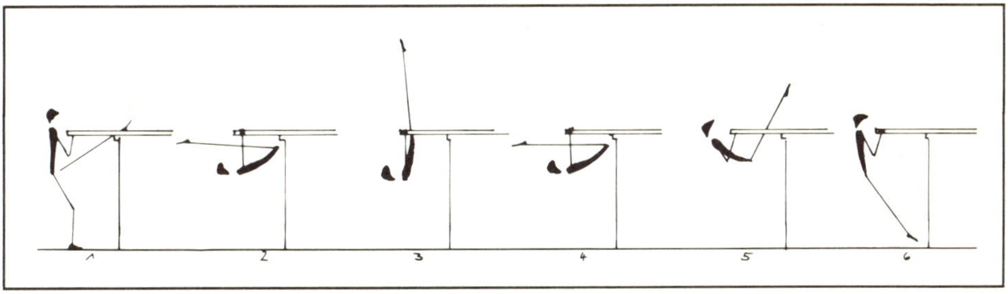

Die Helfer sichern und unterstützen wie vorhin.

Rollbewegungen

Vorbemerkungen

Die Rolle vorwärts am Barren verlangt vom Schüler eine relativ gut entwickelte Schulter-, Arm- und Handmuskulatur.

Bewegungstechnisch stellt sie keine wesentlich höheren Anforderungen an die Schüler als die Rolle vorwärts am Boden.

Der Unterschied zum Boden ist durch die andere Griff- bzw. Stützsituation und durch die größere Höhe (Barrenholme), in der die Rolle vorwärts geturnt wird, gegeben. Die Handgröße im Verhältnis zur Holmendicke ist bei Kindern bis etwa 10 Jahren ein hemmender Faktor. Aufgrund dieser beiden letztgenannten Überlegungen sollte die Rolle vorwärts am Barren nicht wesentlich früher begonnen werden als in dem genannten Alter.

Rollbewegungen

Rolle vorwärts aus dem Grätschsitz

Strukturzuordnung

Rollbewegung

Funktionsphasenanalyse

Hilfsfunktionsphase II. Ordnung

entfällt

Hilfsfunktionsphase I. Ordnung

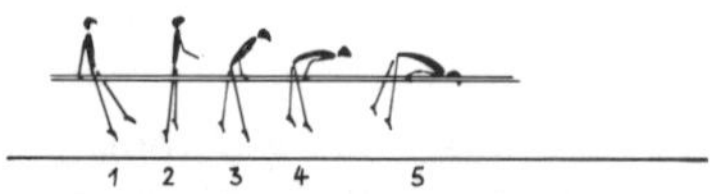

Aus dem Grätschsitz greifen die Hände die Barrenholme vor den Oberschenkeln. Vorsenken des Oberkörpers und Auflegen der Oberarme zum Oberarmstütz auf den Holmen (Teilrotation).

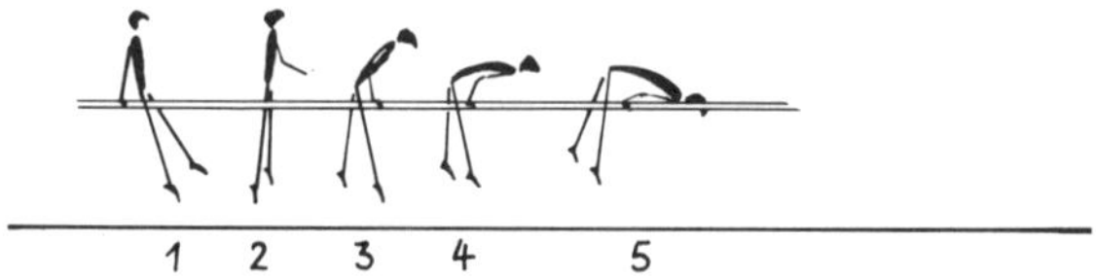

Hauptfunktionsphase

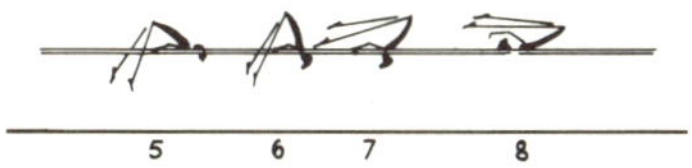

Aus dem Grätschsitz mit Oberarmstütz wird das Gesäß (der KSP) über die „Auflagefläche" des Oberarmstützes gebracht. Der rollende Körper wird durch Annähern der Beine an den Rumpf und Auflagefläche in seiner Drehgeschwindigkeit erhöht.

Übergangsfunktionsphase

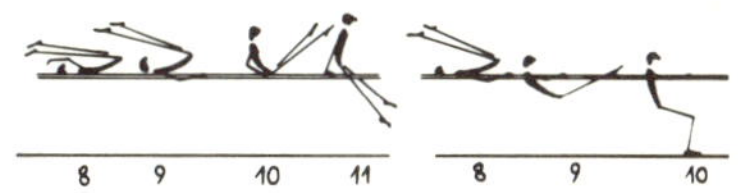

Durch Umgreifen und Öffnen des Bein-Rumpf-Winkels wird nach dem Oberschenkelkontakt auf den Holmen die Drehgeschwindigkeit verlangsamt, bis der Körper im ruhigen Grätschsitz ist. Bleiben die Beine geschlossen, rollt der Körper in den Oberarmstütz (Oberarmhang) ab.

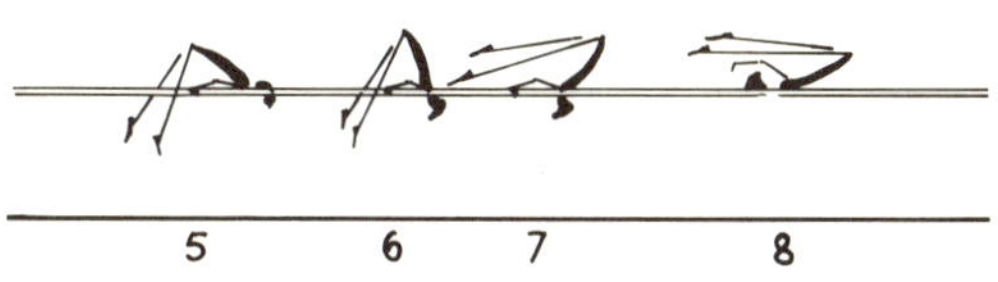

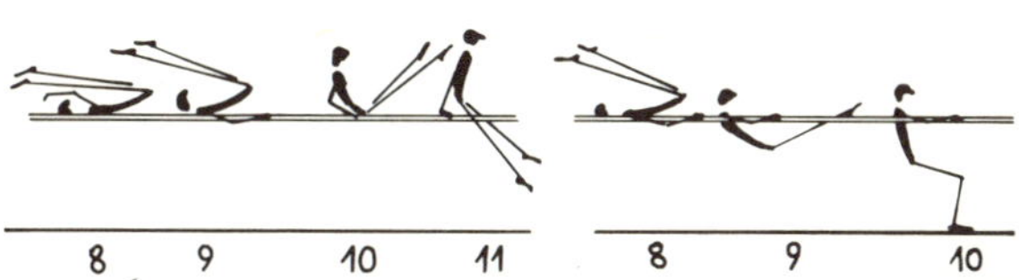

Methodischer Weg

Rolle vorwärts aus dem Liegestütz am Boden

Wir legen genügend Gummimatten aus. An jeder Matte können 2 bis 3 Kinder gleichzeitig turnen. Die Kinder sind im Liegestütz vorlings hinter der Mattenlängsseite.

Zieht mit gestreckten Armen euer Gesäß hoch über den Kopf. Schiebt den Kopf zwischen die Arme und rollt in den Sitz ab.

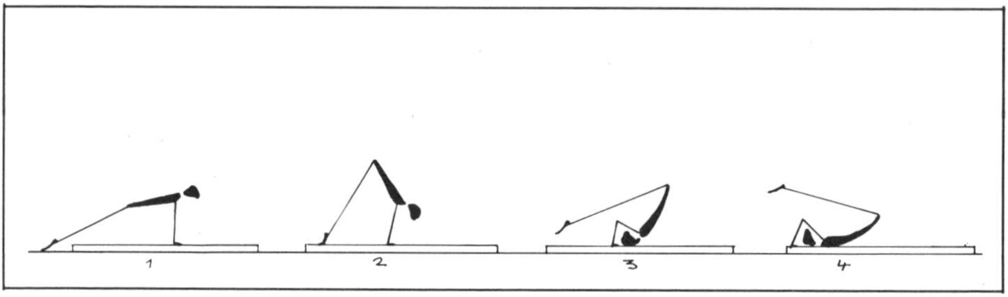

Rolle vorwärts auf dem Kasten

a) Wir stellen mehrere zwei- bis dreiteilige Kästen auf, dahinter je einen Kleinkasten. An jeder „Anlage" turnt eine Gruppe Kinder. Je ein Kind ist im Liegestütz vorlings. Die Füße stehen auf dem Kleinkasten, die Hände stützen in der Mitte des Längskastens.

Zieht wie vorhin am Boden euer Gesäß hoch bis über die Hände. Schiebt dann den Kopf dazwischen und rollt ab in den Sitz.

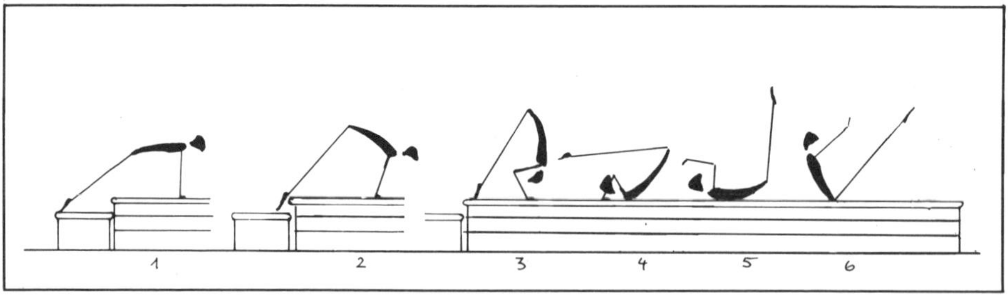

b) Gleiche Ausgangslage und Organisationsform

Turnt die gleiche Übung wie vorhin. Grätscht dann, wenn nach dem Abrollen euer Gesäß den Kasten berührt, die Beine und richtet euch im Grätschsitz auf.

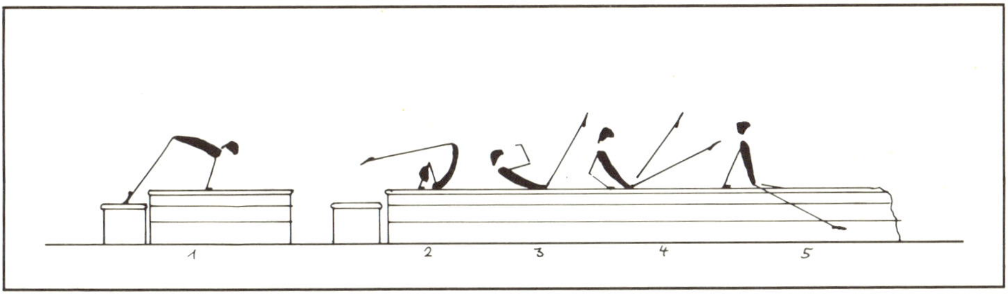

Die Kinder sollten in diesem Stadium die Hemmungen vor der „Höhe“ verlieren, deshalb sollte der Kasten allmählich höher gestellt werden und etwa Barrenhöhe erreichen.

Der Oberarmstütz

Vorbemerkungen

Die relativ kleinen Hände der Kinder in bezug zur Holmendicke bringen einige „Halteschwierigkeiten“. Außerdem kann bei vielen Barrenfabrikaten das Gerät nicht eng genug verstellt werden. Dadurch ist der Barren für Kinder zu breit. Der vielgepriesene „Kastenbarren“ bringt keine Möglichkeit zu „greifen“ und bietet außerdem kein „Widerlager“, wie dies am Barren für die Rolle vorwärts möglich und notwendig ist (Ellenbogen nach außen unten drücken, bringt die Schulter nach oben). Dadurch sind die Grundvoraussetzungen so verändert, daß meines Erachtens das geringere Übel bei der Erarbeitung der Rolle vorwärts doch noch der Barren ist. Leider sind die Holme sehr hart und anfangs für Kinder durch den ungewohnten Druckschmerz sehr unangenehm. Diese unangenehmen Erfahrungen kann man dadurch verhindern, indem Gummistulpen über die Holme geschoben werden.

a) Wir stellen hinter den niedrigst gestellten Barren einen Längskasten, der 20 bis 30 cm niedriger als die Holme sein muß. Auf den Barren legen wir längs je eine Gummimatte.

Je ein Kind kniet mit dem Gesicht zur Barrenmitte am Kastenrand. Rechts und links steht je ein Helfer.

Greift die Holme von oben und nehmt die Ellenbogen weit auseinander. Schiebt euren Oberkörper so weit nach vorn, daß ihr eine große Plattform (Auflagepunkte der Oberarme und Griff der Hände) macht. Drückt dabei eure Ellenbogen nach außen unten.

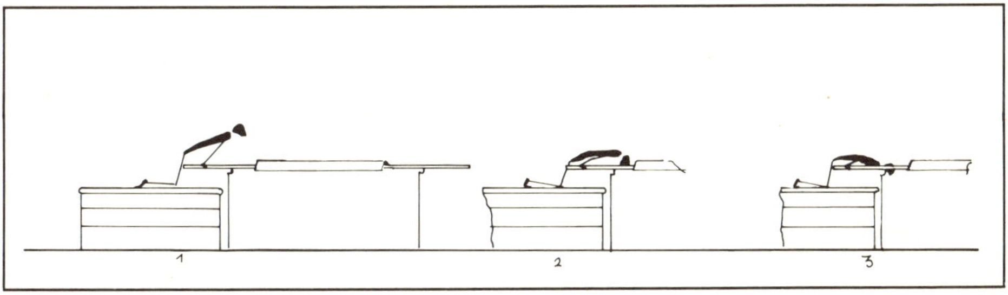

Die Helfer rechts und links korrigieren den Übenden und geben ihm Anweisungen. Sie sichern mit einer Hand von unten greifend an den Schultern, mit der anderen Hand halten sie den Ellenbogen außen.

b) Bei gleichem Gerätaufbau, gleicher Arbeitsform und Hilfestellung steht je ein Kind im Hockstand am Kastenrand.

Greift und legt eure Arme wie vorhin auf. Wer kann seine Beine jetzt langsam strecken, daß sein Gesäß über die Holme kommt und das Gewicht fast ganz auf den Armen ist? Geht wieder zurück in den Hockstand und übt das 3- bis 4mal hintereinander.

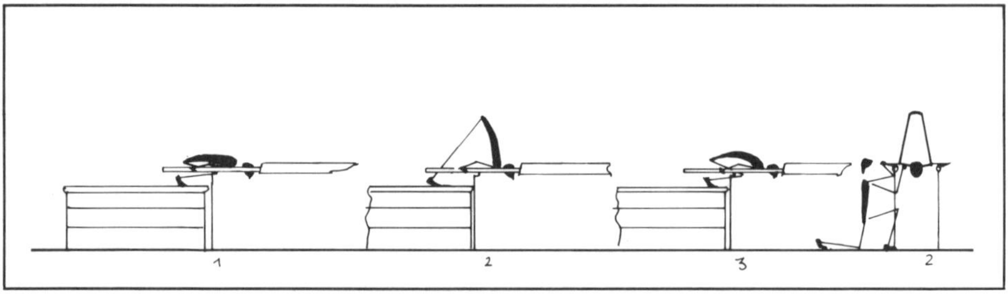

Die Helfer müssen von unten greifend mit einer Hand an der Schulter und mit der anderen Hand am Ellenbogen ein ,,Durchrutschen" verhindern.

c) Hilfestellung und Ausgangslage bleiben gleich.

Greift die Holme und legt die Arme auf. Streckt eure Beine, bis euer Gewicht fast nur noch auf den Armen ruht. Wer kann sein Gesäß so weit über die Hände ziehen, daß er auf die Gummimatte abrollen kann? Wenn euer Gesäß die Matte berührt, grätscht die Beine und löst den Griff der Hände. Richtet euch auf und springt ab.

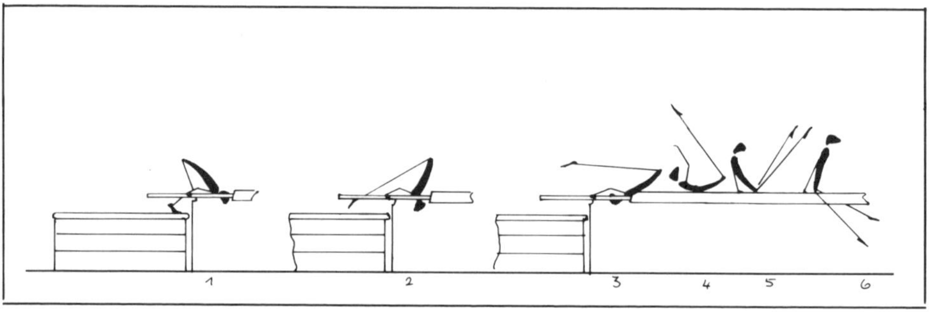

Die Helfer sichern und unterstützen wie vorhin.

d) Die Kästen hinter dem Barren werden entfernt, die Matten auf dem Barren bleiben, werden aber etwa 1 m nach vorn geschoben.

Je eine Dreiergruppe arbeitet an einem Barren. Ein Kind ist im Grätschsitz etwa 1 m vom Mattenrand entfernt.

Greift direkt am Oberschenkel die Holme und legt langsam wie vorhin die Oberarme auf. Wer kann mit seinen Füßen auf die Holme steigen und ganz nahe an die Hände herankriechen? Streckt eure Beine und rollt auf die Matte zum Grätschsitz ab.

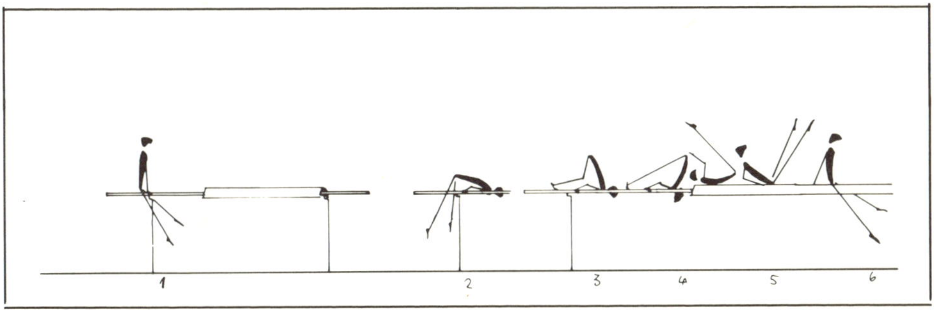

Die Helfer rechts und links neben dem Barren sichern erst den Oberarmstütz (große Plattform), um dann wie vorhin an Ellenbogen und Schulter die Rollbewegung abzustützen.

e) Gleicher Aufbau, gleiche Ausgangsstellung und Hilfestellung.

Legt wie vorhin eure Oberarme auf. Wer kann jetzt wie am „Boden" erst das Gesäß über den Kopf ziehen, bis er „drüber" rollt? Die Beine werden dabei gleich gegrätscht und bleiben so bis in den Grätschsitz.

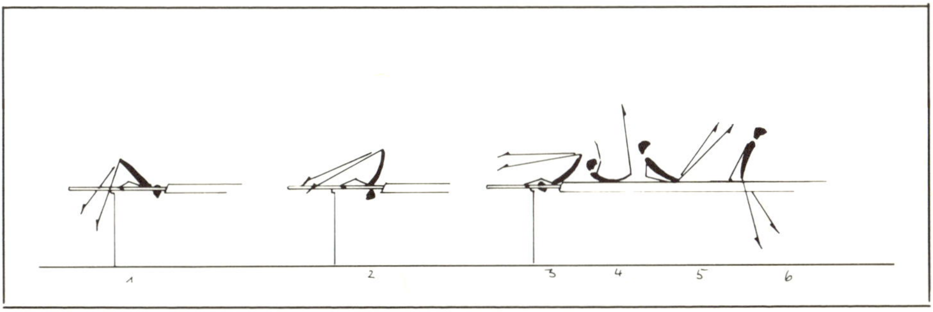

Die Helfer unterstützen das „Gesäßhochziehen" und sichern an Schulter und Ellenbogen.

f) Die auf dem Barren liegenden Matten werden abgenommen. Ein Kasten, der etwa 30 bis 50 cm niedriger als die Holme ist, wird in den Barren gestellt. Die Ausgangs- und Hilfestellung bleibt gleich. Je ein Kind sitzt im Grätschsitz am Barren etwa über dem Kastenanfang.

Wer kann die Rolle vorwärts aus dem Grätsch- in den Grätschsitz?

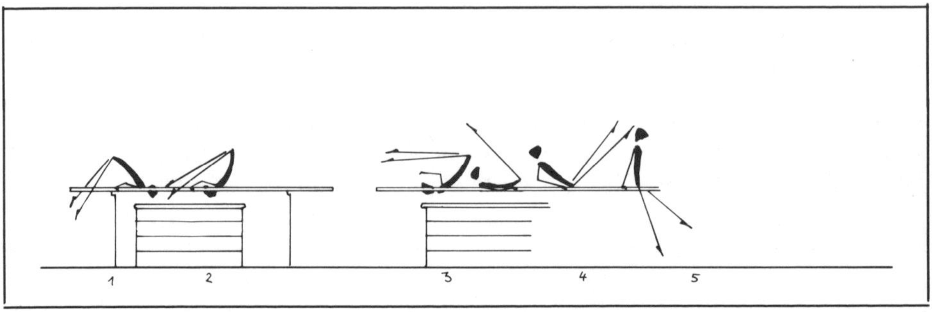

Die Helfer unterstützen und sichern vor allem die „große Plattform" und den Druck der Ellenbogen nach außen unten.

Erst wenn diese Aufgabe gelöst werden kann, ohne daß ein Schüler „durchrutscht", kann der Kasten unter den Holmen entfernt werden.

g) Bei gleicher Ausgangsstellung und Hilfestellung. Der Kasten im Barren wird entfernt.

Turnt ohne Kasten und Matte die Rolle vorwärts aus dem Grätsch- in den Grätschsitz. Wer kann dabei die ganze Zeit die Beine gestreckt halten?

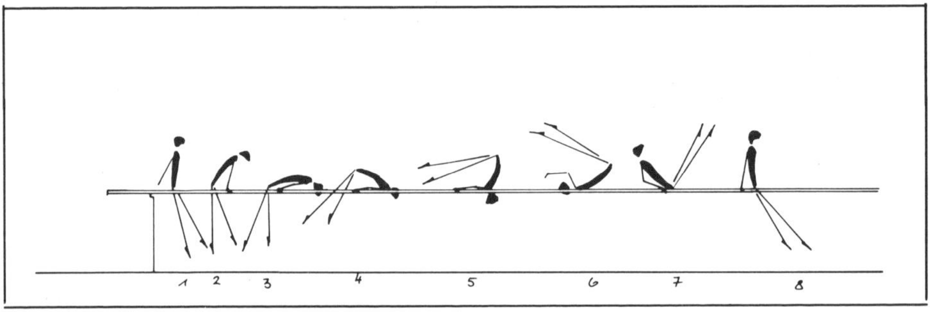

Die Helfer sichern und unterstützen wie vorhin. Dabei müssen sie jetzt darauf achten, daß nach der Rolle das Gesäß des Übenden nicht nach unten durchhängt.

V. Reck

Vorbemerkungen

Alle Bewegungen am Reck sind Drehungen um diese feste Drehachse. Dabei kann von Fundamentalbewegungen folgender Strukturgruppen ausgegangen werden: von Ab-, Auf- und Umschwungbewegung, Stemmbewegung (Sprungstemme in den Stütz) und Felgbewegungen, außerdem die Beinschwünge im Stütz und Hang. Da am Stufenbarren diese Fundamentalbewegungen gleicher Strukturen mit dem Reck identisch sind, ist es im Anfängerbereich nur dort sinnvoll, Reck und Stufenbarren zu trennen, wo dies durch die verschiedenen Holmhöhen zwingend notwendig ist. Dies betrifft vor allem Bewegungen vom niederen zum hohen Holm und umgekehrt (s. Stufenbarren), die nicht in die angeführten Strukturbereiche einzuordnen sind.

Ab- und Aufschwungbewegungen

Hüft-Abschwung vorlings vorwärts

Strukturzuordnung

Abschwungbewegung

Funktionsphasenanalyse

Eine funktionale Analyse scheint für diese Fundamentalbewegung nicht sinnvoll. Vom äußeren Bild her mutet der Abschwung vorlings vorwärts wie eine „Rolle vorwärts“ am Boden an. Nach biomechanischen Analysen und der daraus resultierenden strukturellen Ordnung haben Ab-, Auf- oder Umschwungbewegungen keine strukturellen Beziehungen zu Rollbewegungen, da der Körper im ersten Falle um eine feste, im zweiten um eine momentane Drehachse dreht.

Methodischer Weg

Der „Auflagepunkt“

Für den Anfängerunterricht ist das „Wissen“ um den richtigen Auflagepunkt des Körpers auf der Reckstange besonders wichtig. Werden doch die meisten Grundbewegungen entweder aus dem Stütz oder in den Stütz geturnt. Bei Vernachlässigung oder Nichtbeachtung der richtigen Auflage können durch den eventuellen Schmerz Angstreaktionen hervorgerufen werden, die unter Umständen später Abneigungen gegen das Reck auftreten lassen. Außerdem können Verletzungen als Folge dieses „Unwissens“ auftreten.

Diese Übung kann sowohl in Dreiergruppen mit Turnstäben wie auch direkt am Reck begonnen werden. Die Turnstäbe sollten einen Durchmesser von 40 mm haben, da sie sonst bei extremer Belastung brechen können. Der Vorteil am Reck ist die Stabilität des Gerätes, der Nachteil: Der Reckaufbau erfordert viel Zeit, und bei manchen Konstruktionen ist das Gerät von Kindern allein nicht aufzubauen.

Um Grunderfahrungen zu sammeln, genügen im Kinderturnen (vgl. Turnpraxis Band I, Klasse 1 + 2) die Turnstäbe durchaus. Für den Einstieg ins „normierte Turnen"empfiehlt es sich, am Reck zu turnen.

Vorteil der Turnstäbe: Alle Kinder können gleichzeitig arbeiten, die Stäbe sind schnell bei der Hand. Nachteil: die „Haltesäulen Kinder" sind nicht fest genug. Wir bieten hier deshalb den Weg über das Reck an.

a) Die Reckstangen werden hüfthoch gestellt, darunter werden Matten gelegt. 3 bis 4 Kinder können gleichzeitig an einer Reckstange turnen. Sie greifen von oben (Ristgriff) und stehen mit gestreckten Armen vor dem Reck.

Legt euch mit der Hüfte auf die Reckstange und dreht euch so weit vorwärts, daß ihr mit angezogenen Knien in den Sitz kommt. Wer kann sich dabei ganz leise hinsetzen?

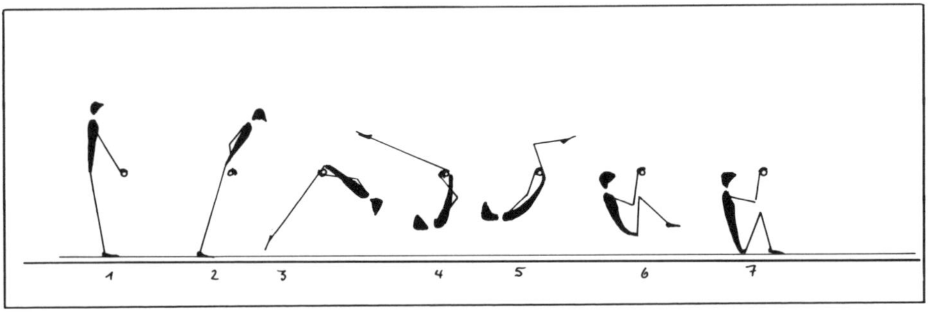

b) Nach einigen Versuchen rufen wir die Kinder zusammen, damit wir den richtigen „Auflagepunkt" zeigen und erklären können.

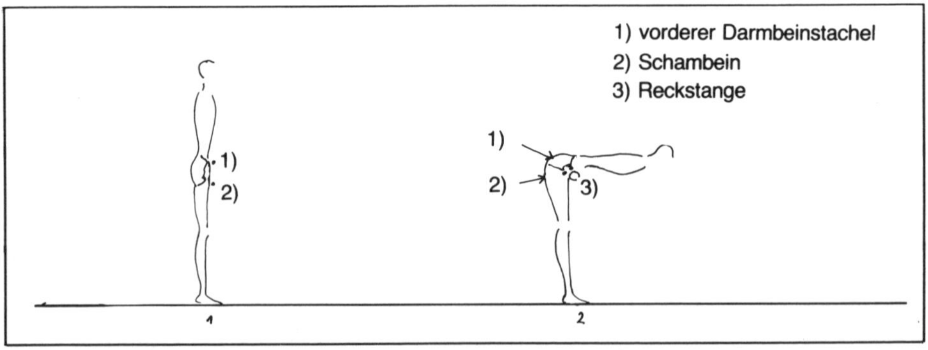

Schaut auf euren Bauch. An jeder Seite steht ein Teil der Hüftknochen hervor (vorderer Darmbeinstachel). Greift mit den Händen so auf diesen Knochen, daß die Finger ein bißchen darüber hinweg nach unten zeigen. Beugt euren Oberkörper vor. Jetzt zeigen die Fingerspitzen genau dorthin, wo ihr euch auf die Reckstange legen müßt (zwischen Darmbeinstachel und Schambein).

c) Gerätaufbau, Ausgangsstellung und Arbeitsform bleiben gleich.

Legt euch mit der Hüfte auf den richtigen Auflagepunkt. Wer kann die Füße vom Boden wegnehmen und die Hände von der Reckstange lösen, daß ihr vor- und zurückschaukeln könnt? Dabei darf euch am Auflagepunkt nichts weh tun. Greift wieder zu und dreht euch so weit vorwärts, bis ihr leise in den Sitz kommt.

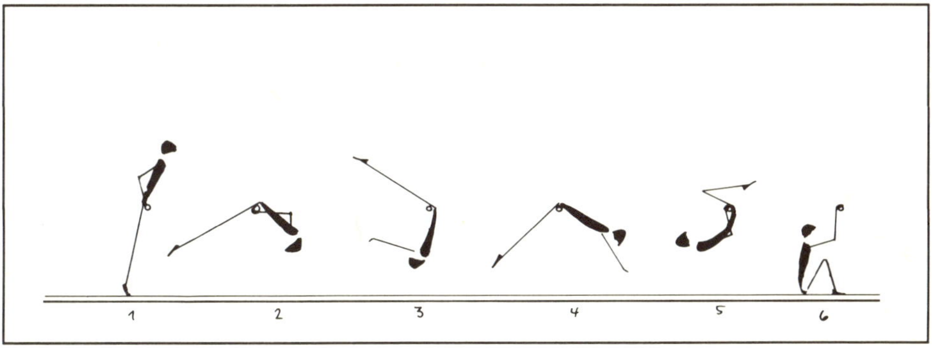

Aufschwungbewegungen

Hüft-Aufschwung vorlings rückwärts mit Schwungbeinhilfe

Strukturzuordnung

a) Aufschwungbewegung

b) Sprungbewegung (einbeinig)

Funktionsphasenanalyse

Hilfsfunktionsphase II. Ordnung

entfällt

Hilfsfunktionsphase I. Ordnung

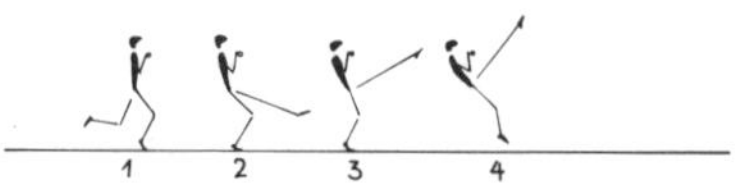

Aus dem Stand mit einem Bein (Druckbein genau unter der Reckstange) wird das andere Bein (Schwungbein) so hoch wie möglich auf und über die Reckstange geschwungen. Das Druckbein erhöht den eingeleiteten Drehimpuls im spätmöglichsten Zeitpunkt durch den ,,Absprung". Die Schulter muß bis dahin möglichst nah an der Reckstange gehalten werden.

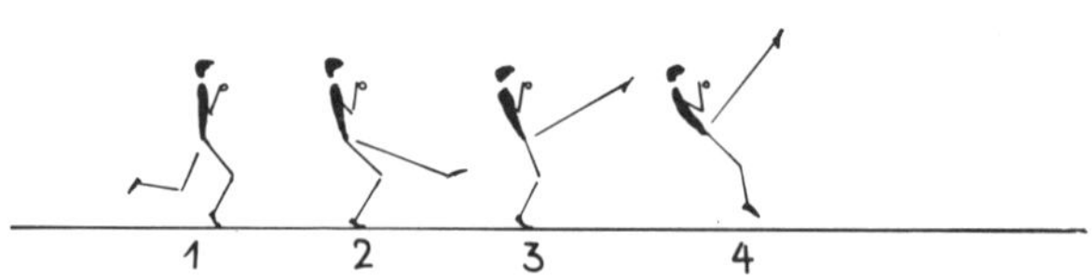

Hauptfunktionsphase

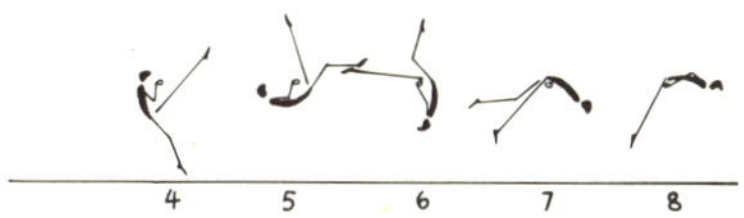

Nach dem „Absprung“ des Druckbeines wird der sich drehende Körper durch Annähern des KSP mit der Hüfte an die Reckstange herangebracht.

Übergangsfunktionsphase

Nach Hüftkontakt wird die Drehbewegung durch Öffnen des Bein-Rumpf-Winkels abgebremst. Gleichzeitig wird durch Umsetzen (Weiterdrehen der Hände) die Möglichkeit des Oberkörperaufrichtens gegeben.

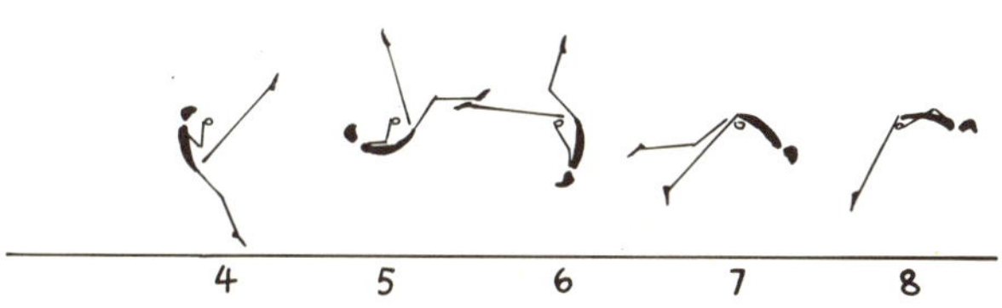

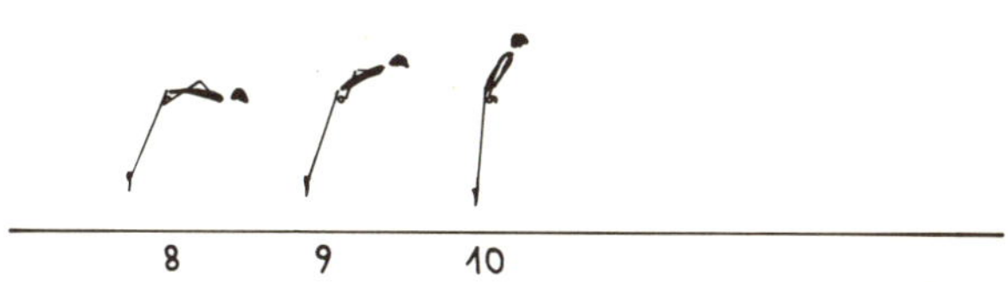

Vorbemerkungen

Die Aufschwungbewegung rückwärts in den Kipphang am Barren ist trotz der etwas schwierigen Griffsituation (Ell- oder Speichgriff) leichter als am Reck. Außerdem ist der Aufschwung rückwärts am Barren oder an den Ringen nur eine halbe Drehung und damit ein „halber Aufschwung".

Die wesentlichste Erleichterung besteht darin, daß durch die „Freiheit" in der Holmengasse der KSP nicht so hoch angehoben werden muß wie am Reck.

Bei entsprechender Holmhöhe (schulterhoch) tritt durch die in der Ausgangslage gebeugten Arme während des „Rückwärtsdrehens" eine „Umkehrsituation" ein (Schulter absenken, Beine hochbringen). Dadurch bleibt beim Drehen rückwärts der KSP annähernd auf gleicher Höhe zur Ausgangslage.

Deshalb sollten die Kinder die Grunderfahrung des „Aufschwungs rückwärts" in den Kipphang am Barren und an den Ringen gemacht haben und diese Aufschwünge beherrschen (siehe Seiten 120–128 und 164–169).

Am Reck kommt erschwerend zu den genannten Aufschwüngen hinzu, daß der KSP wesentlich höher angehoben werden muß als am Barren oder an den niedrigen Ringen. Die äußeren Merkmale bleiben gleich.

Das Anheben des KSP wird leichter, je „höher" die Absprunghöhe des Druckbeins ist.

Methodischer Weg

a) Wir stellen einholmige Barren in etwa 1 m Holmentfernung an die Wand. Unter den brusthohen Holm legen wir Matten. An jedem Barren können 3 bis 5 Kinder gleichzeitig turnen. Jedes Kind hat einen Partner als Helfer.

Stellt euch ganz nah an den Holm und greift von oben (Ristgriff). Die Füße stehen genau unter den Holmen. Steigt mit den Füßen an der Wand hoch, bis beide Füße höher als der Holm sind. Die Arme sind dabei ganz gebeugt. Wer kann erst ein Bein über den Holm schwingen, dann mit dem anderen Fuß abspringen und die Hüfte auf den Holm legen, daß er sich rückwärts drehend in den Stütz bringt? Springt ab und turnt das 2- bis 3mal hintereinander.

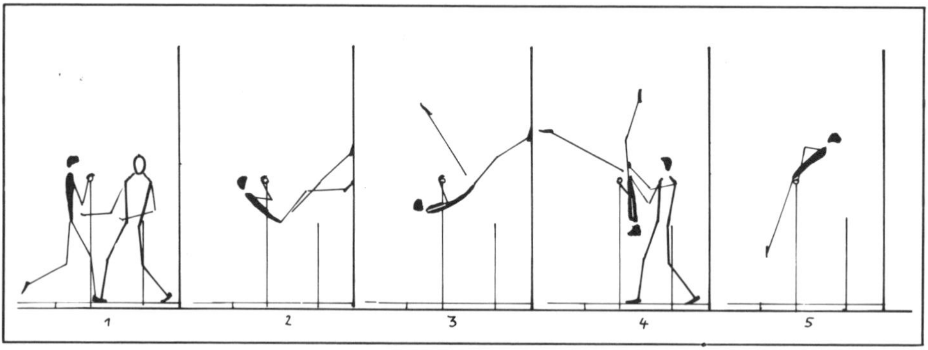

Der Partner steht zwischen Wand und Holm und verhindert ein etwaiges Zurückfallen durch Herandrücken des Gesäßes an den Holm.

b) Die Barren werden von der Wand entfernt, und der 2. Holm wird wieder eingesetzt. Wir stellen ihn als niederen Stufenbarren (1,10 zu 1,80 m) auf.

An jedem Gerät turnen zwei Dreiergruppen. Je ein Kind ist im Liegehang mit Griff am hohen Holm.

Setzt das Druckbein auf den niederen Holm und zieht eure Schulter ganz nahe an den hohen Holm. Wer kann mit dem Schwungbein erst über den hohen Holm schwingen und ganz spät mit dem Druckbein dahinterher springen, um den Aufschwung zu turnen?

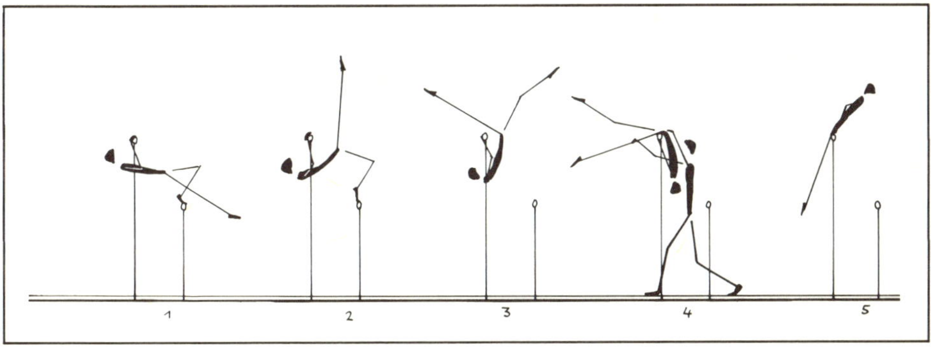

Ein Helfer steht zwischen den Holmen und unterstützt den Aufschwung am Oberschenkel, der andere Helfer faßt sofort, wenn ein Bein über dem Holm ist, die Unterschenkelrückseite und verhindert so ein Zurückfallen.

c) Quer vor der brusthohen Reckstange steht ein Längskasten etwa 80 cm niederer als das Reck im Abstand von etwa 1 m. Je eine Dreiergruppe ist gleichzeitig an einer Reckstange: 2 Helfer, 1 Übender.

Stellt euch mit Ristgriff ganz nahe an die Reckstange, die Arme sind gebeugt. Setzt einen Fuß ganz außen auf den Kastenrand, das andere Bein (Schwungbein) muß am Kasten vorbeischwingen können.

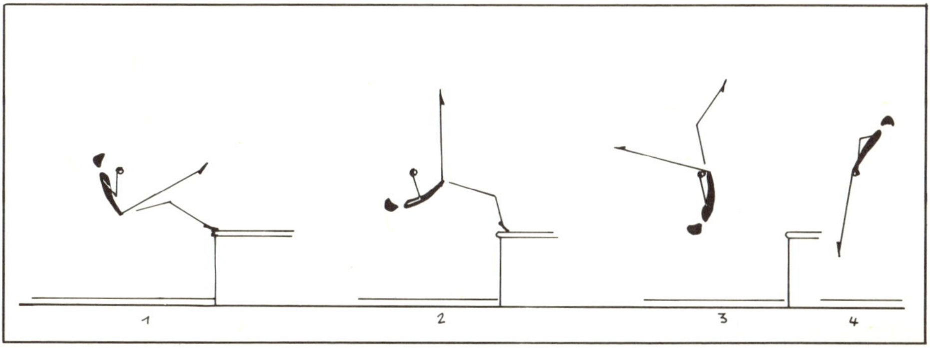

Wer kann erst mit dem Schwungbein über das Reck schwingen, um dann mit dem Druckbein „dahinterher“ zu springen? Legt eure Hüfte auf die Stange und richtet euch in den Stütz auf.

Die Helfer sichern am Gesäß den Aufschwung.

d) Der Kasten wird kniehoch und etwas näher an das Reck gestellt. Die Ausgangs- und Hilfestellung bleibt gleich. Je eine Dreiergruppe ist am Reck. Ein Schüler turnt.

Setzt das Druckbein auf den Kastenrand. Turnt wie vorhin den Aufschwung rückwärts in den Stütz.

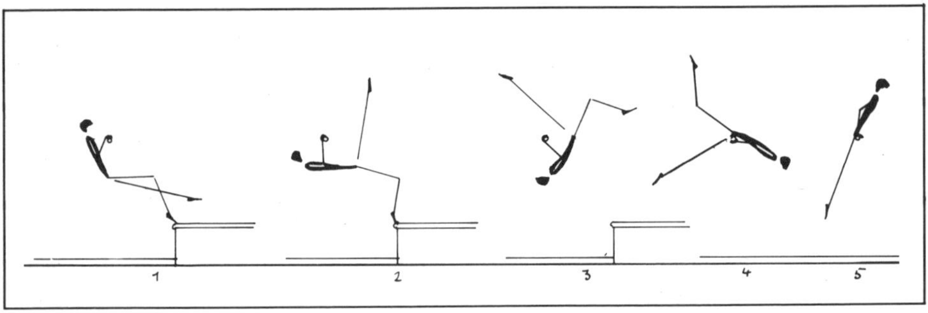

Die Helfer unterstützen notfalls an der Oberschenkelrückseite und an der Schulter die Aufschwung- und Drehbewegung.

e) Die Kästen unter den Reckstangen werden entfernt. Die Arbeitsorganisation, Hilfe- und Ausgangsstellung bleiben gleich.

Stellt das Druckbein genau unter die Reckstange , die Arme sind gebeugt (Brust ganz nahe an die Reckstange). Wer kann den Aufschwung so turnen, daß ihr erst das Schwungbein über die Reckstange bringt, um dann erst mit dem Sprungbein dahinterher zu springen?

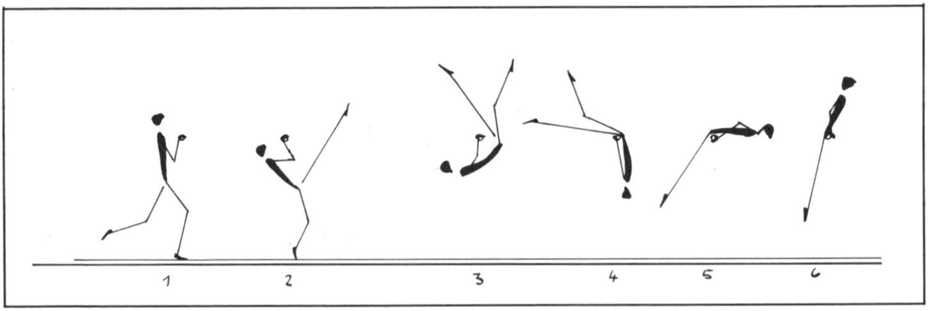

Die Helfer unterstützen und sichern wie vorhin.

Wer abspringt, bevor das Schwungbein über der Reckstange ist, braucht sehr viel Kraft. Wer lange wartet, braucht weniger Kraft.

Kniehang-Abschwung

Vorbemerkungen

Der Kniehang am Reck kann ein- oder beidbeinig eingenommen werden. Es kann auch in Dreiergruppen mit dem Turnstab geübt werden. Hier gelten die gleichen Einschränkungen, wie beim Abschwung vorlings vorwärts am Reck (Seite 179–181) erwähnt. Anwendung finden die Schwünge im Kniehang vor allem beim Stufenbarrenturnen.

Strukturzuordnung
Überschlagbewegung

Funktionsphasenanalyse
erscheint hier nicht sinnvoll.

Methodischer Weg

Schwingen im Kniehang

a) Wir stellen möglichst viele, mit Matten abgesicherte Reckanlagen auf. 3 bis 4 Kinder können gleichzeitig am brusthohen Reck turnen. Die Kinder stellen sich mit den Füßen genau unter die Reckstange.

Geht in die Hockstellung, bis die Arme ganz lang sind. Steigt mit den Füßen zwischen den Händen und der Reckstange durch und hängt die Knie ein. Wer kann jetzt seine Hände lösen und nach hinten schauen? Greift die Reckstange wieder und bringt die Füße zurück in die Hockstellung.

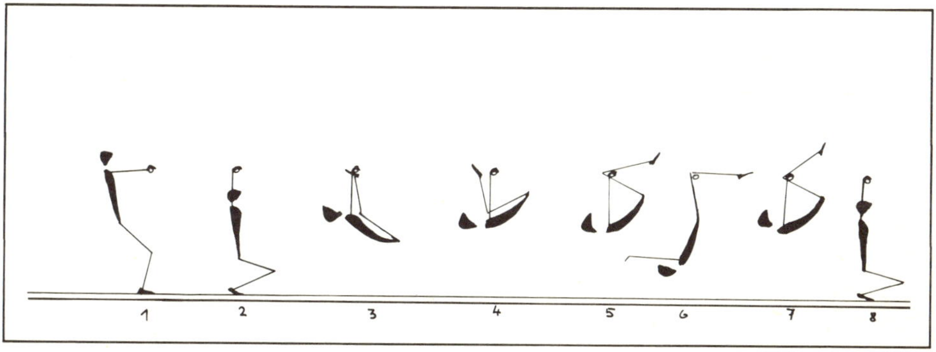

b) Gleicher Gerätaufbau, gleiche Ausgangslage.
Je 2 Kinder turnen gleichzeitig an jedem Reck.

Springt aus der Hockstellung ab und hängt die Knie wie vorhin ein. Löst den Griff, schaut nach hinten und setzt die Hände auf den Boden. Wer kann mit seinen Händen ganz weit nach vorn gehen und dann, wenn er am weitesten vorn ist, die Knie lösen und auf die Füße abspringen? Geht nach vorn weiter.

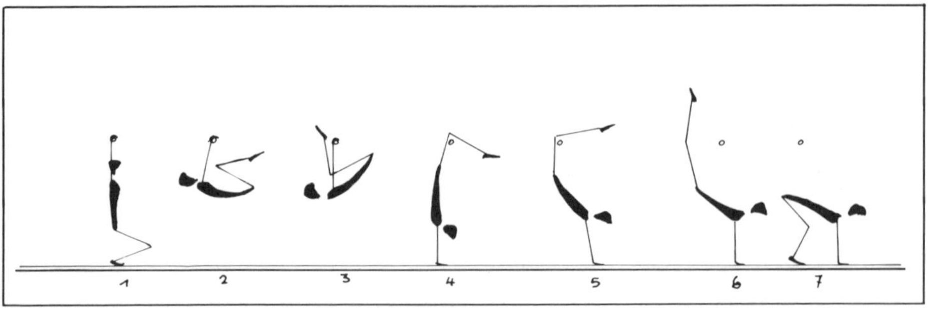

c) Gleicher Gerätaufbau und gleiche Arbeitsform und Ausgangslage. Je 2 Kinder turnen gleichzeitig.

Geht in den Kniehang. Löst den Griff, schaut nach hinten und stützt wie vorhin weit vorn. Wer kann aus dieser Lage ganz schnell die Reckstange fassen, wieder zurücksenken in den „Kniehanghandstand"? Turnt das 5mal hintereinander. Springt nach dem fünften Mal wie vorhin mit Stütz der Hände ab.

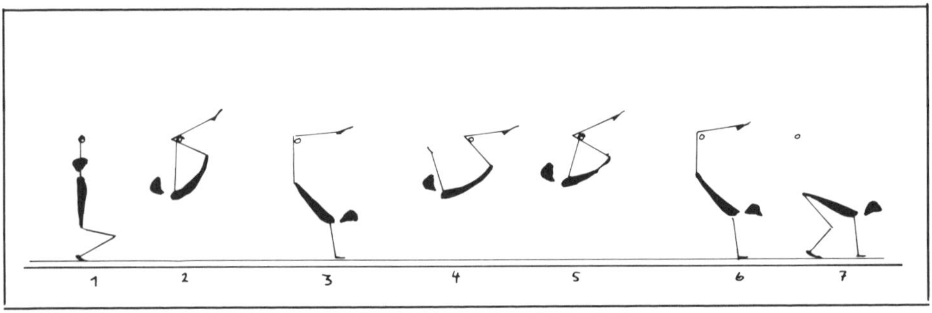

d) Gleicher Aufbau, gleiche Ausgangslage.

Je zwei Paare turnen an jedem Reck. Ein Kind turnt, das andere ist sein Helfer. Je ein Kind ist im Kniehang.

Löst den Griff und senkt schnell den Oberkörper nach hinten und stützt weit vorn. Wer kann unmittelbar nach dem Stütz der Hände aus dem Kniehang abspringen?

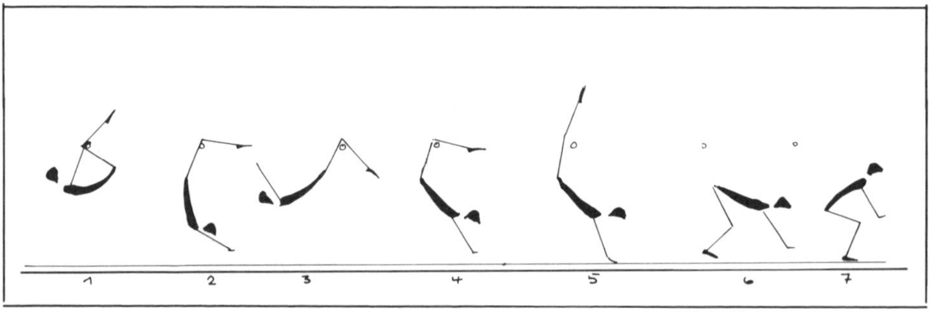

Der Partner bringt schon beim Rücksenken des Übenden seinen Unterarm unter dessen Hüfte und verhindert so ein unkontrolliertes „Abspringen".

e) Wie oben.

Geht in den Kniehang. Wer kann wie vorhin schnell seinen Körper nach hinten senken, zwei- bis dreimal hin- und herschwingen, beim letzten Male ganz flüchtig mit den Händen stützen und dann abspringen?

Der Partner hält wie vorhin an der Hüfte.

f) Der Geräteaufbau bleibt gleich.

An jedem Reck übt eine Dreiergruppe, 2 Helfer und 1 Übender. Erst bei sicherer Beherrschung des Kniehangabschwunges von „unten" sollte diese Bewegung aus dem Sitz versucht werden. Außerdem sollten Weichbodenmatten dabei benützt werden. Je ein Kind sitzt auf einer Reckstange. Rechts und links steht je ein Helfer.

Hängt eure Knie ein, löst den Griff und schwingt euren Oberkörper nach hinten. Schwingt unten durch, weit nach vorn und springt am Ende des Vorschwungs ab.

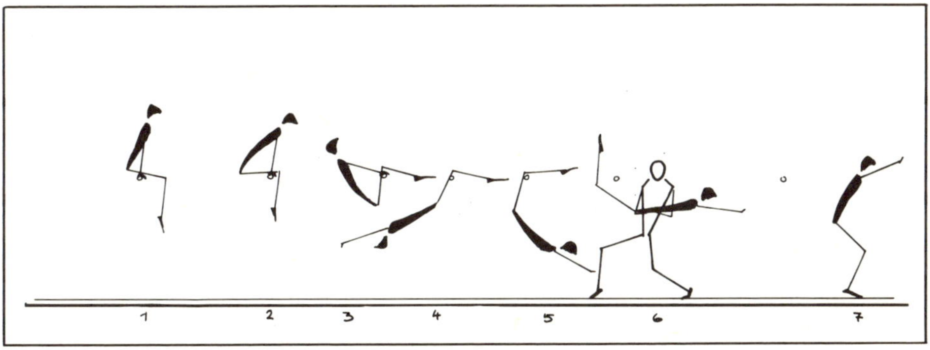

Die Helfer sorgen erst an der Unterschenkelvorderseite dafür, daß der Kniehang gehalten werden kann, danach fassen sie frühzeitig am Bauch und Rücken und sichern so die Landung.

Aufschwungbewegungen

Kniehang-Aufschwung

Strukturzuordnung

a) Aufschwungbewegung

b) Stemmbewegung

Funktionsphasenanalyse

Hilfsfunktionsphase II. Ordnung

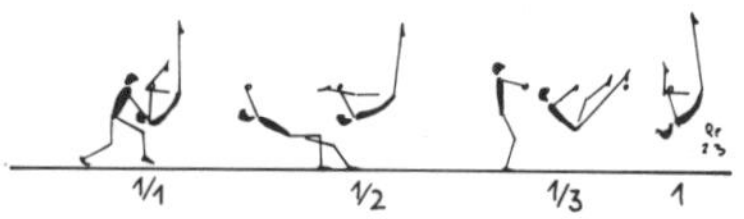

Der vordere Umkehrpunkt (ausgelenkte Position) kann durch verschiedene Maßnahmen erreicht werden:
durch Hilfe von außen (anheben)
durch Vorlaufen und Vorhocken eines Beines
durch Rücksenken aus dem einbeinigen Sitz (Querspreizsitz).

Hilfsfunktionsphase I. Ordnung

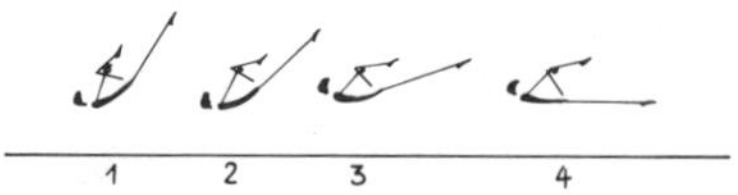

Am vorderen Umkehrpunkt werden der Körper und das Schwungbein möglichst weit von der Drehachse entfernt. Dadurch erhöht sich die Abschwunggeschwindigkeit.

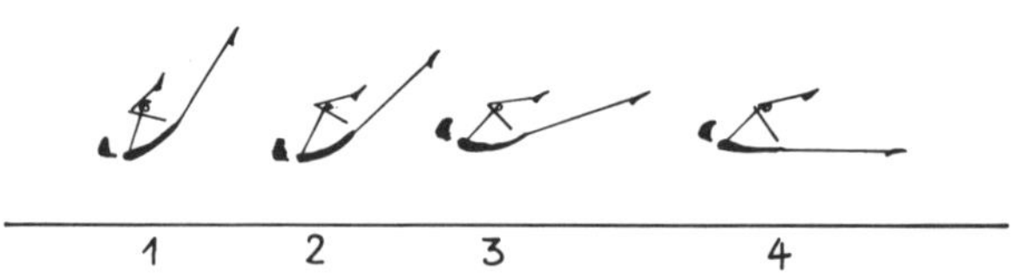

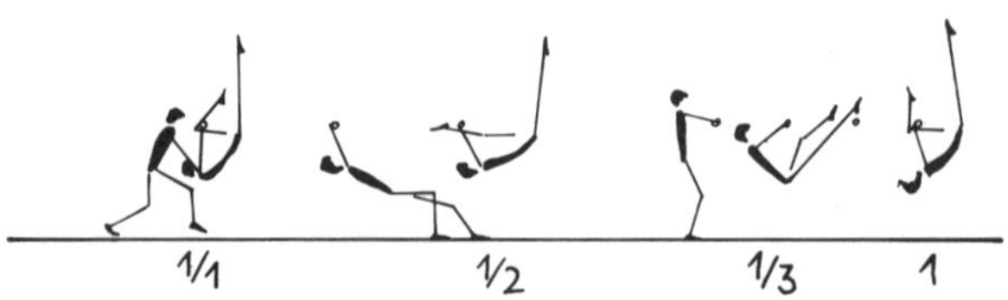

Hauptfunktionsphase

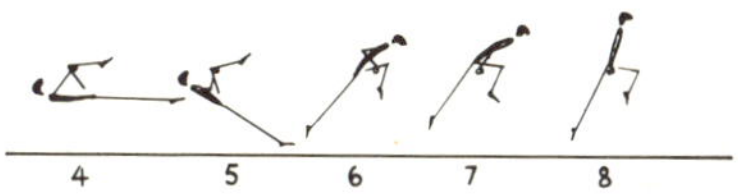

Der pendelnde Körper wird nach Passieren des KSP am tiefsten Punkt durch Beinschwung und Armzug über die feste Drehachse (Reckstange) gebracht.

Übergangsfunktionsphase

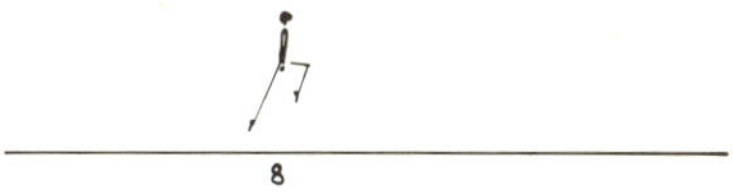

Sie stellt in der Regel eine labile Gleichgewichtsposition im einbeinigen Sitz dar (Querspreizsitz).

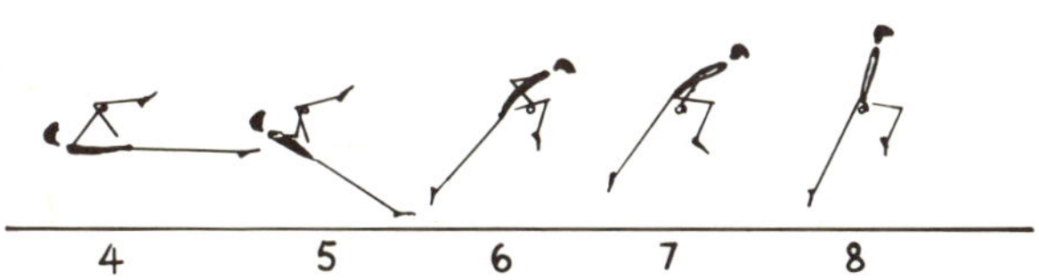

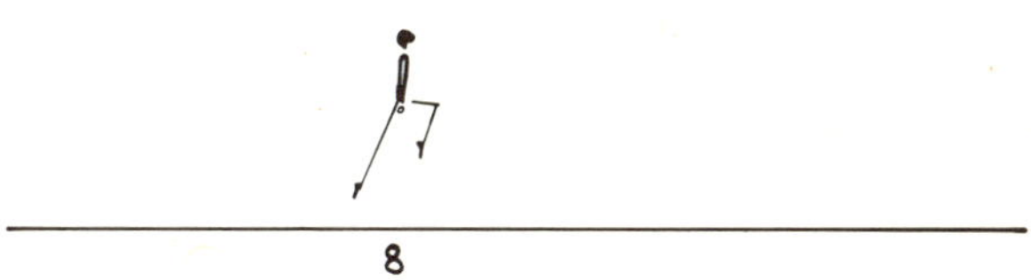

Methodischer Weg

Kniehang-Aufschwung aus dem Hockstand

a) An jedem brusthohen, mit Matten abgesicherten Reck stehen 2 bis 3 Kinder genau unter der Reckstange und fassen mit Ristgriff.

Geht in die Hockstellung, bis die Arme ganz gestreckt sind. Steigt mit einem Fuß zwischen den Händen und der Reckstange durch und hängt das Knie ein. Wer kann das andere Bein ganz strecken, daß der Körper mit dem langen Bein eine Gerade bildet? Geht zurück in den Hockstand und probiert dasselbe mit dem anderen Bein.

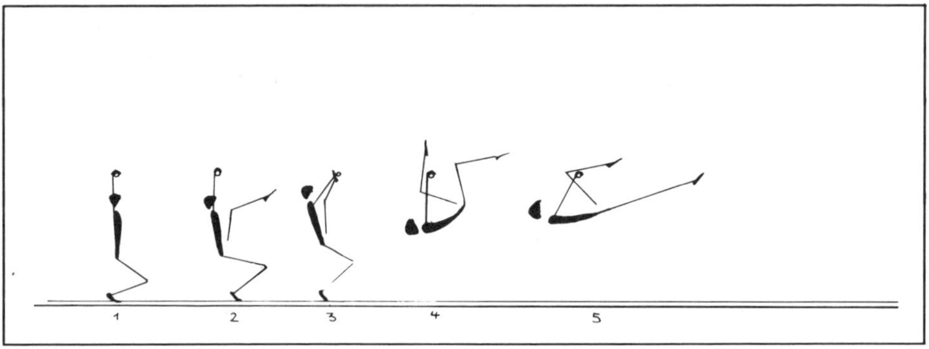

b) Zwei Kinder turnen gleichzeitig am Reck.

Geht in den Kniehang mit einem Bein. Wer kann sein ,,langes Bein" (Schwungbein) nach unten schwingen und mit den Armen gleichzeitig anziehen, daß er über die Stange schaut? Versucht so, mehrmals vor- und zurückzuschaukeln.

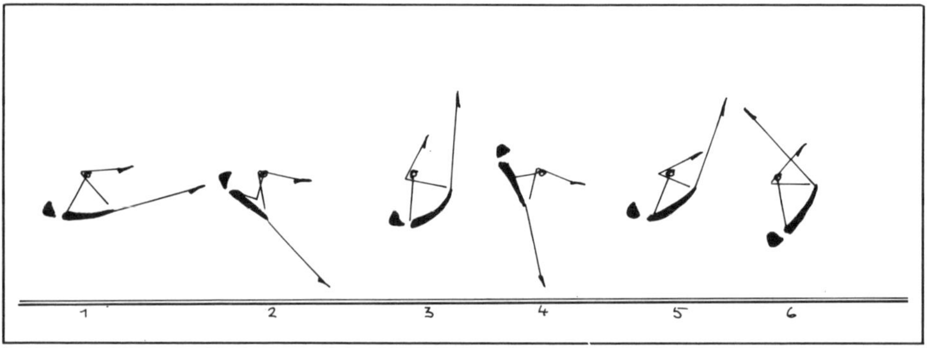

c) Bei gleichem Gerätaufbau sind zwei Kinder an je einem Reck. Ein Kind turnt und sein Helfer steht an der ,,Schwungbeinseite".

Je ein Kind ist im einbeinigen Kniehang.

Schaukelt zweimal vor und zurück. Schwingt beim dritten Rückschaukeln das Schwungbein so weit wie möglich unten durch. Wer kann dann, wenn das Schwungbein nicht mehr weiter schwingen kann, den Oberkörper so über die Reckstange ziehen, daß er in den Sitz kommt?

Der Helfer unterstützt mit einer Hand an der Oberschenkelvorderseite das Abwärtsschwingen des langen Beines und mit der anderen Hand am Rücken die Aufwärtsbewegung des Oberkörpers.

Erst nach der Erarbeitung des Knieaufschwungs aus der ruhigen Ausgangslage, dem Hockstand, können andere Bewegungen vorgeschaltet werden, wie: Vorlaufen mit Vorspreizen oder Anspringen mit Vorspreizen.

Kniehang-Aufschwung aus dem Vorlauf mit Vorspreizen neben der Hand

a) Die Reckstangen werden kopfhoch gestellt. Je ein Kind steht mit gestreckten Armen hinter dem Reck.

Geht in die Hockstellung, bis die Arme gestreckt sind.

Wer kann abspringen und dabei ein Bein ganz schnell an einer Seite neben der Hand vorbei über die Reckstange bringen und sein Knie einhängen? Nehmt das Bein wieder herab.

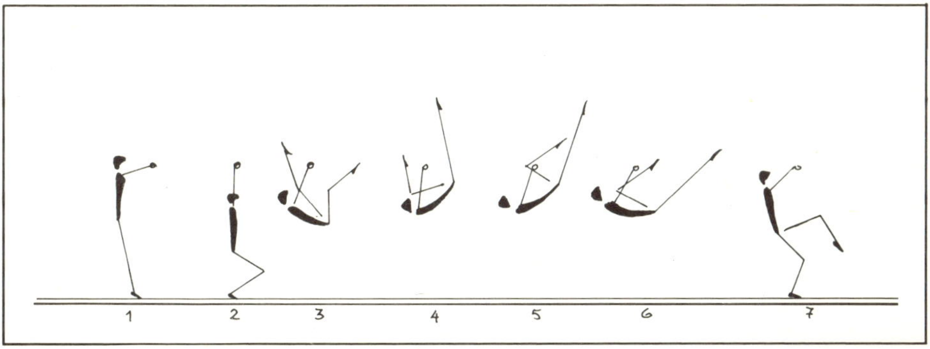

b) Reckstangen sind kopfhoch, je ein Kind steht mit Ristgriff hinter dem Reck. Die Arme sind gestreckt.

Löst die Beine vom Boden und schwingt nach vorn. Setzt die Füße vorn auf und springt ab. Versucht, schnell ein Bein neben der Hand vorbei über die Reckstange zu schwingen und das Knie einzuhängen. Schwingt zurück, wieder vor und nehmt das Bein wieder herab.

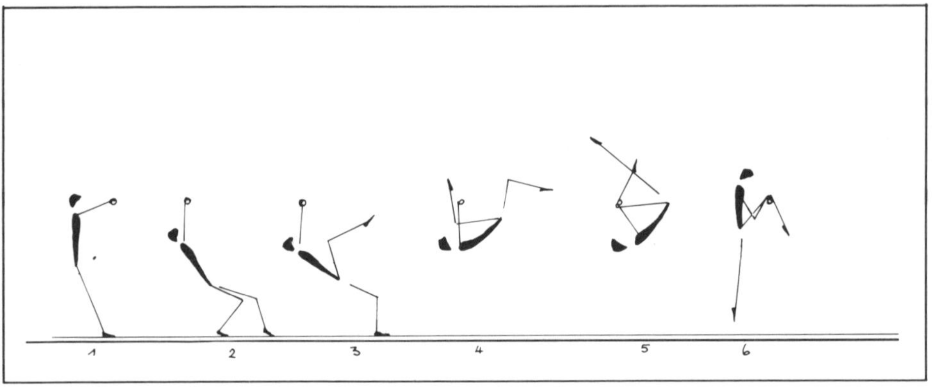

c) An jedem Reck übt ein Paar. Ein Schüler steht mit gestreckten Armen senkrecht hinter dem Reck, der Partner steht auf der Schwungbeinseite direkt an der Reckstange.

Springt leicht ab und schwingt nach vorn. Setzt die Füße weit vorn auf, springt ab und hängt schnell ein Knie ein, bevor ihr „unten“ durchschwingt. Turnt beim Rückpendeln den Knieaufschwung in den Sitz.

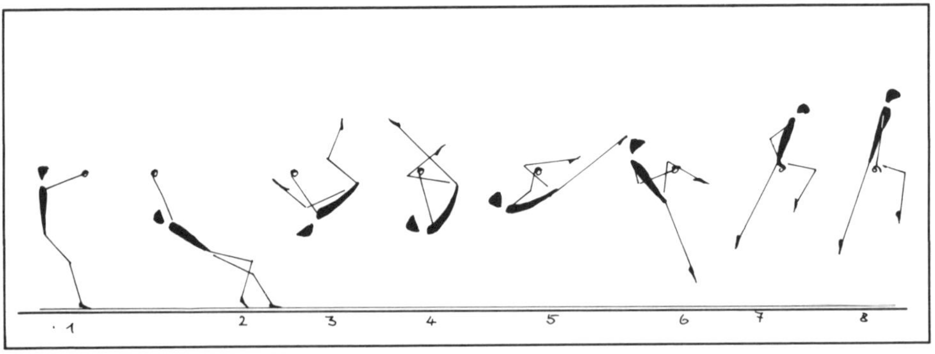

Der Partner unterstützt am Schwungbein und am Rücken.

d) Die gleiche methodische Arbeitsreihe gilt auch für den Kniehang-Aufschwung mit Vorspreizen zwischen den Händen. Um das Vorhocken mit den gestreckten Beinen turnen zu können, ist gute Beweglichkeit bzw. Dehnfähigkeit in der Rumpf- und Beinrückseite sowie gute Schulter- und Bauchmuskulatur notwendig.

Versucht nach dem Vorlaufen ganz schnell mit einem Fuß zwischen die Hände zu steigen, daß ihr die Knie einhängt, bevor ihr „unten" durchschwingt. Turnt den Aufschwung beim Rückpendeln in den Sitz.

Der Helfer unterstützt an der Schwungbeinseite wie vorher.

Kniehang-Aufschwung aus dem Abspringen

Für diesen Übungsteil müssen neben den vorher erwähnten Forderungen an die Beweglichkeit noch bestimmte Kraftvoraussetzungen vorhanden sein. Die Kraft im vorderen Bereich ist nötig, da unmittelbar nach dem Abspringen eine kurze Stemmphase mit dem schnellen Anristen verbunden werden muß.

a) Ein Schüler steht senkrecht mit gestreckten Armen und Ristgriff hinter dem kopfhohen mit Matten abgesicherten Reck.

Springt ab und drückt die Reckstange nach unten. Versucht ganz schnell ein Knie an die Brust zu ziehen und die Fußsohle dieses Beines zwischen den Händen auf die Reckstange zu setzen. Pendelt so vor und zurück.

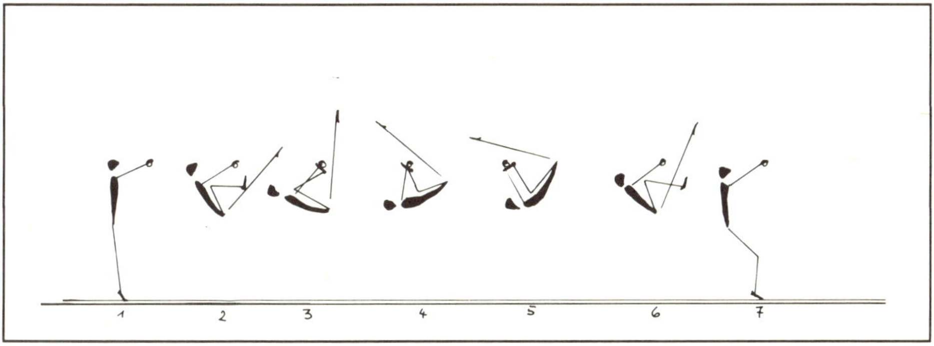

b) Gleiche Ausgangslage und gleicher Gerätaufbau.

Springt ab und zieht ein Knie an die Brust. Wer kann mit diesem Fuß zwischen den Händen und der Reckstange vorhocken, ohne zu streifen? Versucht dabei, sofort nach dem Vorhocken das Knie einzuhängen. Schwingt zurück und hockt wieder zurück.

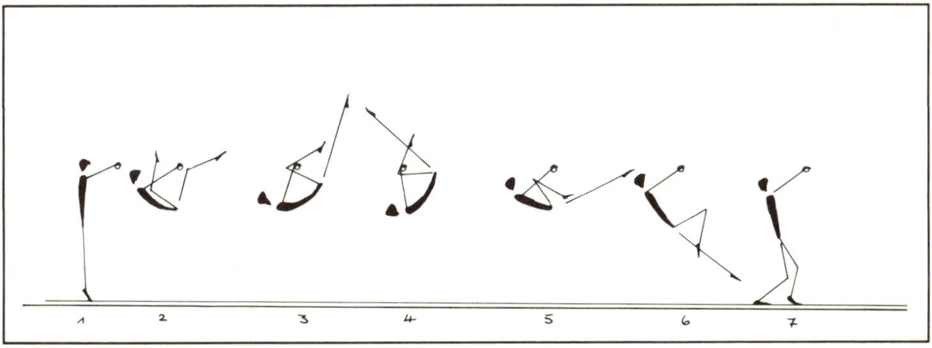

c) Gleiche Ausgangslage und gleicher Gerätaufbau, neben der Schwungbeinseite steht ein Helfer.

Turnt nach dem Abspringen, Vorhocken und Knieeinhängen beim Rückpendeln den Kniehang-Aufschwung in den Sitz.

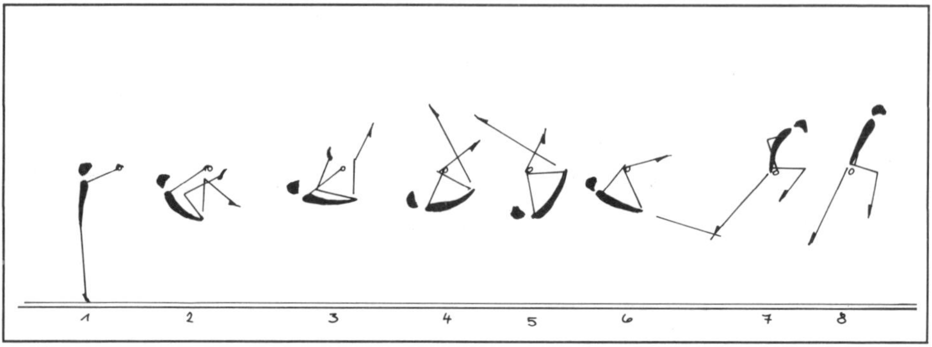

Der Helfer unterstützt am Schwungbein und am Rücken den Kniehang-Aufschwung.

Stemmbewegungen

Sprungstemme in den Stütz

Strukturzuordnung

a) Stemmbewegung

b) Sprungbewegung

Funktionsphasenanalyse

Eine funktionale Analyse für diesen einfachen Bewegungsablauf erscheint nicht sinnvoll. Diese technisch keine Anforderungen stellende Bewegung, vom Stand in den Stütz zu gelangen, bedarf nur bestimmter kraftmäßiger Voraussetzungen, die in Beziehung von Reckstangenhöhe und Körpergröße stehen.

An jedem brust- bis schulterhohen Reck, das mit Matten abgesichert ist, turnen gleichzeitig 3 Kinder.

Greift mit gestreckten Armen und leichter Vorlage mit Ristgriff die Reckstange. Springt in den Stütz zum Hüftkontakt und wieder ab, ohne den Griff zu lösen. Turnt das mehrmals hintereinander.

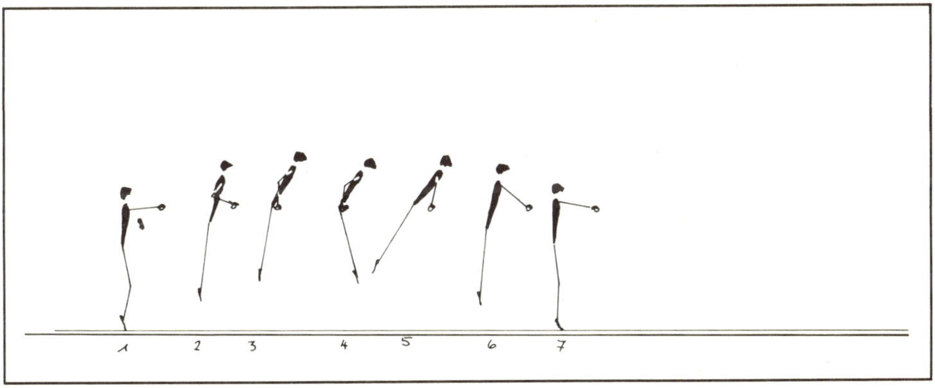

Beinschwünge

Beinschwünge im Stütz

Strukturzuordnung

Funktionsphasenanalyse

Hilfsfunktionsphase II. Ordnung

entfällt

Hilfsfunktionsphase I. Ordnung

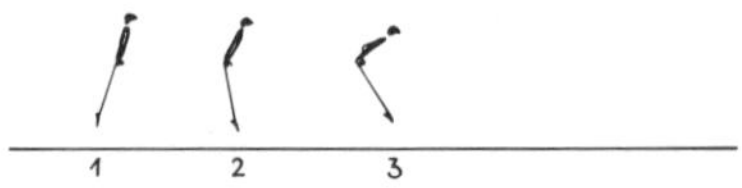

Im Stütz vorlings wird durch Vorbringen der Beine und des Oberkörpers eine starke Beugelage des vorderen Rumpfbereichs erzielt. Dies ist die „gegensätzliche" Voraussetzung zur Ausholbewegung für den Beinschwung rückwärts.

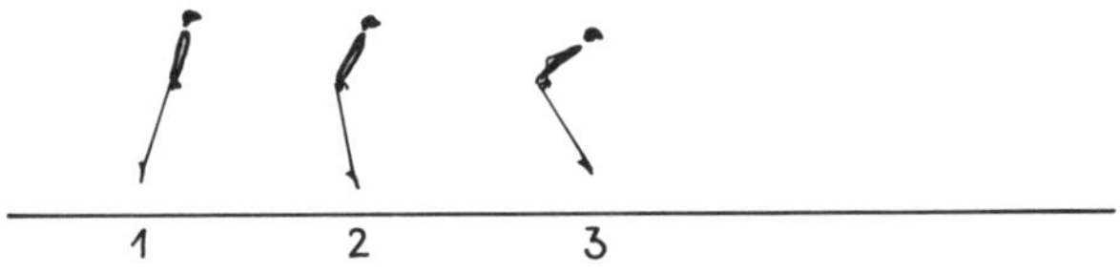

Hauptfunktionsphase

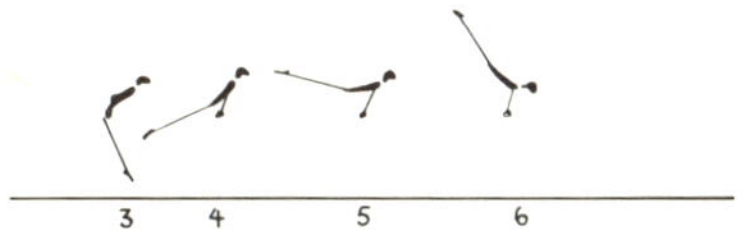

Im Stütz vorlings wird durch sehr schnelle Beinbewegung rückhoch (Verkürzung des rückwärtigen Bereichs) der Körper aus dem Stütz mit Hüftkontakt in den freien Stütz angehoben. Dabei wird durch Vorlage der Schulter der KSP möglichst senkrecht über der Drehachse gehalten.

Übergangsfunktionsphase

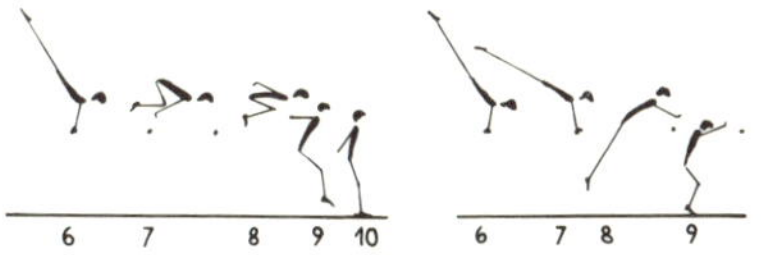

Aus dem freien Stütz kann wieder abgeschwungen werden. Durch Überlagerungen können neue Elemente daraus entstehen. Nach dem Abschwung, Hüftkontakt an der Reckstange und Hüft-Umschwung rückwärts, oder ohne Hüftkontakt der Felgumschwung rückwärts (freie Felge).
Durch Handabdruck kann Ab-, Über- oder Vorhocken bzw. Grätschen oder Bücken entweder in den Stand oder Stütz rücklings geturnt werden.

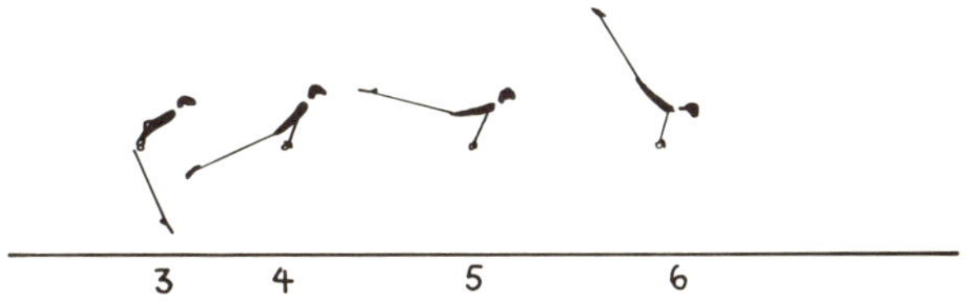

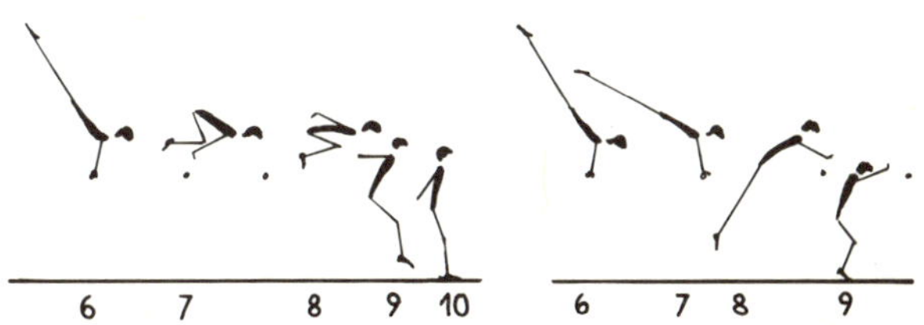

Methodischer Weg

Am brusthohen, mit Matten abgesicherten Reck oder Barrenholm turnen je 3 Kinder gleichzeitig. Der Gerätaufbau ist wie bei der „Sprungstemme". Auch hier benötigen wir für diese einfache Bewegung keine äußere Hilfe.

a) Die Kinder greifen mit leichter Vorlage und gestreckten Armen das Reck.

Springt in den Stütz und legt euch auf den „Auflagepunkt". Laßt Oberkörper und Beine gleichzeitig nach vorn „ausweichen". Wer kann sofort danach die Beine schnell nach hinten hochschwingen und wieder in den Stand abspringen, ***ohne*** *daß er seine Füße weit von der Reckstange entfernt aufsetzt? Den Griff dürft ihr dabei nicht lösen; turnt das 3- bis 5mal hintereinander.*

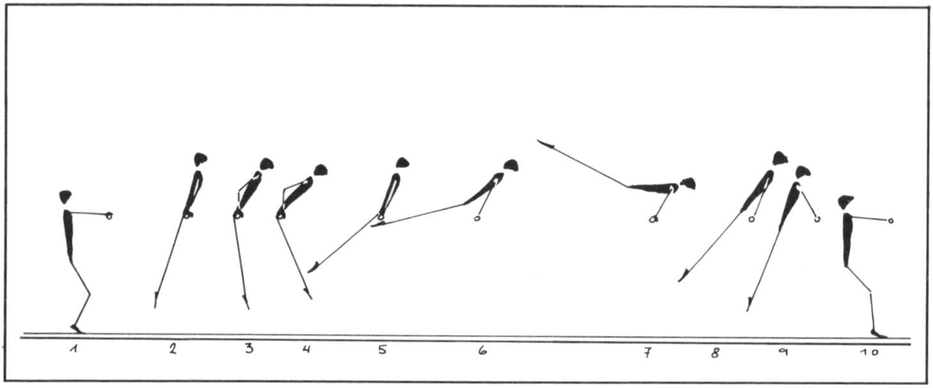

b) Bei gleicher Arbeitsform und Gerätaufstellung.

Springt in den Stütz und turnt dasselbe wie vorhin.

Wer kann so rückhochschwingen, daß er am höchsten Punkt einen kurzen Moment anhält, dabei die Muskelspannung im Rücken spürt und abspringt, ohne daß er dabei den Griff lösen muß? Turnt das mehrmals hintereinander.

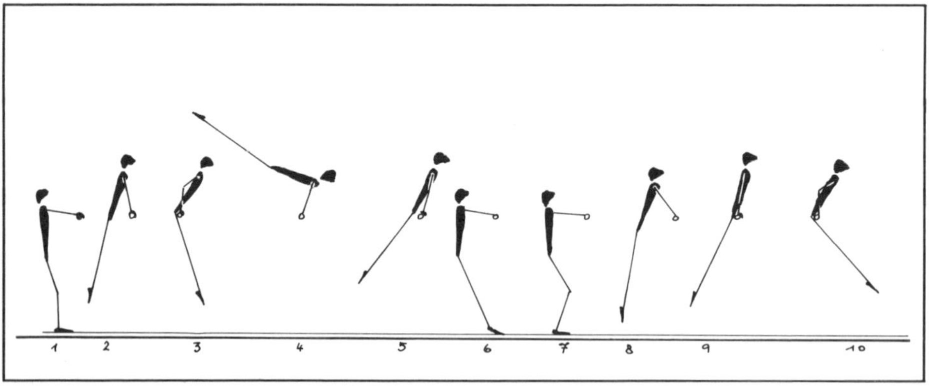

Langhang

Alle Schwungbewegungen im Hang am Reck sind Pendelbewegungen (im physikalischen Sinne Fadenpendel).

Vorbemerkungen

Das Schwingen mit „Schwungverstärkung“ im Lang- und Kipphang am sprunghohen Reck soll in diesem Buch nicht behandelt werden. Wir beschränken uns hier auf fundamentalen Bewegungen, die als „Vorerfahrung“ und – wenn man so will – als „Einstiegsformen“ bezeichnet werden können.

Übungen im Langhang

Wir stellen so viel Reckanlagen wie möglich auf. Die Reckstangen werden so hoch gestellt, daß die Kinder im Langhang mit gestreckten Armen den Boden dabei nicht berühren (sprunghoch).

a) Unter die sprunghohen Recke werden Matten gelegt. 6–8 Kinder sind an jedem Reck. Das erste jeder Gruppe springt an einer Reckseite in den Hang.

Wer kann auf die andere Reckseite durch Greifen und Nachrutschen „wandern“? Springt ab!

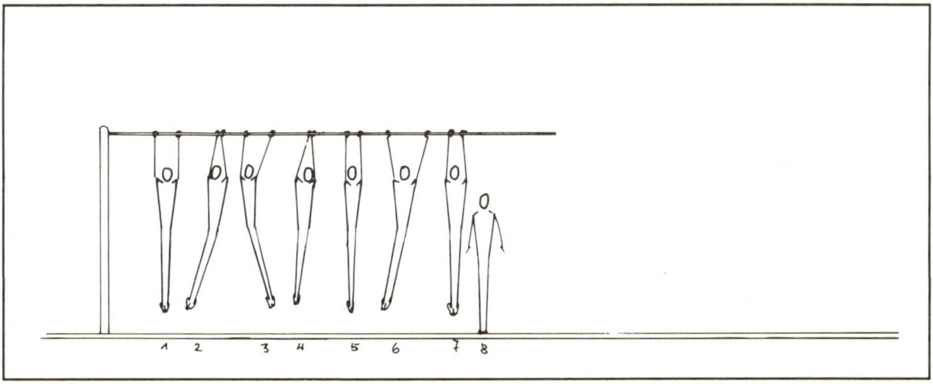

b) Gleicher Gerätaufbau und gleiche Ausgangslage

Springt in den Querhang. Wer kann so zur anderen Seite wandern, daß er immer mit einer Hand vor die andere greift? Dabei müßt ihr je eine Hand lösen, um vorgreifen zu können. Springt „drüben“ ab.

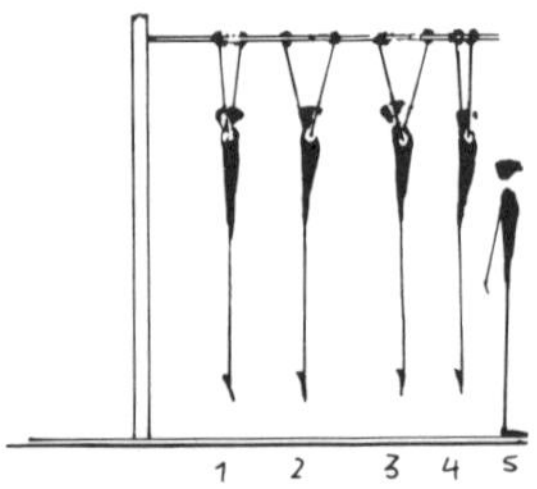

c) Im Hang um die Längsachse drehen ohne Schwung

Gleiche Ausgangslage und gleicher Gerätaufbau und Arbeitsform:

Springt an einer Reckseite in den Seithang, versucht zur anderen Seite zu kommen, indem ihr jeweils mit einer halben Drehung um eine Hand vor die andere weitergreift. Springt drüben ab.

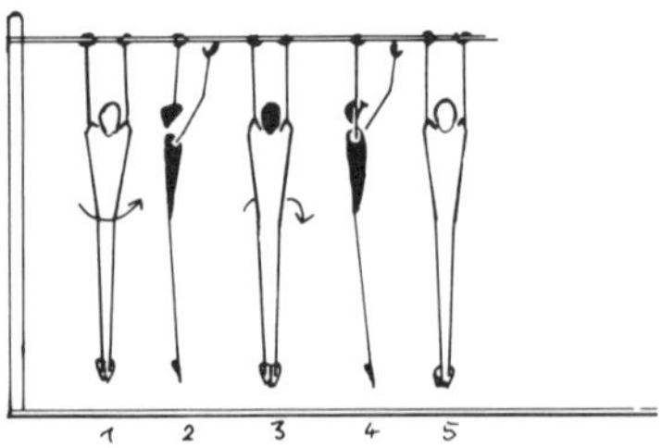

Schwingen im Langhang mit gebeugten Armen

Vorübungen dafür sind alle Formen wie Steigen, Klettern, Klimmen, Ziehen und Hängen an der Sprossenwand, Gitterleiter, am Stufenbarren, Taue und Ringe.

a) Wir stellen möglichst viele mit Matten abgesicherte Reckanlagen auf. An jedem kopfhohen Reck stehen 3 bis 4 Kinder ganz nahe an der Reckstange und greifen von oben.

Springt weg und schaut über die Stange. Wer kann sich so 5 Sek. halten? Springt ab.

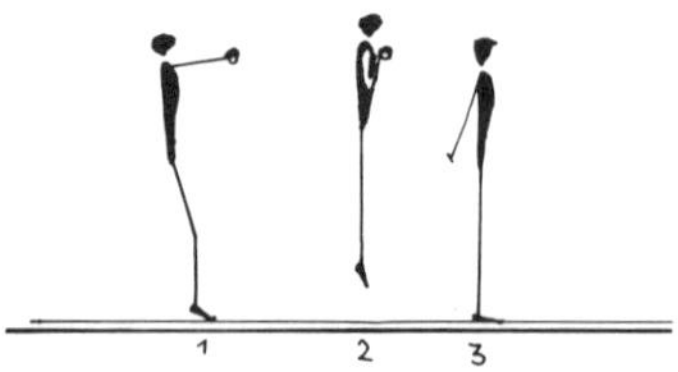

b) Bei gleichem Gerätaufbau, gleicher Arbeitsform und Ausgangsstellung.

Springt weg und schaut über die Stange. Wer kann so 5mal vor- und zurückschwingen und dabei immer über die Stange schauen? Springt danach ab.

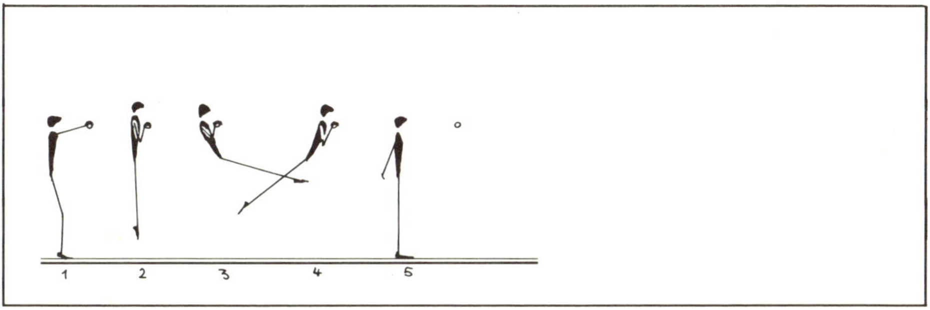

Schwebehang

Strukturzuordnung

Funktionsphasenanalyse

erscheint hier nicht sinnvoll.

Pendeln im Schwebehang

Methodischer Weg

Mehrere Reckanlagen werden brusthoch bis kopfhoch gestellt, an jedem mit Matten abgesicherten Reck turnen gleichzeitig 3 Kinder.

a) Die Kinder stehen mit den Füßen genau unter der Reckstange und fassen mit Ristgriff.

Geht in die Hockstellung, bis die Arme ganz lang sind. Lauft mit gestreckten Armen vor und zurück. Lauft beim dritten Mal mit ganz gestreckten Armen nach vorn weg.

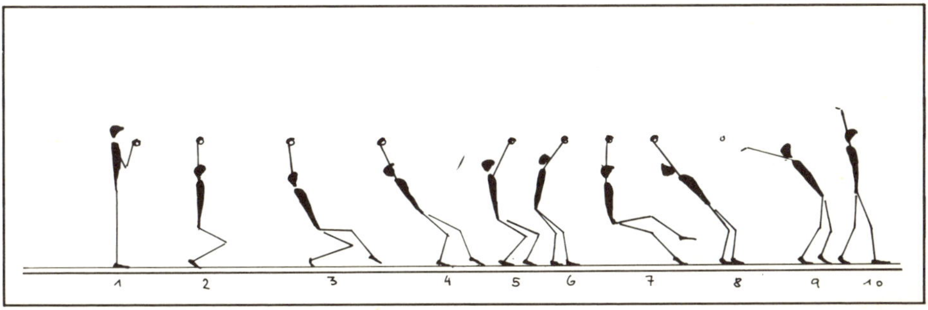

b) Gleiche Arbeitsform. Die Kinder stehen senkrecht mit gestreckten Armen hinter dem Reck.

Nehmt beide Beine vom Boden weg und versucht, mit einem großen Schritt ganz nach vorn zu kommen. Wer kann ganz weit vorn seinen Schritt erst in der Streckung machen? Lauft zurück in die Ausgangsstellung, turnt dies mehrmals und lauft nach dem dritten Mal wie vorhin nach vorn weg.

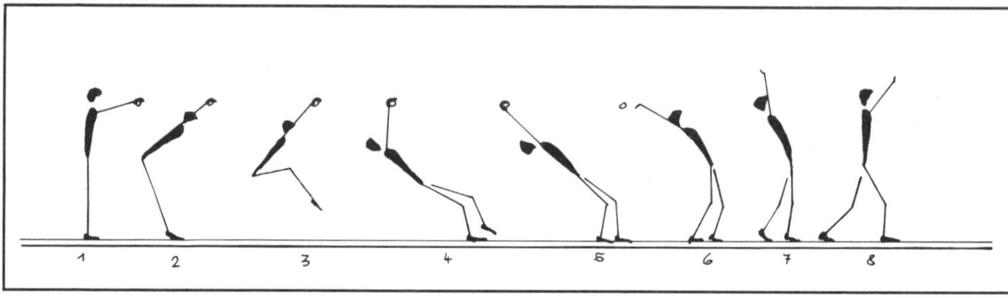

c) Ausgangsstellung wie vorher.

Schiebt das Gesäß so weit nach hinten, bis die Arme und der Oberkörper eine Linie bilden. Nehmt die Füße weg, pendelt weit vor und tippt nur ganz kurz in der größten Streckung vorn mit beiden Füßen auf. Lauft wieder in die Ausgangsstellung zurück. Turnt das mehrmals und lauft nach dem dritten Mal nach vorn weg.

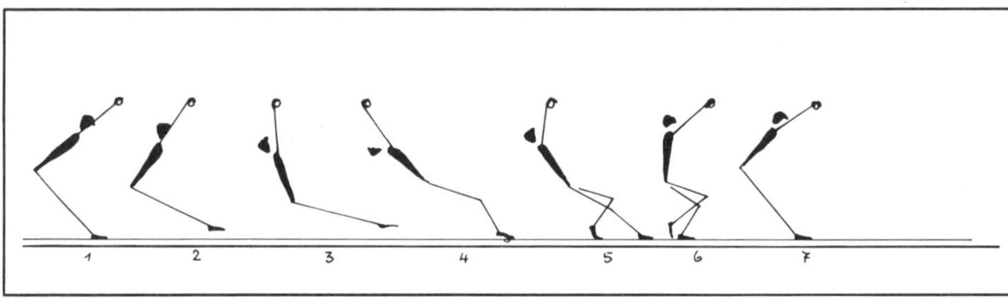

d) Ausgangsstellung wie vorher.

Nehmt die Beine vom Boden weg und pendelt wie vorhin mit gestreckten Armen nach vorn. Setzt die Füße kurz auf und springt ab. Wer kann zurückschwingen und die Füße erst wieder am Umkehrpunkt aufsetzen, ohne die Arme dabei zu beugen?

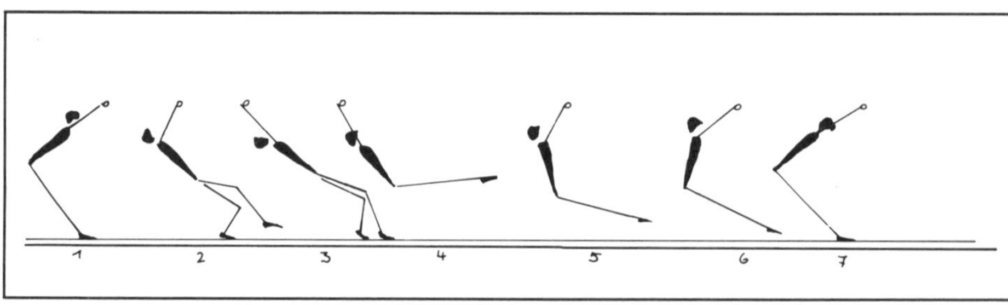

e) Ausgangsstellung wie vorher.

Nehmt die Beine vom Boden weg und pendelt vor und zurück, ohne die Füße aufzusetzen. Wer kann das mit gestreckten Armen und die Füße wieder auf den gleichen Punkt setzen, von dem er sie vorher gelöst hat?

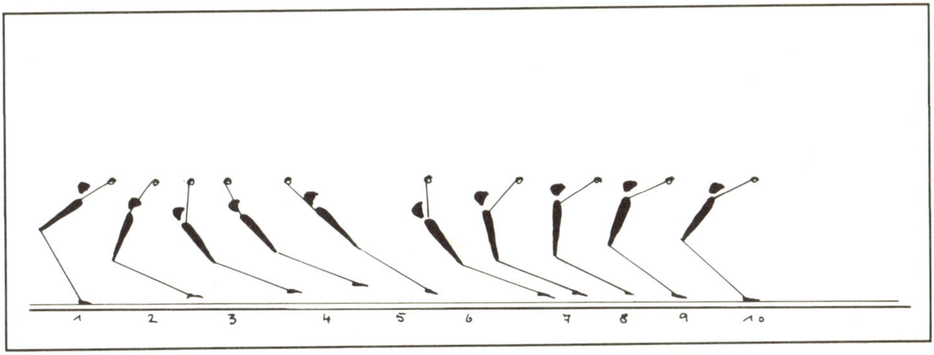

Felgbewegungen

Felgunterschwung

Strukturzuordnung

a) Sprungbewegung (ein- bzw. beidbeinig)

b) Felgbewegung

Funktionsphasenanalyse

Hilfsfunktionsphase II. Ordnung

entfällt

Hilfsfunktionsphase I. Ordnung

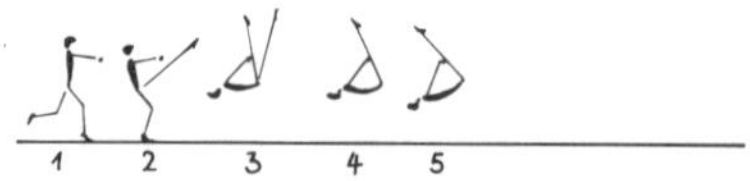

Aus dem Stand mit ein- oder beidbeinigem Absprung wird der Körper durch schnelles Annähern der Beine an die Reckstange in eine ausgelenkte Pendelsituation gebracht (Felghang). Dabei pendelt nach Lösen des Fußkontaktes der Körper abwärts, bis der KSP senkrecht unter der Reckstange ist.

Hauptfunktionsphase

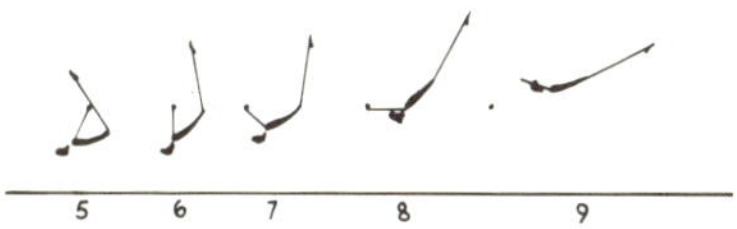

Der im „Felghang" vorpendelnde, im Arm- und Beinrumpfwinkel (Körpervorderseite) gebeugte Körper wird beim Passieren des KSP unter der festen Drehachse (Reckstange) durch eine schnellkräftige Hüftstreckung (Felgbewegung) in seiner Drehung unterbrochen. Durch die Hüftstreckung erfolgt der translatorische fußwärts gerichtete Abschnitt der Felgbewegung. Gleichzeitig wird durch Druck der Arme nach hinten die Schulter von der Reckstange entfernt.

Übergangsfunktionsphase

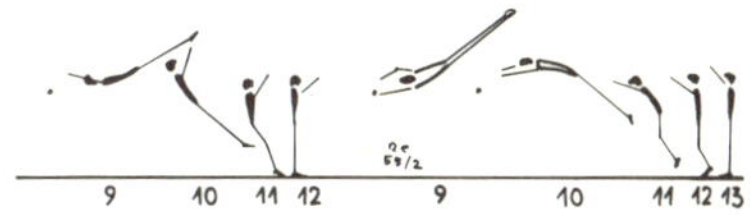

Nach dem Grifflösen dreht der Körper stützlos vorwärts bis in den Stand. Durch Überlagerungen mit anderen Bewegungen können neue Bewegungsformen entstehen: mit Beugen und Strecken im Hüft- und Schultergelenk, mit halber oder ganzer Drehung um die Längsachse in den Stand oder Hang, mit anschließendem Überschlag (Salto) vorwärts als Abgang in den Stand.

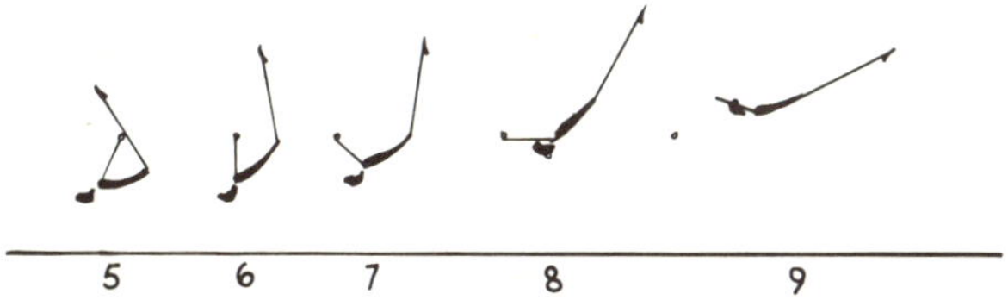

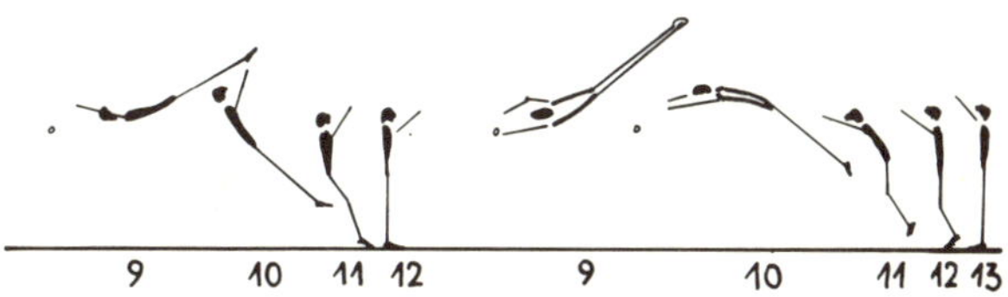

Vorbemerkungen

Das Pendeln im Schwebehang mit den bisherigen Arbeitsstufen zeigt in seinen Endformen schon Teilmerkmale eines „Felgunterschwunges". Lediglich die Erreichung der günstigen Pendellage (Oberschenkel an die Reckstange) fehlt. Aber erst diese günstige Pendelauslenkung als optimale Ausgangsposition ermöglicht einen hohen Felgunterschwung. Nicht ratsam ist es, durch Aufbau von Hindernissen, wie Zauberschnur u. ä. m., einen „höheren Unterschwung" erreichen zu wollen. Meist ist die Folge, daß dann der Felgunterschwung a) ins Hohlkreuz führt und b) daß die Arme angezogen werden, was beides zu Verletzungen führen kann.

Die Überstreckung muß im Brust-Schulter-Bereich, auf keinen Fall aber im Hüftbereich erreicht werden. Besser ist: anfangs nicht so hoch, dafür aber den Unterschwung mit gestreckten Armen und ohne passive Überstreckung turnen.

Methodischer Weg

Felghang als optimale Ausgangsposition

a) An jedem schulterhohen, mit Matten abgesicherten Reck können zwei Dreiergruppen gleichzeitig turnen.

Ein Schüler jeder Gruppe steht vorlings mit den Füßen genau unter der Reckstange, seine Arme sind gestreckt. Die beiden anderen stehen als Helfer auf der anderen Reckseite.

Geht in die Hockstellung, bis die Arme lang sind. Wer kann abspringen und seine Oberschenkel knapp über dem Knie an die Reckstange bringen? Eure Arme müssen dabei ganz gestreckt sein.

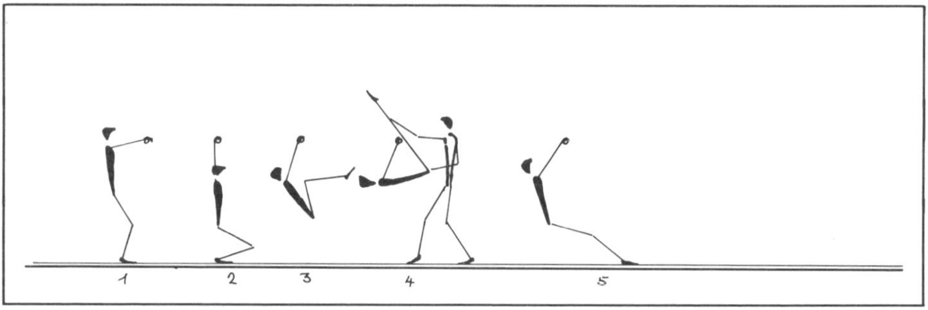

Die Helfer führen an der Beinrückseite ihren Partner in diese Lage und korrigieren, wenn nötig, die „Auflageposition". Dies können Kinder nicht allein, hier ist die Hilfe unentbehrlich.

b) Aus der gleichen Ausgangslage und mit gleicher Hilfestellung und Reckhöhe.

Springt schnell in den Felghang und laßt dabei die Arme gestreckt. Die Partner versetzen euch ins Pendeln. Wer kann so mit gestreckten Armen mehrmals hin- und herpendeln?

Die Helfer sichern an der Beinrückseite mit einer Hand, die andere Hand bringt am Gesäß den Partner ins Pendeln. Diese Lageerfahrung, Oberschenkel an die Reckstange, muß absolut sicher beherrscht werden, bevor der nächste Lernschritt angeboten wird.

c) Die Schüler stehen mit gestreckten Armen und leichter Rücklage vorlings am Reck. Die Helfer stehen und sichern wie vorhin.

Holt mit einem Bein mehrmals Schwung. Wer kann dann, wenn sein Schwungbein fast in Reckhöhe ist, schnell mit dem Sprungbein hinterherspringen, so daß beide Oberschenkel gleichzeitig an die Reckstange kommen? Pendelt so vor und zurück.

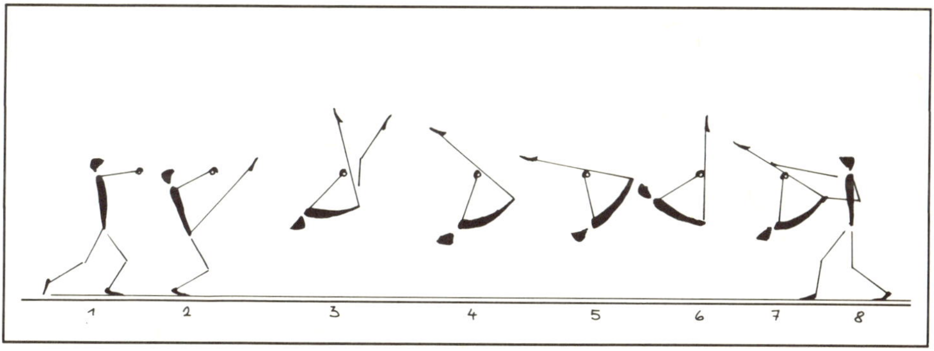

Die Helfer müssen darauf achten, daß der Übende die Oberschenkel an die Reckstange bringt. Sie sichern den pendelnden Körper wie vorhin am Gesäß und an der Beinrückseite. Auch diese Form erfordert die Hilfe von außen.

Felgstreckung

2 Schüler können gleichzeitig an einem mit Matten abgesicherten brusthohen Reck turnen.

Stellt euch senkrecht mit gestreckten Armen hinter das Reck. Beugt leicht die Knie und springt ab, nehmt die Beine vor wie im Schwebehang. Schwingt nach vorn und streckt am vorderen Punkt schnell eure Hüfte, daß die Fußspitzen auf den Boden kommen. Drückt dabei die Reckstange mit gestreckten Armen nach hinten und lauft nach vorn weg.

Felgunterschwung mit Schwungbeinhilfe

a) An jedem Reck übt eine Gruppe. Geräthöhe, Mattensicherung und Helfer wie vorhin.

Die Schüler stehen vorlings mit gestreckten Armen und leichter Rücklage am Reck. Die Helfer stehen auf der anderen Seite.

Turnt wie vorhin schnelles Anschwingen der Oberschenkel an das Reck. Wer kann dann sofort die Hüfte strecken und gleichzeitig mit den Armen die Reckstange nach hinten wegdrücken?

Die Helfer fassen mit einer Hand schon vor dem Beinschwung die Schulter des Übenden. Mit der anderen Hand unterstützen sie an der Oberschenkelrückseite den „Aufschwung" der Beine. Die „Schulterhand" sorgt beim Unterschwung dafür, den Körper von der Reckstange wegzubringen. Falls der Übende zu überdrehen droht, muß an der Schulter drübergegriffen werden, um einen Sturz nach vorn zu verhindern (siehe Seite 279).

b) Die Schüler stehen senkrecht mit gestreckten Armen hinter dem Reck. Gerätaufbau und Helfer bleiben gleich.

Dadurch, daß ihr weiter vom Reck wegsteht, bekommt ihr mehr Pendelschwung.

Wer kann wie vorhin seine Oberschenkel schnell an das Reck bringen und den Unterschwung turnen?

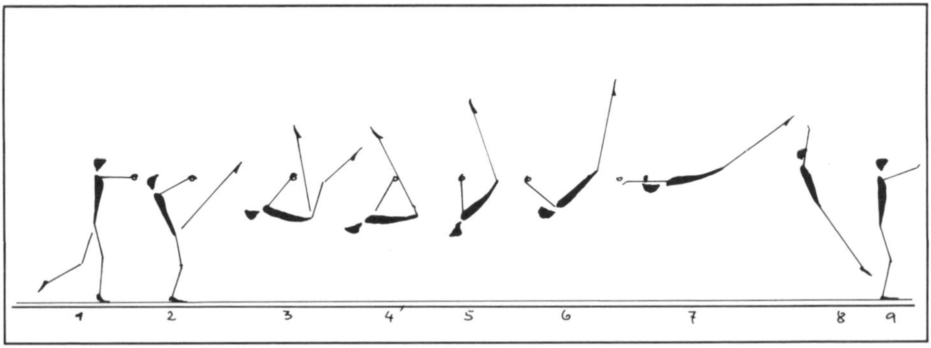

Die Helfer unterstützen und sichern wie vorhin.

Felgunterschwung mit beidbeinigem Absprung

Die schwierigere Form des Felgunterschwungs aus dem Stand wird mit beidbeinigem Absprung geturnt. Auch hier empfiehlt es sich, erst das „Heranbringen“ der Oberschenkel an die Reckstange (optimale Ausgangsposition) vorzuschalten. Dafür ist eine bestimmte Kraft in der Schulter- und Rumpfvorderseite notwendig.

a) Die Schüler stehen mit gestreckten Armen und leichter Rücklage hinter dem Reck. Gerätaufbau und Helfer bleiben gleich.

Wer kann abspringen, dabei die Reckstange nach „unten drücken“ und ganz schnell seine Oberschenkel an die Reckstange bringen? Pendelt vor und zurück.

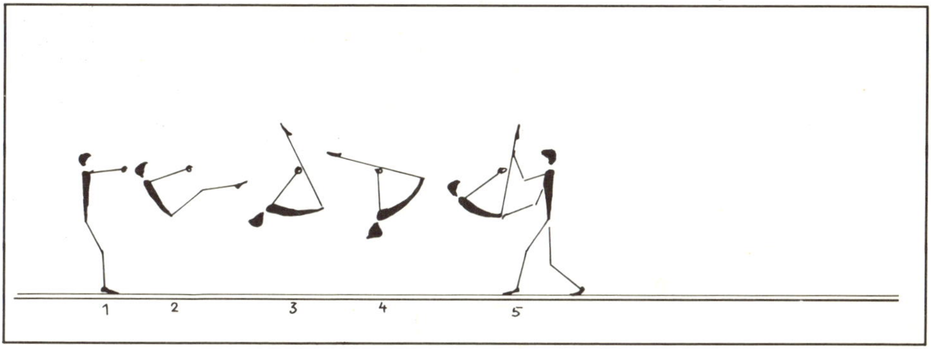

Die Helfer unterstützen das „Heranbringen“ der Beine an der Oberschenkelrückseite und sichern so den pendelnden Körper.

b) Aus der gleichen Ausgangsstellung bei gleicher Hilfe.

Turnt nach dem Heranbringen der Oberschenkel wie vorhin einen Unterschwung. Wer kann die Reckstange dabei weit nach hinten wegdrücken?

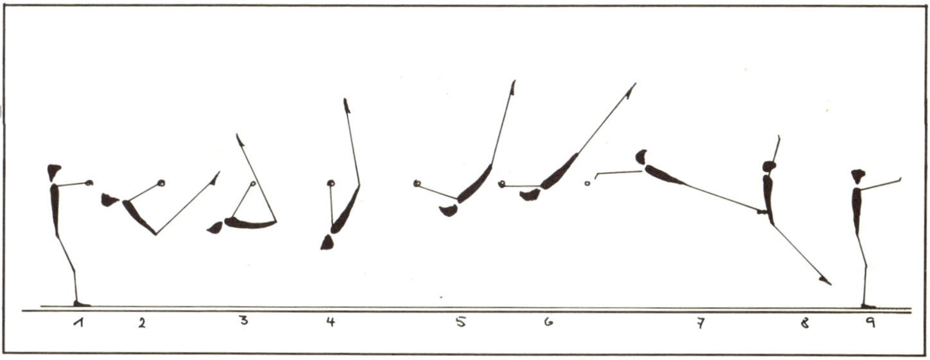

Die Helfer unterstützen den „Beinaufschwung“ mit einer Hand und mit der anderen schon vor dem Absprung an der Schulter die Pendelbewegung. Außerdem sichern sie die Stemmbewegung und die Landung.

Kipphang rücklings

Vorbemerkungen

Die Pendelschwünge im Kipphang stellen ganz besondere Ansprüche an den Schüler. Im Rahmen dieses Buches soll nur der „Einstieg" für die „Lageerfahrung" aufgezeigt und nur bis zu einer „Grunderfahrung" methodisch aufbereitet werden.

Als Voraussetzung für diese Bewegung sollten Dehnfähigkeit und Beweglichkeit an der Körperrückseite sowie Muskelkraft an der Bauch- und Oberschenkelvorderseite vorhanden sein.

Die „Kipplage" ist den Kindern vom Boden schon bekannt. Diese „Bodenerfahrung" haben wir schon auf den Kipphang am Barren und an den Ringen übertragen. Das Problem ist, am Reck die Beine zwischen den Händen hindurchzubringen, um das „Hindernis Reckstange" zu überwinden.

Strukturzuordnung

entfällt

Funktionsphasenanalyse

erscheint hier nicht sinnvoll.

Methodischer Weg

a) An jedem kopfhoch gestellten, mit Matten abgesicherten Reck turnen gleichzeitig 2 bis 3 Kinder.

Die Kinder stehen mit den Füßen genau unter der Reckstange mit Ristgriff.

Geht in die tiefe Hockstellung, bis eure Arme gestreckt sind. Wer kann abspringen, die Knie schnell an die Brust ziehen und die Füße zwischen den Händen und der Reckstange vorhocken? Hockt wieder zurück in die Ausgangsstellung.

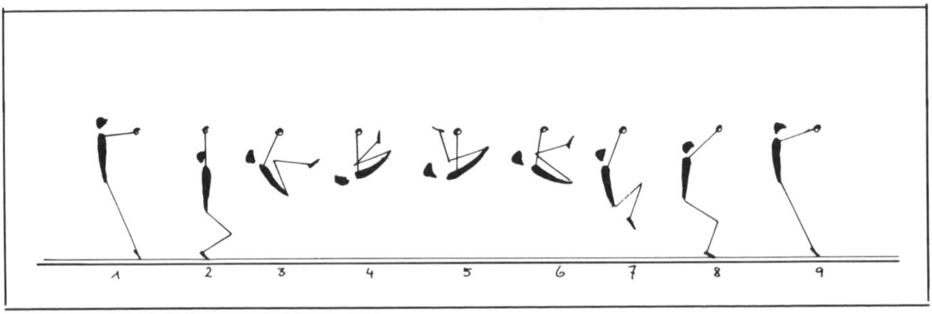

b) Gleicher Aufbau und gleiche Ausgangsstellung wie vorhin.

Springt ab und hockt vor. Versucht, die Knie zu strecken und das Gleichgewicht im Kipphang 3 Sekunden zu halten. Wer kann danach sein Gesäß so weit nach unten senken, daß er mit gestreckten Beinen und ohne mit den Füßen zu streifen wieder „zurück" kann?

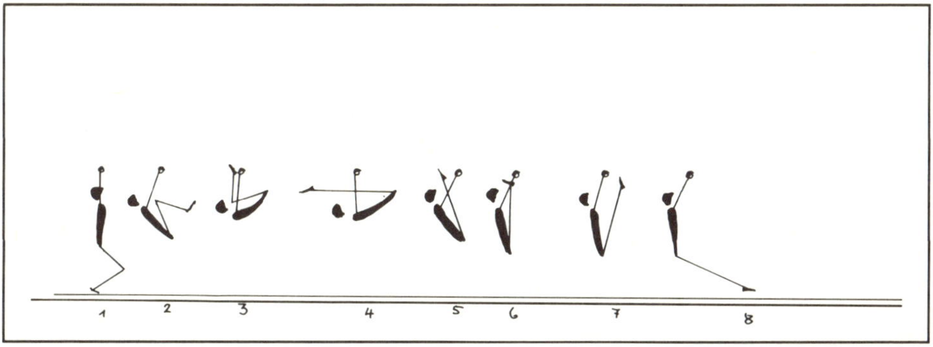

c) Bei gleichem Aufbau stehen die Kinder im Hockstand mit gestreckten Armen genau unter der Reckstange.

Springt ab und versucht, schnell vorzuhocken. Streckt schnell eure Knie und haltet das Gleichgewicht. Wer kann in der Hüfte etwas strecken, ohne dabei das Gleichgewicht zu verlieren? Beugt wieder in der Hüfte und versucht, die gestreckten Beine wie vorhin zwischen Reck und Händen zurückzubringen.

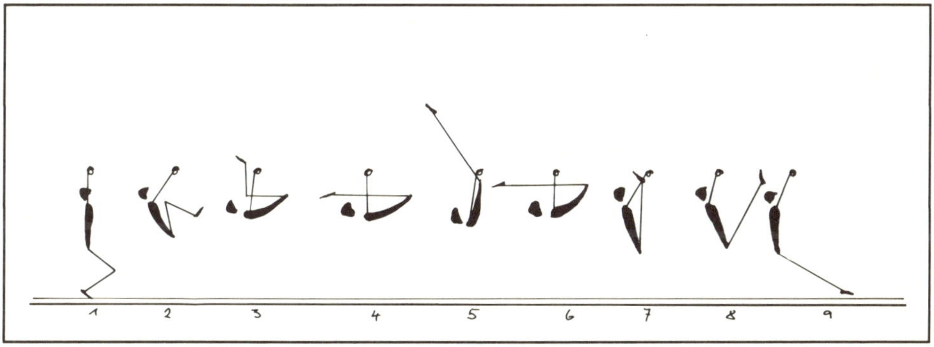

d) Die gleiche Arbeitsweise könnte auch für das ,,Vorgrätschen" gewählt werden.

VI. Stufenbarren

Vorbemerkungen

Für die Grundbewegungen am Stufenbarren, im Anfängerbereich der Kinder in Schule und Verein wird auch heute noch (oft sind die Turnhallen mit dem Spanngerät noch gar nicht ausgestattet) am verschieden hoch gestellten Männerbarren geturnt (der „niedere Stufenbarren", der eine Holmdifferenz von maximal 0,60 bis 0,80 m aufweist). Es kann jedoch eine stufenbarrenähnliche Anlage mit einem „einholmigen Barren" und einem Steckreck aufgebaut werden.

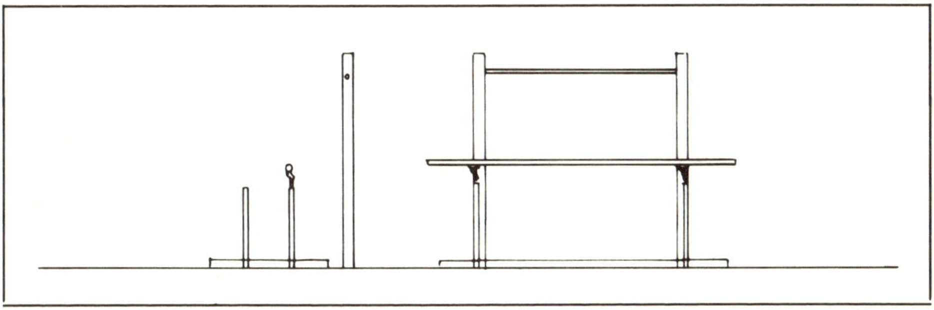

Da dieses Buch vor allem für den Anfängerunterricht gedacht ist, wird versucht, eine Systematisierung zu erstellen, aus deren Inhalt wieder eine methodische Aufbereitung möglich wird.

Durch die Besonderheit des Gerätes kann man Bewegungen, die daran geturnt werden, in zwei große Bereiche einteilen.

a) Der turntechnische Bereich mit Einteilung nach strukturellen Gesichtspunkten

Auf-, Ab- und Umschwungbewegungen

Stemmbewegungen

Kippbewegungen

Beinschwungbewegungen

Felgbewegungen

Sprungbewegungen

Die Fundamentalbewegungen aus diesen Strukturgruppen haben wir bereits beim Reckturnen erarbeitet. Sie werden hier nicht mehr behandelt. Die Sprungbewegungen sind hier unter besonderen Aspekten zu betrachten. Sie gehen hier eine Verbindung mit der Strukturgruppe Beinschwungbewegungen ein.

b) Der Bereich des „Hindernisturnens“ mit Einteilung unter den Gesichtspunkten Auf-, Über-, Absteigen und stützend überspringen kann im weitesten Sinne in die Strukturgruppe „Sprungbewegungen“ eingeordnet werden.

Dabei sollen Bewegungen über die Holme, vom niederen Holm zum hohen und umgekehrt, aufgezeigt werden, die fundamentalen Charakter haben. Es soll so versucht werden, eine durchgängige methodische Reihe ohne „Sackgassenübungen“ zu erstellen.

Auf-, Über-, Absteigen

Vorbemerkungen

Unter „Steigen“ werden im allgemeinen immer Bewegungen verstanden, die vor allem durch Beintätigkeit mit und ohne Armunterstützung den Körper nach oben, darüber hinweg oder nach unten bringen.

Für alle Formen, die in diesem Bereich geturnt werden, können je nach Alter der Kinder der Kasten, das Pferd, der Balken, das Reck untereinander und mit dem Barren kombiniert werden.

Methodischer Weg

Strukturzuordnung und Funktionsphasenanalyse

Da „Steigen“, eine modifizierte Form des Gehens und Springens, zu den Grundtätigkeiten des Menschen zu zählen ist, erscheint eine Zuordnung in eine bestimmte Bewegungsstruktur nicht sinnvoll. Im weitesten Sinne könnte man diese Form an die Sprungbewegungen anlehnen. Eine Analyse unter funktionalen Gesichtspunkten scheint im „Hindernisturnen“ nicht angebracht.

Die einfachsten Formen des „Hindernisturnens“ sind durchgängig anwendbar und für fast alle Kinder möglich, vom Vorschulbereich bis in die Primarstufe der Schule.

Übersteigen vorwärts mit Drehung im Stand

Wichtig: Auf die Körpersituation der Kinder abgestimmt, muß die Höhe der Geräte gewählt werden. Ein „hoher Holm“ ist für das Kind dann gegeben, wenn im Stand der nächsthöhere Holm in Höhe der Hüfte ist.

a) Möglichst viele Barren mit gleich hohen Holmen im Abstand von etwa 6 m werden in die Halle gestellt. Dahinter stellen wir, wenn nötig, Kleinkästen. Geturnt wird im „Übungsstrom“. Vor jeder Bahn stehen 2 Gruppen.

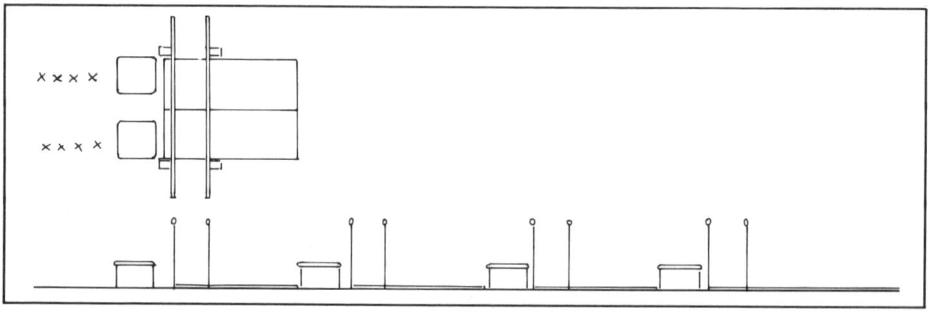

Steigt über die Holme hinweg, springt ab und lauft zum nächsten Barren, steigt wieder drüber usw., bis ihr über alle Barren drüber seid. Lauft außen herum zurück.

b) Die Veränderung sollte nun immer mehr zum „Stufenbarren" hinführen. Mit Reck, zwei Barren und Kästen bilden wir eine „Treppenanlage". Der Höhenunterschied von einer zur anderen Treppe ist knie- bis hüfthoch. Die Anlage wird mit WBM abgesichert.

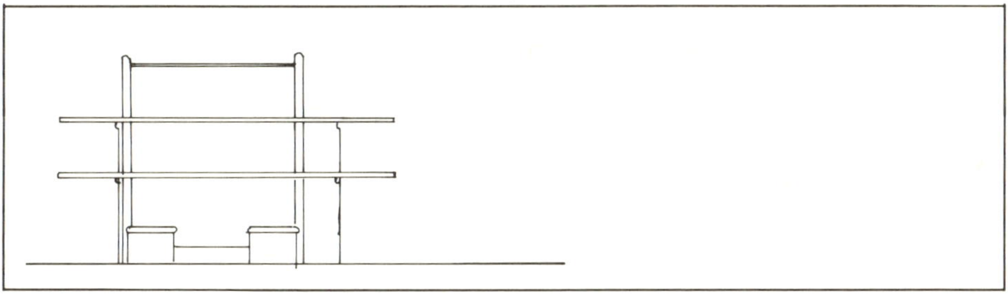

Steigt auf der rechten Seite über die „Treppe", dreht euch auf den Kästen um und steigt wieder über die rechte Seite zurück.

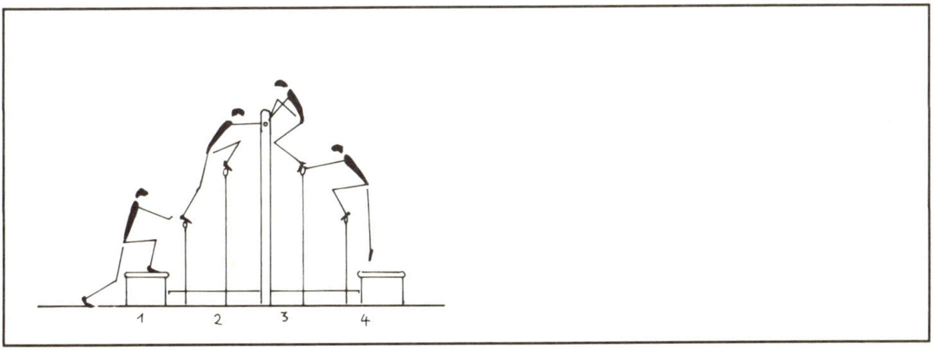

c) Wir stellen die Reckstange so niedrig wie den ersten Holm. Die Kästen davor und dahinter bleiben.

Steigt auf der rechten Seite über die „Treppe", dreht euch auf den Kästen um und steigt auf der rechten Seite wieder zurück.

d) Die Kästen vor der „Anlage" werden entfernt, die dahinter bleiben stehen. Ansonsten sind Gerätaufbau und Ausgangsstellung gleich.

Steigt von der rechten Seite über die verschieden hohen Holme. Dreht euch auf dem letzten Holm um, steigt in der Mitte zurück bis zur Reckstange. Dreht euch wieder um, steigt auf der linken Seite über die Holme, springt ab und lauft außen herum wieder zurück.

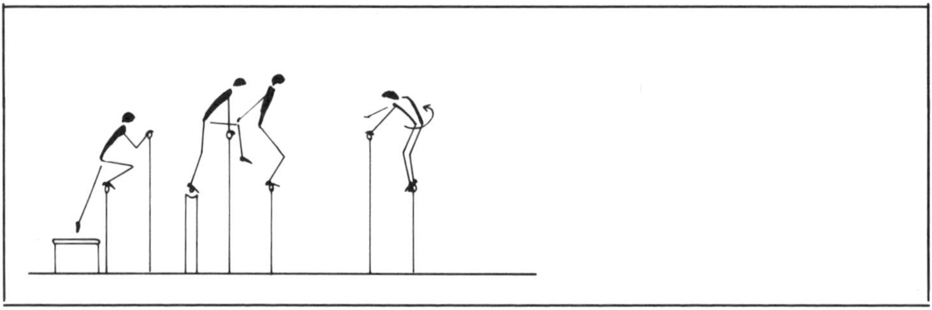

Übersteigen rückwärts

Bei gleichem Gerätaufbau und gleicher Ausgangsstellung.

Steigt auf den ersten (untersten) Holm und dreht euch um. Wer kann rückwärts über die Treppen steigen? Springt ab, wenn ihr drüber seid.

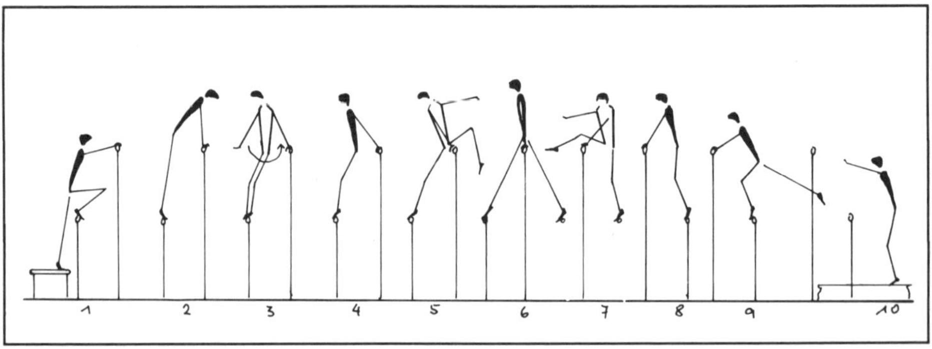

Übersteigen vorwärts mit Drehung im Stütz

a) Wir stellen je einen Barren direkt hinter ein Reck. Die Reckstange wird so hoch gestellt wie der niedere Holm des Barrens. Dahinter stellen wir einen Kleinkasten.

Steigt vom Kleinkasten auf den niederen Holm, nehmt ein Bein über den hohen Holm und setzt den Fuß auf die Reckstange. Wer kann nach einer halben Drehung das andere Bein auch auf die Reckstange stellen? Springt ab.

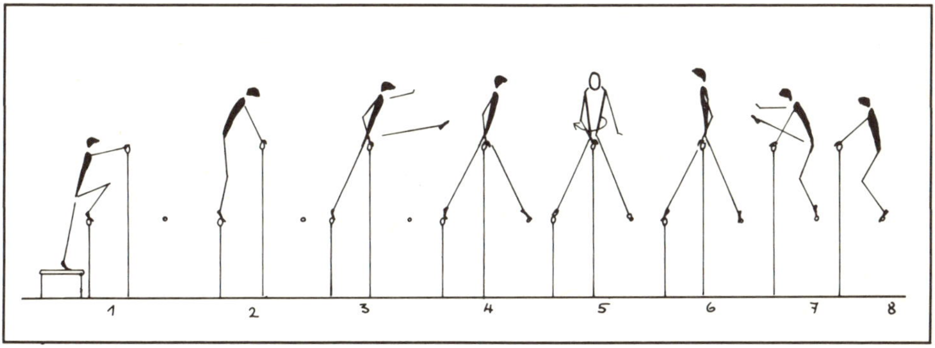

Wer mit einer Hand vorher in den Kammgriff umgreift (die zur Drehrichtung nähere Hand), kann besser stützen. Wer dabei noch sein Gewicht erst auf diese, dann auf die andere Hand verlegt, hat es viel leichter.

b) Der Gerätaufbau bleibt gleich, an jedem Gerät turnt ein Kind.

Turnt die gleiche Übung wie vorhin. Wer kann umgreifen und drehen kurz bevor er seinen Fuß auf die Reckstange stellt? Nehmt das andere Bein zurück und springt ab.

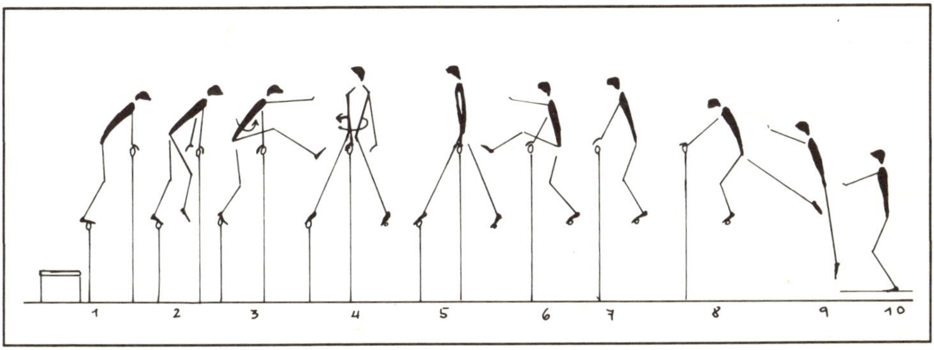

c) Am niederen Stufenbarren.

Turnt die gleiche Übung wie vorhin. Wer kann übersteigen mit Drehen, ohne seinen Fuß als „Sicherung“ auf den niederen Holm zu setzen? Springt ab.

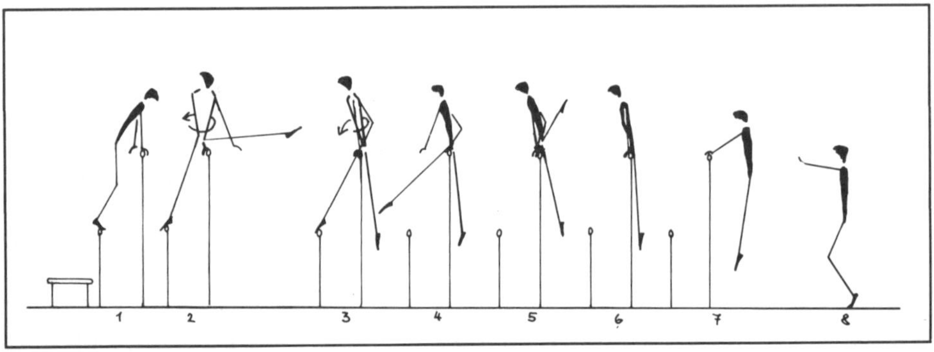

d) Gleicher Gerätaufbau, gleiche Arbeitsform.

Turnt die gleiche Übung wie vorhin. Wer kann nach dem „Drehen" im Stütz bleiben, ohne daß seine Füße den niederen Holm berühren? Springt ab.

Sprungbewegungen

Vorbemerkungen

Ab-, Über-, Aufspringen

Folgende Möglichkeiten bestehen, den Stufenbarren durch Sprünge mit und ohne Handstütz zu überwinden:
Ab-, Auf- und Überspringen mit den formativen Merkmalen wie

Wenden, Flanken, Kehren, Hocken, Grätschen

Dabei kann man diese Bewegungen sowohl mit der Körpervorderseite in Bewegungsrichtung (vorlings vorwärts) als auch mit der Körperrückseite in Bewegungsrichtung (rücklings rückwärts) turnen.

Strukturzuordnungen

a) Sprungbewegung
b) Beinschwungbewegung

Die Sprungbewegungen sind dabei in den meisten Fällen von einer Beinschwungbewegung überlagert.

Sie gelten für alle aufgeführten Elemente und werden deshalb vor den einzelnen methodischen Reihen nicht mehr gesondert erwähnt.

Wenden

Drehhocke (Hockwende)

Beim Aufspringen besteht die Möglichkeit, aus dem Seit-, Schräg- oder Querstand abzuspringen.

Da das Ab- und Überspringen leichter ist als das Aufspringen, wird es zuerst behandelt.

Methodischer Weg

Diese Form der Hindernisüberwindung ist den Kindern schon bekannt und wurde an der Bank oder am parallelen niederen Barren schon erarbeitet (siehe Seite 150).

a) Wir stellen mehrere, mit Matten abgesicherte niedere Stufenbarren so auf, daß immer die Stützebene (Holm) etwa der Hüfthöhe der Kinder entspricht. Auf die Landeseite sollten Weichbodenmatten gelegt werden. Zum „Aufsteigen“ benützen wir einen Kleinkasten.

Steigt vom Kleinkasten auf den niederen Holm, stützt am hohen Holm und springt mit beiden Beinen drüber ab. Ihr könnt dabei auch erst einen Fuß auf den hohen Holm setzen. Es ist dabei günstiger, wenn ihr mit einer Hand (der zur Drehseite zeigende) in den Kammgriff umgreift.

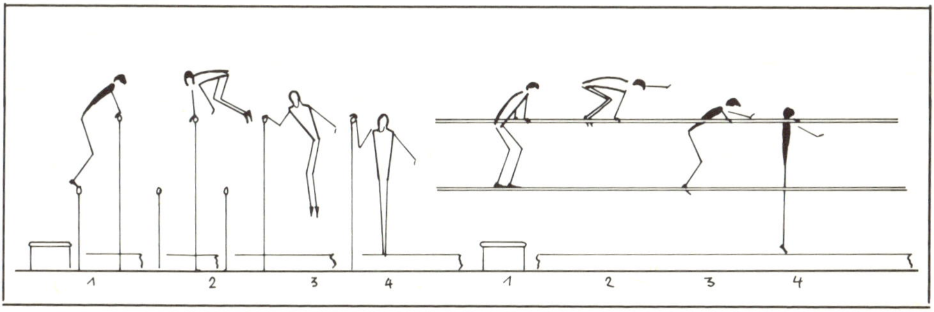

b) Bei gleichem Gerätaufbau wie vorher, der „hohe Holm“ muß im Stand für die Kinder leicht erreichbar sein.

Turnt die gleiche Übung wie vorher. Wer kann beim Überspringen des hohen Holms sich mit dem Gesicht zum Holm so drehen, daß er mit beiden Händen kurz greifen kann, bevor er in den Stand kommt?

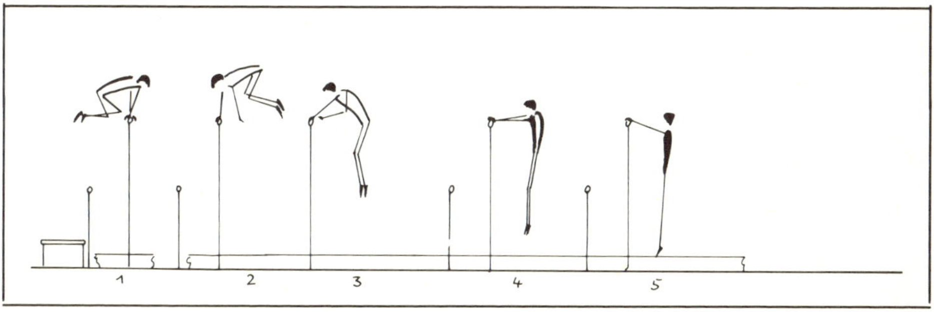

c) Bei gleichem Gerätaufbau und gleicher Ausgangsstellung.

Turnt die gleiche Übung wie vorher. Wer kann zum Holm drehen und mit beiden Händen zugreifen und dabei möglichst nahe unter dem hohen Holm zum Stand kommen?

d) Bei gleichem Gerätaufbau wird der niedere Holm mit Matten abgedeckt.

Turnt die gleiche Übung wie vorher. Wer kann springen, drehen und greifen, dabei seine Füße nicht mehr auf den Boden, sondern auf den oberen Rand der Matte setzen?

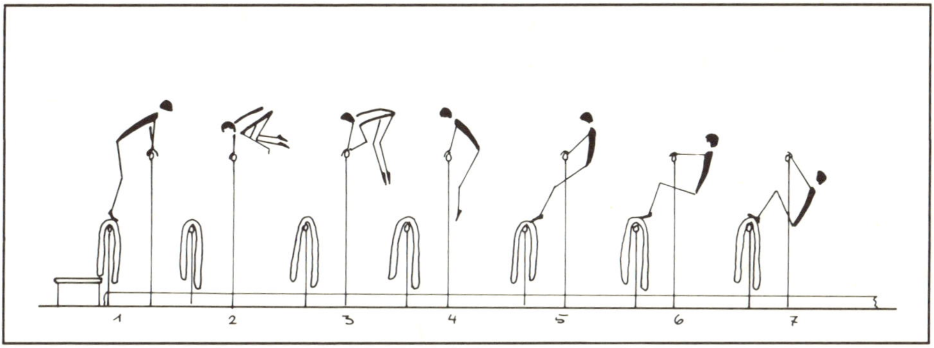

Erst wenn die Kinder sicher die Füße auf den oberen Mattenrand setzen können, dürfen die Matten entfernt werden.

e) Die Geräthöhe bleibt gleich. Die Matten werden vom niederen Holm entfernt, ebenso der Kleinkasten vor dem Barren.

Turnt die gleiche Übung wie vorhin. Wer kann nach der Drehhocke (Hockwende) greifen und die Füße auf den niederen Holm setzen? Pendelt vor und zurück und springt ab.

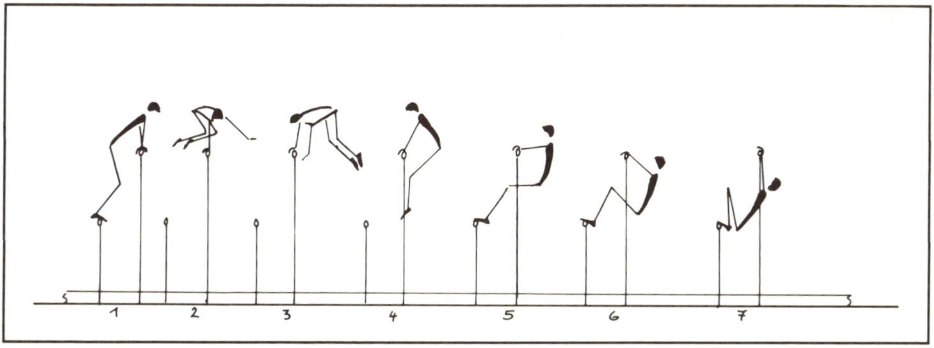

Flanken

Sprungflanken vorwärts in den Stand

Vorbemerkungen

Dabei muß erwähnt werden, daß beim Flanken zwei erschwerende Faktoren gegenüber der Hockwende hinzukommen. Erstens ist die Landung riskanter, da seitwärts eine Knie- und Knöchelbelastung auftritt, und zweitens ist der längere einarmige Stütz mit „Vorbeibringen einer Körperseite" am Stützarm von einer guten Gewichtsverlagerung abhängig.

Methodischer Weg

a) Sprungflanke am hüfthohen Kasten aus dem beidbeinigen Absprung.

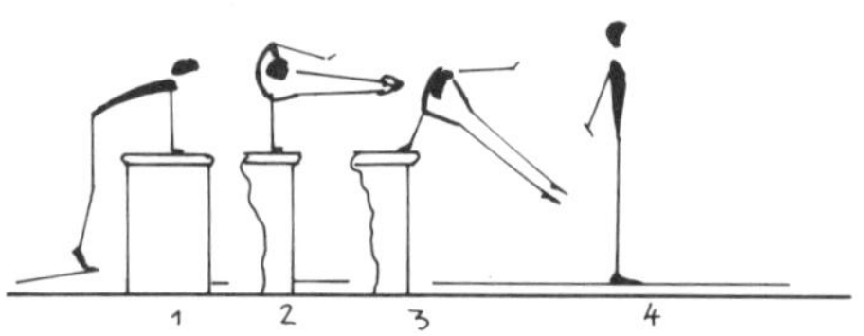

b) Sprungflanke über den hüfthohen Schwebebalken.

c) Sprungflanke über das hüfthohe Reck bzw. den einholmigen Barren gleicher Höhe.

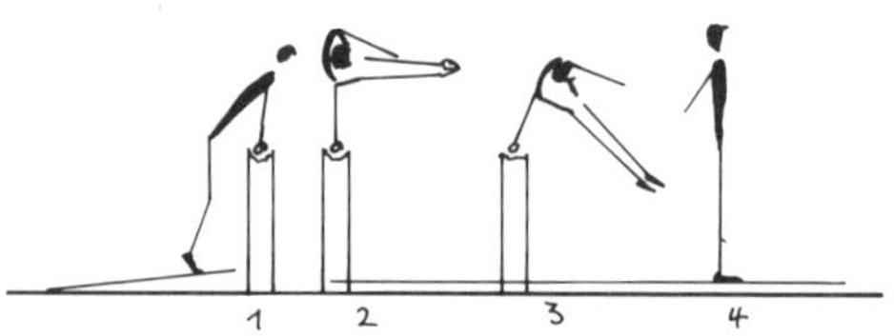

d) Hinter einen niederen, mit Matten abgesicherten Stufenbarren stellen wir einen Kleinkasten, vor den hohen Holmen liegen Weichbodenmatten. Je ein Kind steigt über den Kleinkasten auf den niederen Holm mit dem Gesicht zum hohen Holm. Auf der Stützarmseite hinter dem hohen Holm steht ein Helfer. Eventuell auf einem Kleinkasten.

Greift mit beiden Händen im Ristgriff am hohen Holm und springt wie vorhin schon erlernt über den hohen Holm. Wer kann so landen, daß er danach mit dem Rücken zum Barren steht? Dabei müßt ihr eine Hand lösen.

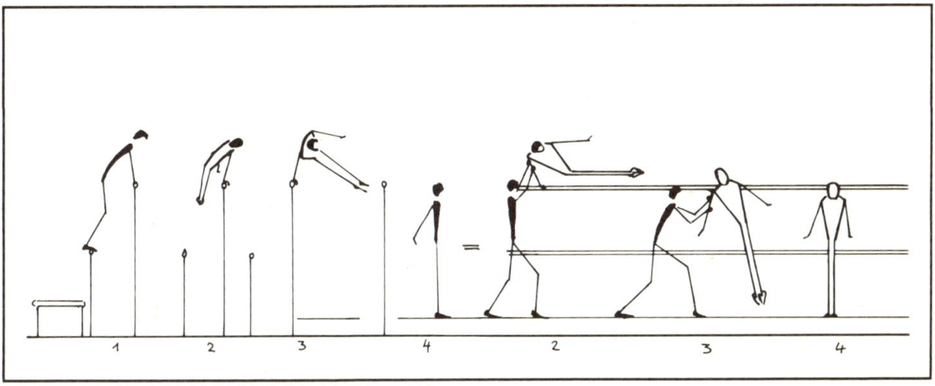

Die Helfer hinter dem hohen Holm fassen mit einer Hand im Stützgriff am Stützarm, mit der anderen Hand an der Hüftseite und sichern die Landung.

Sprungvorflanken in den Sitz

Methodischer Weg

Dieser Übungsteil kann sowohl am hüfthohen Reck als auch sofort am Stufenbarren geübt werden.

a) Hinter das Gerät wird ein Reutherbrett oder ein Kastendeckel gelegt.

Je eine Schülerin ist im Seitenstand vorlings und stützt mit Ristgriff.

Springt ab und turnt eine Flanke. Wer kann eine Hand lösen und dabei sein Gewicht weit auf die andere Hand verlagern, daß er mit dem Gesäß ganz sanft an diese Hand kommt? Greift mit der anderen Hand nach und springt ab.

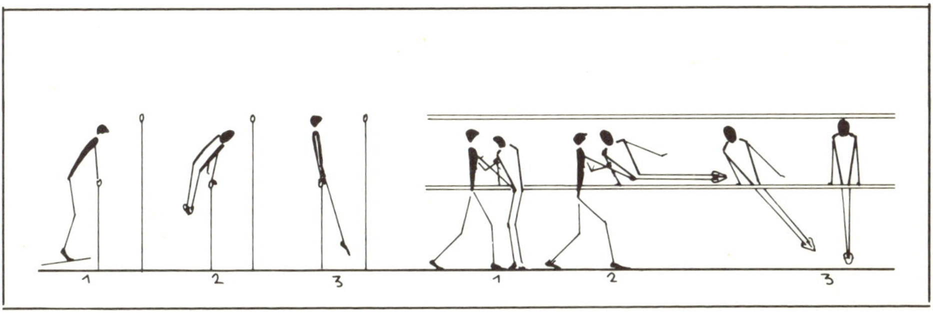

Auf der ,,Stützseite" neben dem Brett oder Kasten steht ein Helfer. Er sichert am Stützarm mit Stützgriff von hinten und mit der anderen Hand am Gesäß des Übenden.

b) Bei gleichem Gerätaufbau und gleicher Ausgangs- und Hilfestellung.

Turnt die Flanke wie vorhin. Wer kann sich so sanft auf den Holm setzen, daß er im Sitz das Gleichgewicht halten und mit der anderen Hand nachgreifen kann?

Sprungrückflanken

Methodischer Weg

Dieser Übungsteil kann als Abgang oder als Verbindungsteil geturnt werden. Nach dem „Rückflanken“ kann am entsprechend hohen Stufenbarren ein Vorschwung im Hang geturnt werden.

a) Vor das hüfthoch gestellte Reck oder den einholmigen Barren stellen wir je einen Kleinkasten. Hinter dem Gerät steht auf der „Stützarmseite“ ein Helfer. Je ein Kind steht mit dem Rücken zum Gerät auf dem Brett.

Wer zur rechten Seite „zurücksteigen“ will, nimmt seine rechte Hand vom Holm weg.

Steigt mit dem rechten Fuß auf das Gerät und springt rückwärts drüber. Wer kann sofort nach dem „Drüberspringen“ mit der zweiten Hand wieder am Gerät greifen?

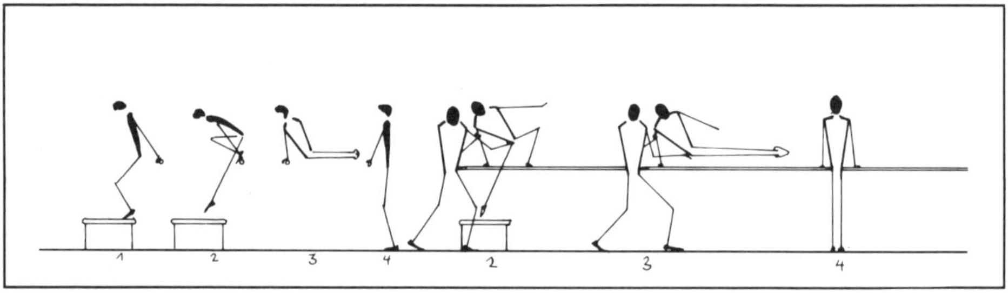

Die Helfer hinter dem Gerät sichern im Stützgriff.

b) Statt der Kleinkästen legen wir Reutherbretter vor das Gerät. Ausgangs- und Hilfestellung bleiben gleich.

Wer kann über die Stange (Holm) zurückspringen, ohne dabei die Füße auf die Stange zu setzen? Greift schnell mit der zweiten Hand den Holm. Die Knie dürft ihr dabei anhocken.

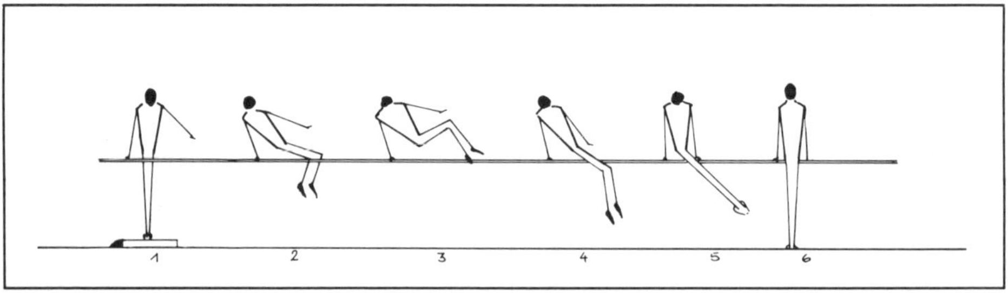

Die Helfer sichern wie vorhin.

c) Gleicher Aufbau, gleiche Hilfe- und Ausgangsstellung.

Springt wie vorhin rückwärts, aber jetzt mit gestreckten Beinen über die Stange. Wer hat mit beiden Händen an der Reckstange (Holm) Griff, bevor er mit den Füßen auf den Boden kommt?

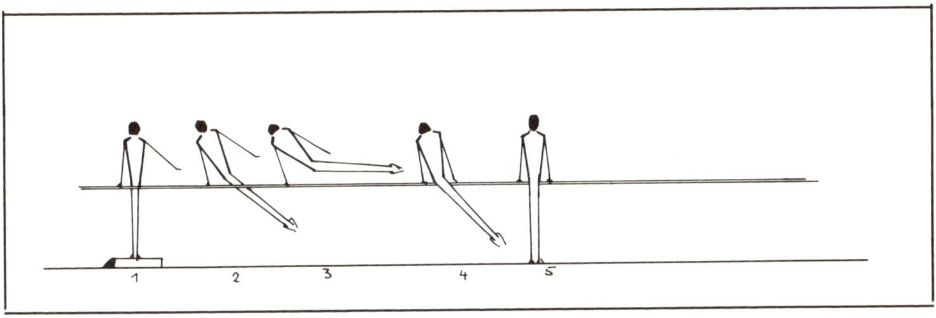

Die Hilfe bleibt gleich.

d) Hinter den niederen Stufenbarren legen wir auf zwei zweiteilige Kästen je eine Weichbodenmatte. Der Helfer steht auf der Stützarmseite auf dieser Matte. Je ein Kind steht am niederen Holm mit dem Rücken zum hohen Holm.

Springt wie am Reck rückwärts über den hohen Holm. Wer kann auch hier mit der zweiten Hand zugreifen, bevor die Füße auf dem Boden sind?

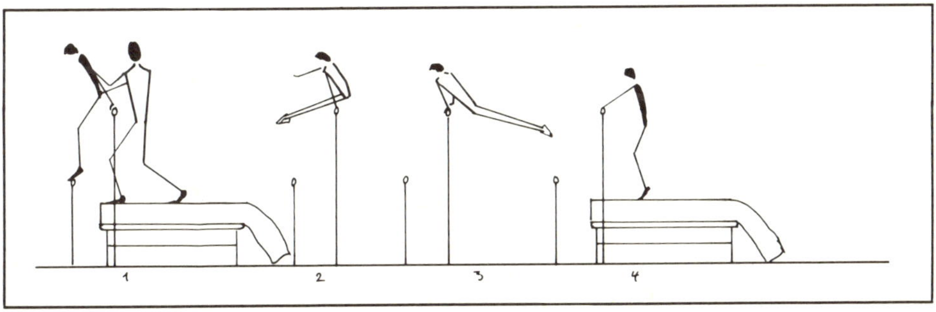

Die Hilfe bleibt wie am Reck gleich.

e) Die Kästen hinter dem hohen Holm werden entfernt, die Weichbodenmatte bleibt. Je ein Kind steht wie vorhin auf dem niederen Holm.

Springt wie vorhin rückwärts über den hohen Holm. Wer kann dabei sein Gesäß etwas hochziehen, daß er die Beine strecken kann? Greift mit der zweiten Hand schnell zu und springt ab.

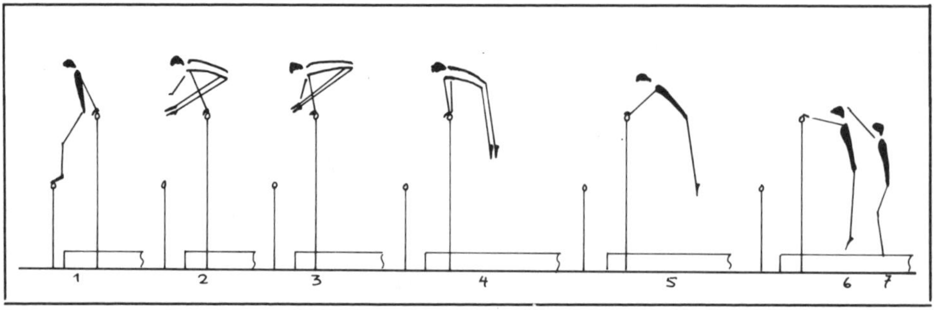

Die Helfer sichern jetzt nur noch die Landung.

Kehren

Sprungkehre mit einbeinigem Absprung

Methodischer Weg

a) Laufkehre am hüfthohen Kasten und Schwebebalken aus dem schrägen Anlauf und einbeinigem Absprung.

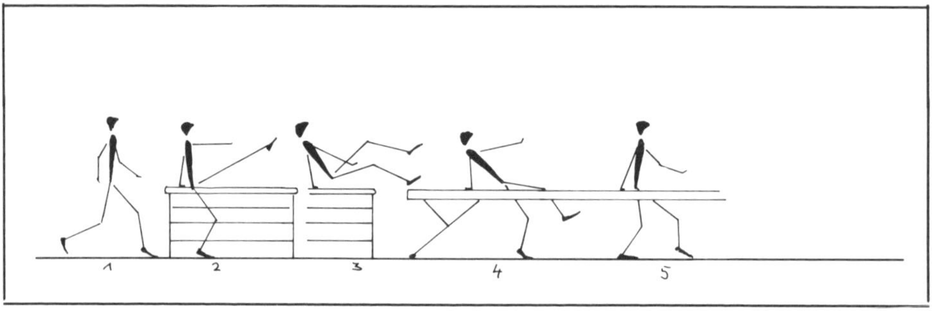

b) Hinter einen niederen, mit Matten abgesicherten Stufenbarren stellen wir einen Kleinkasten. Vor den hohen Holm legen wir auf zwei zweiteilige Kästen eine Weichbodenmatte. Je ein Kind steht im Querstand auf dem niederen Holm mit dem „Außenfuß". Das innere Bein schwingt in der Holmengasse, die nähere Hand stützt auf dem hohen Holm. Ein Helfer steht hinter der Landeposition neben dem hohen Holm auf der Weichbodenmatte.

Bringt das „Schwungbein" über den hohen Holm und springt mit dem anderen Bein dahinter her in den Stand. Ihr müßt wie bei der „Laufkehre" die stützende Hand wechseln.

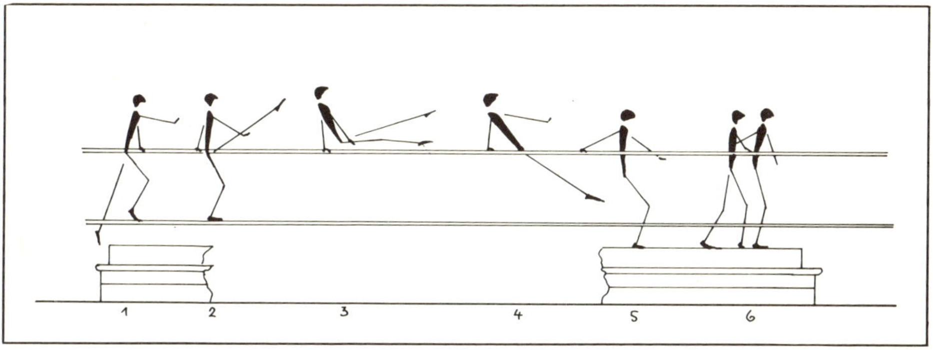

Die Helfer müssen hinter der erwarteten Landeposition mit beiden Händen den Übenden im Rücken stützen.

Sprungkehre mit beidbeinigem Absprung

Vorbemerkungen

Die Kehre mit beidbeinigem Absprung sollte eine etwas gründlichere Betrachtung finden. Sie stellt in der ersten Phase einen Absprung aus dem Stand vorlings mit einer 1/4-Drehung und Winkeln (Anbücken) dar. Nach dem wechselnden beid- und einhändigen Stütz kann entweder diese Stellung beibehalten oder mit einer weiteren 1/4-Drehung überlagert werden. Somit wäre die Endstellung entweder ein Querstand oder ein Seitstand vorlings bzw. am hohen Stufenbarren im letzten Fall ein Hang.

Dieser Übungsteil ist als Abgang oder als Verbindungsteil vom hohen zum niederen Holm turnbar. Die Kehre mit 1/4-Drehung zum Gerät bringt aber nicht sehr viel Spielraum, da dieser Teil in seiner Flugbahn kaum einen großen Radius zuläßt und somit fast einen Sackschwung ohne hohen Abschwung darstellt.

Methodischer Weg

a) Hinter den hüfthohen, mit Matten abgesicherten Kästen liegen Reutherbretter. Im Stand vorlings auf den Brettern steht je ein Kind und stützt mit beiden Händen.

Springt nach einigen prellenden Hüpfern ab und setzt euch wie vorhin auf den Kasten, daß die geschlossenen Beine auf eine Seite hinzeigen. Ihr müßt dabei nacheinander die Hände lösen.

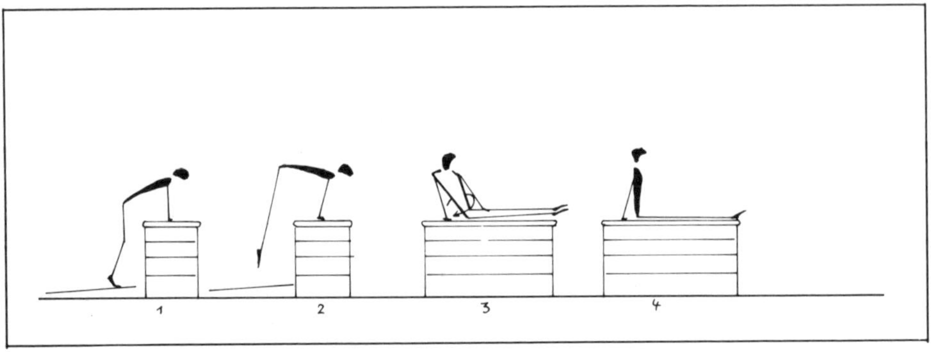

b) Gleiche Ausgangsstellung und gleicher Gerätaufbau.

Springt ab und setzt euch wie vorhin auf den Kasten. Wer kann sich mit den Händen so weit nach „drüben" drücken, daß er fast über den Kasten hinwegkommt? Eine Hand muß den Kasten wieder fassen.

c) Gleiche Ausgangsstellung und gleicher Gerätaufbau. Vor dem Kasten steht ein Helfer hinter dem Rücken des Übenden.

Springt ab und „schiebt den Kasten unter euch seitwärts weg". Wer kann so weit hinüber, daß er über den Kasten hinweg in den Stand kommt? Eine Hand stützt danach am Kasten.

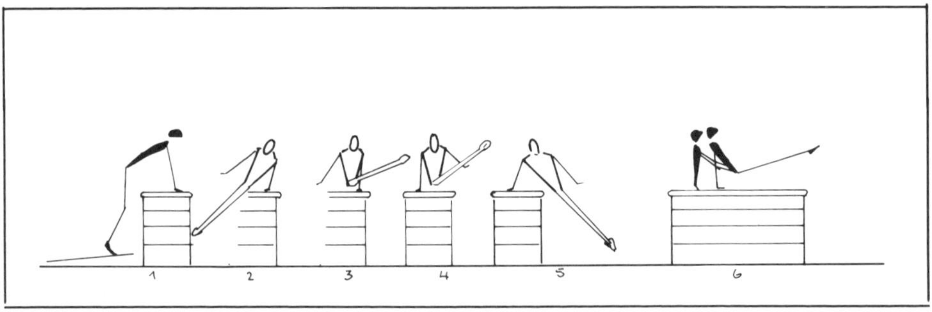

Der Helfer faßt in dem Moment, wenn der Übende „fast drüber" ist, an der Hüfte und unterstützt ihn bei der Landung.

d) Wir stellen hinter brusthohe Recks Minitrampoline, davor legen wir je Weichbodenmatten. Die Schüler stehen mit dem Gesicht zum Reck und greifen im Stützgriff. Auf der Weichbodenmatte steht hinter der Landeposition je ein Helfer im Rücken des Übenden.

Springt nach zweimaligem Hüpfen wie am Kasten mit einer Kehre über das Reck in den Stand.

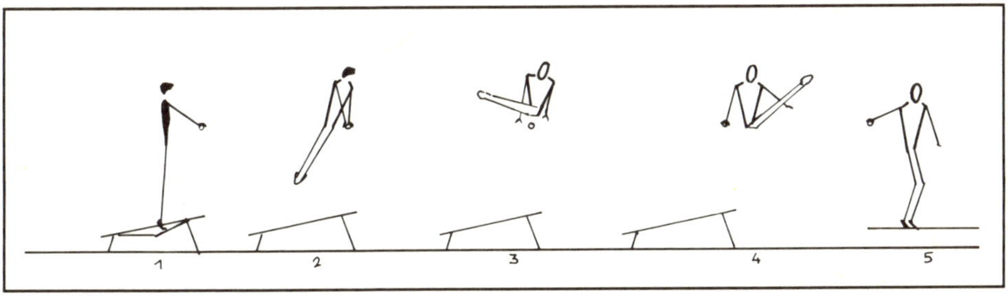

Die Helfer fassen wie vorhin am Kasten an der Hüfte und sichern die Landung.

e) Gleicher Gerätaufbau, gleiche Ausgangs- und Hilfestellung.

Springt wie vorhin über das Reck. Wer kann sich so mit den Händen nacheinander abdrücken und weiterdrehen, daß er nachher mit dem Gesicht zum Gerät steht?

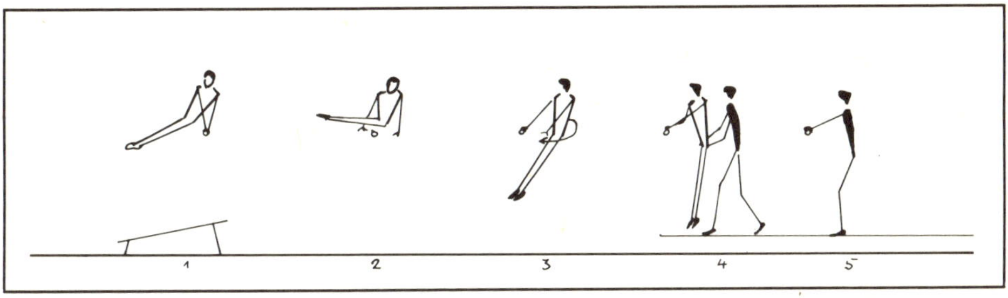

Der Helfer sichert wie vorhin und unterstützt die weitere Drehung an der Hüfte.

f) Vor mit Matten abgesicherte Stufenbarren stellen wir zwei zweiteilige Kästen und legen darauf Weichbodenmatten. Auf dem niederen Holm steht je ein Kind und stützt am hohen Holm.

Springt über den hohen Holm wie vorhin am Reck. Wer kann sich so abdrücken, dabei seinen Oberkörper vorn lassen und weiterdrehen, daß er mit dem Gesicht wieder zum Barren in den Stand kommt?

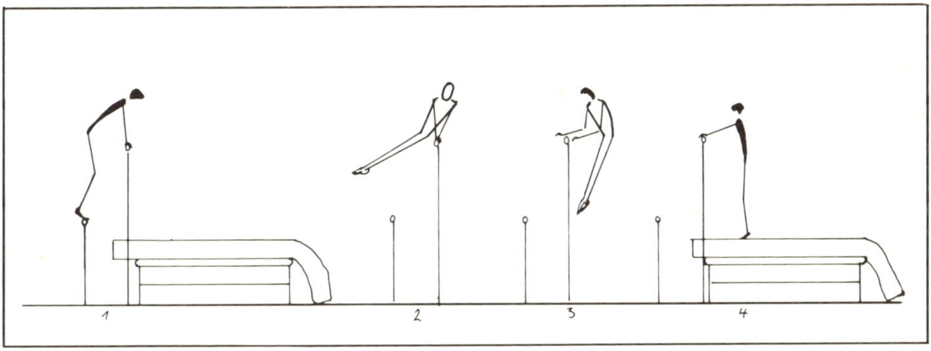

Die Helfer sichern in der gleichen Art und Weise wie vorher am Reck.

g) Gleicher Gerätaufbau, gleiche Hilfe- und Ausgangsstellung.

Turnt dasselbe wie vorhin. Wer kann beim Kehren so schnell drehen, daß er mit beiden Händen die Holme wieder fassen kann, bevor er in den Stand kommt?

Die Helfer sichern wie vorher.

h) Erst wenn diese Kehre am niederen Stufenbarren zum Stand sicher beherrscht wird, kann sie am hohen Stufenbarren zum Vorschwung geturnt werden.

Hocken

Sprungaufhocken auf den niederen Holm

Vorbemerkungen

Es muß bedacht werden, daß beim „Aufhocken", mit Fußholmkontakt, das Gleichgewicht zu halten ist. Dies ist um so schwieriger, je höher die Stützebene, in diesem Fall die Holme, ist.
Für das Sprungaufhocken gilt die gleiche Aussage wie bei den anderen Aufsprüngen wie Sprungaufgrätschen und Sprungaufbücken.

Zuerst soll an einem niederen Gerät mit breiter Stützfläche geturnt werden. Etwa in der Reihenfolge Kasten, Pferd, Balken, Barren und dann an einem höheren Gerät mit schmaler Stützfläche.

In der methodischen Reihe wird mit dem Sprungaufhocken exemplarisch dargestellt, wie auch bei den anderen Aufsprüngen vorgegangen werden kann. Beim Aufhocken wird die Schulter nur so weit nach vorn genommen, daß sich der KSP über den Füßen und Händen befindet und so ein relativ labiler Gleichgewichtszustand herrscht.

Methodischer Weg

a) Direkt vor und hinter einen hüfthohen, breit gestellten Kasten legen wir Matten. Die Kinder stehen im Seitabstand genau vor dem Kasten und stützen. Zwei Helfer stehen vor dem Kasten.

Wer kann nach zweimal prellendem Hüpfen seine Knie so schnell an die Brust ziehen, sein Gesäß hochziehen und dabei die Schultern nach vorn nehmen, daß seine Füße zwischen den Händen sind? Haltet so 3 Sekunden das Gleichgewicht und springt danach ab.

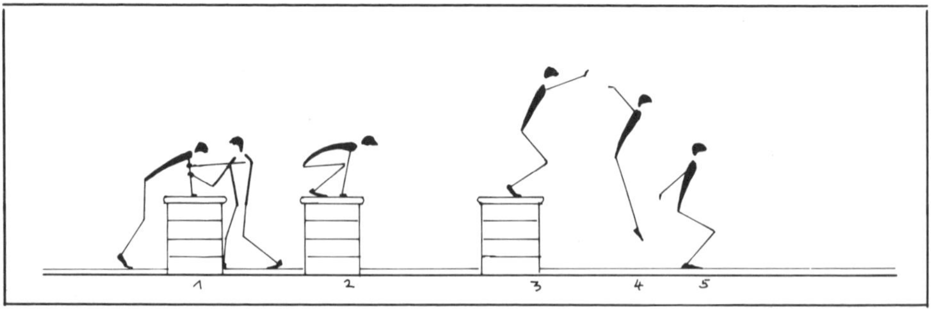

Die Helfer sichern im Stützgriff.

b) Vor und hinter dem hüfthohen Schwebebalken liegen 3 Mattenbahnen. Wenn vorhanden, legen wir eine Filzmatte über den Balken.

Je eine Gruppe ist im Stand vorlings und stützt auf dem Balken. Zwei Gruppen können gleichzeitig an einen Balken turnen. Auf der anderen Balkenseite jeder Mattenbahn stehen je zwei Helfer.

Turnt dasselbe wie vorhin am Kasten. Wer kann nach dem Aufhocken das Gleichgewicht 3 Sekunden halten? Springt nach vorn ab. Aufrichten und Niedersprung.

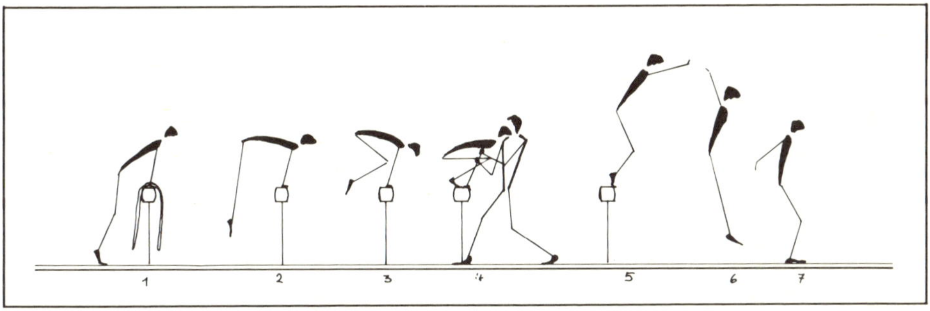

Die Helfer sichern wie vorher im Stützgriff.

c) Hinter dem hüfthohen Holm der Stufenbarren liegen je zwei Reutherbretter. Im Stand vorlings auf den Brettern steht je ein Kind, auf der anderen Holmseite stehen je zwei Helfer.

Versucht, nach zweimal prellendem Hüpfen aufzuhocken und das Gleichgewicht zu halten. Wer kann sich danach aufrichten, den hohen Holm fassen und abspringen?

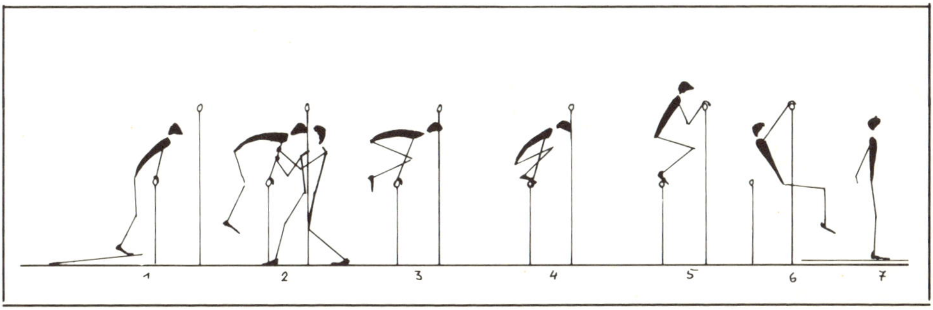

Die Helfer sichern wie schon vorher im Stützgriff das Gleichgewicht.

Sprunghocke vorwärts mit beidbeinigem Absprung über den hohen Holm

Dieser Übungsteil ist identisch mit dem Grundstützsprung Hocke.

Methodischer Weg

a) Wir stellen hinter ein hüfthohes Reck Reutherbretter, davor legen wir Weichbodenmatten. Je ein Kind ist im Stand vorlings auf dem Reutherbrett hinter dem Reck und greift im

Ristgriff. Auf der Weichbodenmatte stehen zwei Helfer und helfen im Stützgriff (wurde schon beim Stützsprung Hocke am Kasten erlernt).

Springt nach zweimal prellendem Hüpfen vom Reutherbrett ab. Wer kann wie am Kasten oder Balken sich so stützen, daß er mit der Schulter voraus über das Reck hocken kann?

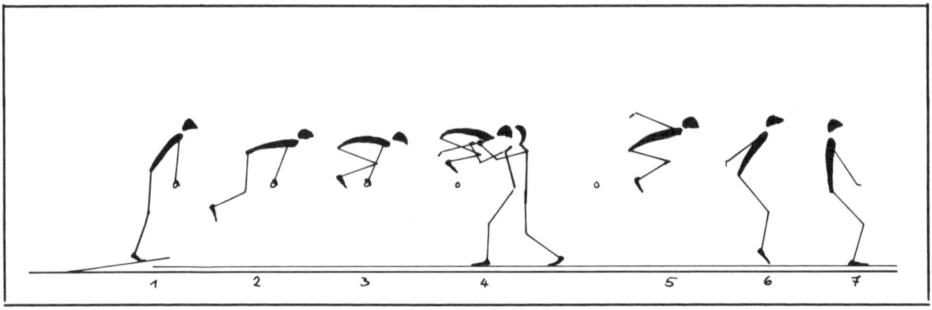

Die Helfer fassen sehr früh im Stützgriff und sichern den Übenden bis in den sicheren Stand.

b) Vor einem niederen, mit Matten abgesicherten Stufenbarren stellen wir zwei zweiteilige Kästen, darauf Weichbodenmatten. Die Helfer stehen auf der Matte. Je ein Kind steht auf dem niederen Holm mit dem Gesicht zum hohen Holm und greift im Stützgriff.

Springt wie am Reck ab zur Hocke über den hohen Holm.

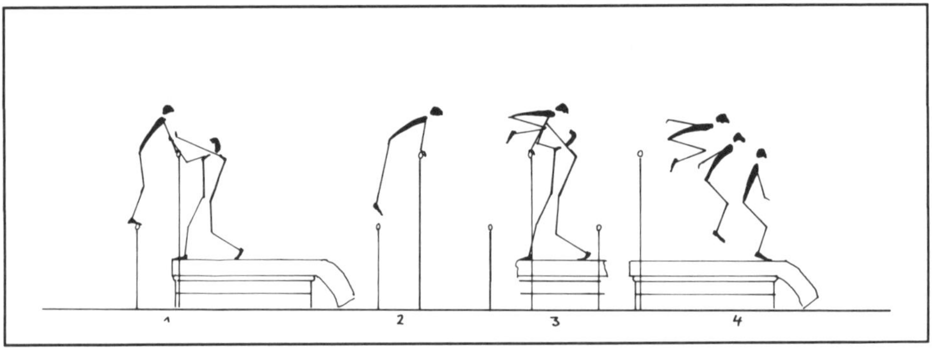

Die Helfer sichern im Stützgriff wie am Reck bis in den Stand.

Sprunghocke rückwärts

Sprungrückhocken oder Sprungrückbücken kann aus dem Stand als Abgang oder Übungsverbindung geturnt werden.
Diese Bewegungen sind relativ schwierig und verlangen schon ein hohes Maß an Bewegungserfahrung. Zudem tritt hier ein psychisches Hemmnis auf, es fehlt der Blickkontakt in die Bewegungsrichtung. Diese Elemente sind für das „normale" Kinderturnen nicht angebracht. Sie werden deshalb hier nicht dargestellt. Jedoch kann, wenn nötig, die methodische Reihe wie beim „Sprungrückgrätschen" aufgebaut werden (siehe Seiten 237–239).

Grätschen

Sprungaufgrätschen vorwärts

Vorbemerkungen

Es gilt hier die gleiche Aussage wie beim Sprungaufhocken vorwärts. Beim Aufgrätschen kommt hinzu, daß es schwieriger ist, das Gleichgewicht zu halten. Das Aufgrätschen vorwärts wird meist als Verbindungsteil für den Felgunterschwung in den Stand oder mit 1/2-Drehung in den Hang geturnt.

Die methodische Reihe kann wie beim Überhocken aus dem Seitstand vom Reutherbrett beginnen.

Methodischer Weg

a) Hinter dem hüfthohen Kasten liegen Reutherbretter. Davor stehen zwei Helfer. Die Kinder stehen auf den Reutherbrettern und stützen auf dem Kasten.

Springt ab, zieht das Gesäß hoch und komm in den Grätschstand auf dem Kasten. Springt nach vorn ab.

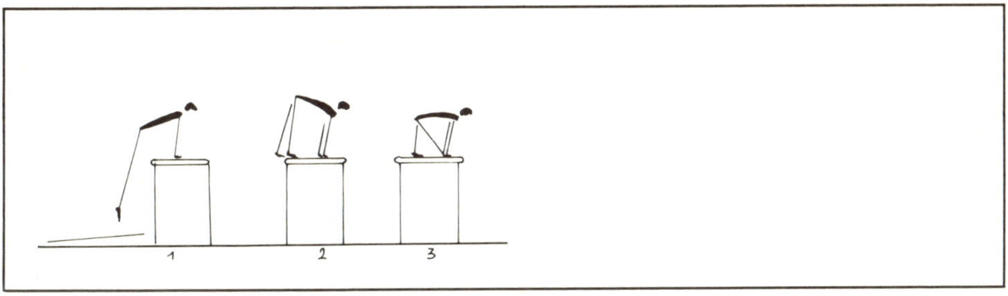

Die Helfer sichern bis zum Niedersprung im Stützgriff.

b) Hinter den hüfthohen Schwebebalken werden Reutherbretter, davor Matten gelegt. Auf den Reutherbrettern steht je ein Kind und stützt auf dem Schwebebalken.

Springt, wie vorhin am Kasten, jetzt ab zum Grätschstand auf dem Balken. Wer kann das Gleichgewicht halten?

Die Helfer sichern und unterstützen wie vorher am Kasten.

Sprunggrätsche vorwärts

Methodischer Weg

a) Hinter die hüfthohen Recks werden Reutherbretter gelegt. Davor stehen zwei Helfer. Je ein Kind ist im Seitstand vorlings am Reutherbrett.

Springt ab und zieht das Gesäß so hoch, daß ihr die gegrätschten Beine über die Reckstange bringen könnt. Drückt euch ab, um vor dem Reck zu landen.

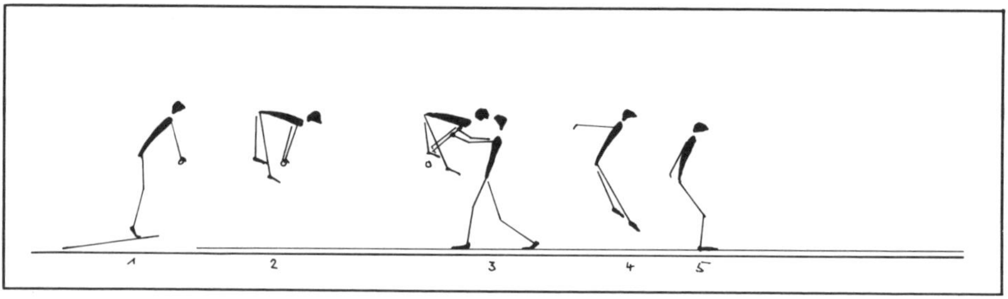

Die Helfer fassen frühzeitig im Stützgriff und sichern den Übenden bis zum Stand.

b) Beim Sprunggrätschen über den hohen Holm sollten etwa gleiche Bedingungen wie vorher am Reck vorhanden sein.

Vor dem niederen Stufenbarren stehen zwei zweiteilige Kästen, darauf liegen Weichbodenmatten. Auf den Matten stehen zwei Helfer und sichern. Je ein Kind steht am niederen Holm mit dem Gesicht zum hohen Holm und stützt am hohen Holm.

Springt ab, zieht das Gesäß hoch und turnt die Grätsche über den hohen Holm wie am Reck.

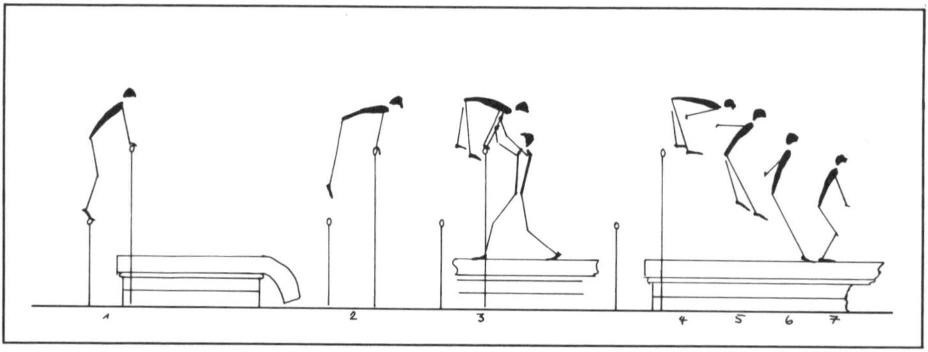

Die Helfer unterstützen und sichern im Stützgriff wie vorher am Reck.

Sprunggrätsche rückwärts

Vorbemerkungen

Dieser schon vom optischen Eindruck spektakuläre Übungsteil des Stufenbarrenturnens ist bei entsprechender methodischer Vorbereitung nicht allzu schwierig. Das wesentlichste Hemmnis, das es hierbei zu überwinden gilt, ist jedoch rückwärts ins ,,Blinde zu springen". Es ist deshalb erforderlich, die gleiche Übung unter erleichterten Bedingungen anzubieten. Für die Übenden muß das Risiko ,,überschaubar" gemacht werden. Je besser die ,,aktive" Spreizfähigkeit ist, desto leichter wird für die Schülerinnen dieser Übungsteil zu erlernen sein.

Es muß hier erwähnt werden, daß dieser Übungsteil mehr dem leistungsorientierten Turnen zugeordnet werden sollte. Er wird hier nur der Vollständigkeit halber als ,,Ausblick" methodisch aufbereitet.

Methodischer Weg

a) Hinter Reutherbretter legen wir Matten. Je ein Kind steht auf einem Brett mit dem Rücken zu den Matten. Im Rücken auf den Matten steht ein Helfer und faßt die Taille des Übenden.

Springt nach hinten und grätscht die Beine ganz weit. Vor dem Landen müßt ihr die Beine wieder schließen.

Die Helfer stehen in Schrittstellung und fassen an der Taille. Sie sichern die Übende bis zum Stand, wobei sich die Helfer rückwärts bewegen können.

b) Wir legen vor hüfthohe Böcke Reutherbretter. Auf der anderen Seite steht ein Helfer. Auf dem Brett steht mit dem Rücken zum Bock je eine Übende.

Springt nach hinten ab und zieht dabei das Gesäß schnell nach hinten oben. Wer kann dabei zwischen die Beine hindurchgreifen und auf dem Bock stützen, bevor er im Stand ist?

Der Helfer steht am Bock und neigt sich vor über den Bock hinaus. Mit beiden Händen umfaßt er die Hüfte des Übenden und unterstützt das „Gesäßhochziehen". Gleichzeitig muß er die Schülerin nach „hinten" ziehen.

c) Vor breit gestellte, hüfthohe Kästen legen wir Reutherbretter. Auf die andere Seite legen wir Matten, darauf stehen Helfer. Auf dem Brett mit dem Rücken zum Kasten steht je eine Schülerin.

Springt wie vorhin rückwärts mit Grätschen. Wer kann sein Gesäß so hochziehen und dabei so weit grätschen, daß er erst mit den Händen stützen kann, bevor er in den Grätschstand kommt?

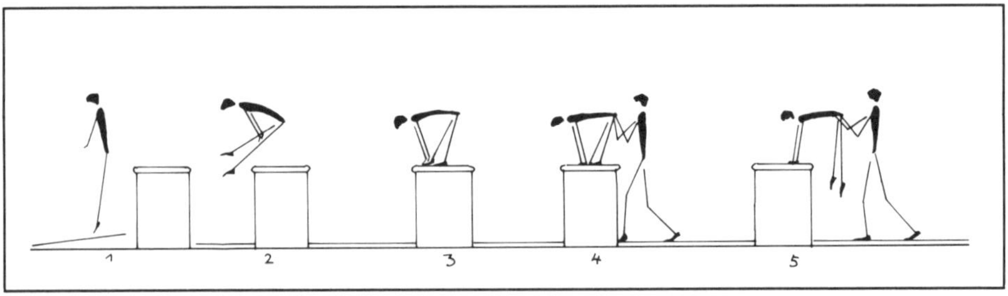

Die Helfer fassen genauso wie am Bock sehr frühzeitig an der Hüfte und heben rückwärts ziehend die Schülerin hoch. Dabei muß folgende Gefahr berücksichtigt werden: Wenn die Schülerin ihr Gesäß nicht hoch genug zieht, bleiben die Füße am Kasten hängen und der Körper fällt rückwärts. Deshalb ist es wichtig, daß diese Hilfe in den ersten Versuchen von der Lehrkraft oder kräftigen Mitschülerinnen geleistet wird, die das Gesäß „hochziehen" können.

Erst wenn die Übenden so hoch auf den Kasten kommen, daß sie erst mit den Händen stützen können und dann die Beine aufsetzen und nicht mehr „zurückfallen", kann diese Bewegung über das Reck geturnt werden.

d) Vor die mit Matten abgesicherten hüfthohen Recke legen wir Reutherbretter. Auf jedem Reutherbrett steht je ein Kind mit dem Rücken zum Reck. Auf der anderen Reckseite je ein Helfer auf WBM.

Springt wie beim Kasten nach hinten weg und zieht das Gesäß hoch. Wer kann dabei so weit grätschen, daß er die Reckstange nicht mit den Füßen berührt? Versucht zu greifen, bevor ihr auf dem Boden steht.

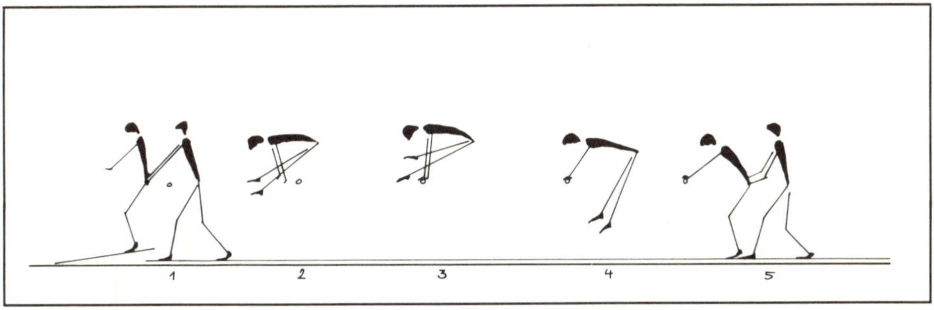

Die Helfer arbeiten genauso wie am Kasten.

e) Hinter einen mit Matten abgesicherten Stufenbarren stellen wir drei zweiteilige Kästen, darauf liegt eine Weichbodenmatte. Eine Schülerin steht auf dem niederen Holm mit dem Rücken zum hohen Holm. Auf der Kastenanlage steht ein Helfer.

Springt wie vorhin nach hinten weg und zieht das Gesäß schnell hoch. Wer kann mit beiden Händen den Holm greifen, bevor seine Füße den Boden berühren?

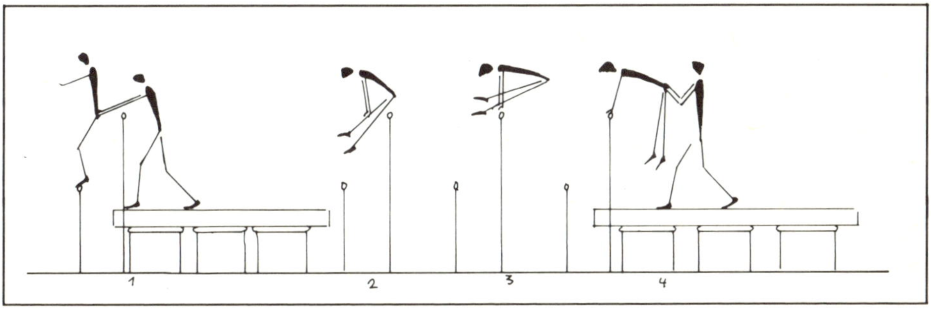

Der Helfer faßt mit einer Hand im Hosenbund und zieht den Übenden so leicht nach oben rückwärts. Vorsicht beim Zurückgehen!

Erst wenn das Rückgrätschen unter diesen abgesicherten Bedingungen beherrscht wird, kann dieses Element am hohen Stufenbarren geturnt werden.

Der Helfer muß auch am hohen Stufenbarren als Sicherheitsstellung unter und knapp hinter dem hohen Holm stehen.

VII. Schwebebalken

Vorbemerkungen

Grob vereinfacht kann man sagen, das Turnen am Schwebebalken ist Bodenturnen unter sehr stark eingeschränkten Bedingungen.

Die Einschränkungen sind durch die Breite (0,10 m) und durch die Länge (5,00 m) des Gerätes gegeben.

Der Schwebebalken ist in erster Linie ein Gleichgewichtsgerät. Wie beim Bodenturnen sind alle Bewegungen an diesem Gerät in zwei Bereiche einzuordnen.

Der gymnastische Bereich

dynamische und

statische Formen

Der turntechnische Bereich

Sprungbewegungen

Rollbewegungen

Überschlagbewegungen

Beinschwungbewegungen

Felgbewegungen
(sie werden jedoch hier nicht behandelt)

Im Rahmen dieses Buches soll versucht werden, eine Systematik der gymnastischen Formen zu erstellen.

Aus dem turntechnischen Bereich werden nur Fundamentalbewegungen angeboten, die für alle Kinder möglich sind. Sie werden methodisch aufbereitet.

Gymnastischer Bereich – Systematisierungsversuch

Eine methodische Aufbereitung der gymnastischen Formen des Turnens am Schwebebalken würde weit über die Ansprüche hinausgehen, was dieses Buch zu leisten vermag.

Für die Grundformen des Gehens, Schreitens, Laufens, Federns, Hüpfens und der Sprünge sind an sich schon keine Vorübungen nötig, da es sich hier um Grundtätigkeiten handelt.

Zum anderen möchten wir nicht so weit in die Bereiche der Gymnastik eindringen, wie dies auf jeden Fall für ein Gymnastiklehrbuch nötig wäre. Dabei wären wir sicher überfordert.

Außerdem ist für die einfachsten gymnastischen Grundformen am Schwebebalken vielfältige Literatur vorhanden.

Dynamische Formen

Gehen

Laufen

Federn

Hüpfen

Springen

Drehungen

Gehen vorwärts, auf den Fußballen, mit Vorhochspreizen, mit Ausfallschritt, mit Nachstellen, mit Rumpfbeugen vorwärts, in der Hockstellung (größte Beugung), mit Drehen.

Gehen seitwärts, mit Spreizen, mit Kreuzen, mit Hochstellen, mit Drehen.

Gehen rückwärts, auf den Fußballen, mit Rückspreizen, in der Hockstellung (größte Beugung), mit Drehen.

Laufen mit starkem Knieheben, mit Anfersen, mit großen Schritten, mit Spreizen, mit Springen, auf den Fußballen.

Federn bedeutet elastisches Beugen und Strecken der Beingelenke (Vertikalimpuls) ohne Lösen der Füße von der Unterstützungsfläche.

Hochfedern am Ort in Schlußstellung, Tieffedern am Ort in Schlußstellung mit und ohne Rumpfvorbeuge, Hochfedern am Ort in Schrittstellung, Tieffedern am Ort in Schrittstellung mit und ohne Rumpfvorbeuge, Tief- oder Hochfedern mit Drehung.

Hüpfen bedeutet Beugen und Strecken der Beingelenke mit minimalem Vertikalimpuls und Lösen der Füße von der Unterstützungsfläche.

Schlußhüpfen am Ort mit und ohne Beinwechsel, Schlußhüpfen mit Vor-, Seit- und Rückwärtsbewegung, Spreizhüpfen mit Spreizen am Ort und in der Bewegung, Wechselhüpfen vorwärts, Nachstellhüpfen vorwärts, Galopphüpfen seitwärts, „Hopser" (natürliches Kinderhüpfen) vorwärts.

Springen bedeutet Beugen und Strecken der Beingelenke mit maximalem Vertikalimpuls und Lösen der Füße von der Unterstützungsfläche.

Schlußsprung am Ort mit Seitspreizen, Schlußsprung am Ort mit und ohne Beinwechsel, Schlußhocksprung am Ort und Vorwärtsbewegung, Springen mit Quer- und Seitspreizen, Schrittsprung, Anschlagsprung, Rehsprung, Schersprung, Pferdchensprung.

Drehungen. Damit sind Drehungen um die Körperlängsachse gemeint, sie können von $^1/_8 = 45^\circ$ bis zu dreifachen Drehungen $= 1080^\circ$ geturnt werden.

Drehungen im Stand, auf beiden Füßen, in der Hock- oder Streckstellung, mit und ohne Hochfedern, auf einem Bein mit vertikalem Schwungbeinimpuls nach vorn oder hinten (Drehungen aus- oder einwärts), auf einem Bein mit horizontalem Schwungbeinimpuls (Spielbein) (Drehungen aus- oder einwärts), Drehungen im Kniestand, Drehungen im Sitz, Drehungen im Sprung.

Statische Formen

Stehen

Sitzen

Stützen

Liegen

Stehen, Stand auf beiden Füßen, Stand auf einem Fuß, Grätschstand, Querspreizstand, Hockstand, Kniestand, Nackenstand, Schulterstand, Kopfstand und Handstand.

Sitzen, Seitsitz, Quersitz, Hocksitz, Strecksitz, Quergrätschsitz (Reitsitz), Seitgrätschsitz, Winkelsitz und Spitzwinkelsitz.

Stützen, Seitstütz vorlings, Seitstütz rücklings, Quergrätschstütz – Seitgrätschstütz, Liegestütz vorlings, Liegestütz rücklings, Knieliegestütz, Winkelstütz, Grätschwinkelstütz und Spitzwinkelstütz.

Liegen, Rückenlage, Kipplage, Bauchlage und Seitenlage.

Turntechnischer Bereich

Vorbemerkungen

Für die Aufbereitung turntechnischer Formen des Schwebebalkens ist von ganz wenigen Ausnahmen abgesehen (Beinschwung im Quergrätschstütz, Auf- und Niedersprünge) die methodische Erarbeitung der Elemente des Bodenturnens verwendbar. Die erwähnten Ausnahmen werden erarbeitet.

Für das Übertragen der schon am Boden erlernten Fertigkeiten auf den Schwebebalken sollten folgende Grundprinzipien beachtet werden.

Erstes Prinzip

Stabilisierung der Fundamentalbewegungen am Boden, hier besteht die größtmögliche „Unterstützungsfläche".

Zweites Prinzip

Die Unterstützungsfläche sollte allmählich schmäler werden. Dabei sollten in der Reihenfolge die Geräte

a) mehrere zweiteilige Kästen hintereinander,
b) normal gestellte Turnbänke (Vorsicht, sie fallen bei Querbelastung leicht um),
c) umgedrehte Turnbänke,

d) Kleinschwebebalken verwendet werden.

Drittes Prinzip

Nach Stabilisierung des Balancegefühls bei den einzelnen Fertigkeiten auf den niederen Geräten folgt das dritte Prinzip: die Erhöhung der Geräte.

e) Bodenschwebebalken
f) Schwebebalken, 0,30–0,80 m hoch
g) Schwebebalken, 0,85–1,20 m hoch

Bei manchen Bewegungen, wie Aufspringen mit Stütz der Hände, richtet sich die Balkenhöhe natürlich nach den vorhandenen Notwendigkeiten.

Sprungbewegungen

Vorbemerkungen

Strukturzuordnung

Sie werden hier überwiegend von dieser Bewegungsstruktur Sprungbewegungen getragen. Deshalb werden sie vor jeder methodischen Reihe nicht mehr erwähnt.

Funktionsphasenanalyse

entfällt.

Aufspringen mit Stütz der Hände aus dem ein- und beidbeinigen Absprung

Aus dem „Schräganlauf" einbeiniger Absprung mit Vorspreizen in den Quersitz (Laufkehre)

a) Vor und hinter hüfthohe Kästen legen wir Matten. Die Kinder stehen etwa 3 bis 5 m schräg vor dem Kasten.

Lauft an, schwingt das kastennähere Bein hoch und springt mit dem kastenentfernten Bein ab. Stützt dabei mit einer Hand. Wer kann so weit „hinüberschwingen" und springen, daß er auf der anderen Kastenseite sitzen kann? Springt ab und lauft zum nächsten Kasten.

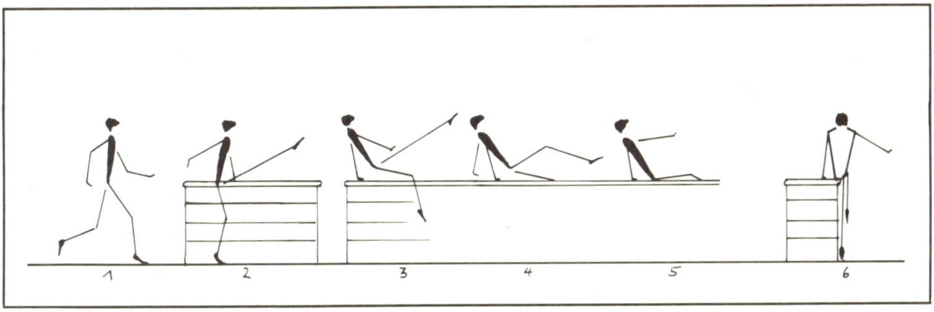

b) Unter den hüfthohen Schwebebalken legen wir Matten. Die Kinder stehen schräg 3 bis 5 m davor.

Lauft an und springt mit Schwungbeineinsatz über den Balken. Wer kann seine Geschwindigkeit so bremsen, daß er auf der anderen Seite am Balken sitzen kann?

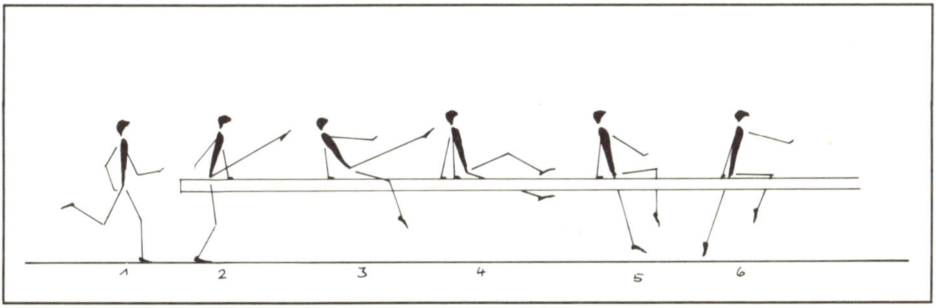

Aus dem „Schräganlauf" Stütz und einbeiniger Absprung. Aufsprung mit Vorspreizen in den einbeinigen Hockstand

Die Schüler stehen etwa 3 m schräg vor dem Balken.

Lauft an und springt mit einem Bein ab. Wer kann einen Fuß in den Hockstand aufsetzen und das andere Bein nach vorn nehmen?

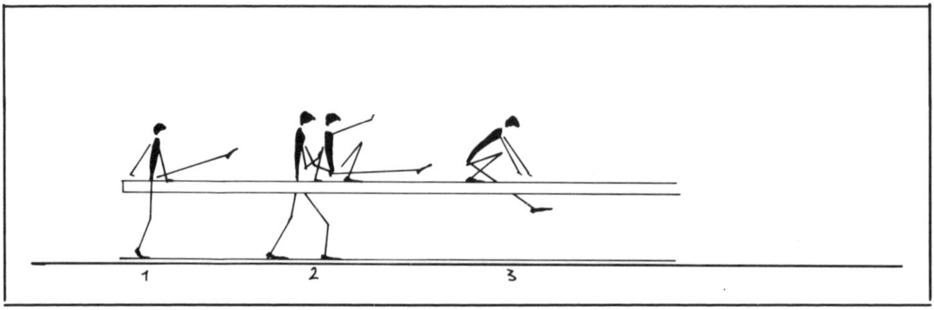

Auf der anderen Balkenseite steht ein Helfer und sichert am Stützarm das Gleichgewicht.

Aufspringen ohne Stütz der Hände mit einbeinigem Absprung

Dieser Aufgang kann aus dem Quer-, Seit- oder Schrägstand zum Balken geturnt werden. Hinter hüfthohe, mit Matten abgesicherte dreiteilige Kästen legen wir Reutherbretter.

a) Die Kinder stehen etwa 3 bis 5 m vor dem Reutherbrett.

Lauft an und springt mit einem Fuß ab, daß ihr mit dem anderen Fuß auf dem Kasten landet. Springt ab, lauft zum nächsten Kasten und turnt dasselbe.

b) Hinter dem hüfthohen Schwebebalken liegt ein Reutherbrett. Neben dem Balkenanfang steht ein Helfer. Die Kinder stehen 3 bis 5 m vor dem Brett.

Lauft an, springt ab und schaut dabei auf den Balken. Wer kann auf dem Balken mit einem Fuß landen, ohne sein Gleichgewicht dabei zu verlieren? Ihr könnt dabei die Hand des Helfers fassen.

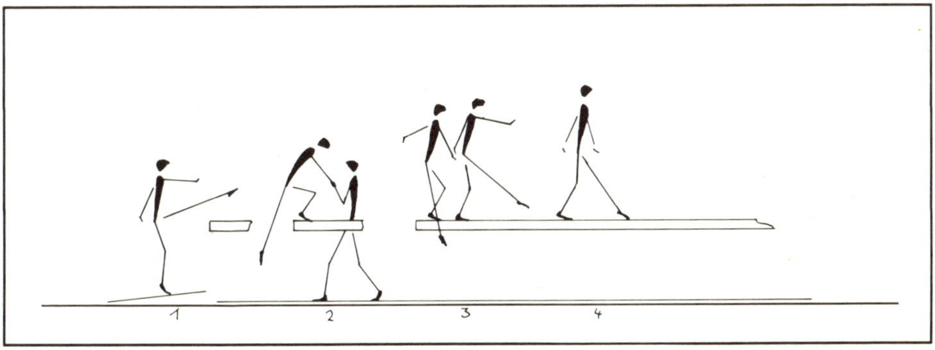

Der Helfer versucht, die Hand des Übenden früh zu fassen, um die Gleichgewichtsbemühungen des Übenden zu sichern und zu unterstützen.

c) Die gleiche Übung kann auch in der Balkenmitte aus dem Schräg- oder Seitstand geturnt werden. Dabei muß der Helfer auf der anderen Balkenseite stehen. Er sichert genau so wie am Balkenanfang.

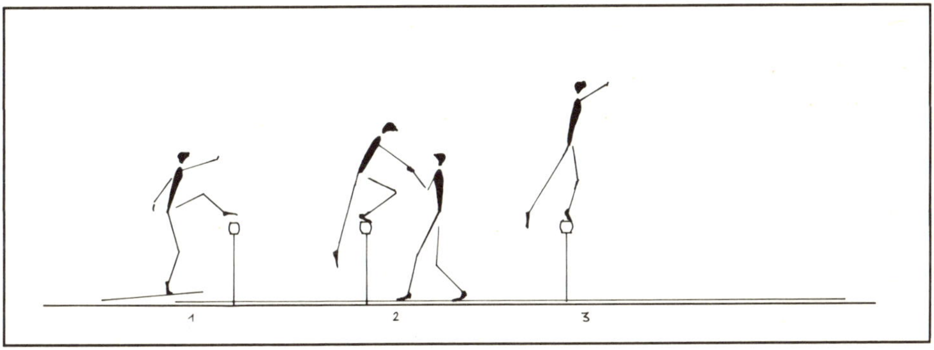

Aus dem Seitstand mit oder ohne Anlauf beidbeiniger Absprung. Aufsprung mit Stütz der Hände

Sprung in den Stütz mit Seit- und Vorspreizen eines Beines

a) Hinter den hüfthohen, mit Matten abgesicherten Balken legen wir versetzt auf jede Seite ein Reutherbrett. Auf jedem Brett steht eine Schülerin. Neben dem Reutherbrett auf der spreizfreien Seite steht je ein Helfer.

Springt in den Stütz, spreizt ein Bein seitwärts und setzt es auf den Balken. Wer kann danach sein Gleichgewicht halten? Springt ab.

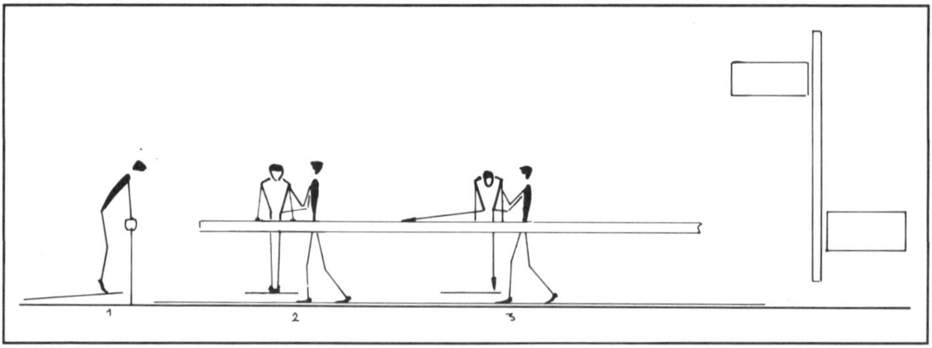

Die Helfer sichern im Stützgriff an einem Arm das Gleichgewichtsbemühen der Übenden.

b) Bei gleicher Ausgangs- und Hilfestellung.
Springt in den Stütz und spreizt ein Bein über den Balken. Setzt euch so auf den Balken. Wer kann sein Gewicht ganz zur Spreizseite legen, die Hände lösen und das andere Bein ebenfalls über den Balken bringen? Springt aus dem Seitsitz ab.

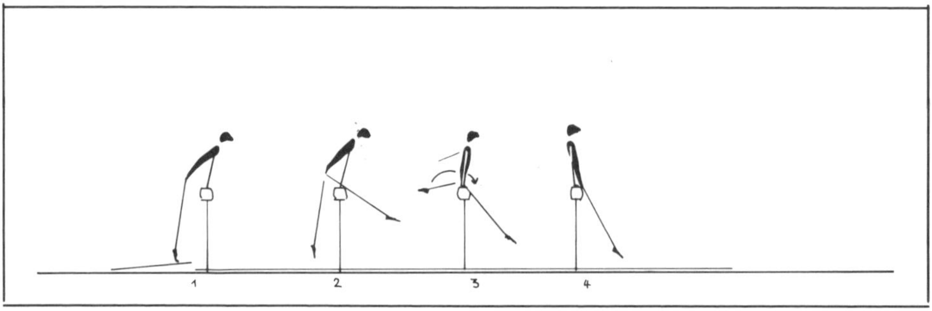

Der Helfer kann nur am Anfang an der spreizfreien Seite sichern. Danach müßte er die Seite wechseln, damit der Übende sein zweites Bein nachspreizen kann.

c) Bei gleicher Ausgangs- und Hilfestellung und gleichem Gerätaufbau.

Springt ab und spreizt ein Bein über den Balken. Wer kann dabei ¼-Drehung turnen, daß er danach im Quergrätschsitz ist? Versucht, euer Gleichgewicht zu halten.

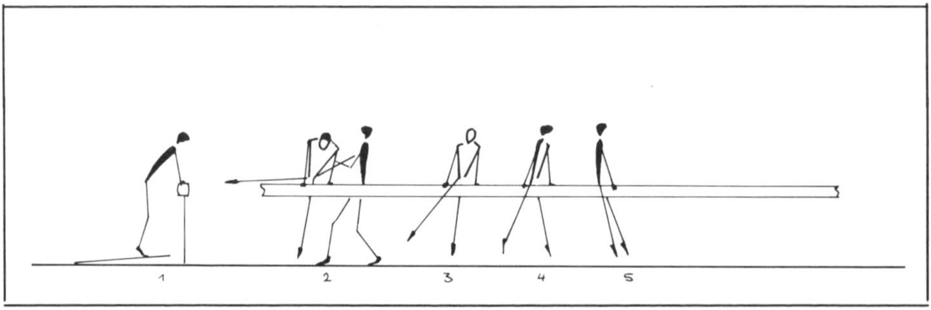

Die Helfer unterstützen in der ersten Phase im Stützgriff den Übenden aktiv und sind danach in „Sicherheitsbereitschaft".

d) Bei gleichem Aufbau und aus der gleichen Ausgangsstellung könnte anstatt des Quersitzes oder -stützes nach dem Sprungvorspreizen der Grätschstütz, der Grätschwinkelsitz und der Grätschwinkelstütz im Querverhalten erarbeitet werden.

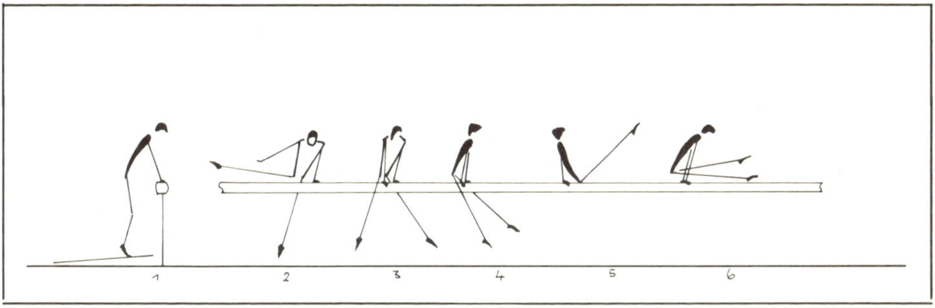

Aufsprung in den Stütz mit Drehhocke (Hockwende) in die Hockstellung

Hinter knie- bis hüfthohen Kästen liegen Reutherbretter, davor Matten. Auf der drehabgewandten Seite neben dem Reutherbrett stehen die Helfer. Je ein Kind steht vorlings auf einem Brett und stützt am Kasten.

Springt ab, zieht schnell das Gesäß hoch und hockt die Beine so an, daß sie möglichst nahe an die Hände kommen. Wer kann sich dabei so drehen, daß er danach quer auf dem Kasten steht?

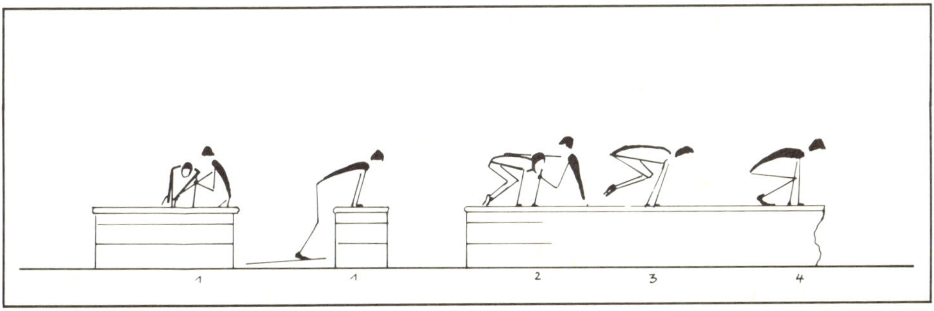

Die Helfer unterstützen mit einer Hand am Gesäß die Drehbewegung und sichern mit der anderen Hand am Oberarm im Stützgriff (siehe Seite 276).

b) Hinter dem hüfthohen, mit Matten abgesicherten Balken liegen versetzt zwei Reutherbretter. Die Hilfe- und Ausgangsstellung bleiben gleich.

Stützt so auf dem Balken, daß die Daumen in der Balkenmitte in die Turnrichtung zeigen. Springt ab und turnt dasselbe wie am Kasten. Wer kann in der Hockstellung das Gleichgewicht halten?

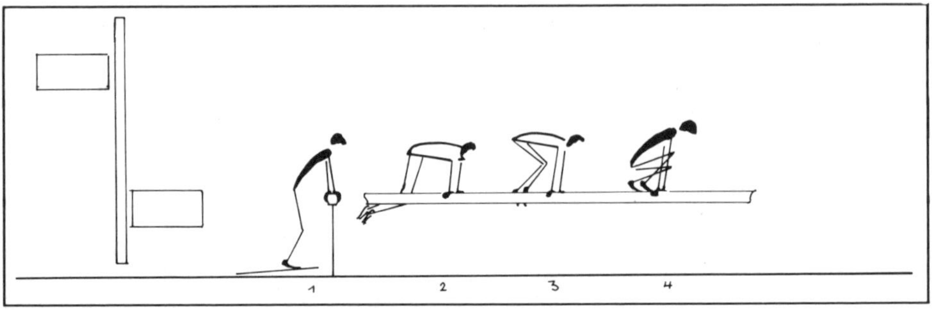

Die Helfer unterstützen und sichern wie vorher am Kasten.

c) Gleicher Gerätaufbau, gleiche Ausgangs- und Hilfestellung.

Turnt das gleiche wie vorhin. Wer kann mit einem Bein knien und das andere Bein rückhochspreizen? Die Helfer unterstützen wie vorhin.

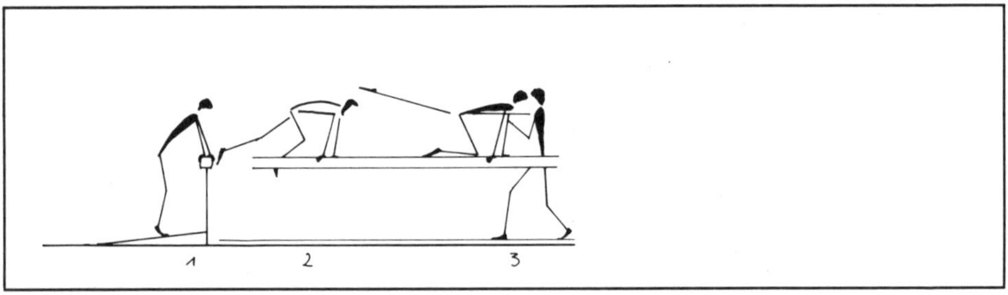

Sprungaufhocken

Dieser Aufsprung ist gleich wie der Grundstützsprung Hocke.

a) Hinter hüfthohe, breit gestellte Kästen legen wir Reutherbretter, davor Matten. Zwei Helfer stehen auf den Matten und sichern im Stützgriff. Je ein Kind ist im Seitstand vorlings auf dem Reutherbrett und stützt am Kasten.

Springt nach zweimal prellendem Hüpfen vom Reutherbrett ab, nehmt das Gesäß hoch und zieht schnell die Knie an die Brust. Wer kann seine Füße genau zwischen die stützenden Hände setzen, ohne dabei das Gleichgewicht zu verlieren?

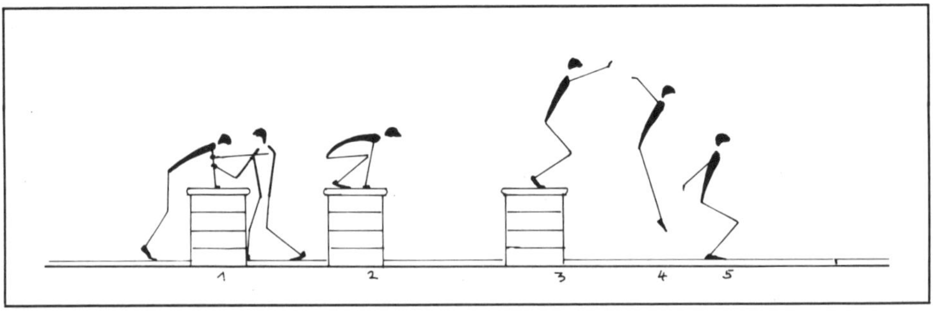

Die Helfer fassen sehr früh im Stützgriff und sichern das Aufhocken.

b) Zwei bis drei Reutherbretter liegen versetzt hinter dem hüfthohen mit Matten abgesicherten Balken. Auf jedem Brett steht ein Übender, auf der anderen Balkenseite je zwei Helfer.

Springt ab und turnt dasselbe wie vorhin am Kasten. Wer kann nach dem Aufhocken sein Gleichgewicht halten? Springt danach ab.

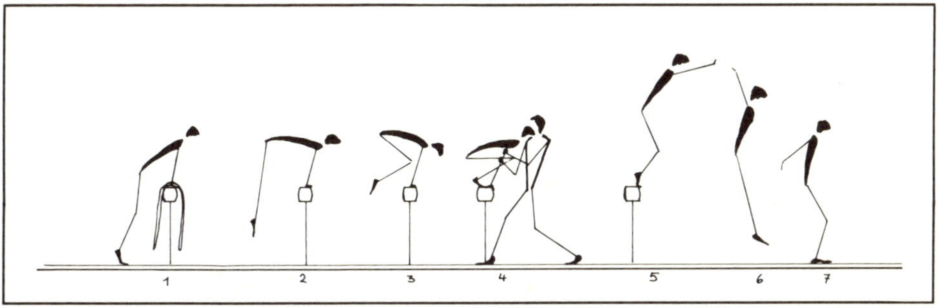

Die Helfer sichern und unterstützen im Stützgriff und garantieren das Gleichgewicht nach dem Aufhocken.

c) Sprung mit einbeinigem Aufhocken ohne Drehung und Seitspreizen des anderen Beines.

Springt wie vorhin ab und hockt nur mit einem Bein zwischen die Hände. Wer kann gleichzeitig das andere Bein nach außen gestreckt auf den Balken setzen?

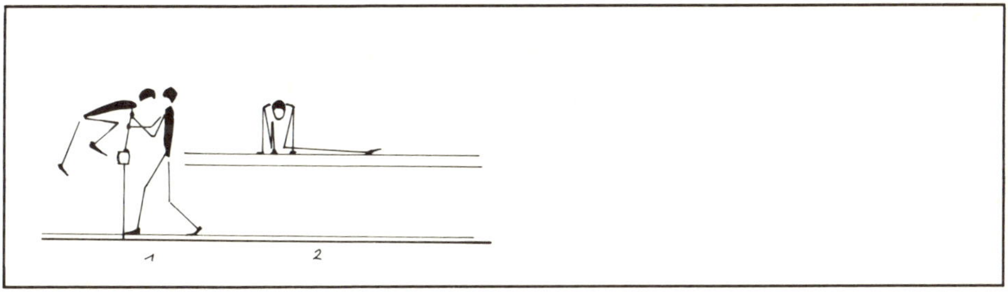

Sprungaufgrätschen

Die gleiche Reihe wie eben beim Sprungaufhocken erlernt, kann analog für das Sprungaufgrätschen angewendet werden.

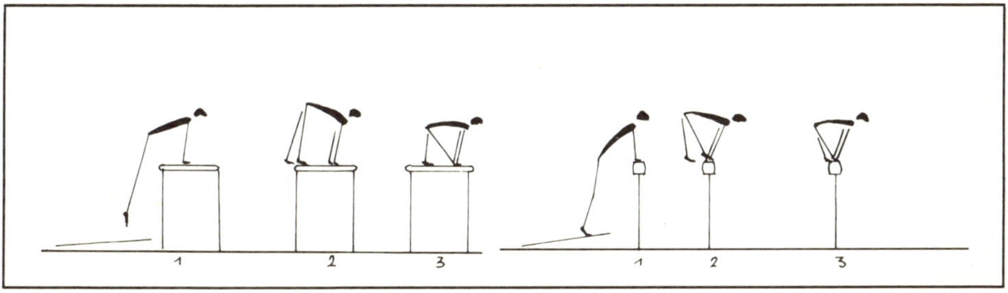

Niedersprünge

Es ist für Kinder gefährlich, ohne entsprechende Vorübungen Niedersprünge von Geräten zu turnen. Stellen doch die qualitativ schlechten „Landungen" immer eine Gefahr für alle Beingelenke, für das Hüftgelenk und vor allem für die Wirbelsäule dar.

Die Landung

Vorbemerkungen

Landungen, die keine Schädigungen verursachen sollen, müssen die „Fallgeschwindigkeit" allmählich auf Null abbremsen. Die Muskeln, Sehnen und Bänder der genannten Körpergelenke ermöglichen dies. Das heißt, daß bei diesem „Abbremsvorgang" alle Beingelenke, das Hüftgelenk und die Wirbelsäule aktiv daran beteiligt sein müssen.

Je größer die „Fallgeschwindigkeit", dies hängt von der Niedersprunghöhe der vorher geturnten Bewegung und dem Gewicht des Übenden ab, desto größer wird der „Bremsweg" sein bzw. desto mehr Kraft muß aufgewendet werden, um die Geschwindigkeit auf 0 zu bremsen. Auf keinen Fall darf man beim Landen auf den Fußspitzen stehen bleiben.

Um die richtige Landung geradezu zwingend in die Aufgabenstellung zu verpacken, hat man einen sehr geraden und einleuchtenden Weg gefunden, der im Rahmen der „vorbereitenden" Gymnastik gegangen werden sollte.

a) Die Kinder stehen verteilt in der Halle.

Springt von beiden Füßen ab. Wer kann auf einem Fuß landen und ohne nachzufedern auf diesem Fuß balancierend das Gleichgewicht halten?

Die einbeinige Landung mit der Balanceforderung zwingt die Kinder, von den Fußspitzen abrollend die gesamte Fußsohle aufzusetzen sowie Knie- und Hüftgelenk in diesen Abbremsvorgang einzubeziehen. Außerdem wird dadurch mit vorgeneigtem Oberkörper gelandet, da sonst der KSP nicht über das Landebein gebracht werden kann.

b) wie bei a)

Turnt einen Strecksprung und landet auf dem anderen Bein. Wer kann so schnell „bremsen", daß er gar nicht so tief „in die Hocke" gehen muß?

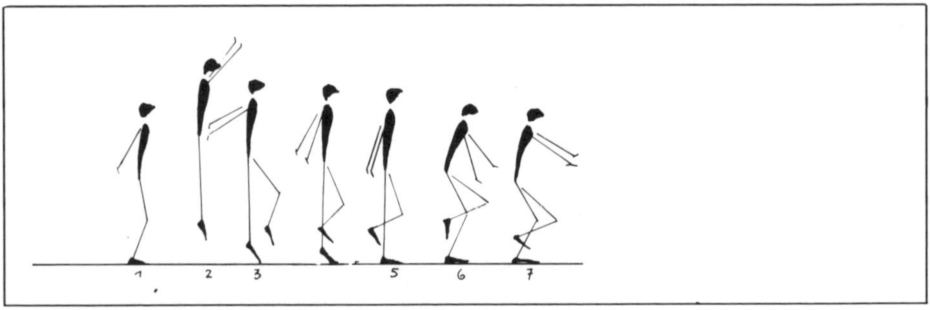

Für diese geringe Höhe (geringe Fallgeschwindigkeit) braucht man bei maximalem Krafteinsatz der „Bremsmuskulatur" nur einen ganz kurzen „Bremsweg". Der Krafteinsatz, um „bremsen zu können", beginnt mit dem Fußkontakt am Boden.

c) wie bei a)

Turnt den Strecksprung jetzt mit Armschwung. Wer kann bei der Landung mit einem Fuß so abbremsen, daß er am „tiefsten Punkt" ohne nachzufedern 3 Sekunden stehen kann?

Richtet euch auf, turnt dasselbe und landet auf dem anderen Fuß.

Erst wenn diese Landetechnik auf einem Fuß sicher beherrscht wird, sollte auf beiden Füßen gelandet werden.

d) wie bei a)

Turnt den Strecksprung mit Armschwung. Landet mit beiden Füßen genauso wie vorhin mit einem. Da ihr jetzt beide Beine zum „Abbremsen" nehmen könnt, muß der „Bremsweg" noch kürzer sein. Bleibt am tiefsten Punkt 3 Sekunden stehen.

Richtet euch auf und wiederholt dies mehrmals.

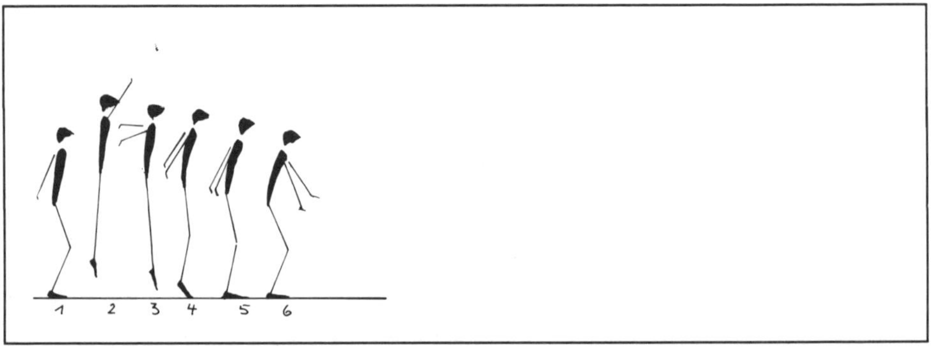

e) An zweiteilige Kästen legen wir Matten. Je ein Kind steht am Kastenrand.

Turnt einen Strecksprung mit Armschwung und landet auf der Matte genauso wie am Boden. Wer kann wieder am tiefsten Punkt 3 Sekunden ohne nachzufedern sein Gleichgewicht halten? Richtet euch auf und lauft weg.

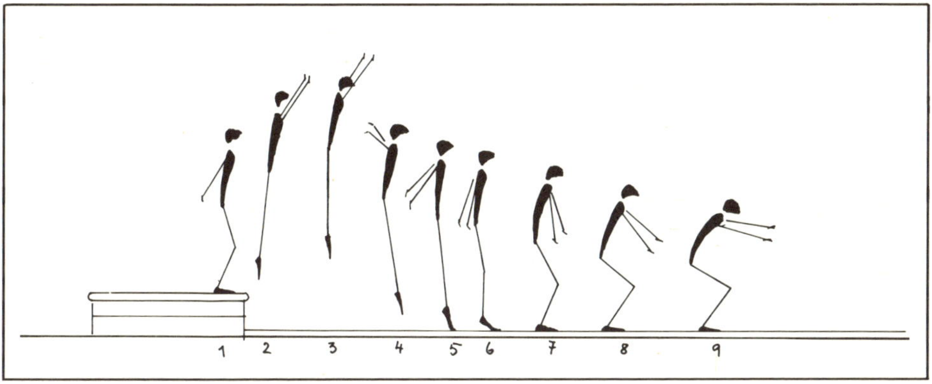

Erst wenn die Landung **richtig** beherrscht wird, empfiehlt es sich, von höheren Positionen Niedersprünge turnen zu lassen.

Beim Niedersprung der Kinder ist auf 3 Punkte besonders zu achten:

Auf gar keinen Fall Hohlkreuzlandungen.

Nie auf den Zehen (Fußspitzen) stehen bleiben, sondern auf den ganzen Fuß abrollen.

Die Knie nur gerade so viel wie unbedingt nötig beugen.

Die vom Balken geturnten einfachen Niedersprünge sollen hier nur zeichnerisch dargestellt werden. Methodisch werden sie beim „Springen auf dem Mini-Trampolin" behandelt (Seite 270–273).

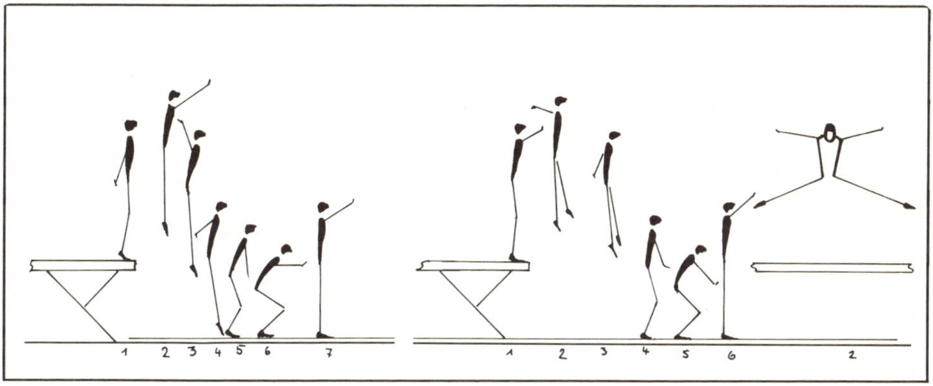

Schlußsprung **Grätschsprung**

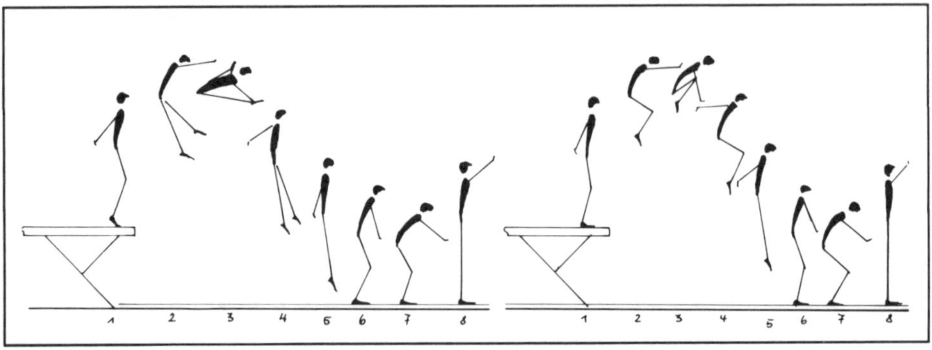

Grätschwinkelsprung **Schlußhocksprung**

Rollbewegungen

Strukturzuordnung
Rollbewegung

Funktionsphasenanalyse
entfällt

Methodischer Weg

Aus dem Sitz zurückrollen in die Kipplage

Vorbemerkungen

Die hier bearbeitete einfache Form wird nur durch die Höhe und Breite des Balkens schwierig. Wenn auf einer breiten Unterstützungsfläche wie Boden, Kasten oder Bank das Zurückrollen beherrscht und das Gleichgewicht in der Kipplage gehalten werden kann, wird dies auf den hüfthohen Balken übertragen.

a) Je eine Dreiergruppe turnt je an einem Balkenende. Davon turnt ein Kind, die beiden anderen jeder Gruppe stehen je auf einer Seite und helfen. Von jeder Gruppe liegt ein Kind mit dem Rücken auf dem Balken.

Greift über den Kopf zurück den Balken. Nehmt die Knie an die Brust und rollt langsam zurück in die Kipplage. Wer kann seine Beine strecken?

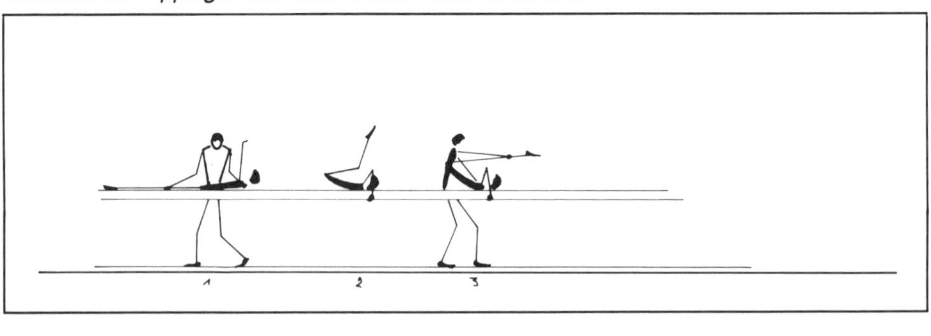

Die Helfer sichern mit einer Hand an der Schulter und mit der anderen an den Beinen das Gleichgewicht.

b) Gleiche Ausgangs- und Hilfestellung.

Wer kann wie vorhin erst greifen, dann aber mit gestreckten Beinen in die Kipplage zurückrollen? Haltet 5 Sekunden das Gleichgewicht.

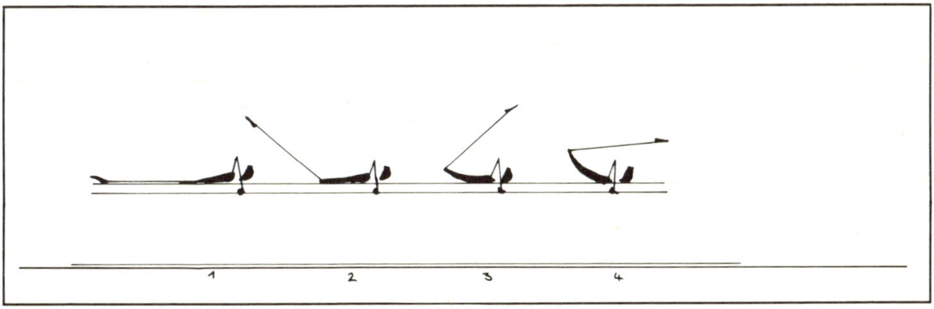

Hilfestellung wie vorher.

c) Die Hilfestellung bleibt gleich. Je ein Kind sitzt am Balkenende.

Senkt euren Oberkörper nach hinten bis in die Rückenlage. Greift nach hinten und rollt zurück in die Kipplage.

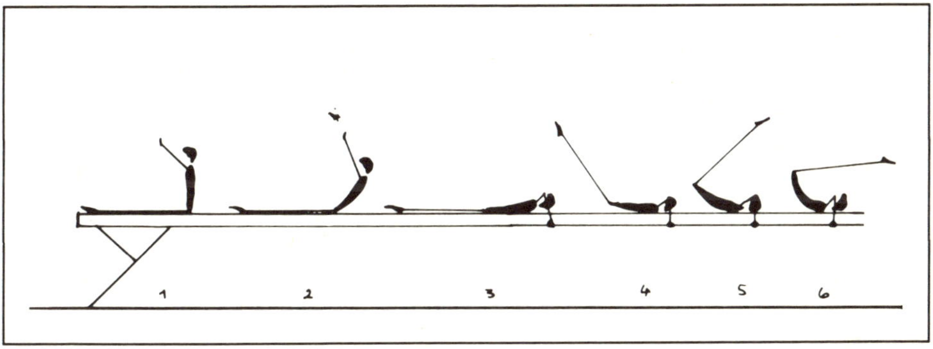

Die Helfer sichern wie vorhin.

Aus der Kipplage abrollen vorwärts in den Quergrätschsitz

Strukturzuordnung

Rollbewegung

Funktionsphasenanalyse

wird hier nicht erstellt.

Methodischer Weg

Zwei bis drei Dreiergruppen sind an einem hüfthohen Balken.

a) Je ein Kind jeder Gruppe sitzt auf dem Balken.

Grätscht leicht die Beine und versucht, so vor- und zurückzuschaukeln. Die Hände stützen hinter dem Gesäß.

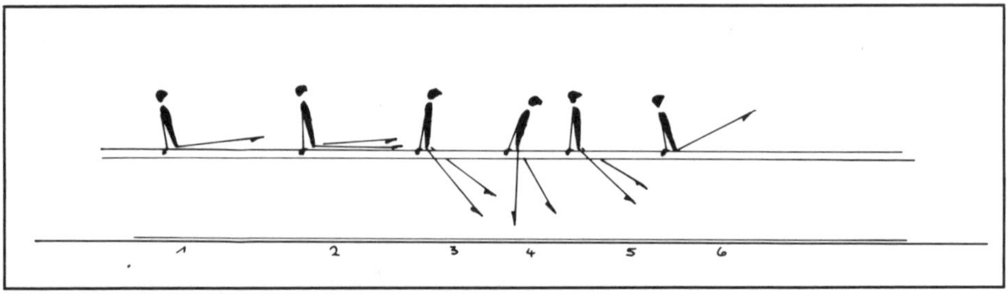

Die Helfer achten nur auf das Gleichgewicht des Übenden.

b) Je ein Kind sitzt auf dem Balken.

Nehmt eure gestreckten Beine vorhoch, bis die Fußspitzen in Kopfhöhe sind. Wer kann die Beine schnell herabschwingen, sie grätschen und in Balkenhöhe abbremsen, um dann mit den Händen nach vorn direkt zwischen den Beinen umzugreifen?

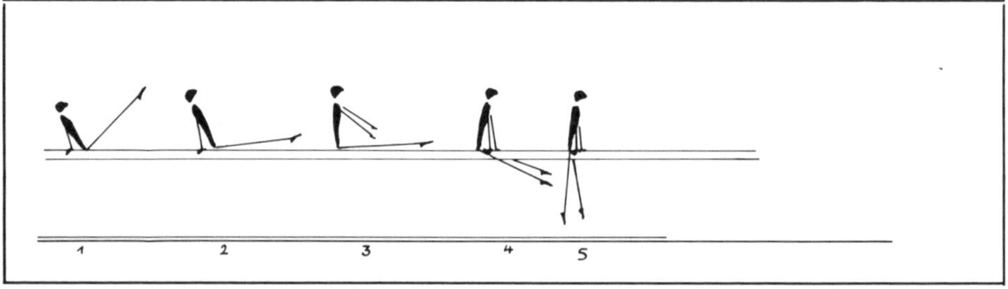

Die Helfer sichern wie vorhin.

c) Je ein Kind rollt zurück in die Kipplage.

Rollt vorwärts ab, bis das Gesäß auf dem Balken ist. Schwingt die Beine schnell nach unten. Wer kann abbremsen, bevor die Beine vor dem Balken sind, grätschen und in den Sitz wie vorhin kommen?

Die Helfer sichern beim Zurückrollen in die Kipplage und beim Abrollen in den Grätschsitz.

Überschlagbewegungen

Handstütz-Überschlag seitwärts mit ¼ Drehung (Radwende) als Abgang

Strukturzuordnung

siehe Bodenturnen Seite 84

Funktionsphasenanalyse

siehe Bodenturnen Seite 84–85

Vorbemerkungen

Voraussetzung ist die Beherrschung dieses Elements am Boden (ohne Beinschnepper).

Dieser Abgang vom hüfthohen Balken stellt kein technisches Problem dar. Da jedoch für die Sicherheit des Übenden einige Maßnahmen getroffen werden müssen, soll hier darauf eingegangen werden.

Wenn möglich, werden Weichbodenmatten an jedes Balkenende gelegt.

a) An jedem mit Matten abgesicherten Balkenende turnt je eine Dreiergruppe. Für die Helfer ist es wichtig, die Aufschwungseite des Übenden zu kennen. Radwende links – linkes Druckbein und linke Hand setzen zuerst auf –, nach rechts umgekehrt. Je ein Kind steht auf dem hüfthohen Balken.

Turnt eine „Radwende“ wie am Boden.

Ein Helfer steht bei angenommener „Radwende“ nach links auf dieser Seite (im Rücken des Übenden), faßt seine Hüfte und begleitet ihn bis zum Stand. Der andere Helfer steht nach der Landung hinter dem Rücken des Übenden und verhindert einen möglichen Sturz rückwärts nach der Landung.

b) Bei genügender Sicherheit und Schwung-Druckbeinimpuls kann auf den Helfer links beim Aufschwung verzichtet werden, der Helfer nach der Landung muß bleiben.

Turnt wie vorhin die „Radwende“. Wer kann sich mit den Händen abdrücken, um einen weiten Flug zu erreichen?

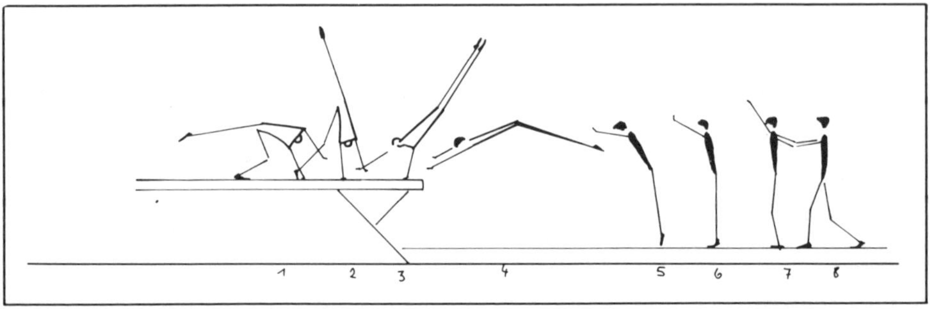

Der Helfer sichert nach der Landung bei zu schneller Drehung rückwärts im Rücken. Er muß einen Sturz rückwärts unbedingt verhindern.

Handstütz-Überschlag seitwärts mit ¼ Drehung (Radüberschlag) in die Bewegungsrichtung

Strukturzuordnung

siehe Bodenturnen Seite 84

Funktionsphasenanalyse

siehe Bodenturnen Seite 84–85

Methodischer Weg

Als Bewegungserfahrung muß der Handstütz-Überschlag seitwärts mit ¼-Drehung in die Bewegungsrichtung am Boden vorhanden sein.

a) Wir stellen immer zwei dreiteilige Kästen hintereinander. Davor legen wir Matten. Ein Helfer steht auf der linken Seite, der andere auf der Matte. Ein Kind steht auf dem Kasten.

Turnt wie am Boden das „Rad" mit ¼ Drehung in die Bewegungsrichtung. Wer kann im letzten Moment seine Beine schließen?

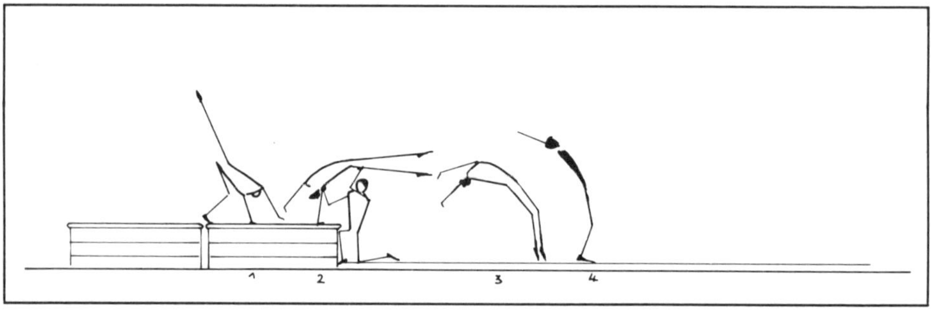

Der Helfer im Rücken kniet und faßt nach dem Aufschwung mit einer Hand an der Schulter, mit der anderen Hand an der Oberschenkelrückseite des zuerst abgeschwungenen Beines (Schwungbein) und trägt den Übenden bis in den Stand. Der andere Helfer verhindert ein eventuelles Fallen nach vorwärts an der Brust.

b) Bei gleichem Gerätaufbau, gleicher Ausgangs- und Hilfestellung.

Turnt dasselbe wie vorhin. Wer kann kurz nach dem „Seithandstand“ die Beine schließen und beide Beine schnell mit einer aktiven Überstreckung auf den Boden ziehen?

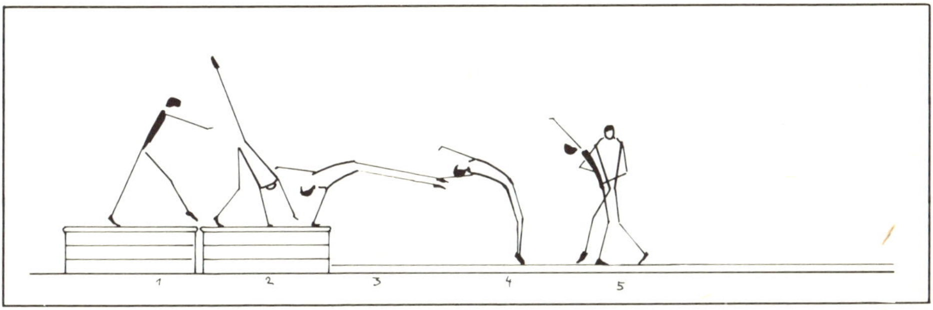

Die Helfer sichern und unterstützen wie vorhin.

c) An jedem hüfthohen, mit Matten abgesicherten Balken turnt an jedem Balkenende eine Dreiergruppe. Je ein Kind steht auf dem Balken.

Turnt vom Balken diesen Abgang mit schnellem Beineschließen in den Stand.

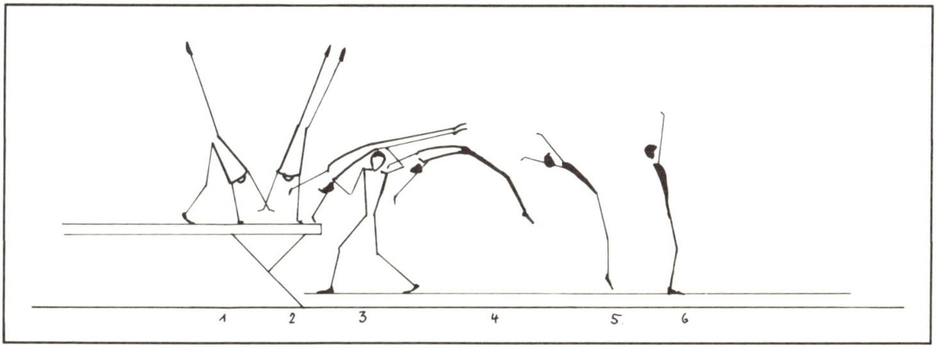

Die Helfer sichern und unterstützen wie am Kasten.

Beinschwungbewegungen

Beinschwung rückwärts in den Liegestütz

Strukturzuordnung

Beinschwungbewegung

Funktionsphasenanalyse

Sie entspricht den Beinschwüngen am Reck und Stufenbarren. Grundsätzlich anders ist die Stützsituation und das Verhalten zum Gerät (siehe Seite 198–199).

Methodischer Weg

a) An jedem hüfthohen Balken können gleichzeitig zwei Dreiergruppen üben. Je eine Schülerin der Dreiergruppe ist im Quergrätschsitz. Rechts und links neben ihr steht je eine Hilfestellung.

Nehmt die Arme mit einwärts gedrehten Ellenbogen ganz nahe an den Bauch und setzt die Hände aneinandergelegt auf den Balken. Wer kann sich so in den Stütz heben, daß er den Rumpf an die Ellenbogen anlegen und die Beine nach hinten ziehen kann?

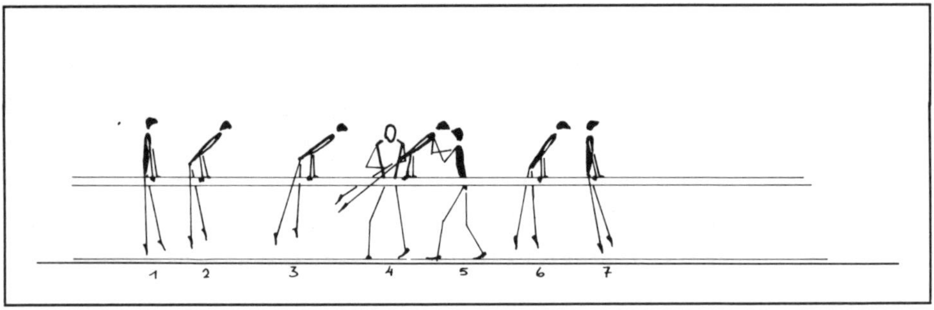

Die Helfer sichern an der Schulter und verhindern ein ,,Vornüberfallen" mit der einen Hand und mit der anderen unterstützen sie an der Oberschenkelvorderseite das Bemühen der Übenden, die Beine ,,hinten" zu halten und die Spannung in der Rückenmuskulatur zu spüren.

b) Bei gleicher Ausgangslage, Arbeitsform und Hilfestellung.

Hebt euch in den Stütz und legt euren Rumpf auf den Ellenbogen. Wer kann die Beine leicht vor- und zurückschwingen? Versucht vor allem beim Rückschwung die Beine einen Moment hinten zu halten und die Spannung in der Rückenmuskulatur zu spüren.

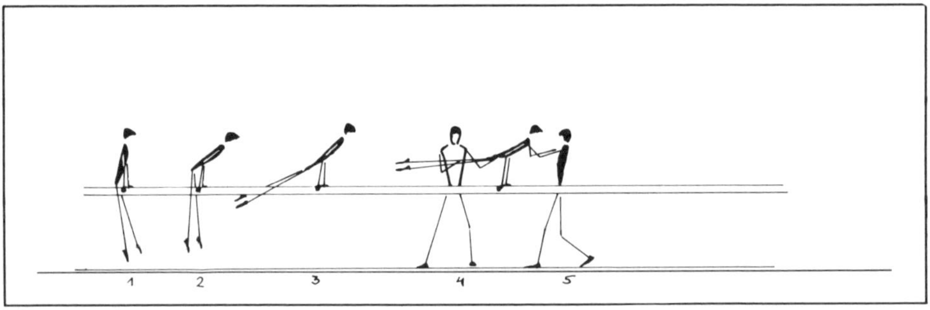

Die Helfer sichern und unterstützen wie vorhin.

c) Wie vorher.

Schwingt die Beine leicht zweimal vor und zurück. Wer kann beim drittenmal die Beine ganz kräftig nach hinten hochschwingen, daß sie gestreckt auf dem Balken liegen können?

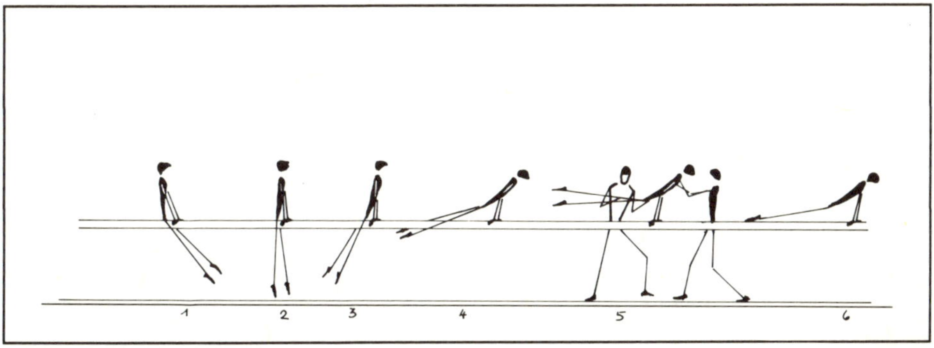

Die Helfer sichern wie vorher und müssen am Oberschenkel darauf achten, daß die Übende nicht am Balken anschlägt.

d) Die Ausgangs- und Hilfestellung bleiben gleich. An jedem Balken sind zwei Fünfergruppen. Je eine Schülerin jeder Gruppe ist im Querstütz.

Turnt aus dem Stütz den gleichen Beinschwung wie vorher. Wer kann sich dabei etwas weiter nach vorn auf die Ellenbogen „legen" und seine Beine kräftig rückhochschwingen, daß seine Hüfte fast schulterhoch kommt? Hockt unmittelbar nach der stärksten Spannung ein Bein an und setzt es nahe an den Händen auf den Balken.

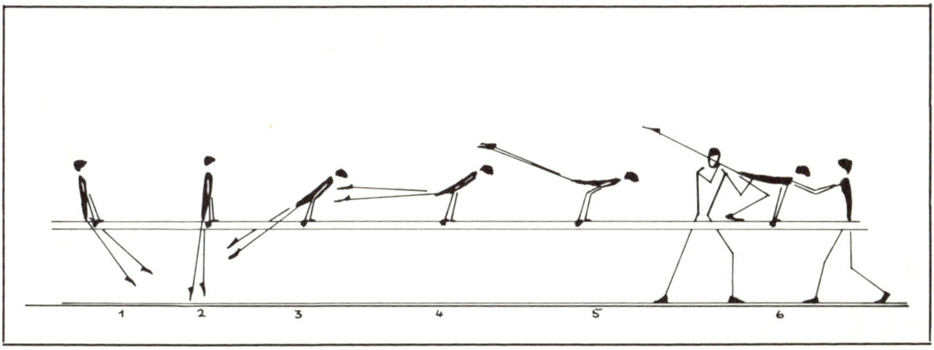

Die Helfer vorn an der Schulter verhindern ein eventuelles „Nachvornfallen". Die beiden anderen Helfer unterstützen den Beinrückschwung an der Hüfte und der Oberschenkelvorderseite und sichern das Aufsetzen eines Fußes.

VII. Springen mit dem Mini-Trampolin

Vorbemerkungen

Die Reaktion des Mini-Trampolins (Schleuderwirkung) – bedingt durch die Niedersprunghöhe, die Horizontalgeschwindigkeit sowie das eigene Körpergewicht – muß bei Überlegungen zu einer methodischen Reihe besondere Beachtung finden.

Das Mini-Tramp ist in besonderem Maße ein Gerät, das als Vorbereitung für das Bodenturnen und Sprünge über die Geräte benützt wird. Es kann als Gerät für sich in Verbindung mit Weichbodenmatten Verwendung finden und ist daher hervorragend geeignet für die Beherrschung der „freien Flüge". Es dient ganz besonders zur Verbesserung der Koordination von Bewegungen im Flug, der Gleichgewichtskontrolle und dem Raum-Zeit-Gefühl.

Es wäre ein Irrtum zu glauben, daß man mit Sprungtraining auf dem Mini-Tramp die Sprungkraftleistung des Schülers für das Bodenturnen oder die Stützsprünge verbessern kann.

Bei allen beidbeinigen Absprüngen muß beachtet werden, daß nur dann die absolute Leistungsmöglichkeit zur Entfaltung kommt, wenn der Übende im Absprungmoment eine zeitliche Übereinstimmung mit der Reaktion des Gerätes und der eigenen Sprungkraft erreicht.

Vor dem Üben mit dem Mini-Trampolin muß die „exakte Landung" erlernt worden sein (siehe Seiten 252–255).

Es muß darauf hingewiesen werden, daß das Üben mit diesem Gerät im normalen Turnunterricht nicht ungefährlich ist.

Es darf auf keinen Fall, weder beim Absprung noch während des Fluges oder bei der Landung ohne starke Muskelspannung im Rumpf oder Gesäß gesprungen werden.

Im Anfängerunterricht sollten weder Sprungrollen oder Überschläge (Salti) noch gestützte Überschläge über das quer gestellte Pferd oder den Kasten gesprungen werden.

Ohne Weichbodenmatten sollte überhaupt nicht mit diesem Gerät gearbeitet werden.

Methodische Einführung

Strukturzuordnung
Sprungbewegung

Funktionsphasenanalyse

Schleuderreaktion des Geräts

a) Das Mini-Trampolin wird so gestellt, daß das Sprungtuch fast horizontal ist. Rechts und links daneben wird je ein Kleinkasten oder Kastendeckel mit einem Einsatz aufgestellt. Davor liegen Weichbodenmatten. Auf jedem Kasten rechts und links steht eine Hilfestellung. Hinter dem Mini-Trampolin steht ein zweiteiliger Kasten.

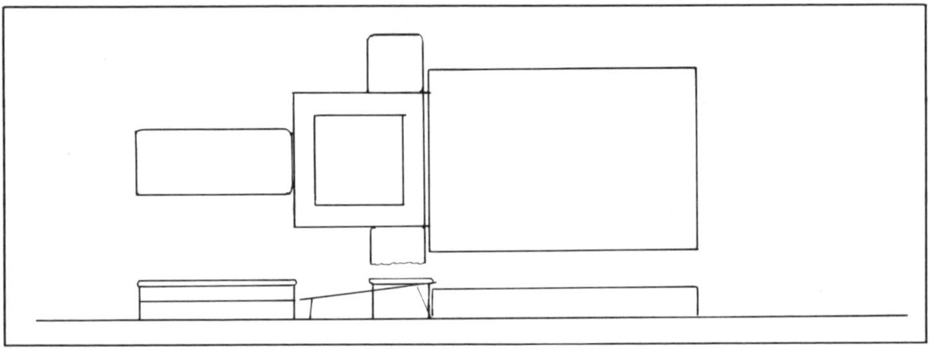

Je ein Schüler ist auf dem Mini-Trampolin. Die Füße werden hüftbreit aufgesetzt, die Knie bleiben gestreckt.

Gebt jeder Hilfestellung eine Hand. Der ganze Fuß, von den Fußspitzen bis zu den Fersen, muß auf dem Sprungtuch sein. Federt mit gestrecktem Körper und Knien. Schaut dabei auf das Trampolin.

Federt 3- bis 4mal mit starker Spannung in der Bauch-, Rücken- und Gesäßmuskulatur. Steigt langsam herunter.

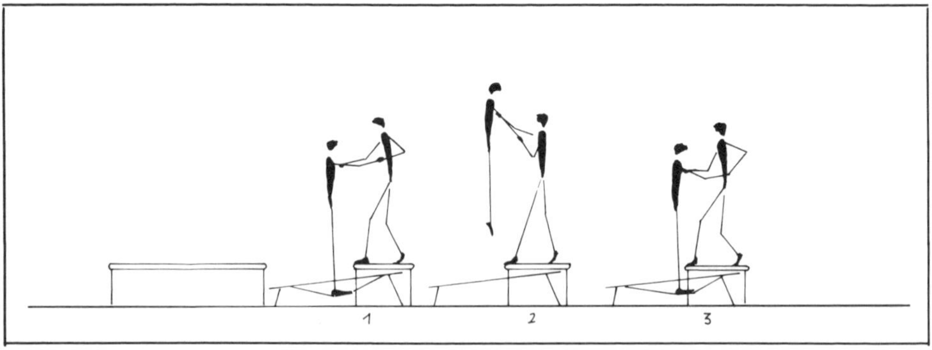

Die Helfer fassen faßt mit einer Hand die Hand des Springers und mit der anderen Hand von hinten an dessen Oberarm. Sie tragen ihn hoch und sichern den „kleinen Flug".

b) Gleicher Aufbau und gleiche Hilfestellung.
Je ein Schüler ist im Stand auf dem Trampolin mit Griff an den Händen der Hilfestellung.

Springt wie vorhin, nur etwas höher, und versucht, nach dem dritten Mal die Schleuderkraft des Mini-Trampolins durch Beugen der Fußgelenke, der Knie und des Hüftgelenks so zu „schlucken", daß ihr vom Mini-Trampolin nicht mehr hochgeworfen werdet.

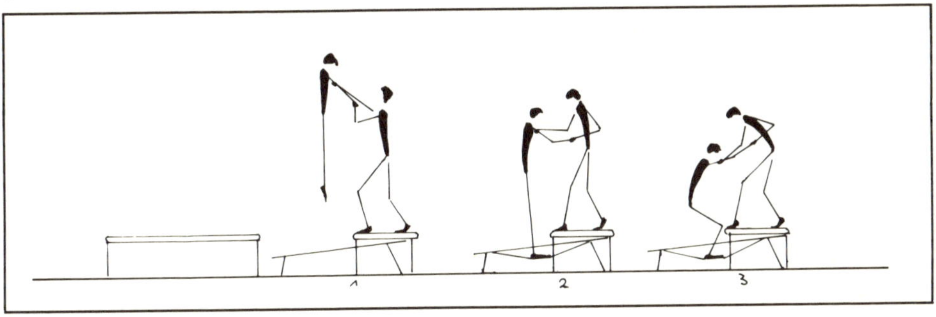

Die Helfer sichern in gleicher Art und Weise wie vorher.

c) Gleicher Aufbau, Ausgangs- und Hilfestellung.

Springt dreimal mit fast gestreckten Knien. Die Fersen müssen beim Absprung immer auf dem Sprungtuch sein. Zieht den Bauch ein und schaut dabei immer auf eure Füße. Turnt nach dem dritten Mal einen Strecksprung auf die Weichbodenmatten.

Es wird vorausgesetzt, daß die Niedersprünge schon erarbeitet wurden (vgl. S. 252–255). Die Helfer sichern in der gleichen Art und Weise wie vorher.

An- und Absprung

a) Der Gerätaufbau bleibt wie vorhin. Je ein Schüler steht am Mini-Trampolin-nahen Kastenende. Die Helfer rechts und links erfassen Oberarm und Hand des Schülers. Eine weitere Hilfe steht auf der Matte und sichert durch „Eingabeln" die Landung.

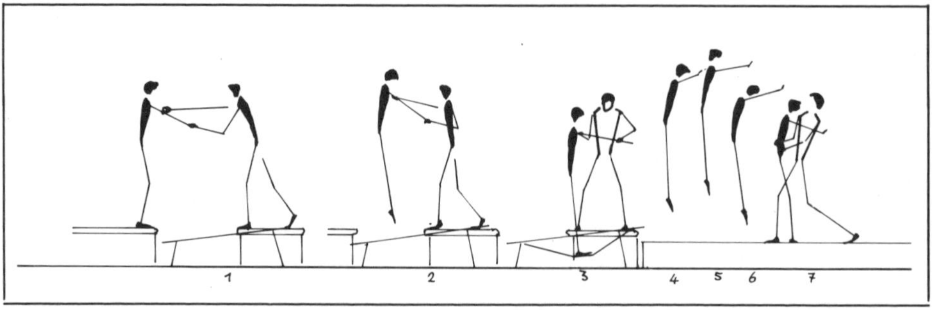

Springt beidbeinig ab ins Sprungtuch. Setzt die ganze Fußfläche hüftbreit auf und laßt euch vom Trampolin zum Strecksprung auf die Weichbodenmatte schleudern. Landet mit „Rundrücken" so, daß ihr die Hände fast nach vorn auf die Weichbodenmatte bringt.

Die Helfer auf der Matte sichern durch Eingabeln an Bauch und Rücken die Landung bis in den Stand.

b) Bei gleichem Gerätaufbau verzichten wir auf die Helfer auf den Kästen. Die Helfer auf der Matte bleiben. Ein Schüler steht am trampolinentfernten Kastenende.

Setzt einen Fuß vor und springt von einem Fuß ab ins Sprungtuch (Fersen runter, hüftbreite Fußstellung). Laßt euch zum Strecksprung vom Trampolin hochschleudern. Landet wieder mit „Rundrücken" und leichter „Vorlage". Schaut beim Flug immer auf eure Füße.

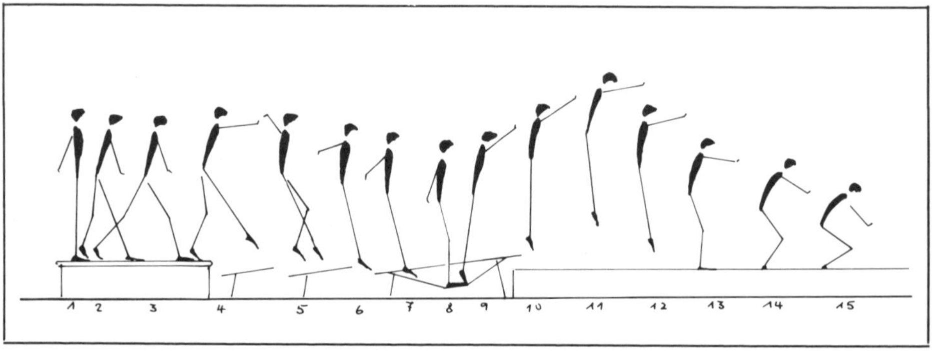

c) Gleicher Gerätaufbau und gleiche Hilfestellung. Der Schüler steht wie vorhin auf dem trampolinentfernten Kastenende.

Macht einen Schritt mit Ansprung und nehmt im Ansprung die Arme nach hinten unten. Turnt auf den Strecksprung und führt dabei die Arme bis etwa in Kopfhöhe vorhoch. Schaut dabei immer auf eure Füße und landet wie vorher.

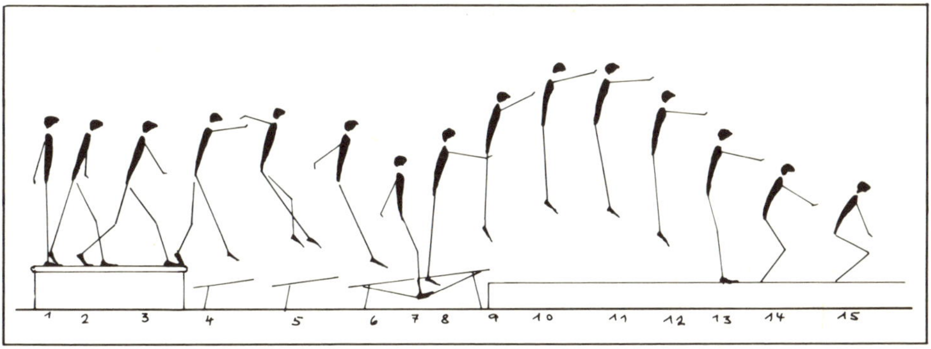

Sprung mit leichtem Anlauf

Alle Kästen werden entfernt. Die Weichbodenmatte davor bleibt liegen. Hinter das etwas steiler gestellte Mini-Trampolin werden zwei Gummimatten längs hintereinander gelegt (bei Schülern der 2. und 3. Klasse sollte man die 2 Gummimatten auf 3 nebeneinandergestellte Turnbänke längs legen, da der „Ein- bzw. Absprung" auf das Trampolin für kleine Kinder zu hoch wäre). Die Schüler stehen auf dem entfernten Gummimattenende.

Springt nach 3 Schritten in das Sprungtuch und turnt einen Strecksprung. Achtet darauf, daß ihr keine Hohlkreuzlage weder beim Absprung noch im Flug habt und daß die Landung mit „Rundrücken" geschieht.

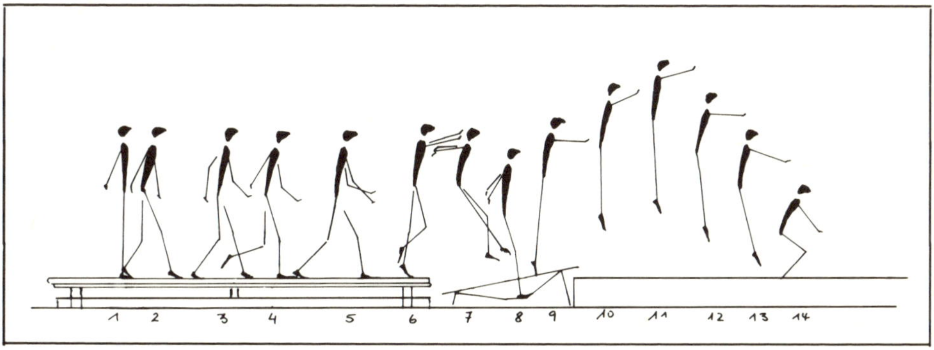

Die Helfer sichern „versetzt" und verhindern so ein Vor- und Zurückfallen bei der Landung.

Anfangs wird nicht angelaufen, sondern „angegangen".

Strecksprung auf den 3- bis 4teiligen Kasten

a) Die Schüler stehen etwa 8 bis 10 m vor der „Anlage". Rechts und links neben dem trampolinnahen Kastenende steht je ein Helfer ggf. auf einem Kleinkasten.

Lauft an und turnt einen Strecksprung auf den Kasten.

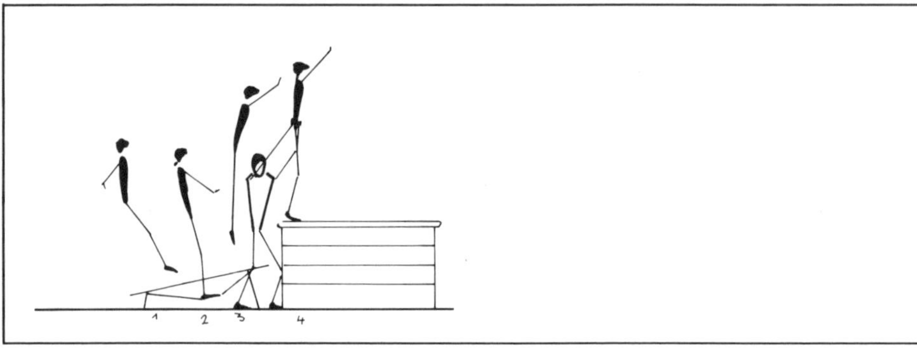

Die Helfer sichern den Strecksprung und verhindern ein eventuelles Zurückfallen.

Koordinationsbewegungen im Flug

Strecksprung mit Grätschen und Schließen der Beine

Bei gleichem Gerätaufbau. Die Helfer müssen, bedingt durch das Grätschen, etwas nach außen ausweichen, um danach sofort wieder hinter den „Springer" zu kommen, damit sie ihn bei der Landung sichern können.

Je ein Schüler steht am entfernten Mattenende.

Lauft mit 3 Schritten an und turnt einen Strecksprung wie vorhin. Versucht, im Flug die Beine weit zu grätschen. Bringt die Beine zur Landung wieder zusammen und landet mit „Rundrücken".

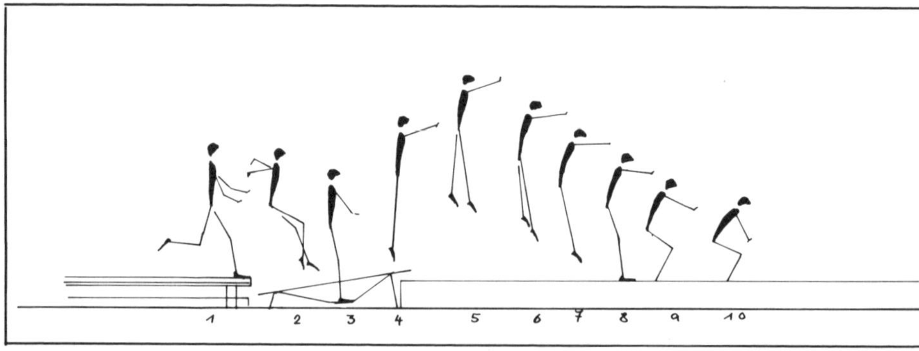

Die Helfer müssen auf die gegrätschten Beine achten und sichern „versetzt" die Landung.

Strecksprung mit Hocken und Strecken

a) Vorbereitende Übung im Stand.

Alle Schüler verteilen sich in der Halle. Stellt euch vor, ein Stab wird in der Höhe des Nabels von einer Seite durch euren Körper gesteckt (Körperbreitenachse).

Nehmt eure Arme vorhoch. Wer kann sich langsam so zusammenschließen, daß um den gedachten Stab (Körperbreitenachse) der Oberkörper genauso weit nach vorn herunter gebracht wird, wie e i n Bein angehockt nach oben gebracht wird (analoge Bewegung). Nehmt dabei die Hände an das Schienbein des hochgezogenen Beines. Streckt euch wieder zurück in die Ausgangsstellung.

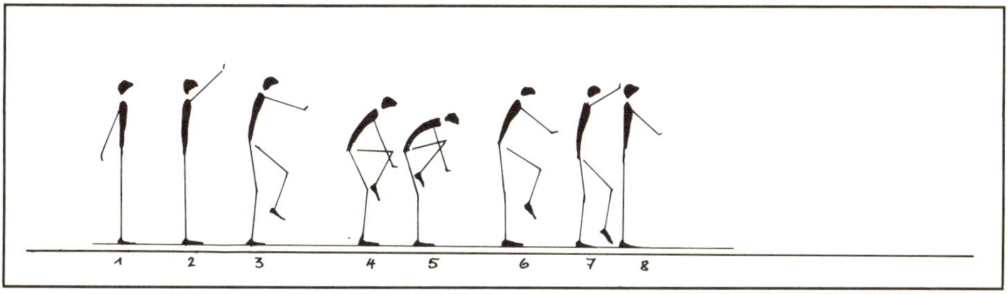

b) Gleiche Verteilung in der Halle

Wer kann aus der gleichen Ausgangsstellung die Aufgabe von vorhin sehr schnell erfüllen? Anhocken mit Heranziehen des Oberschenkels an den Rumpf. Versucht die gleiche Aufgabe mit dem anderen Bein und turnt diesen Wechsel mehrmals hintereinander.

c) Bevor man diesen Sprung mit Anlauf vom Trampolin ausführen läßt, muß beachtet werden, daß eine Analogbewegung zwischen den Aufwärtsbewegungen des Beines und den Abwärtsbewegungen des Oberkörpers herausgearbeitet wird. Würde die Aufwärtsbewegung des Beines stärker betont als die Abwärtsbewegung des Oberkörpers, oder umgekehrt könnte eine unkontrollierte „Fluglage“ die Folge sein.

d) Bei gleichem Aufbau, Hilfestellung und Ausgangsstellung wie vorhin.

Lauft an und springt in das Tuch. Wer kann während des Strecksprunges wie in der Vorübung am Boden jetzt aber b e i d e Oberschenkel sehr schnell hochziehen und dabei gleichzeitig seinen Oberkörper ebenso schnell an die Oberschenkel herunterbringen? Streckt euch wieder vor der Landung.

Strecksprung mit Winkeln (Anbücken) und Strecken

a) Vorübung im Stand bei gleicher Verteilung der Schüler wie beim Hocken.

Eure Arme sind in der Hochhalte. Schwingt ein Bein vorhoch und berührt mit den Fingern dabei die Fußspitzen. Bewegt dabei den Oberkörper gleichsinnig vor- und abwärts in dem Maße, wie ihr das Bein vorhoch bewegt (Vergleich zu „Hocken" als Analogbewegung). Übt dies mehrmals schnell hintereinander und versucht dies auch mit dem anderen Bein.

b) Gleicher Gerätaufbau und gleiche Hilfestellung.

Je ein Schüler ist im Stand auf der entferntesten Gummimatte.

Springt mit leichtem Anlauf einen Strecksprung mit „Anbücken" und Strecken zur Landung.

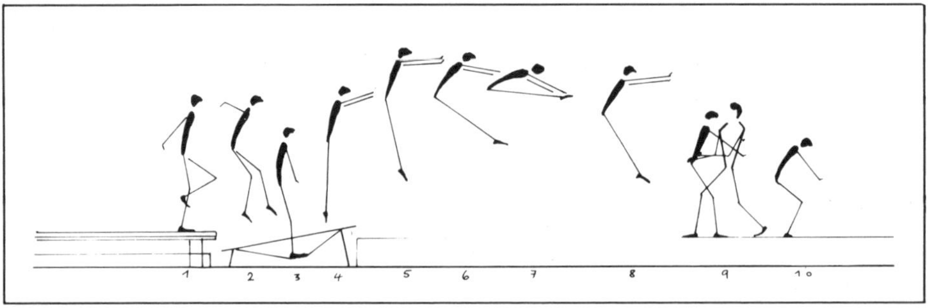

Die Helfer sichern versetzt die Landung und verhindern so ein eventuelles Vor- oder Zurückfallen.

Strecksprung und Grätschwinkelsprung (Anbücken der gegrätschten Beine)

Es empfiehlt sich trotz einiger Erfahrung, die die Schüler nun schon haben, die gleiche Art der Vorübung wie vorher.

a) Die Schüler verteilen sich in der Halle.

Nehmt eure Arme vorhoch. Wer kann wie vorhin beim „Bücken" ein Bein schnell, jetzt aber seitwärts hochführen und mit einer Hand die Fußspitze dabei kurz berühren? Die gleiche Vorübung auch mit dem anderen Bein und der anderen Hand.

So wie das Bein hochgeführt wird, muß auch der Oberkörper herabgebracht werden (analoge Bewegung).

b) Ein Schüler steht auf der entfernten Matte.

Turnt nach einem kurzen Anlauf Strecksprung und Grätschen mit Vorhochbringen der Beine und Vorabbringen des Oberkörpers. Die Fingerspitzen berühren die Fußspitzen.

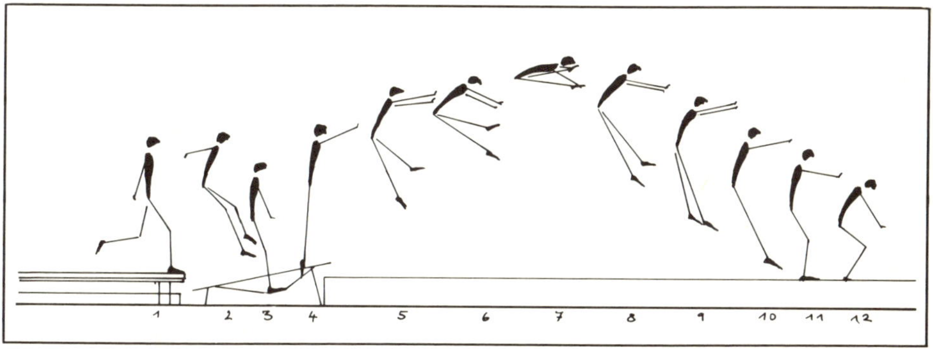

Diese gegrätschte „Klappmesserbewegung" muß sehr schnell durchgeführt werden. Die Helfer müssen die Landung absichern, dabei aber auf die gegrätschten Beine achten.

Es muß immer wieder darauf geachtet werden, daß die „Streckung zur Landung" keine Überstreckung aufweist. Landungen im Hohlkreuz können zu Schädigungen der Wirbelsäule führen.

Handstütz-Sprungüberschlag über den Kasten

Vorbemerkungen

Neben den Grundstützsprüngen Hocke und Grätsche kann die „zweite Gruppe der Stützsprünge" – die Überschläge – durchaus mit 9- bis 11jährigen erarbeitet werden. Die Schleuderwirkung des Minitrampolins ersetzt die meist noch fehlende Sprungkraft. Voraussetzung ist jedoch, daß die Technik des Abspringens vorher methodisch exakt erarbeitet worden ist. Der hier im Kinderturnen erarbeitete Handstütz-Sprungüberschlag mit dem Minitrampolin über den Kasten wird nicht den Anforderungen des Kunstturnens in technischer Hinsicht entsprechen. Hier ist diese Bewegung mehr als Grunderfahrung zu sehen, damit Kinder dieses Raumgefühl erleben, sich im „freien Flug" zu überschlagen. Kinder vergleichen sich mit der Beherrschung dieses Übungsteils schon mit den „großen Kunstturnern".

Die Schüler müssen die „Lageerfahrung Handstand" und das Handstandschwingen schon erlernt haben.

Außerdem müssen die Schüler bereit und in der Lage sein, sich gegenseitig zu helfen. Sie müssen sich gegenseitig beim „Trageüberschlag" vom 3teiligen Kasten helfen können.

Der Handstütz-Sprungüberschlag ist durch die Schleuderwirkung des Mini-Trampolins für die meisten Schüler erlernbar.

Handstütz-Sprungüberschlag

Strukturzuordnung

a) Sprungbewegung

b) Überschlagbewegung

Funktionsphasenanalyse

Hilfsfunktionsphase II. und I. Ordnung

Aus dem Stand anlaufen, um die notwendige Horizontalgeschwindigkeit zu erreichen.

Einbeinig abspringen, um vom Mini-Trampolin beidbeinig abspringen zu können.

I. Hauptfunktionsphase

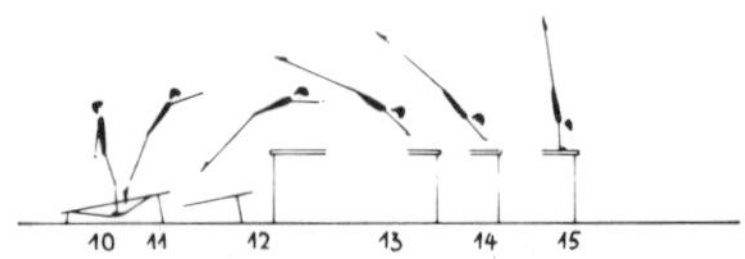

Bedingt durch die Horizontalgeschwindigkeit des KSP aus dem Anlauf und die an den Füßen entstehende Haltekraft beim Fußkontakt auf dem Minitrampolin erfolgt eine Teilrotation vorwärts, der Körper erhält eine leichte „Vorlage". Beim Absprung wirkt deshalb die Kraft am KSP vorbei und der Körper erreicht sowohl Höhe als auch Rotation vorwärts.

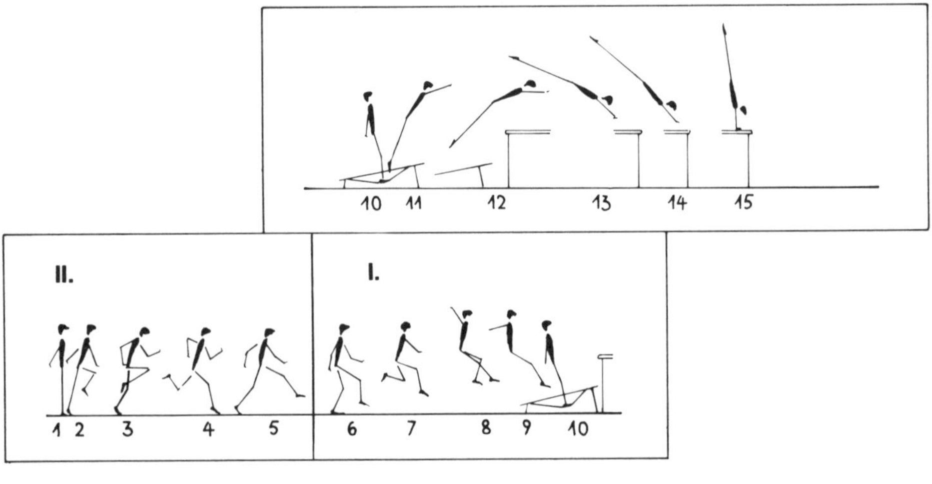

II. Hauptfunktionsphase

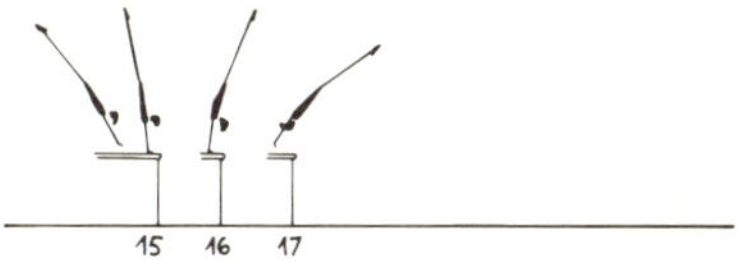

Die noch vorhandene Horizontalgeschwindigkeit und Vorwärtsdrehung bewirkt beim Handstütz den gleichen Effekt wie beim Fußkontakt. Durch den „Handabstoß" wird sowohl die weitere Drehung vorwärts unterstützt als auch Höhe erreicht.

Übergangsfunktionsphase

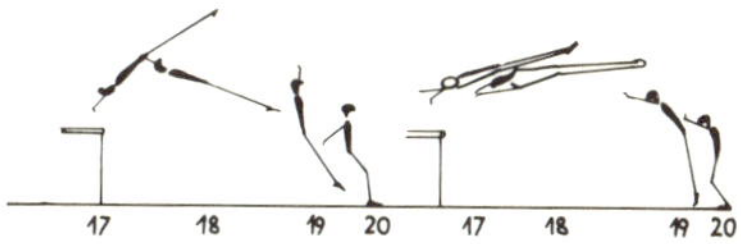

Nach dem Lösen der Hände beginnt die Übergangsfunktionsphase. Sie kann als „freier Flug" mit „Landevorbereitung" oder aber mit Überlagerungen geturnt werden, z. B. Drehung um die Körperlängsachse, Beugen und Strecken in der Hüfte.

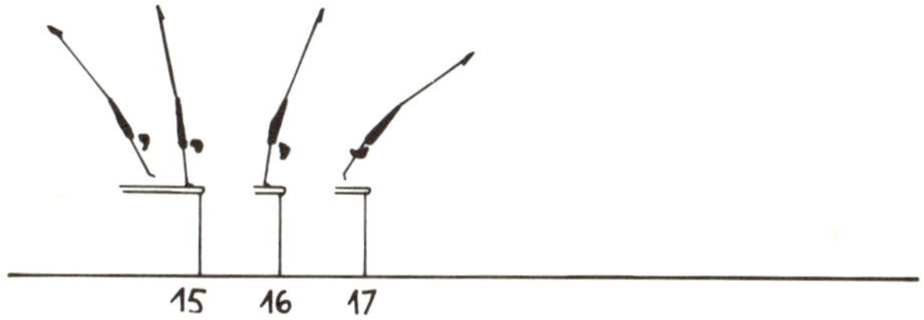

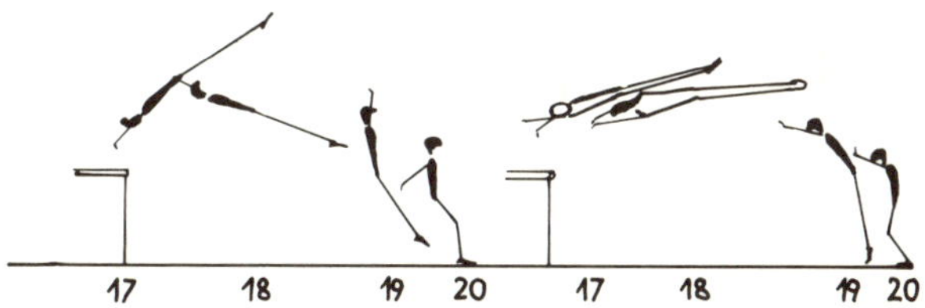

Methodischer Weg

Wir stellen hinter das Mini-Tramp einen 3- bis 4teiligen Kasten längs (je nach Alter der Schüler), davor liegt eine Weichbodenmatte.

a) Die Schüler stehen etwa 8 bis 10 m vor der ,,Anlage". Rechts und links neben dem trampolinnahen Kastenende steht je ein Helfer.

Lauft an und turnt einen Strecksprung auf den Kasten.

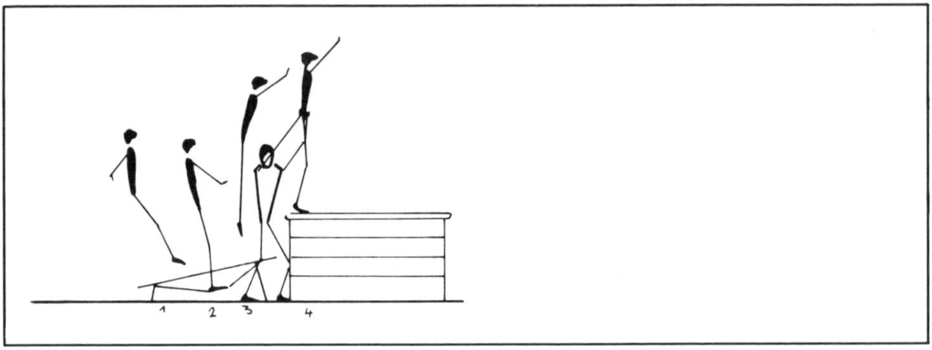

Die Helfer sichern den Strecksprung und verhindern ein eventuelles Zurückfallen.

b) Ein Schüler steht am trampolinnahen Kastenende. Am trampolinentfernten Kastenende steht rechts und links je ein Helfer.

Schwingt in den Handstand und streckt euch mit voller Körperspannung. Laßt euch „überfallen". Die Helfer tragen euch so zum Überschlag bis in den Stand.

Die Helfer stehen sich mit dem Gesicht gegenüber. Die kastennähere Hand faßt mit abgespreiztem Daumen von unten an der Schulter (als Gabel). Die andere Hand greift an der Oberschenkelrückseite. Die Helfer müssen ganz nah an den Übenden herangehen und ihn so langsam in den Stand tragen.

c) Ausgangs- und Hilfestellung wie bei a).

Turnt den Strecksprung zum Stand auf das trampolinnahe Kastenende. Schwingt in den Handstand und laßt euch wie vorhin „überfallen". Die Helfer tragen euch in den Stand.

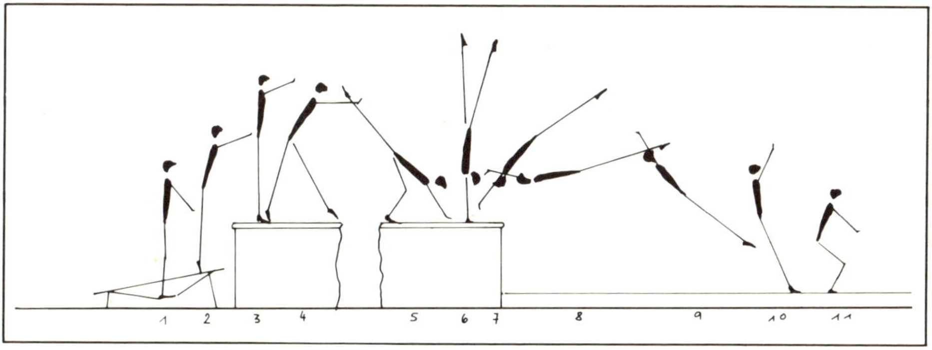

Die Helfer sichern und tragen genau wie vorhin.

Diese Kombination von Strecksprung und Trageüberschlag muß sicher beherrscht werden. Sowohl was den Übenden als auch die Helfer betrifft, d. h. jeder Schüler sollte diese Hilfestellung beherrschen.

In dieser Arbeitsstufe muß auch die Hilfe erlernt werden, die dann notwendig wird, wenn ein Schüler zu viel Drehung aus dem Überschlag mitbringt. Dies hätte immer einen Sturz nach vorn zur Folge.

Die Helfer müssen dabei mit ihrer „Schulterhand" über die Schulter des Übenden hinweggreifen, um so an der Brust eine eventuell zu große Drehung zu bremsen.

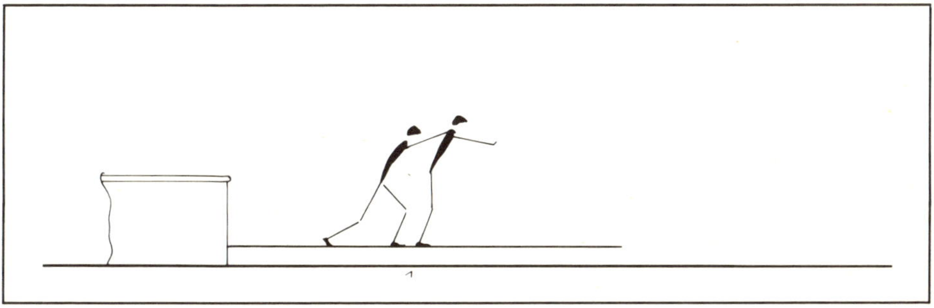

Für den jetzt zu springenden Überschlag sollten noch einige Gesichtspunkte erwähnt werden.

Der Längskasten sollte nur so hoch gestellt werden, daß die Schüler in der Lage sind, in den Handstand zu springen.

Auf gar keinen Fall sollten durch Bälle oder Gummischnüre zusätzliche erhöhte Hindernisse übersprungen werden. Dies würde die Angstbarrieren weiter vergrößern.

Beim ersten „Durchgang“ sollte der Lehrer die Art und Weise, den Zeitpunkt und den Ort der Hilfe genau demonstrieren, um dann ggf. am trompolinnahen Kastenende selbst Hilfestellung geben, wenn bei manchen Schülern große Angstbarrieren vorhanden sind. Außerdem sollte dabei der Kasten anfangs 3- bis 4teilig hoch sein (niedrig stellen).

d) Die Schüler stehen 8 bis 10 m vor dem Trampolin. Vier Helfer unterstützen den Gesamtbewegungsablauf. Je einer rechts und links am trampolinnahen Kastenende, die beiden anderen wie vorhin beim Trageüberschlag am anderen Kastenende auf der Weichbodenmatte.

Auf dem entfernten Kastenende wird mit Kreide eine Markierung für den „Stützbereich“ angebracht.

Wer kann aus dem Anlauf abspringen, im angezeichneten Bereich in den flüchtigen Handstand kommen und danach einen Überschlag turnen?

Die Helfer unterstützen euch beim Anflug und tragen euch wie vorher beim Überschlag bis in den Stand.

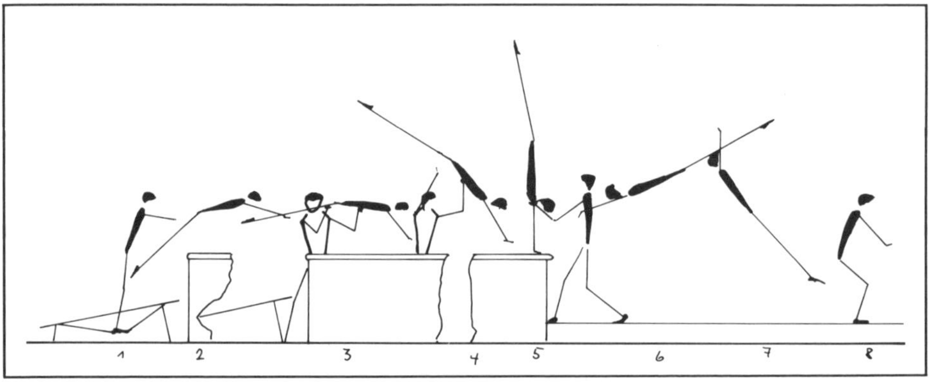

Die Helfer am trampolinnahen Kastenende, ggf. auf einem Kleinkasten stehend, halten je eine Hand am Kastenanfang und die andere etwa in der Kastenmitte. Sie unterstützen mit einer Hand an der Oberschenkelvorderseite und mit der anderen Hand am unteren Teil des Brustkorbs die Drehbewegung in der ersten Flugphase und bringen so den Schüler bis in den Handstand.

Die Helfer am anderen Kastenende fassen (wie schon erlernt) und tragen den Schüler bis in den sicheren Stand.

Diese Arbeitsform muß bis zur sicheren Beherrschung des Gesamtablaufes beibehalten werden. Dann kann allmählich auf die Helfer am trampolinnahen Kastenende verzichtet werden. Die anderen Helfer sollten bei Schülern grundsätzlich stehenbleiben, um immer sichernd eingreifen zu können.

IX. Helfen und Sichern im Gerätturnen

Vorbemerkungen

Für den Unterricht im Gerätturnen sind Helfen und Sichern ein wichtiger Teil der Unterrichtsplanung. Ohne fundierte Kenntnisse in diesem Bereich ist ein neuzeitlicher Unterricht mit selbständig tätigen Arbeitsgruppen nicht durchführbar.

Terminologische Klärung und Erläuterung der Begriffe

Helfen:

Unter Helfen werden Eingriffe in einen Bewegungsablauf durch Partner verstanden.

Hilfen sollen den Übenden in die Lage versetzen, eine Bewegung erfolgreich und richtig auszuführen. Geländehilfen und Zusatzgeräte sollen dabei Verwendung finden.

Das Helfen soll eventuell fehlende Kraft ersetzen und den räumlich zeitlichen Verlauf während einer Bewegung unterstützen.

Durch Helfen müssen Unfälle verhindert werden. Risikoreiche Bewegungen sollen beim Lernvorgang durch aktives Eingreifen jederzeit unter Kontrolle der Helfer bleiben.

Sichern:

Unter Sichern werden alle Maßnahmen verstanden, die für den Ausübenden ohne Eingriff in den Bewegungsablauf eine Verminderung des Gefahrenrisikos bedeuten.

Sichern bedeutet eine Bereitschaft der Partner, im Falle einer Gefahr sofort eingreifen zu können.

Sichern muß vorplanende Maßnahmen überlegen, um eventuell auftretenden Gefahren rechtzeitig begegnen zu können.

Sichern ist erst dann anzuwenden, wenn „Helfen" nicht mehr nötig ist.

Inhaltliche Aspekte

Helfen und Sichern muß unter zwei besonderen Aspekten betrachtet werden:

Dem juristischen Aspekt

Dem pädagogischen Aspekt

Der juristische Aspekt

Für Lehrer ist eine ausführliche Unterrichtung darüber in der Regel Aufgabe der Studienseminare bzw. der pädagogischen Hochschulen und wird u. a. im Rahmen der Referendarausbildung behandelt.

Den Übungsleitern in den Vereinen sollen hiermit Möglichkeiten angeboten werden, sich selbst in folgenden Veröffentlichungen zu informieren.

Wichtige Veröffentlichungen über die Sorgfalts- und Aufsichtspflicht im Erlaß- und Gesetzestext

Kultus und Unterricht
Richtlinien für den Sportunterricht, Heft Nr. 5, September 1971, Seiten 1366–1367.

Schulverwaltungsgesetz
von Hochstetter, § 22, Seiten 76–77.

Sportunterricht
Ausgabe 11, 1974, erschienen im Hofmann-Verlag, Schorndorf. Artikel von Kürschner-Lotsch, Seiten 368–375.

Versicherungsschutz

Schüler, Studenten und Vereinsmitglieder sind durch entsprechende Vertragsabschlüsse über ihre Schule, Universität (Hochschule) und Vereine pauschal versichert.

Unterrichtspraktische Maßnahmen

Geräte und Matten

Die Geräte müssen vor ihrer Benützung auf ihren Zustand und ihre Funktionsfähigkeit hin überprüft werden (Barrensicherung, Reckfixierung, Ringeaufhängung).

Der Auf- und Abbau von Geräten und Matten muß so organisiert werden, daß immer eine bestimmte Anzahl von Schülern eine bestimmte Aufgabe zu erfüllen hat. (Es empfiehlt sich dabei, Gruppen über einen längeren Zeitraum mit der gleichen Aufgabe zu beauftragen.)

Jedes Gerät muß mit Matten abgesichert sein. Wir kennen dabei Gummimatten, Filz- bzw. Kunststoffläufer (Rollmatten) und Weichbodenmatten (Schaumstoffmatten).

Die Matten müssen so an und um das Gerät gelegt werden, daß Gefahren- und Niedersprungbereiche abgesichert sind.

Die Matten müssen immer aneinanderstoßen und nicht übereinandergelegt werden. Es dürfen keine Absätze zu erkennen sein. Die Trageschlaufen müssen unter die Matte gesteckt werden. Bei Neuanschaffungen ist das Mattenmaterial auf seinen Nutzungszweck hin zu überprüfen und auszuwählen.

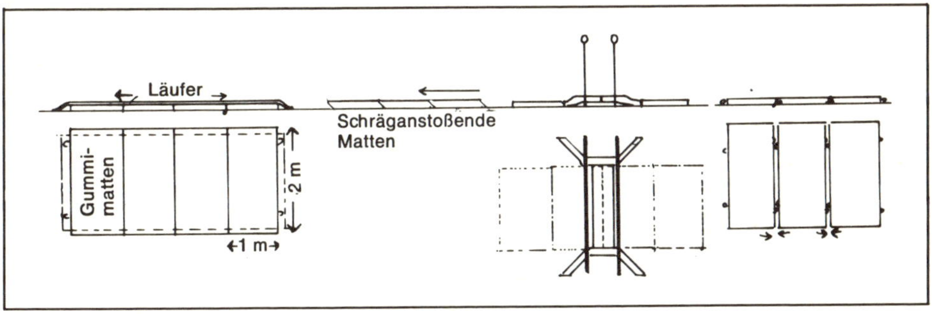

Wenn Läufer vorhanden sind, sollten sie unbedingt über die Gummimatten gelegt werden.

Hilfsgeräte aller Art wie Kästen, Zauberschnur, Saltogürtel sind so aufzustellen bzw. anzuwenden, daß die Schüler in ihren Bewegungen nicht behindert werden.

Auswahl des Übungsstoffes

In der Auswahl des Übungsstoffes muß das durchschnittliche Niveau der Übungsgruppe als Grundlage der Übungsforderungen berücksichtigt werden.

Die bereits vorliegenden Erfahrungen der Unterrichtsgruppe müssen in die Vorüberlegungen einfließen.

Die Voraussetzungen an Halle, Geräten und Matten müssen berücksichtigt werden.

Organisation der Hilfeleistung

Der Lehrende und Übungsleiter muß bei Einführung des Unterrichts in Arbeitsgruppen die Größe der Gruppe bestimmen. Je nach Themenstellung wird davon auch die Gruppenstärke abhängig sein.

Der Lehrende und Übungsleiter ist verpflichtet, die Arbeitsgruppen über die Hilfeleistungen genauestens zu informieren. Er sollte vor dem eigentlichen Übungsprozeß mit einer Gruppe die Art und Weise, Ort und Zeitpunkt der Hilfe demonstrieren und erklären.

Der pädagogische Aspekt

Der pädagogische Aspekt berührt zwei Aufgabenfelder und die daraus resultierenden Anforderungen.

Das soziale Aufgabenfeld, das psychologisch-motivationale Aufgabenfeld und die kognitiv-motorischen Anforderungen.

Das soziale Aufgabenfeld

Dabei sollten Helfen und Sichern als Möglichkeit des „sprachlichen und bewegungsmäßigen Miteinander“ verstanden werden. Es soll dem Schüler helfen zu erkennen, daß

nicht nur der Lehrende helfen und sichern kann,

Schüler beim Helfen und Sichern Verantwortung übernehmen können und müssen, bessere Schüler den schwächeren ihre Kenntnisse und ihr Können anbieten können,

im Helfen und Sichern Möglichkeiten des selbstorganisierten Unterrichts und Übens liegen,

in den Kleingruppen (die selbstorganisiertes Helfen und Sichern benötigen) die Erfolgschancen für alle Lernenden besser sind.

Das psychologisch-motivationale Aufgabenfeld

Im psychologisch-motivationalen Bereich haben Helfen und Sichern folgende Aufgaben:

Angstbarrieren durch geeignete Geländehilfen und Übungsauswahl abzubauen,

Selbstvertrauen durch entsprechende zuverlässige Hilfs- und Sicherheitsmaßnahmen aufzubauen,

den eigenen Könnensstand durch Bewegungshilfen zu verbessern, um dadurch Erfolgserlebnisse zu vermitteln,

dem schwächeren Schüler einsichtig zu machen, daß auch seine aktive Hilfs- und Sicherheitsleistung für die Arbeit in Kleingruppen notwendige Voraussetzung ist,

durch engagierte Hilfe Vorurteile abzubauen, Anerkennung in der Kleingruppe und im Gesamtübungsverband zu erlangen.

Die kognitiv-motorischen Anforderungen

Die im sozialen und psychologischen Bereich genannten Aufgaben stellen an die Schüler sowohl kognitive wie auch motorische Anforderungen.

Im kognitiv-motorischen Bereich haben Helfen und Sichern folgende Aufgaben:

dem Schüler Einsicht in die funktionalen Zusammenhänge von Bewegungen zu geben, die ihm gezieltes Helfen und Sichern auch unabhängig vom Lehrer ermöglicht (mechanische Gesetzmäßigkeiten, funktionale Gewichtung einzelner Bewegungsphasen),

die Struktur der Bewegung zu erkennen und bestmögliche Hilfe in Richtung und Zeitpunkt geben zu können,

bei eventuell auftretenden Gefahren den Zeitpunkt und den Ort der größten Gefährdung des Schülers zu wissen, um vorbeugende Maßnahmen zu ergreifen, durch Eigenwahrnehmung im kinästhetischen Bereich die Eigen- und Fremdbewegung vergleichend differenzieren zu lernen, um dadurch die korrekte Hilfe und den Zeitpunkt bestimmen zu können.

Praktische Konsequenzen

Die im kognitiven Bereich genannten Aufgaben sind immer im Zusammenhang mit den methodischen Konsequenzen als praktische Hilfen zu sehen.

Die im einzelnen aufgeführten Hilfen sind immer unter drei Gesichtspunkten zu betrachten:

Art und Weise der Hilfe

Ort der Hilfe

Zeitpunkt der Hilfe

Grundsätze für den Helfer

Die Helfer sollten sich immer so nahe wie möglich am Übenden befinden (zu weit weg bedeutet zu langer Lastarm, dadurch zu großer Kraftaufwand und zu geringe Hilfsmöglichkeit),

die Anzahl der Helfer richtet sich nach dem Gewicht des Übenden, der Richtung, der Geschwindigkeit, der Struktur der Bewegung und dem Könnensstand des Übenden,

bei der Einführung und der Erarbeitung eines neuen Übungsteils sollte dem Übenden die größtmögliche Unterstützung in bezug auf Kraft, Richtung, Zeitpunkt und Sicherheit gegeben werden.

Die Helfer müssen zur Hilfe bereit sein, wenn die Hauptfunktionsphase (HFph) eines Elements beginnt.

Die Hilfen in der Praxis

Stützgriff

Dreh- oder Klammergriffe

Schubhilfen

Zughilfen

Drehhilfen

Gleichgewichtshilfen

Hilfen unter Einbeziehung von Gürteln/Longen

Kombinierte Hilfen

Stützgriff

Er findet Anwendung bei allen „geraden Bewegungen" mit und ohne Beinschwüngen im Stütz. Bei den Stützsprüngen, Hocke, Bücke, Grätsche, Hecht, Auf- und Abgängen sowie Verbindungen und gleichen Bewegungen am Balken, Stufenbarren, Barren und Reck. Beim Auf- und Vorhocken sowie Auf- und Vorbücken.

Der Stützgriff kann von einem oder zwei Helfern geleistet werden.

Art und Weise der Hilfe

Die Helfer stehen in Schrittstellung mit dem Rücken zueinander. Die Körperbreitenachse steht dabei leicht schräg.

Dadurch ist eine Hand dem Übenden näher. Diese Hand faßt zuerst die Oberarmvorderseite im Klammergriff, der Daumen zeigt nach außen, die andere Hand faßt am Unterarm, der Daumen zeigt nach innen. Die Gelenke des Übenden dürfen dabei nicht blockiert und die Bewegungsfreiheit nicht behindert werden.

Wenn der Übende stürzt, muß durch die Hilfestellung gewährleistet sein, daß er mit seinen Schultern auf die Schultern der Helfer fällt.

Stützgriff

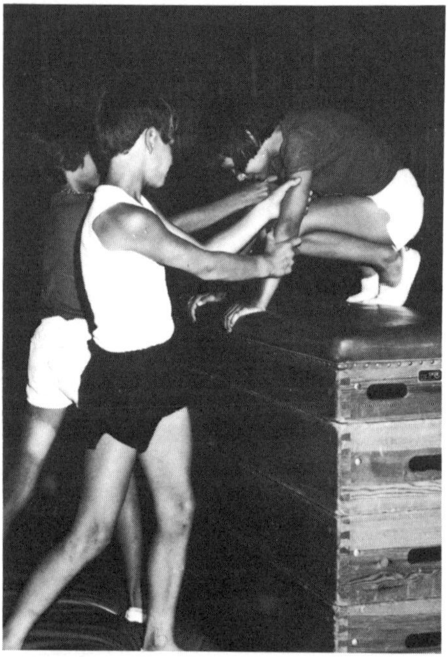

Ort der Hilfe

Der Standpunkt der Helfer ist abhängig von der Bewegungsrichtung und der Geschwindigkeit. Bei Stützsprüngen und Abgängen, die eine relativ große Horizontalgeschwindigkeit aufweisen, müssen die Helfer nahe am und vor dem Gerät stehen und die Bewegung des Übenden möglichst lang „bremsend" durch eine halbe Drehung und einen Schritt rückwärts mit dem Übenden mitgehen. Sie stehen danach mit dem Gesicht zueinander.

Auch bei Aufgängen und Verbindungen stehen die Helfer vor dem Gerät nahe am Stütz, der Übende turnt auf sie zu.

Zeitpunkt der Hilfe

Die Helfer müssen zum frühest möglichen Zeitpunkt den Übenden erfassen (vor Beginn der HFph). Sie begleiten und sichern so den Übenden bis in die vorgesehene Endposition, d. h. bis in den Stand oder Stütz.

Dreh- oder Klammergriff

Diese Helfergriffe können bei allen Drehungen um die Körperbreitenachse angewandt werden. Überschläge (Salti) vor- und rückwärts aus dem Stand, Stütz oder Hang. Wir unterscheiden Drehgriff vor- und rückwärts im Stand, Stütz oder Hang. Sie können von einem oder zwei Helfern durchgeführt werden.

Drehgriff vorwärts

Art und Weise der Hilfe

Die Helfer stehen sich mit dem Gesicht gegenüber, der Übende befindet sich im Stand, Stütz oder Hang dazwischen.

Die Helfer fassen mit der schulternahen Hand (Daumen nach unten) am Trizeps (Oberarmrückseite) und mit der ellenbogennahen Hand (Daumen nach oben) am Bizeps (Oberarmvorderseite).

Beim Rückschwung oder Absprung mit Drehung vorwärts wird der Übende von den Helfern bis in den Stand geführt und gesichert.

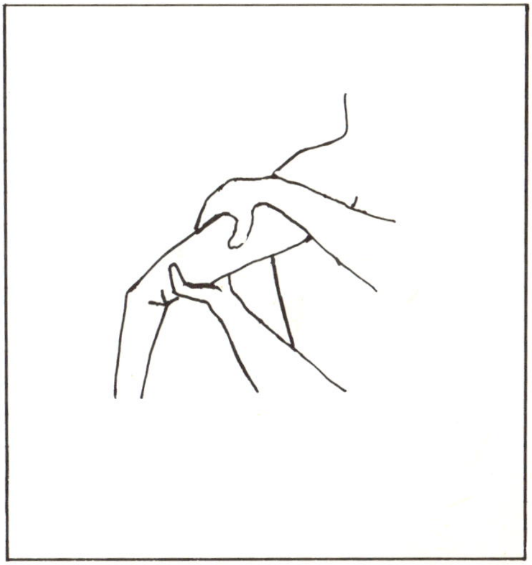

Ort der Hilfe

Die Helfer müssen direkt neben dem Übenden stehen, beim „stationären Überschlag vorwärts" am Boden aus dem Stand und an den ruhig hängenden Ringen. An allen Geräten müssen die Helfer mit „Tendenz" in die Bewegungsrichtung stehen.

Zeitpunkt der Hilfe

Schon vor Beginn der stützlosen Phase, bevor die Füße oder Hände die Unterstützungsfläche bzw. den Griff verlassen, muß der Übende unter Kontrolle der Helfer sein.

Drehgriff rückwärts

Art und Weise der Hilfe

Die Helfer stehen sich mit dem Gesicht gegenüber, der Übende befindet sich im Stand, Hang oder Stütz dazwischen. Die Helfer fassen mit der schulternahen Hand (Daumen in Richtung Ellenbogen) am Bizeps und mit der ellenbogennäheren Hand (Daumen in Richtung Schulter) am Trizeps.

Ort der Hilfe

Die Helfer müssen beim stationären Überschlag rückwärts am Boden aus dem Stand, am Barren aus dem Stütz und ruhig hängenden Ringen unmittelbar neben dem Übenden stehen. Beim Überschlag rückwärts am Reck und an den Schaukelringen müssen die Helfer mit Tendenz in die Bewegungsrichtung stehen.

Zeitpunkt der Hilfe

Wie beim Drehgriff vorwärts.

Drehgriff rückwärts

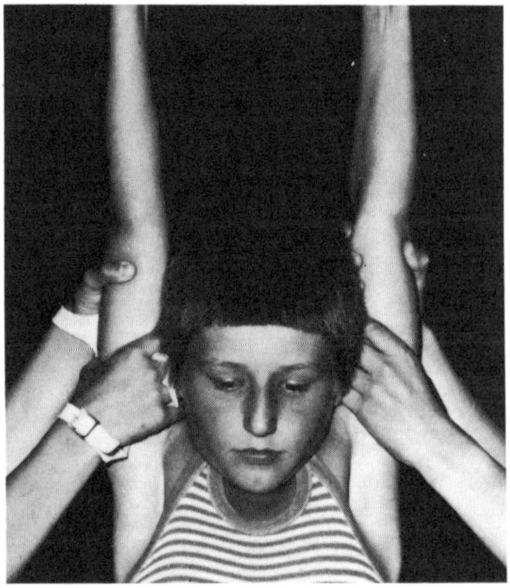

Die schulternahe Hand faßt am Bizeps und die ellenbogennahe Hand am Trizeps.

Schubhilfe

Schubhilfe bedeutet, daß sich der Ansatzpunkt der Helfer hinter dem KSP in bezug auf die Bewegungsrichtung des Übenden befindet. Die Schubhilfe unterstützt und beeinflußt die Richtung, die Geschwindigkeit, die Kraft, den Zeitpunkt der Bewegung des Übenden und sichert ihn gleichzeitig ab. In erster Linie dazu, den Übenden in seinem Bemühen zu helfen, seinen Körper in eine „höhere" Position zu bringen.

Schubhilfe kann geleistet werden bei Roll-, Beinschwung-, Kipp-, Überschlag-, Stemm- und Felgbewegungen. In den meisten Fällen wird Schubhilfe in Verbindung mit Drehhilfe angewandt. Sie kann von einem oder zwei Helfern geleistet werden.

Art und Weise der Hilfe

Die Helfer stehen sich in der Regel gegenüber, und der Übende befindet sich zwischen ihnen. Die Helfer fassen je nach Bewegung mit beiden Händen in der Nähe des KSP am Rücken oder Bauch oder an der Schulter und unterstützen die Aufwärtsbewegung durch Schieben.

Ort der Hilfe

Der Ort wird bestimmt durch die Bewegung. Ist sie stationär (um eine feste Drehachse, Reck, Barren, ruhig hängende Ringe), befinden sich die Helfer unter den Übenden in unmittelbarer Nähe der Drehachse mit Tendenz in Richtung Endposition der Bewegung. An den Schaukelringen müssen die Helfer auf einem erhöhten Podest unmittelbar vor dem Umkehrpunkt während des Aufwärtspendelns stehen.

Zeitpunkt der Hilfe

Sie muß mit dem Beginn der Hauptfunktionsphase des jeweiligen Elements einsetzen und die Bewegung bis in die Endlage – Stand oder Stütz oder Hang – begleiten und sichern.

Zughilfe

Zughilfe bedeutet, daß sich der Ansatzpunkt der Helfer vor dem KSP in bezug auf die Bewegungsrichtung befindet. Sie ergänzt und unterstützt die Richtung, die Geschwindigkeit, die Kraft, den Zeitpunkt der Bewegung des Übenden und sichert ihn gleichzeitig ab. Sie dient wie die Schubhilfe dazu, den Körper des Übenden in eine höhere Position zu bringen.

Die Zughilfe findet Verwendung bei Kipp-, Felg- und Stemmbewegungen. Die Zughilfe kann von einem oder zwei Helfern geleistet werden. Auch sie tritt meist mit anderen Hilfsmöglichkeiten, wie Dreh- oder Geichgewichtshilfe, in Erscheinung (kombinierte Hilfe).

Art und Weise der Hilfe

Die Helfer stehen sich gegenüber, und der Übende befindet sich zwischen ihnen. Der Übende wird im Klammergriff am Oberschenkel erfaßt und so durch Zug in die vorgesehene Endlage gebracht.

Ort der Hilfe

Die Helfer stehen höher als der Übende. Die Bewegung bestimmt den Standort. Ist die Bewegung stationär, so können die Helfer unmittelbar neben dem Übenden auf einer erhöhten Plattform postiert werden.

Zeitpunkt der Hilfe

Sie muß mit dem Beginn der Hauptfunktionsphase der Kipp-, Felg- und Stemmbewegungen einsetzen und die Bewegung bis in die vorgesehene Endlage begleiten und sichern.

Drehhilfe

Drehhilfe bedeutet, daß ein schon in Rotation befindlicher Körper zusätzlich beschleunigt wird.

Schub- und Zughilfe

Zughilfe

Die Rotationsbeschleunigung kann nur erfolgen, wenn die Kraft außerhalb der Drehachse in Drehrichtung auf den Körper einwirkt.

Sie kann als Einzelkraft oder als Kräftepaar angewandt werden.

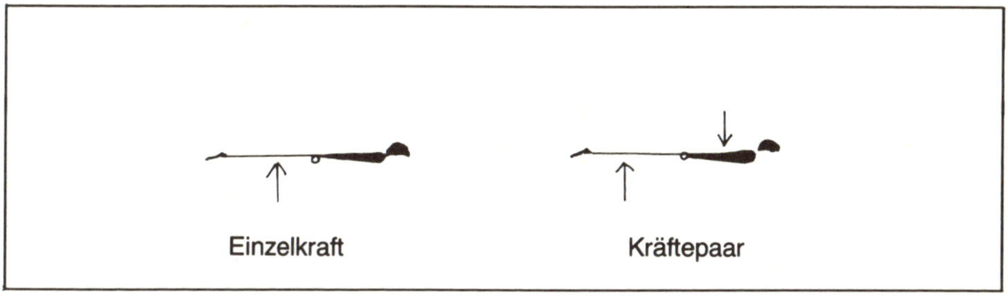

Sie wird bei allen Drehbewegungen um die Körperbreiten-, längen und -tiefenachse wie Überschlag mit und ohne Handstütz angewandt. In reiner Form wird die Drehhilfe in der Regel nur bei freien Überschlägen angewandt. Meist wird sie jedoch in Verbindung mit anderen Hilfsmöglichkeiten wie Schub- und Zughilfe bei Auf- und Umschwung, Roll-, Überschlag-, Kipp- und Felgbewegungen durchgeführt.

Drehhilfe

Dreh- und Schubhilfe

Drehhilfe

Art und Weise der Hilfe

Sie kann von einem oder mehreren Helfern geleistet werden und ist in ihrer Anwendung abhängig von der Bewegungsrichtung (vorwärts, rückwärts, seitwärts). Meist wird an der Oberschenkelvorder- oder -rückseite und an der Oberkörpervorder- oder -rückseite als Kräftepaar geholfen, um je nach Drehrichtung die Drehgeschwindigkeit zu beeinflussen.

Ort der Hilfe

Wird die Drehbewegung um eine feste Drehachse (Reck, Stufenbarren) geturnt, kann die Hilfe stationär mit Tendenz in Richtung Endposition geleistet werden. Bei Drehbewegungen aus dem Anlauf muß sich die Hilfe am Ort der Aktion in mobiler Vorbereitung befinden. Sie muß die Horizontalbewegung dabei mitgehen oder laufen (Überschläge vor- und rückwärts).

Zeitpunkt der Hilfe

Die Helfer müssen versuchen, je nach Situation die Drehgeschwindigkeit zu Beginn oder zum Schluß zu beeinflussen.

Dabei ist es oft notwendig, zu schnelle Drehungen zu bremsen. Die Art und Weise dieser „Bremshilfe" ist gleich wie bei der Beschleunigung, nur die Richtung der Kraft wirkt gegen die Drehung und verlangsamt so die Drehgeschwindigkeit.

Gleichgewichtshilfe

Gleichgewichtshilfe bedeutet, daß bei labilen Haltepositionen und Ständen der KSP der Übende über der Stützebene gehalten wird. Sie dient außerdem dazu, bei extremen Lagen und Hallen, „Kopf unten, Beine oben", das Gleichgewichtsempfinden des Übenden zu schulen und ihm in dieser Lage das Gefühl der Sicherheit zu geben. Die Gleichgewichtshilfe wird angewandt bei Nackenstand (Kerze), Felg- oder Kipphang (Sturzhang), Streckhang, Kopf-, Oberarm- und Handstand.

Art und Weise der Hilfe

Sie kann von einem oder zwei Helfern geleistet werden. Bei den Ständen geschieht dies durch Klammergriff (Eingabeln). Beim Felg- oder Kipphang am Gesäß und an der Schulter.

Ort der Hilfe

In den Ständen und Halten wird die Gleichgewichtshilfe über dem KSP ansetzen. Die Helfer stehen sich gegenüber, und der Übende befindet sich dazwischen. Je nach Stützebene Boden, Barren, Reck oder ruhig hängende Ringe muß die Plattenform der Helfer erhöht werden. Auch beim Felg- oder Kipphang stehen sich die Helfer gegenüber, sie sind neben oder leicht unter den Übenden.

Gleichgewichtshilfe

Zeitpunkt der Hilfe

Unmittelbar vor der geplanten Endlage – Stand – wird der Übende von den Helfern erfaßt. Sie ermöglichen damit die Balance. Zur Gleichgewichtshilfe gehört auch, daß die Helfer den Übenden vom Stand bis in die Ausgangslage zurückführen und sichern.

Hilfen unter Einbeziehung von Gürteln/Longen

Unter „Gürtel" versteht man eine Band-Leder-Konstruktion, die um die Hüfte befestigt wird. Zwei gegenüberliegende Schnallen mit einem Drehgelenk ermöglichen das Befestigen von Seilen.

Diese Gürtel können sowohl als mobile Hilfe bei relativ großen Horizontalbewegungen aus dem Anlauf als auch stationär verwendet werden (mobile Gürtel).

Die stationären Gürtel sind zum Teil an Deckenkonstruktionen befestigt. Man bezeichnet sie deshalb auch als Deckenlongen, die, je nach Konstruktion, auch Schraubenbewegungen ermöglichen. Die Deckenlongen sind über eine Rollen-Seilkonstruktion an der Hallendecke befestigt und werden über Zugseile bedient. Diese Hilfsgeräte finden bei allen Überschlagbewegungen mit und ohne Stütz der Hände, bei schwierigen und riskanten Reck-, Barren- und Ringeabgängen sowie beim Trampolinspringen Verwendung.

Die Gürtel sollen erst bei einem bestimmten Könnensstand angewandt werden.

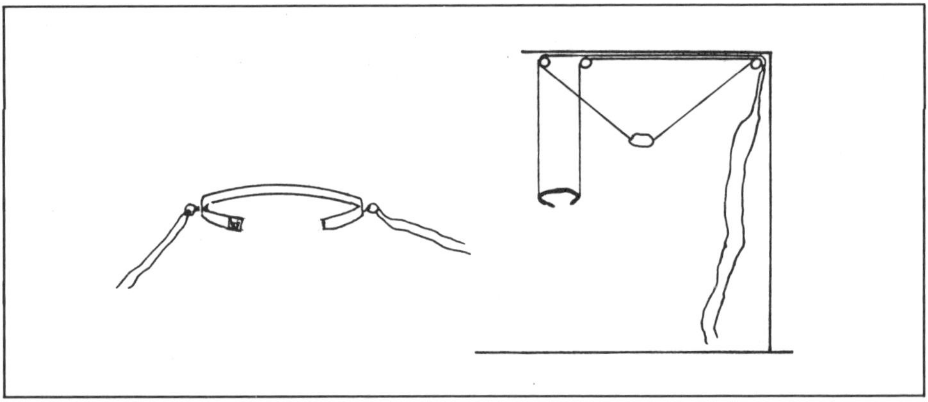

Art und Weise der Hilfe

Die Gürtel dienen dazu, indirekte Hilfe durch Zug über Seil und Gürtel zu leisten. Dabei erhält der Übende keine Bewegungsunterstützung von außen. Die Hilfe durch Gürtel ist demnach ein **„Mittler"** zwischen Helfen und Sichern.

Bei mobilen Gürteln stehen sich zwei Helfer gegenüber, der Übende turnt zwischen beiden. Über die Seile können sie durch Zug oder Hochhalten eine harte Landung des Übenden verhindern. Sie müssen in jedem Fall höher als die Landeposition des Übenden sein.

Ort der Hilfe

Bei Überschlagbewegungen, die aus dem Anlauf geturnt werden, müssen die Helfer den Anlauf mitmachen, damit sie zum Zeitpunkt der Hauptaktion (Überschlag) neben dem Übenden sichern können. Die Helfer müssen sich immer über der Landeposition des Übenden befinden. Bei Abgängen sollten die Helfer auf einer erhöhten Plattform stehen, um die hohe Fallgeschwindigkeit auf einem relativ langen „Bremsweg“ abbremsen zu können. Sie sollten immer am Ort der zu erwartenden Landeposition stehen.

Zeitpunkt der Hilfe

Da die Seile erst durch straffe Spannung auf den Übenden einwirken, wird der Zeitpunkt durch die Entfernung der Helfer vom Gürtel bestimmt. Sie muß dann voll einsetzen, wenn eine unkontrollierte Fluglage zu erkennen ist und eine sichere Landung nicht mehr gewährleistet ist. Das heißt, je nach Flughöhe und Fallgeschwindigkeit früher oder später.

Bei Hilfen über Deckenlongen sollten die Seile grundsätzlich dann gespannt werden, wenn sich der Übende am höchsten Punkt der Flugkurve befindet. Die Seilspannung sollte bis zum sicheren Stand beibehalten werden.

Kombinierte Hilfe

Kombinierte Hilfe bedeutet, daß mindestens zwei der bisher angeführten Hilfen gleichzeitig angewandt werden. Dabei muß noch die sogenannte Hosenbundhilfe Erwähnung finden, da sie, wie der Name schon sagt, mit dem Griff einer Hand am Hosenbund und die andere entweder an der Schulter oder am Oberschenkel geleistet wird.

Die kombinierten Hilfen stellen relativ große Anforderungen an die Bewegungserfahrung und Vorstellung der Helfer in bezug auf Ort, Richtung, Geschwindigkeit der Bewegung sowie Art und Weise der Hilfe.

Sie kann von einem oder mehreren Helfern geleistet werden. Folgende Kombinationen sind sinnvoll:

Stützgriff-Drehhilfe

Diese Hilfe findet Anwendung bei allen Drehbewegungen um die Körperlängsachse, Drehauf- und -abgängen am Balken, Pauschenpferd, Stufenbarren, Barren und Reck. Sie kann in der Regel nur von einem Helfer geleistet werden.

Dabei unterstützt eine Hand die Drehbewegung am Gesäß, und die andere Hand sichert im Stützgriff am Oberarm.

Stützgriff-Drehhilfe

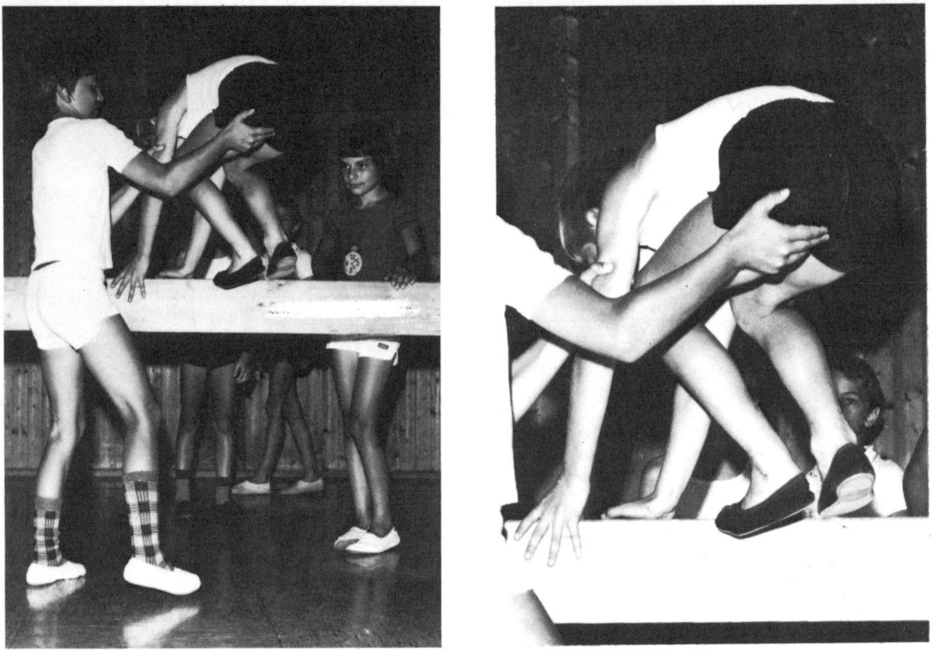

Drehgriff-Schubhilfe

Sie findet Anwendung bei Überschlagbewegungen vor- und rückwärts an den Ringen, am Stufenbarren, Barren und Reck. Diese Hilfe kann von einem oder zwei Helfern geleistet werden.

Dabei faßt eine Hand im Drehgriff am Oberarm und die andere Hand am Bauch, Rücken oder Oberschenkelvorder- bzw. -rückseite, sie leistet Schubhilfe.

Schub- und Drehhilfe

Diese Form der Hilfe kann bei Roll-, Auf- und Umschwung, Kipp- und Felgbewegungen an den Ringen, am Stufenbarren, Barren und Reck sowie bei allen Überschlagbewegungen am Boden und beim Stützsprung geleistet werden. Bei der Erarbeitung von Handstütz-Überschlag rückwärts (Flick-Flack) und Überschlag (Salto) rückwärts am Boden und Balken wird der Hosenbundgriff mit Schubhilfe an der Schulter bzw. Oberschenkelrückseite kombiniert.

Schub- und Drehhilfe

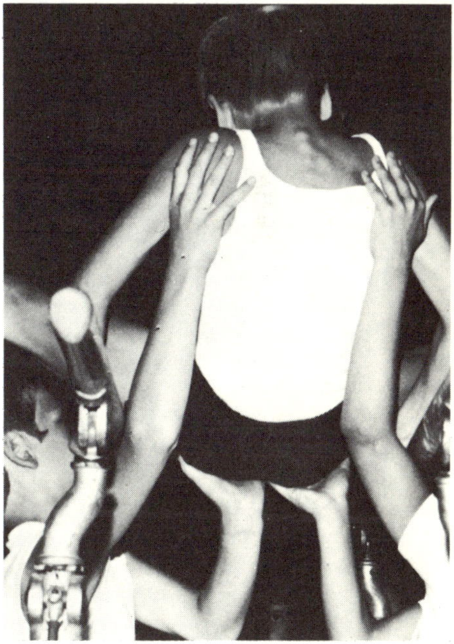

Zug-, Schub- und Drehhilfe

Diese Hilfe wird meist für die ersten methodischen Schritte angewandt. Dabei steht ein Helferpaar höher als das andere. Sie kann bei Kippbewegungen rückwärts, den kleinen und großen Felgen sowie den Auf- und Umschwüngen rücklings vor- und rückwärts angewandt werden. Die Dreh-Schubhilfe wird von den „unteren" und die Zughilfe von den „oberen" Helfern geleistet.

Die Zughilfe wird meistens am Oberschenkel, die Schubhilfe an der Schulter geleistet. Beide Hilfen beeinflussen bedingt durch die Drehachse die Drehbewegung. Die Schubhilfe wird dabei die Drehbewegung besser beeinflussen können als die Zughilfe.

Schub- und Zughilfe

Zug-, Schub- und Gleichgewichtshilfe

Diese Hilfe wird bei allen ,,kleinen und großen Felgen", wenn sie in eine relativ ruhige Endlage führen, angewandt.

Sie kann von einem oder zwei Helfern geleistet werden, die höher als die Stützebene des Übenden sein müssen.

Die höher stehenden Helfer begleiten die Aufwärtsbewegung durch Zug am Oberschenkel und sichern in der Endlage des Stützes oder Standes die Gleichgewichtsposition des Übenden. Die unten stehenden Helfer schieben an den Schultern den Übenden nach oben.

X. Literaturverzeichnis

Adatte, M./Günthard, J.
Klassifizierungsprogramm.
Zürich, NZZ-Verlag, 1975

Adatte, M./Günthard, J.
Eidgenössischer Turnverein. Kunstturnen, Technik, Methodik.
Eidgenössischer Turnverein 1976

Apelt, K./Libra, M.
ABECEDA CVICITELE, Teil 4.
Karls-Universität, Prag, 1963

Apelt, K./Petr, O.
ABECEDA CVICITELE, Teil 5.
Karls-Universität, Prag, 1963

Bantz, H./Dickhut, A.
Turnmethodik Band II, Kunstturnen leichtgemacht.
Limpert-Verlag, Frankfurt, 1969

Blumenthal, E.
Vorschulturnen an Geräten.
Hofmann-Verlag, Schorndorf, 1974

Bronisch, W.
Die Reflexe – Untersuchung in Klinik und Praxis.
Thieme-Verlag, Stuttgart, 1973

Borrmann, G.
Gerätturnen.
Sportverlag Berlin, DDR, 1972

Buchmann, G.
Terminologie Gerätturnen.
Sportverlag Berlin, DDR, 1972

Burger, E. W./Groll, H.
Leibeserziehung.
Österreichischer Bundesverlag für Unterricht, Wissenschaft und Kunst, Wien, 1971

Czoschke, K. H.
Das Training des jugendlichen Turners.
Hofmann-Verlag, Schorndorf, 1975

Dickhut, A.
Pflichtübungen für den angehenden Kunstturner.
Pohl-Verlag, Celle, 1974

Dickhut, A.
Methodik der Elementarübungen.
Pohl-Verlag, Celle, 1975

Diem, L.
Sport für Kinder.
Kösel-Verlag, München, 1973

Donskoi, D. D.
Grundlagen der Biomechanik.
Bartels/Wernitz-Verlag, Berlin/München/Frankfurt, 1975

Dörrer, H.-J.
Von der Spielform zur Leistung.
Pohl-Verlag, Celle, 1969

Facek, L./Libra, M.
ABECEDA CVICITELE Teil 2.
Karls-Universität, Prag, 1963

Fiebrand, K./Heimi, H./Spieß, P.
Sport in der Primarstufe, Band 4, Rollen und Überschläge.
Limpert-Verlag, Frankfurt, 1975

Fetz, F.
Leibesübungen für 6- bis 16jährige.
Österreichischer Bundesverlag für Unterricht, Wissenschaft und Kunst, Wien, 1971

Fetz, F./Opavski, P.
Biomechanik des Turnens.
Limpert-Verlag, Frankfurt, 1968

Fluch, P./Herold, W.
Turnsprache Teil 1. Die Bezeichnungen der gymnastischen Grund- und Leistungsformen.
Pohl-Verlag, Celle, 1972

Fillinger, F.
Die Gruppenarbeit als Mittel zur Leistungssteigerung im Gerätturnen.
Pohl-Verlag, Celle, 1975

Gabler, H.
Schulsportmodelle in Theorie und Praxis.
Hofmann-Verlag, Schorndorf, 1976

Gagne, R. M.
Die Bedingungen des menschlichen Lernens.
Schroedel-Verlag, Hannover, 1970

Garray, J./Lewin, L.
Genetic and Anthropological Studies of Olympic Athlets.
New York, 1974

Gadrey, J.
éléments d'enseignements de la GYMNASTIQUE sportive masculine.
Imprimé en France par Liévin Daniel 19, Paris 1970

Gander, A.
Code de Pointage der Männer.
NZZ-Verlag, Zürich, 1976

Gander, A.
Maße, Vorschriften und Formen.
I. T. B., Chiasso, 1974

Gesell, A.
Säugling und Kleinkind.
Christian-Verlag, Bad Nauheim, 1960

Gesell, A.
Das Kind von 5 bis 10
Christian-Verlag, Bad Nauheim, 1964

Gerke/Döring/Fanslau
Entwicklung koordinativer Fähigkeiten und motorischer Fertigkeiten.
Hofmann-Verlag, Schorndorf, 1975

Göhler, J./Herold, W.
Handbuch der Turnsprache, Teil 2.
Pohl-Verlag, Celle, 1974

Grupe, O.
Grundlagen der Sportpädagogik.
Hofmann-Verlag, Schorndorf, 1975

Grupe, O.
Einführung in die Theorie der Leibeserziehung.
Hofmann-Verlag, Schorndorf, 1970

Herwanger, H./Geiger, U.
Turnpraxis in der Schule Band II.
CDV Stuttgart 1980

Hochmuth, G.
Biomechanik sportlicher Bewegungen.
Sportverlag Berlin, DDR, 1967

Harris, G.
Introduction Gymnastics physicals Education.
P. O. Box 5117, San Mateo, Cal.

Hermann, J./Wilhelm
Grundformen im Boden- und Gerätturnen.
Pohl-Verlag, Celle, 1968

Jahn, F. L./Eiselen, E.
Die Deutsche Turnkunst.
Neudruck Limpert-Verlag, Frankfurt, 1961

Janousek, V.
ABECEDA CVICITELE, 3. Teil.
Karls-Universität, Prag, 1963

Kaneko, A.
Olympic Gymnastics.
Tokio, 1972

Kaneko, A.
Enzyklopädie Kunstturnen.
Tokio, 1971–1974, 4 Bände

Karas, V.
Grundsätzliches und Gesetze der Biomechanik im Dienste des Kunstturnens.
I.T.B., Sekretariat, Biel/Schweiz, 1969

Koch, K.
Vom Bockspringen zu dem Längsspringen.
Hofmann-Verlag, Schorndorf, 1973

Koch, K./Timmermann, H.
Klettern und Steigen – Schwingen und Springen am Stufenbarren.
Hofmann-Verlag, Schorndorf, 1973

Kiphard, E. J.
Bewegungs- und Koordinationsschwächen im Grundschulalter.
Hofmann-Verlag, Schorndorf, 1973

Knirsch, K.
Lehrbuch des Gerät- und Kunstturnens.
CDV Böblingen, 1983

Knirsch, K.
Lehrbuch des Kunstturnens.
CDV Stuttgart, 1974

Knirsch, K.
Turnpraxis in der Schule, Band I.
CDV Stuttgart, 1980

Lewin, K.
Turnen im Vorschulalter.
Sportverlag Berlin, 1971

Laupp, W.
Eine Pathologie der psychologischen Entwicklung.
Verlag Hans Huber, Stuttgart, 1967

Meinel, K.
Bewegungslehre.
Verlag Volk und Wissen, Berlin, DDR, 1970

Menchin, J. W.
Das Krafttraining des jugendlichen Turners (Übersetzung aus dem Russischen von P. Tschiene).
Hofmann-Verlag, Schorndorf, 1972

Meusel, H./Ohnesorge, H.
Sportliche Grundausbildung.
Weidmann-Verlag, Berlin, 1941

Meusel, H.
Vom Schaukeln und Schwingen zu Schwungstemmen und Umschwüngen.
Hofmann-Verlag, Schorndorf, 1972

Meusel, H.
Vom Purzelbaum zum Salto.
Hofmann-Verlag, Schorndorf, 1975

Müller, H.
Helfen und Sichern.
Limpert-Verlag, Frankfurt, 1974

Nöcker, J.
Physiologie der Leibesübungen.
Enke-Verlag, Stuttgart, 1964

Novotny, L./Libra, M.
ABECEDA CVICITELE, Teil 1.
Karls-Universität, Prag, 1963

Nagy, V.
Code de Pointage für Frauen.
NZZ-Verlag, Zürich, 1976

Piaget, J.
Theorien und Methoden der modernen Erziehung.
Fischer-Verlag, Frankfurt, 1974

Piard, C.
Gymnastique Scolaire.
Paris, 1972

Piard, C.
Agres Masculins.
Edition Amphora, Paris, 1968

Pock, K.
Turnfibel, Band I und Band II.
Österreichischer Bundesverlag für Unterricht, Wissenschaft und Kunst, Wien, 1971

Portmann, A.
Biologie und Geist.
Herder-Verlag, Freiburg, 1963

Portmann, A.
Aufbruch und Lebensforschung.
Frankfurt, 1965

Portmann, A.
Biologische Fragmente zu einer Lehre vom Menschen.
Schwabe-Verlag, Basel, 1969

Portmann, A.
Um das Menschenbild.
Reclam-Verlag, Stuttgart, 1970

Räupke, R./Koch, K.
Vom Klettern und Klimmen zum Turnen an den Ringen.
Hofmann-Verlag, Schorndorf, 1976

Röthing, P.
Sportwissenschaftliches Lexikon.
Hofmann-Verlag, Schorndorf, 1972

Scherler, K.-H.
Sensomotorische Entwicklung und materiale Erfahrung.
Hofmann-Verlag, Schorndorf, 1975

Schulz, H.
Turnen und Spielen für unsere Kleinsten II.
Pohl-Verlag, Celle, 1972

Schulz, H.
Turnen und Spielen für unsere Kleinsten III.
Pohl-Verlag, Celle, 1970

Schulz, H.
Gymnastik auch für Jungen.
Pohl-Verlag, Celle, 1972

Schwope, F.
Theorie und Praxis des Turnens.
Aschenbach-Verlag, Gießen, 1975

Seybold/Brunnhuber, A.
Pädagogische Prinzipien in der Leibeserziehung.
Hofmann-Verlag, Schorndorf, 1970

Seybold/Brunnhuber, A.
Didaktische Prinzipien der Leibeserziehung.
Hofmann-Verlag, Schorndorf, 1974

Smirnow, K.-M.
Sportphysiologie (Übersetzung aus dem Russischen von L. Pickenhain).
Verlag Volk und Wissen, Berlin, DDR, 1975

Söll, H.
Biomechanik in der Sportpraxis/Gerätturnen.
Hofmann-Verlag, Schorndorf, 1975

Stiehler, G.
Methodik des Sportunterrichts.
Verlag Volk und Wissen, Berlin, DDR, 1975

Stroescu, A.
Gymnastica.
Institut de Educatie Fizi Si Sport, Bucuresti, 1968

Weiner, F.
Funk-Kolleg 14 Pädagogische Psychologie.
Frankfurt, 1974

Wocheslander, M.
Kinderskilauf.
BLV-Verlagsgesellschaft, München, 1975

Ukran, M. L.
Technik der Turnübungen.
Sportverlag, Berlin, DDR, 1970

Ukran, M. L.
Methodik des Turntrainings – Männer (Übersetzung aus dem Russischen von P. Tschiene).
Hofmann-Verlag, Schorndorf, 1975

Ungerer, D.
Leistungs- und Belastungsfähigkeit im Kindes- und Jugendalter.
Hofmann-Verlag, Schorndorf, 1973

Volpert, W.
Sensomotorisches Lernen.
Limpert-Verlag, Frankfurt, 1971

Wiemann, K.
Vom Kippen zum Überschlagen, vom Schwingen zum Felgen.
Hofmann-Verlag, Schorndorf, 1974

Wulf, Ch.
Wörterbuch der Erziehung.
Piper-Verlag, München, 1974

Zeitschriften, Broschüren und andere Veröffentlichungen

Arbeitsgemeinschaft des Badischen und Schwäbischen Turnerbundes
Neuordnung des Gerätturnens in Schule und Verein.
Stuttgart, S.T.B., 1975

Ausschreibung des D.T.B. 1975/76
Aufgaben 1979/80.
Pohl-Verlag, Celle, 1979

Ausschreibungen, Jugend trainiert für Olympia
Sonderdruck Gerätturnen.
Pohl-Verlag, Celle, 1979

Buchmann, G.
Didaktisch-methodischer Abriß des gerätspezifischen schwungvollen Turnens am Stufenbarren im Schulsport.
Lehrhilfen für den Sportunterricht, 2/76

Burger, R.
Über die pädagogischen Dimensionen des Boden- und Gerätturnens.
Bayernturner 5/75, 6/75, 7/75, 8/75

Dahm/Wolf/Peper
Bestimmungen von Lernzielen und Lerninhalten für das Kinderturnen.
Der Turnwart 2/76, 3/76, 4/76, 5/76, 6/76, 7/76, 8/76

Dickhut, A.
Grundsätzliches zur Lehre des Boden- und Gerätturnens.
Der Turnwart 3/72

Dörrer, H. J.
Zur Technik des Lehrens und Lernens im Sportunterricht.
Der Turnwart 9/75

Dörrer, H. J.
Gerätturnen in der Primarstufe.
Der Turnwart 1/76

Göhner, U.
Lehren nach Funktionsphasen.
Sportunterricht 1, 2/75

Hahn, H.
Aufbaugesichtspunkte und Verwendungsmöglichkeiten von methodischen Lernreihen.
Unveröffentlichtes Manuskript der Universität Tübingen, Institut für Sportwissenschaft, 1974

Hasenbusch, M.
Auf- und Umschwünge – Aus der Praxis der programmierten Instruktionen.
Lehrhilfen für die Leibeserziehung 2/71

Hasenbusch, M.
Rollbewegungen – Aus der Praxis der programmierten Instruktion.
Lehrhilfen für die Leibeserziehung 2/71

Held, H. J.
Übungsmöglichkeiten am Minitrampolin – Systematisierungsversuch.
Lehrhilfen für die Leibeserziehung 8, 9, 10/72

Klein, Ch.
Kriterien und Verfahren von Bewegungsbeobachtung und Bewegungskorrektur.
Unveröffentlichtes Manuskript der Universität Tübingen, Institut für Sportwissenschaft, 1974

Könnemann
Aktionsprogramm zur Förderung des Gerätturnens in den Schulen.
Der Turnwart 6/76, 7/76, 8/76
Lehrpläne Sport, der Klassen 1, 2, 3 DDR.
Verlag Volk und Wissen, Berlin, DDR, 1969
Lehrplan Sport
Kultusministerium Nordrhein-Westfalen, Grundschule, 1975

Leirich, J.
Grundlagen, Funktion und Regelung der Terminologie Gerätturnen.
DTV/DDR, Turnen 1975/2, 3, 4

Leirich, J.
Kleiner Abriß der Theorie und Methodik des Gerätturnens.
DTV/DDR, Turnen 1975/6, 7, 8, 10, 11, 12, 1976/1, 2, 3, 4, 5, 6, 8

Reeg, E.
Das Absprungtrampolin in der Unterstufe.
Lehrhilfen der Leibeserziehung, 10/72

Rieling, K.
Zur strukturellen Anordnung der Übungen des Gerätturnens.
Theorie und Praxis der Körperkultur 16/1967, 3, 4, 5, 6, 7, 11, 17/1968, 2, 4, 10, 12, 18/1969, 2, 5

Richtlinien für den Sportunterricht.
Kultusministerium des Landes Baden-Württemberg, Stuttgart, 1970

Schwäbischer Turnerbund
Bewegungserziehung im Vorschulalter.
Stuttgart/Schorndorf, 1976

Schwope, F.
Übergeordnete Lernziele auch bei der Schulung von Bewegungsfertigkeiten?
Deutsches Turnen, TUS 7/74

Söll, W.
Vom Bildungswert des Gerätturnens.
Sportunterricht 9/73

Söll, W.
Zur Methodik des motorischen Lernens und Übens.
Die Leibeserziehung 6/72

Wassermann
Beziehungen zwischen körperlichen Fähigkeiten und sportlichen Fertigkeiten im Gerätturnen, unter den Bedingungen eines zeitweiligen akzentuierten Sportunterrichts.
Theorie und Praxis der Körperkultur 4/76

Wiemann, K.
Absprunggestaltung und Sprungleistung beim Sprung vom Reutherbrett.
Die Leibeserziehung 3/70

Über den Autor

	Geb. am 4. September 1930 in Jägerndorf (heute Krnov/CSSR)
1952–1955	Studium an der Deutschen Sporthochschule in Köln, Abschluß als Diplomsportlehrer (Sonderfächer Turnen und Skilauf)
1955–1973	Lehrer am Wirtschaftsgymnasium in Esslingen
1973–heute	Lehrer am Institut für Sportwissenschaft der Universität Tübingen
1952	Württembergische Meisterschaften Kunstturnen, Junioren, 1. Platz
1953–1958	Plazierungen bei Deutschen Turnfesten und Deutschen Kunstturnmeisterschaften
1955	Landesturnfest des Schwäb. Turnerbundes, 1. Platz
1955–1958	Mitglied des Bundeskaders im Kunstturnen
1955–1962	mehrfach Württembergischer Meister im gemischten Zwölfkampf und Olympischen Zwölfkampf
1963–1968	Leiter und Trainer eines regionalen Trainingsschwerpunktes des DTB mit Mitgliedern der Nationalmannschaften A- und B-Kader in Esslingen
1966–1968	Experimentelle Arbeiten zu Fragen der Talentsuche und -förderung
1969	Teilnahme am 1. internationalen Trainingssymposium des ITB
1970	Landeskunstturnwart des Schwäb. Turnerbundes, Referent des ITB
1971	Lehrwart im Auftrag des ITB
1972	Arbeiten im Bereich Schule/Verein für den Wettbewerb „Jugend trainiert für Olympia“ auf Landes- und Bundesebene
1975	Lehrwart des Schwäbischen Turnerbundes
	Erstellung der Endfassung der baulichen Konzeption des Landes-Leistungszentrums Kunstturnen in Ruit
1976	Obmann für das Lehrwesen Gerät- und Kunstturnen im Bundeskunstturnausschuß des DTB
1976	Referent und Mitarbeiter bei Tagungen und Lehrgängen des Kultusministeriums Baden-Württemberg für die Prüfungsbedingungen im Sport (Gerätturnen) der neugestalteten gymnasialen Oberstufe
1977	Erstellung der neuen Aus- und Fortbildungsordnung des Deutschen Turnerbundes für die Trainer Gerät- und Kunstturnen
	Mitarbeiter bei der Erstellung der neuen Bundesjugendspiele Gerätturnen im Ausschuß Bundesjugendspiele
1977	Mitglied des Arbeitskreises III (Ausbildung) beim Präsidium des DTB
	Lehrvorführungen bei nationalen und internationalen Turnveranstaltungen
1980	Sportwart im Schwäb. Turnerbund
	Lehrauftrag für die fachspezifische Ausbildung im Kunstturnen an der Trainerakademie des DSB in Köln
1980–1981	Erstellung des fachspezifischen Curriculums Gerät- und Kunstturnens für die Trainerakademie des DSB in Köln

Sportfachbücher

Lehrbuch des Gerät- und Kunstturnens

von Kurt Knirsch
Das Nachfolgewerk des Bestsellers: Lehrbuch des Kunstturnens.
Ein Standardwerk für alle, die sich mit Turnen befassen. Die neuesten Lehrmethoden werden in Worten, Zeichnungen und Phasen-Fotos aufgezeigt und dargestellt.
2 Pappbände, 22 × 21 cm
Band 1: ISBN 3-921 432-18-9
Band 2: ISBN 3-921 432-26-X

Turnpraxis in der Schule

Band 1 – Primarstufe
von Kurt Knirsch,
88 Seiten Inhalt, 7 Fotos,
89 textergänzende Zeichnungen vom Autor,
Pappband, 15 × 21 cm
ISBN 3-921 432-19-7

Band 2 – Sekundarstufe
von H. Herwanger und U. Geiger
176 Seiten Inhalt, 13 Fotos,
189 textergänzende Zeichnungen
von Kurt Knirsch
Pappband, 15 × 21 cm
ISBN 3-921 432-20-0